KB190872

부활의 나라

쉽게 풀어 쓴 요한계시록 주석

부활의 나라

초판 1쇄 2014년 8월 5일

정순혁 지음

발행인 ㅣ 전용재
편집인 ㅣ 손인선

펴 낸 곳 ㅣ 도서출판 kmc
등록번호 ㅣ 제2-1607호
등록일자 ㅣ 1993년 9월 4일

(110-730) 서울특별시 종로구 세종대로 149 감리회관 16층
            (재)기독교대한감리회 출판국
대표전화 ㅣ 02-399-2008 팩스 ㅣ 02-399-4365
홈페이지 ㅣ http://www.kmcmall.co.kr

디자인·인쇄 ㅣ 코람데오 02-2264-3650~1

값 18,000원
ISBN 978-89-8430-657-8 93230

「이 도서의 국립중앙도서관 축판시도서목록(CIP)은 서지정보유통
지원시스템 홈페이지(http://seoji.nl.go.kr)와 국가자료공동목록시스템
(http://www.nl.go.kr/kolisnet)에서 이용하실 수 있습니다.
(CIP제어번호: 2014021804)」

쉽게 풀어 쓴
요한계시록 주석

부활의 나라

정순혁 지음

kmc

머리말

오래 전 신학교 1학년 때 요한계시록 문제로 친구와 몇 시간 논쟁을 했습니다. 저는 핵전쟁 같은 종말적 사건이 일어나고 그 후에 주님의 재림이 있을 것이라고 주장했고, 친구는 그런 식의 종말은 없다고 하면서 요한계시록은 다르게 해석해야 한다고 주장했습니다. 친구가 주님의 재림까지 부정했는지는 기억이 나지 않습니다. 그 당시는 진지하고 격렬한 신학적(?) 논쟁이었지만, 지금 생각하면 괜히 감정만 상한 비생산적인 말다툼이었습니다. 둘 다 어설픈 성서 지식을 가지고 있었기 때문입니다. 그래도 그때의 치기어린 논쟁이 시사하는 바가 몇 가지 있습니다. 요한계시록은 이해하기 어렵고, 얼마든지 왜곡된 결론이 가능하며, 교회 안에 갈등을 일으킬 수 있다는 것입니다.

교회 안에는 요한계시록을 부정적으로 보는 분위기가 지속적으로 있었습니다. 환상의 내용이 낯설고 무서우며 해석이 어려운 까닭에, 요한계시록을 정경으로 인정하지 않으려는 흐름이 있었습니다. 종교개혁자들까지도 요한계시록의 정경의 지위를 거부하거나 주석을 하지 않았습니다. 문제를 더욱 악화시킨 것은 이단들이 주로 요한계시록을 이용해 사람들을 미혹한 것입니다. 십사만 사천 명과 천년왕국은 이단들이 공통적으로 애용하는 주제가 되었으며, 잊을 만하면 이때가 재림의 날짜라고 주장하는 이단들이 나옵니다.

성서의 결론에 해당되는 요한계시록이 그렇게 교회로부터 외면당하고 이단들이나 이용하는 책이 될 수는 없습니다. 요한계시록은 구원의 완성을 약속하고 그 구체적인 모습을 보여 주며, 역사를 통해 진행되는 하나님의 구원 계획과 최종 목표를 밝혀 줍니다. 요한계시록은 사탄의 유혹을 이길 수 있는 지혜를 주고 세상의 핍박을 인내할 수 있는 소망을 줍니다. 그래서 영광스러운 새 예루살렘에서 하나님의 얼굴을 보며 영원히 거룩하게 사는 길로 인도합니다. 요한계시록은 교회에 반드시 필요한 책입니다.

요한계시록 안에는 하나님의 구원 계획이 온전히 드러나 있습니다. 요한계시록은 예수 그리스도께서 재림하실 때까지, 하나님이 세상을 어떻게 구원하시며 사탄이 어떻게 방해하는지, 역사가 어떻게 진행되며 교회가 어떻게 존재하는지, 구원의 마지막 모습이 어떤 것인지를 설명합니다. 요한계시록이야말로 하나님의 지혜가 압축된 너무나 귀한 책입니다. 다만 그 내용에 하늘나라와 영적 세계에 관한 것이 많아서 하나님은 환상을 통해 계시하셨습니다. 사람의 언어로 설명이 불가능하거나 너무 어려워서 이미지와 상징적인 언어로 말씀하신 것입니다. 그러나 성서를 잘 알면 요한계시록의 환상을 바로 이해할 수 있습니다. 이 또한 하나님의 지혜입니다.

이단들이 거의 공통적으로 요한계시록을 이용한다는 사실은 아이러니합니다. 하나님의 구원 계획이 온전히 드러난 책이 이단들이 집중적으로 사용하는 책이 되었기 때문입니다. 그 이유는 마귀들도 이 책이 그들에게 가장 위험한 책이라는 사실을 알고 있기 때문일 것입니다. 그래서 요한계시록 이해를 방해하고 요한계시록의 진리를 왜곡하기 위해서 최대한 애를 쓰는 것입니다. 그러므로 요한계시록을 바로 이해하지 못한다는 것은 마귀의 유혹에 간접적으로 넘어가는 것을 의미합니다.

이 책은 신학을 전공하지 않은 사람들이 읽을 수 있도록 주석했습니다. 그래서 원문에 대한 언어적 설명을 가급적 자제하고 학자들의 견해를 모두 소개하지 않았습니다. 학문적 논쟁도 상세히 설명하지 않았습니다. 그러나 본문의 핵심을 파악하는 데 필요한 사항은 충분히 언급했습니다. 학문과 신앙, 신학교와 교회 사이에서 균형을 잡으려고 노력했다는 말인데 그 판단을 독자들에게 맡깁니다.

요한계시록은 사람이 하나님과 함께 영원히 사는 나라가 온다고 약속하는 책으로, 성서에서 가장 은혜로운 책이라 할 수 있습니다. 요한계시록 공부가 끝난 뒤 어느 성도님에게 '그동안 요한계시록을 무서운 책으로만 알고 있었는데, 이제는 아주 은혜로운 책이라는 것을 알게 되었다'라는 말을 들었습니다. 이 책을 읽는 모두에게 이와 같은 일이 일어나기를 소망합니다.

이 책을 출판해 주신 기독교대한감리회 출판국 손인선 목사님과 편집실 직원들께 감사합니다. 그리고 출판에 도움을 주신 윤광식과 표지를 만들어 주신 장성환 목사님에게 감사합니다. 함께 요한계시록을 공부하며 지혜를 더해 주신 주훈교회 성도님들과 교정으로 수고한 아내에게 감사합니다. 이 책이 마지막 날을 기다리는 교회에 조금이나마 도움이 되기를 바라면서, 지금까지 인도해 주신 하나님께 감사합니다.

2014년 8월
밴쿠버에서 정순혁

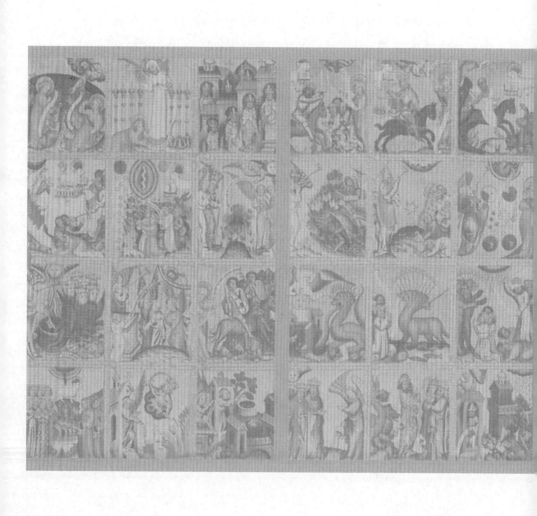

contents

쉽 게 풀 어 쓴 요 한 계 시 록 주 석

요한계시록 해도(解圖)

미완성의 하나님 나라
(첫째 부활을 경험한 하나님의 백성, 부활의 몸이 없는 상태)

옛 적	종 말

마지막 때
(계 1-16장, 20:1-7)

(상징) 마흔두 달: 마지막 때는 한시적이며 반드시 끝이 있다는 의미

(상징) 천 년: 그러나 마지막 때가 그리 짧지는 않다는 의미

하늘: 천년왕국(144,000명 = 첫째 부활에 참여한 자들 = 흰 옷 입은 자들)

공중: 사탄의 세력(무저갱의 사탄, 공중 권세 잡은 자)

세상: 환난(일곱 인, 일곱 나팔, 일곱 대접 재앙)

사람: 하나님의 인 또는 짐승의 표(666)

교회시대
기독교인: 마지막 때를 살면서 마지막 날을 기다리는 자

그리스도의 초림

종말의 시작

※ 마흔두 달 = 천이백육십 일 = 한 때와 두 때와 반 때 = 삼 년 반: 마지막 때가
  한시적이며 반드시 끝이 있다는 의미의 상징적 숫자

하나님 나라의 완성
(부활의 몸을 가진 상태)

부활의 나라

마지막 날
(계 17~20장)

새 예루살렘
(계 21~22장)

그리스도의 재림

최후 승리

부활과 심판

새 예루살렘의 도래

기존 세상의 종말
(상징) 바벨론의 멸망
(상징) 아마겟돈 전쟁

사탄의 멸망
(상징) 곡과 마곡 전쟁

죽은 자: 몸의 부활
산 자: 부활의 몸으로 변화
(※ 이 변화를 휴거로 오해)
성도: 영생 불신자: 영벌

역사의 완성

쉽 게 풀 어 쓴 요 한 계 시 록 주 석

종말을 위한 계시

THE KINGDOM OF RESURRECTION

PART 1

1. 요한계시록 이해

요한계시록의 의미

성서는 사람에 관한 내용이 많고, 사람이 기록하고, 사람이 정경으로 선택했지만, 본질적으로 하나님의 말씀이다. 성서는 사람의 지혜를 기록한 책이 아니라 성령의 감동을 입은 사람들이 하나님의 뜻을 기록한 책이기 때문이다(딤후 3:16, 벧후 1:21). 그래서 성서는 저자나 편집자가 중요하지 않다. 지금의 모습 그 자체가 하나님의 뜻이고 하나님의 말씀이다. 그래서 성서는 사람의 영혼을 살리는 생명의 양식이다(신 32:47, 사 55:3). 예수께서도 "내가 너희에게 이른 말은 영이요 생명이라"(요 6:63)고 말씀하신다. 사람은 하나님의 말씀으로 살아야 한다.(신 8:3, 마 4:4)

그렇다면 하나님은 성서를 통해 무엇을 말씀하시는 것일까? 하나님이 성서를 주신 목적은 무엇일까? 요한복음 20:31에서 그 답을 얻을 수 있다. "오직 이것을 기록함은 너희로 예수께서 하나님의 아들 그리스도이심을 믿게 하려 함이요 또 너희로 믿고 그 이름을 힘입어 생명을 얻게 하려 함이니라"는 말씀이다. 요한복음의 기록 목적이 '예수 그리스도에 대한 믿음과 영원한 생명'이라는 말씀이다. 이것이 성서 전체의 목적이다. 하나님은 성서를 통해 믿음과 생명, 즉 인간의 구원에 대해 말씀하신다.

요한복음 6:38~40에서 이를 확인할 수 있다. "내가 하늘에서 내려온 것은 내 뜻을 행하려 함이 아니요 나를 보내신 이의 뜻을 행하려 함이니라 나를 보내신 이의 뜻은 내게 주신 자 중에 내가 하나도 잃어버리지 아니하고 마지막 날에 다시 살리는 이것이니라. 내 아버지의 뜻은 아들을 보고 믿는 자마다 영생을 얻는 이것이니 마지막 날에 내가 이를 다시 살리라"는 말씀이다. 예수께서 이 세상에 오신 이유가 성도의 부활과 영생 때문이라는 말씀이다. 이것이 바로 성서의 핵심이다.

그런데 마지막 날에 부활한 성도는 혼자 살지 않는다. 그는 하나님 나라 백성으로서 부활한 다른 성도들과 함께 산다. 성서가 약속하는 구원은 개인의 부활과 영생이 아니라 하나님 나라 백성의 부활과 영생이다. 이 사실을 강조할 필요가 있다. 그것이 성서의 진정한 핵심이기 때문이다. 그러므로 앞에서 인용한 요한복음 20:31이나 6:38~40 역시 하나님의 백성 개념으로 이해해야 한다. 예수께서는 하나님 나라 백성의 부활과 영생을 약속하신 것이다.

하나님 나라는 지금도 존재하고 있다. 그러나 완성된 나라는 아니다. 성도들이 아직 부활의 몸을 얻지 못했기 때문이다. 하나님 나라는 믿는 자들이 '부활의 자녀'가 될 때 완성된다(눅 20:36). 그 나라를 '부활의 나라'라고 할 수 있다. 부활한 성도들이 그 나라 백성이기 때문이다. 그 나라는 시대와 혈통과 민족과 국가를 초월한 천상의 나라로 하나님의 인 침을 받은 자는 누구나 그 나라 백성이 된다. 그들은 시대와 혈통과 민족과 국가를 초월해서 완전한 사랑으로 한 나라의 백성이 된다. 그 나라는 부활의 자녀들이 영원히 하나님을 섬기는 '부활의 나라'이다.

요한계시록은 특별히 이 사실을 강조한다. 요한계시록의 마지막 환상은 '새 예루살렘'(21:1~22:5)에 대한 환상이다. 새 예루살렘은 하나님 나라의 완성을 의미하는 것으로, 부활의 나라를 상징한다. 그러므로 성서는 부활의 나라에 대한 약속으로 끝난다고 할 수 있다. 요한계시록이 성서의 마지막 책이기 때문이다. 이것은 우연이 아니다. 성서의 핵심이 하나님 나라 백성의 부활과 영생임을 밝혀 주는 하나님의 지혜이다. 성서는 결국 부활의 나라를 약속하는 책이다.

요한계시록은 성서의 결론에 해당되는 책으로 하나님의 구원 계획이 완성되는 모습을 보여 준다. 그러므로 요한계시록에 대한 바르고 깊은 이해가 필요하다. 그래야 역사를 통해 진행되는 하나님의 구원 계획을 깨달을 수 있고, 구원의 최종 목표를 알 수 있다. 사탄의 무서운 유혹을 이길 수 있고 세상의 핍박을 인내할 수 있다. 그래서 영원한 새 예루살렘에서 왕처럼 살 수 있다(계 22:5). 요한계시록은 복된 말씀이 분명하다.(계 1:1~3)

그러나 산이 높으면 골이 깊다는 말처럼, 요한계시록은 성서에서 가장 난해한 책이다. 그리고 가장 오해를 많이 받는 책이다. 대부분의 교회는 요한계시록 해석을 외면한다. 잘못 해석하느니 차라리 해석하지 않는 게 낫다고 생각한다. 반대로 이단과 사이비는 요한계시록을 함부로 해석한다. 그들은 마치 해석의 열쇠를 가지고 있는 것처럼 행동한다. 주로 재림의 날을 확정하거나, '십사만 사천 명'(계 7:4)과 '천년왕국'(계 20:4~6)을 제멋대로 해석한다. 그들의 주장이 참인지 거짓인지 판단할 수 없으면 그들의 미혹에 빠지게 된다. 정통 교회가 요한계시록을 제대로 가르치지 못한 결과, 이단과 사이비가 요한계시록을 함부로 이용하게 되었다.

요한계시록은 '해석 불가능한 책'이 아니다. 하나님께서 그런 책을 교회에 주셨을 리가 없다. 성서 안에 요한계시록을 해석하는 열쇠와 힌트가 있다. 성서의 보편적 가르침과 구체적 본문의 도움을 받으면 환상에 대한 해석이 가능하다. 환상이 내포하고 있는 계시의 의미를 제대로 파악할 수 있다. 특히 예언서가 큰 도움이 된다. 하나님은 교회가 풀 수 없는 수수께끼를 주신 것이 아니라, 교회가 알 수 있는 계시를 환상으로 주신 것이다. 그러므로 요한계시록을 외면할 것이 아니라 바른 해석을 해야 한다. 그래야 하나님의 구원 계획을 깨달을 수 있고 이단과 사이비의 거짓 해석을 분별할 수 있다. 다만 각별한 주의가 필요하다. 해석자의 잘못된 선입견과 입장이 큰 오류를 가져올 수 있기 때문이다.

요한계시록은 '아시아 일곱 교회에 보내는 편지'(1~3장)와, '종말론적 환상'(4~22장)으로 구성되어 있다. 전자는 아시아 일곱 교회에 대한 칭찬과 책망, 위로와 권면의 말씀이다. 이는 하나님이 어떤 교회를 기뻐하시고 어떤 교회를 책망하시는지 밝혀 준다. 후자는 세상의 종말, 즉 마지막 때와 마지막 날에 대한 말씀이다. 이는 하나님의 인침을 받고 영원히 살 자가 누구이며, 사탄의 표를 받고 영원히 죽을 자가 누구인지 밝혀 준다. 요한계시록은 참된 교회와 거짓 교회, 하나님의 백성과 사탄의 무리를 구별하는 지혜를 주는 책이다.

요한계시록은 하나님 나라에 대한 이해를 돕는다. 현존하는 하나님 나라의 모습과, 장차 완성될 하나님 나라의 모습을 밝혀 준다. 사실 하나님 나라는 창세로부터 예비 된 나라로서(마 25:34), 성서 전체를 관통하는 중요한 신학적 주제이다. 세례 요한은 하나님 나라에 대한 선포로 그리스도의 길을 예비했고(마 3:1~2), 예수께서는 하나님 나라에 대한 선포로 구세주로서의 사명을 시작하셨다(마 4:17). 그런 하나님 나라가 요한계시록에서 완성된다. 하나님 나라가 임하기를 바라시는 '예수님의 기도'(마 6:10, 눅 11:2)가 요한계시록에서 이루어지는 것이다.

기록 시기

성서를 연구할 때 책의 저자나 기록 연대, 기록 목적 등을 안다면 그 책을 해석하는 데 큰 도움이 된다. 이는 요한계시록도 마찬가지다. 요한계시록의 배경 이해가 요한계시록 해석에 도움을 준다. 문제는 요한계시록의 경우 그 배경을 알기가 어렵다는 것이다. 요한계시록에는 구체적 사건, 인물, 연대 등이 거의 없다. 이름이라고 해야 겨우 저자 요한, 밧모 섬, 아시아 일곱 교회, 발람, 이세벨, 니골라, 안디바(계 2:13), 천사 미가엘, 로마를 상징하는 바벨론 등이 전부다. 책의 대부분을 차지하는 환상의 경우, 한 번도 사건과 연대, 인물 등이 구체적으로 언급되지 않았다. 로마를 상징하는 '바벨론의 멸망'(계 18:1~24) 역시 요한계시록의 역사적 배경이 될 수 없다. 서로마 제국의 실제적 멸망은 주후 476년에 일어났다. 하지만 요한계시록의 배경을 조금은 알 수 있다. 요한계시록이 아시아 일곱 교회를 위한 편지이기 때문이다. 편지란 본래 발신자와 수신자, 그리고 편지의 동기나 목적이 있기 마련이다.

요한계시록 안에 시대를 짐작할 수 있는 내용이 없기 때문에 요한계시록의 기록 시기를 정확히 알 수는 없다. 요한계시록이 언제 기록되었다는 말이 없고 이를 짐작할 수 있는 역사적 인물이나 사건이 없다. 요한계시록이 '편지'(계 1:4)라는 사실도 도움이 안 된다. 고대에는 편지를 쓰는 사람과 받는 사람은 명기했으나 날짜는 쓰지 않는 것이 상례였기 때문이다. 요한계시록에도 이런 날짜가 없다.

일단 아시아 일곱 교회가 로마의 박해를 받고 있을 때, 요한계시록이 기록되었다고 추정할 수 있다. 박해 때는 인내와 순교가 필요하며, 하나님께서 흘린 피를 신원해 주신다는 내용이 있기 때문이다(계 7:14, 14:12, 16:6, 21:4). 요한계시록은 '사랑, 용서, 화해'와 같은 가르침보다 '복수, 죄와 벌, 심판' 등을 강조한다(계 6:1~8, 10, 8:7~9:21, 16:1~20, 14:10, 18:6). '충성된 증인, 죽은 자들 가운데에서 먼저 나신 분, 땅의 임금들의 머리'(계 1:5) 같은 새로운 그리스도 칭호 역시 박해와 관련이 있다. 이런 칭호는 박해 시기가 아니라면 별 의미가 없다. 요한계시록은 재림에 대한 소망으로 박해를 이기라고 권면한다(계 21:3~4). 그 소망은 새 예루살렘에서 영원히 왕 노릇 하며 사는 것이다(계 22:5). 일곱 교회는 요한계시록을 통해 위로를 받고 소망을 얻었을 것이다.

요한계시록이 주후 70년 이후 작품이라는 내적 증거가 있다. 로마를 '바벨론'으로 부르기 때문이다. 바빌로니아는 주전 587년 예루살렘을 점령하고 성전을 파괴했다. 그리고 많은 유대인들을 포로로 잡아갔다. 그래서 유대인들은 바빌로니아의 수도 바벨론을 악의 대명사로 여겼다. 그런데 로마 제국이 주후 70년에 바빌로니아와 똑같은 일을 했다. 예루살렘을 점령하고 성전을 파괴한 것이다. 그래서 70년 이후 유대-기독교 문헌은 로마를 바벨론이라 부른다.[1] 요한계시록도 마찬가지다(계 14:8, 16:19, 17:5, 18:2, 10, 15, 21). 로마를 바벨론으로 불렀다는 것은 요한계시록이 주후 70년 이후에 기록되었음을 암시한다.

이레네우스(Irenaeus, ca. 140~202)가 요한계시록의 기록 시기에 대한 최초의 글을 남겼다. 이레네우스는 170년경에 쓴 「이단에 대하여」(*Against Heresies* 5.30.3)에서 요한은 도미티아누스 황제(81~96) 통치 말기에 환상을 보았다고 했는데 이것이 교회의 전통이 되었다. 도미티아누스 시대 때 교회에 대한 박해가 있었다는 간접적 증거들이 있다. 가이사랴의 유세비우스(Eusebius ca. 260~339)는 자신의 「교회사」(*Ecclesiastical History* 3.18.4)에서, 도미티아누스 15년(96년)에 박해와 순교가 있었다고 한다. 도미티아누스는 기독교인이 되는 것을 국가 전복을 꾀하는 범죄로 보고, 기독교인을 무신론자라는 죄목으로 처형하거나 추방하고 재산을 몰수했다.[2] 역사가 수에토니우스(Suetonius)는 도미티아누스 통치를 공포정치라 하는데(*Domitian* 8.10), 도미티아누스가 그런 전제 군주의 모습을 보인 것은 사실일 것이다.[3] 도미티아누스는 '우리 주(主)와 신(神)'(dominus et deus noster)이라는 칭호를 요구했다.[4] 대부분의 학자들은 전통적 견해를 따라, 도미티아누스 통치 말기인 92~96년 사이에 요한계시록이 기록된 것으로 본다. 네로의 박해를 경험한 교회가 도미티아누스의 박해를 심각히 여기고 있을 때, 아시아 지방에 속한 교회에 용기와 소망을 주기 위해 요한계시록이 기록되었을 것이다.[5]

하지만 도미티아누스의 박해를 부인하는 학자들도 있다. 초대 교회의 전승이 항상 정확한 것은 아니며, 도미티아누스가 네로처럼 교회를 박해했다는 직접적인 증거가 없기 때문이다.[6] 그래서 소수이긴 하지만 요한계시록의 기록 시기를 클라우디우스(42~54), 네로(54~68), 트라야누스

(98~117) 황제 때라고 주장하는 학자들이 있다. 클라우디우스 때 기독교인들이 로마에서 추방되었고(53년), 네로 때 로마의 방화범으로 몰린 기독교인들이 박해를 받았고(64년), 트라야누스는 최초로 기독교를 불법 종교로 선언했다.[7] 그러나 이런 주장들은 설득력이 약하다. 요한계시록은 '예루살렘 멸망, 황제 숭배, 소아시아 교회 박해' 등을 곳곳에서 암시하는데, 클라우디우스와 네로는 예루살렘 멸망 전의 황제였으며, 트라야누스는 아시아 지방에 있던 교회의 박해와 무관하기 때문이다.

저자

요한계시록의 저자는 요한이다(계 1:1, 4, 9, 22:8). 이 이름은 분명히 실명(實名)일 것이다. 저자가 자신을 예언자라 하고(계 22:9), 자신의 글을 예언이라고 하기 때문이다(계 1:3, 22:7, 10, 18, 19). 예레미야가 예레미야서의 저자인 것처럼, 본래 예언자들은 자신의 이름으로 책을 썼다. 그리고 요한계시록은 아시아 일곱 교회에 전달된 편지였다. 편지 역시 실명으로 쓴다. 그러므로 요한이 익명일 가능성은 거의 없다. 요한계시록의 저자는 본인의 말처럼 정말 요한이었을 것이다. 문제는 이 요한이 어떤 요한인지 알 수 없다는 점이다. 그래서 요한계시록의 저자 역시 알기 어렵다.

초대 교회의 전통은 사도 요한이 요한계시록을 썼다고 한다. 순교자 유스티누스(Flavius Justinus, 166년 순교)는 155년에 사도 요한이 요한계시록의 저자라고 했다(*Dialogue with Trypho* 81.4).[8] 그러나 요한은 자신을 예언자 요한이라고 할 뿐, 예수님의 제자 요한이라고 하지 않는다. 그리고 사도 요한으로 생각되는 '예수의 사랑하는 제자'(요 19:26)라고도 하지 않는다. 뿐만 아니라 요한계시록 안에 자신이 지상의 예수님을 안다고 언급한 곳이 없다. 그래서 요한계시록의 저자를 사도 요한이라고 말하기는 어렵다.

도미티아누스 때 사도 요한이 '밧모 섬'(계 1:9)에 유배되었다는 교회의 전승이 있지만(이레네우스, 유세비우스, 제롬)[9] 이는 전승일 뿐 역사적 사실로 보기 어렵다. 요한계시록의 저자가 정말 사도 요한이었다면 자신이 사도라는 사실이 요한계시록 안에 강조되었을 것이다. 그것이 훨씬 더 자연스러운데 그런 말이 없다. 그럼에도 불구하고 초대 교회의 전통을 따라, 사도 요한이 요한복음과 요한계시록을 썼다고 주장하는 사람들이 있다. 그것이 요한계시록의 권위에 도움이 된다고 생각하기 때문이다.

그 외에 요한계시록의 저자에 대한 몇 가지 견해가 있다. 첫째는 요한복음 저자와의 동일설이다. 그러나 두 책의 언어, 신학, 관점 등이 아주 달라서 동일 인물로 보기는 어렵다. 둘째는 요한일서, 요한이서 저자와의 동일설이다. 그러나 이 역시 언어, 신학, 관점 등이 아주 달라서 설득력이 없다. 셋째는 에베소 교회의 장로 요한설이다. 이것은 유세비우스가 파피아스(Papias of Hierapolis)의 글을 인용하면서 생긴 견해다 (Ecclesiastical History 3.39).[10] 하지만 이 역시 확실하지 않다.

저자가 본인을 예언자로 소개할 뿐 다른 설명을 하지 않으므로(계 22:9), 자신을 기독교 예언자로 생각한 어떤 요한이 요한계시록을 썼다고 생각할 수밖에 없다. 성서에 의하면 부활의 예수를 전한 기독교 예언자들이 교회 안에 있었다(마 23:34, 행 2:14~21, 13:1, 롬 12:6, 고전 12:10, 28, 엡 2:20, 3:5). 블라운트(B. K. Blount)는 요한계시록의 저자 요한을 팔레스타인 출신 유대인으로 본다.[11] 그 이유는 요한이 구약성서에 크게 의존하고, 셈어의 영향을 받은 헬라어(Semiticized Greek)를 사용하기 때문이다. 요한의 모국어는 헬라어가 아니라, 팔레스타인 유대인들이 사용하던 아람어였을 것이다. 블라운트는 요한이 예루살렘의 지형과, 주후 70년에 파괴된 예루살렘 성전을 잘 알고 있다고 한다.

편지

엄밀히 말하면 요한계시록은 책이 아니라 편지다. 요한계시록 1:4의 '요한, 아시아의 일곱 교회에게, 은혜와 평강이 있기를'(A to B, greetings)이라는 표현은 당시의 전형적인 편지 형식이다(행 15:23, 23:26, 유 1:1 참고). 편지라는 단어는 없지만 편지가 틀림없다. 고대에는 편지를 쓸 때 쓰는 사람과 받는 사람은 명기했으나 날짜는 쓰지 않았다. 요한계시록 22:18은 요한계시록을 '비블리온'(βιβλιον, document)이라고 하는데, 이 역시 편지로 볼 수 있는 단어이다. 개역성서는 이 '비블리온'을 책으로 번역했다가 개정판에서 두루마리로 번역했다.

책과 편지에는 결정적 차이점이 있다. 책은 일반 독자를 위한 것이지만 편지는 특정 독자를 위한 글이라는 점이다. 요한계시록이 편지라는 사실은 요한계시록이 근본적으로 특정 시대, 특정 장소, 특정 상황에 있는 기독교인들을 위한 글이라는 뜻이다. 그러므로 요한계시록을 이해하는 첫 걸음은, 요한계시록을 편지로 받은 청중의 입장에서 이해하는 것이다. 요한계시록 해석은 우선 아시아 일곱 교회가 처한 상황에 주목해야 한다. 그렇다고 해서 여기에 국한되어서는 안 된다. 요한계시록은 아시아 일곱 교회를 위한 책인 동시에, 종말의 때에 존재하는 모든 교회를 위한 책이기 때문이다.

로마는 주후 60년대 이후 전쟁, 자연 재해, 정치 불안 등으로 제국 전체가 혼란스러웠다. 그래서 혼란의 원인으로 지목할 속죄양이 필요했다. 그런 상황에서 기독교인들이 좋은 표적이 되었다. 당시 기독교인들이 로마 제국에 충성하지 않고, 신들을 거부하는 비종교적 인물로 인식되었기 때문이다. 로마 제국에서 황제 숭배가 시작되었을 때 기독교인들은 이를 거부했다. 그들이 하나님만 믿는 유일신관을 가졌기 때문이다. 다신론을 믿었던 이방인들은 이를 이해할 수 없었다. 대중의 이런 정서와 로마 제국의 혼란한 상황이 기독교인에 대한 박해로 이어졌다.[12] 요한계시록은 교회가 박해받는 상황을 묘사한다(계 3:10, 6:9, 11, 7:14, 12~13장, 17:6, 18:24). 요한계시록 2~3장에 언급된 일곱 교회 중 세 교회가 박해를 받았

고(에베소, 버가모, 빌라델비아 교회), 한 교회는 곧 받을 것이라고 한다.(서머나 교회)

앞에서 살펴본 것처럼 요한계시록은 도미티아누스 통치 말기에 기록되었다. 안디옥의 감독 이그나티우스(Ignatius ca. 35~107)의 '순교전' (*Martyrium S. Ignatii*)에 의하면, 도미티아누스 통치 때 기독교인에 대한 박해가 있었지만,[13] 통치 말기에 아시아 교회를 박해했는지는 알 수 없다. 이에 대한 역사적 자료가 없기 때문이다. 112년 경 비두니아 (Bithynia) 총독 플리니우스와 로마 황제 트라야누스가 주고받은 편지들이 이 시기에 가장 가까운 기록이다.[14] 비두니아는 아시아 바로 북쪽에 있는 주(州)다(행 16:7, 벧전 1:1). 플리니우스는 기독교를 '저급하고 무절제한 미신'으로 보면서 기독교의 확산을 저지하기 위해 기독교인을 여러 명 처형했다. 그리고 로마 시민권을 가진 기독교인들을 황제의 법정으로 송치했다. 그런 과정에서 플리니우스는 황제에게 '기독교인이지만 노인은 존중해야 하는지, 기독교인이라는 사실만 가지고도 범죄자로 다루어야 하는지' 등의 자문을 구했다. 트라야누스는 플리니우스가 올바른 조치를 취했다고 하면서 기독교인을 색출하지 말라고 한다. 그러나 고소가 들어와 죄가 입증되면 반드시 처벌하라고 한다. 트라야누스가 전형적인 이교도 황제임을 감안할 때 그의 대답은 온건한 편이었다.

예언

요한계시록은 편지이면서 예언이다. 요한은 자신을 예언자로 소개하고 (계 22:9), 자신의 글을 예언이라고 한다(계 1:3, 22:7, 10, 18, 19). 이 말은 요한계시록이 요한의 생각이 아니라 하나님 말씀이라는 뜻이다. 예언자란 하나님이 보여 주신 것을 전하는 자이며(민 24:3~4, 삼상 9:9, 사 1:1, 겔 1:1), 하나님이 들려주신 것을 전하는 자이다(신 18:18, 렘 1:2~3, 욜 1:1, 미 1:1). 요한계시록이 예언이라는 말은, 요한은 아시아 일곱 교회에 자신의 생각을 전한 것이 아니라 하나님의 뜻을 선포했다는 뜻이다. 요한은 자신의 지혜를 환상으로 표현한 것이 아니라 하나님이 보여 주신 환상을 본 것이다. 그래서 요한계시록은 근본적으로 요한의 작품이 아니라 하나님의 말씀이다.

예언은 본질적으로 하나님의 계시이다. 예언은 하나님의 계시를 보고 들은 그대로 전하는 것이다. 그러므로 예언은 예언자 개인의 경험, 지혜, 교육, 능력과 무관하다. 그저 하나님께서 보여 주고 들려주시는 것을 전할 따름이다. 요한계시록이 예언이라는 말은 요한계시록의 환상이 반드시 이루어진다는 뜻이다. 그 환상이 하나님의 계시이기 때문이다. 요한계시록의 환상이 내포하고 있는 신앙적 진리는 분명히 실현된다.

요한계시록이 예언이라는 사실은 요한계시록 해석에 있어 중요하다. 왜냐하면 성서의 예언은 근본적으로 미래를 예측하는 것이 아니라 역사의 의미를 해석하는 것이기 때문이다. 요한계시록도 마찬가지다. 요한계시록은 시대를 예측하는 책이 아니라 그 시대의 의미를 알려 주는 책이다. 요한계시록은 종말을 다루는 책이다. 종말이 요한계시록의 시대적 초점이다. 하지만 요한계시록은 종말의 때와 종말적 사건을 예측하는 책이 아니라 종말의 의미를 밝히고 전하는 책이다. 요한계시록에 대한 가장 큰 오해는 요한계시록을 종말의 시간표로 사용하는 것이다.

예언의 중요한 기능 중 하나는 역사를 주관하시는 하나님을 강조하는 것이다. 바빌로니아가 이스라엘을 침공한 것은, 바빌로니아의 제국주의 정책 때문이 아니다. 하나님이 이스라엘을 심판하기 위해 바빌로니아 군대를 보내셨기 때문이다(렘 25:9, 51:20~23). 바빌로니아가 예루살렘을 점령한 것은 바빌로니아 군대가 강해서가 아니다. 하나님께서 예루살렘을 바빌로니아 손에 넘기셨기 때문이다(사 42:24, 렘 20:4, 25:9). 요한계시록도 이 사실을 강조한다. 하나님이 역사를 주관하시면서, 하나님의 계획에 따라 심판하시고 또 구원하신다는 것이다. 오직 하나님만이 최후 심판의 때를 아시며, 오직 하나님만이 그리스도 재림의 때를 결정하신다. 요한계시록은 이런 사실을 예언하는 책이다.

예언이란 본래 시대를 초월하는 보편적 말씀이 아니라, 특정 시대에 주어진 구체적 말씀이다. 예언은 시대적 상황과 관계가 있으며 그 시대를 알면 예언 해석에 큰 도움이 된다. 이것은 요한계시록도 마찬가지다. 요한계시록이 다루는 시대를 알아야 하고, 그 시대에 기초해서 요한계시록을 해석해야 한다. 그래야 자의적 해석이라는 위험을 피할 수 있다. 요한계시록이 다루는 특정한 시대는 곧 종말이다. 요한계시록은 종말의 때와 종말의 날을 위한 예언인 것이다. 그러므로 요한계시록은 종말에 대한 성서적 의미를 알아야 바로 해석할 수 있다.

환상

요한계시록은 예언이지만, 구약성서의 예언서를 잘 아는 사람에게조차 낯설다는 인상을 준다. 환상이 너무 많고 비역사적이며, 또 연속적이기 때문이다. 요한계시록처럼 거의 환상으로 이루어진 책은 성서에 없다(계 4:1~22:5). 비교적 환상이 많은 에스겔서조차 요한계시록에 비할 수 없다.

한편, 구약성서 예언서의 환상은 역사적이고 단편적이다(사 6:1~7, 렘 24:1~3, 겔 1:1~28, 37:1~8, 단 7:1~14, 8:1~14, 암 7:1~9, 8:1~3, 슥 1~6장). 그러나 요한계시록의 환상은 비역사적이고 연속적이다. 스가랴 1~6장에 8개의 환상이 있지만 그 내용에 연속성은 없다. 8개 환상이 함께 편집된 것일 뿐 환상의 내용은 개별적이다. 내용도 '유다와 예루살렘의 회복, 예루살렘 성전의 회복, 바벨론에서의 귀환'과 같이 역사적이다. 그러나 요한계시록의 환상은 계속 연결되어 있고 역사와 직접적인 관련이 없다. 그래서 요한계시록은 낯설다는 인상을 주는 것이다.

환상의 내용도 문제가 있다. 요한계시록의 환상은 재난과 파괴, 고통과 죽음 등 재앙과 심판으로 가득 차 있다. 일곱 봉인이 열릴 때 큰 지진이

나고 해가 검어지며, 달이 핏빛이 되고 별들이 땅에 떨어진다. 일곱 나팔을 불 때 땅의 삼분의 일이 불타고 바다의 삼분의 일이 피가 되며 해, 달, 별의 삼분의 일이 어두워진다. 그리고 많은 사람이 죽는다. 일곱 대접이 쏟아질 때 독한 종기가 나고 바다 생물이 죽으며, 해가 사람들을 태우고 큰 지진이 일어난다. 그 외에도 아마겟돈 전쟁이 나며 바벨론이 멸망하고 사탄과 두 짐승이 불과 유황 못에 던져진다. 물론 이런 내용 가운데 하늘 보좌와 흰 옷 입은 성도들에 대한 환상이 있다. 그리고 결국은 장엄하고 평화로운 새 예루살렘에 대한 환상으로 끝이 난다. 하지만 전체적으로 볼 때 요한계시록의 환상은 무섭고 두렵다는 인상을 준다.

구약성서의 환상은 비교적 해석하기 쉽다. 환상이 역사적 사건과 관계있기 때문이다(슥 1~6장). 때로는 본문 안에 환상에 대한 해석이 있다(단 7~11장). 에스겔 1장의 '보좌 수레' 환상 정도가 해석하기 어렵다. 환상의 내용이 천상의 존재에 대한 세밀한 묘사이기 때문이다. 그러나 요한계시록의 환상은 수수께끼 같은 인물과 신비로운 사건이 계속된다. 암호와 같은 숫자도 등장한다. 역사적 인물이나 구체적 사건이 거의 없다. 그리고 시대를 초월하는 종말론적 의미를 내포하고 있다. 그래서 요한계시록의 환상은 해석이 어렵다.

요한계시록의 환상을 묵시문학적 환상으로 설명하기도 한다.[15] 묵시문학은 초월적 존재가 환상, 꿈, 천사와의 대화 등을 통해 특정 인물에게 초자연적 계시를 전달하는 글이다. 묵시(黙示)는 헬라어 '아포칼립시스'(Αποκαλυψις)에서 온 말로서 '감춰진 것을 드러낸다'라는 뜻이다. 묵시문학은 끝을 알 수 없는 고난이나 극심한 고통 속에서 예언자들의 낙관적 역사 이해가 한계에 부닥치면서 태동했다. 예루살렘 멸망과 다윗 왕조의 몰락, 바빌로니아 포로와 같은 계속된 고난으로 인해 유대인들은 현실에 대해 비관적 관점을 가시게 되었다. 이런 비참한 현실을 신학적으로 극복하기 위해 묵시문학이 태동했다. 괴롭고 고통스러운 현실을 신앙으로 극복하고, 종말론적 소망을 통해 용기와 위로를 주기 위해서이다. 비록 현실은 심히 고통스럽지만 미래에 있을 구원을 소망하며 현실을 인내하라는 것이다. 그러나 그 미래는 현실과 연결된 예측할 수 있는 미래가 아니다. 현실과 단절된 예측이 불가능한 미래, 종말론적 미래이다. 이 종말론적 소망이 묵시문학의 중요한 주제이다.

요한계시록과 묵시문학에는 공통점이 있다. 환상의 양과 내용, 종말론적 소망이 비슷하다. 예언문학의 소망은 역사 속에서 이루어진다. 예언문학의 종말은 하나님의 계획이 역사 안에서 이루어지는 것이다. 의인들이 상을 받고 악한 자들이 처벌받는 하나님의 정의가 역사 가운데 가시적으로 일어난다. 예언문학은 현실 안에서 성취되는 마지막 때를 기대한다. 그래서 역사에 대해 낙관적 태도를 가진다. 하지만 묵시문학의 종말은 그와 다르다. 현실 세계가 종말을 고하고 완전히 새로운 세계가 창조된다. 현실이 완전히 새로운 모습으로 바뀌는 것을 기대한다. 묵시문학은 때로 현 세계의 파멸보다 사후 세계에서의 보상에 더 큰 관심을 보이기도 한다. 현실의 종말을 꿈꾸기보다 현실에서 당한 의인의 보상과 복수를 내세에서 바라는 것이다. 묵시문학의 최후 심판에서는 개인과 국가는 물론 천사와 악마까지도 심판을 받는다. 묵시문학의 이런 종말론적 소망이 요한계시록과 비슷하다.

그렇지만 요한계시록을 묵시문학으로 해석해서는 안 된다. 앞에서 살펴본 것처럼 요한계시록은 예언이기 때문이다. 묵시문학은 저자의 역사 이해와 미래에 대한 소망을 환상으로 표현한 것이다. 그러나 요한계시록은 종말에 대한 하나님의 계획을 환상으로 표현한 것이다. 묵시문학이 사람의 지혜에 속한다면, 요한계시록은 하나님의 지혜에 속한다. 사람의 지혜와 하나님의 지혜가 같을 수는 없다. 그러므로 요한계시록은 묵시문학이 아니라 환상으로 된 예언서로 해석해야 한다. 요한계시록은 근본적으로 사람의 작품이 아니라 하나님의 계시이기 때문이다.

요한계시록의 환상은 묵시문학적 환상이 아니라 종말에 대한 예언적 환상이다. 그것이 묵시문학적 환상처럼 보일 뿐이다. 그래서 구약성서의 예언서가 요한계시록 해석에 큰 도움을 준다. 이 사실에서 구약성서와 신약성서의 일치를 확인할 수 있다. 그것이 하나님의 구원 계획이기 때문이다. 요한계시록은 하나님의 구원 계획을 환상으로 계시하는 예언이다.

2. 해석의 열쇠: 마지막 때와 마지막 날

해석의 어려움

2세기 중엽 터키 브루기아 지방에서 몬타누스파(Montanism)라는 이단 종파가 발생했다. 그들은 성령 체험과 극단적 금욕(금식, 고행, 독신), 그리고 순교를 강조하면서 교회의 조직과 형식을 반대했다. 그런 것은 인간이 만든 것일 뿐이라고 주장했다. 그리고 세상의 종말과 그리스도의 재림을 열망했다. 그들은 요한계시록의 천년왕국이 브루기아의 페푸자(Pepuza)에서 시작되고 거기에 새 예루살렘이 도래할 것이라고 주장했다. 이들의 열광적이고 선동적인 주장으로 인해 교회 안에 큰 혼란이 일어났으며, 이를 염려한 아시아 지역 감독들이 회의를 열어 몬타누스파를 이단으로 정죄했다.[16] 이것이 감독회의의 시작이다. 381년 콘스탄티노플 공의회 역시 몬타누스파를 이단으로 판결했다. 이렇게 몬타누스파의 주장이 거짓으로 판명된 뒤, 교회 안에 요한계시록을 부정적으로 보는 분위기가 생겨났다. 몬타누스파가 요한계시록을 이용해 이단사설을 펼쳤기 때문이다.

이와는 별도로 교회 안에 요한계시록을 인정하지 않으려는 분위기가 지속되었다.[17] 요한계시록이 정경으로 적합하지 않다는 생각이었다. 알렉산드리아 감독 디오니시우스(Dionysius the Great, ca. 190~265)는 요한계시록의 언어와 문법을 연구한 후, 요한계시록은 요한복음 저자의 책이 아니라는 결론을 내렸다. 그 결과 알렉산드리아 교회는 요한계시록을 정경으로 인정하지 않았다. 유세비우스(Eusebius ca. 260~339)는 신약성서의 책을 '수락된 것, 거절된 것, 논쟁 중인 것'으로 구분했는데 요한계시록을 논쟁 중인 책으로 분류했다. 예루살렘 감독 키릴루스(Cyrillus, ca. 315~386)는 요한계시록을 정경에서 삭제하면서 공적, 사적 목적으로 사용하는 것을 금지했다. 한편 루터는 자신이 번역한 독일어 성서에 요한계시록을 포함시켰으나 정경의 위치는 거부했으며, 츠빙글리는 요한계시록이 성서의 책이 아니라고 생각했다. 칼뱅은 요한계시록의 정경 문제에는 침묵했으나 자신의 주석에서 요한계시록을 제외시켰다. 초대 교회 때부터 시작된 요한계시록에 대한 거부감이 종교개혁 때까지 교회 안에 지속되었던 것이다. 그리고 가톨릭과 개신교의 성구집에는 요한계시록이 조금이나마 들어있지만, 그리스정교에는 전혀 없다.

성서에는 창세기 1~11장, 욥기, 시편, 아가, 에스겔서, 다니엘서 등 다소 해석이 어려운 책들이 있다. 하지만 그 중에서도 요한계시록 해석이 가장 어렵다. 다른 책들은 부분적으로 어렵지만 요한계시록은 전체가 어렵기 때문이다. 요한계시록은 비교적 해석하기 쉬운 1~3장조차 해석이 분분하다. 4~22장의 환상은 말할 것도 없다. 그래서 주석가들은 각각 다르게 해석하고, 목회자들은 요한계시록으로 설교하기를 망설이고, 평신도들은 요한계시록 읽기를 주저한다.

요한계시록이 난해한 근본적인 이유는 환상 때문이다. 요한계시록은 하늘나라에 대한 환상과 무서운 심판에 대한 환상이 계속 이어진다. 이 환상의 해석이 어려운 것이다. 하늘나라에 대한 환상은 사람이 경험하지 못한 내용이며, 심판에 대한 환상은 역사적, 시대적 배경을 전혀 알 수 없는 내용이다. 그래서 해석자 입장에 따라 다양한 해석이 가능하다. 어느 하나만 정확한 해석이라 말하기가 곤란한 것이다. 그리고 요한계시록의 환상은 거의 모두 상징과 은유에 속한다. 짐승이라고 해서 짐승이 아니며, 여자라고 해서 여자가 아니다. 숫자도 마찬가지다. 3년 반이라고 해서 3년 반이 아니며, 천 년이라고 해서 천 년이 아니다. 모두가 상징과 은유로 주어진 환상일 뿐이다. 환상이 내포하고 있는 이 상징과 은유의 정확한 의미를 알기 어려운 것이다.

또한 요한계시록의 환상은 종말론적이다. 이 역시 환상의 해석을 어렵게 만든다. 요한계시록은 1세기 말 요한이 아시아 일곱 교회에 보낸 편지다. 그런 의미에서 요한계시록은 역사적 문서다. 하지만 그 내용은 철저히 종말론적이다. 시공을 초월한 환상, 그리스도의 재림 및 세상 종말과 관련된 우주적 환상이 4장에서 22장까지 계속된다. 그 사이에 역사적 인물이나 사건에 대한 언급이 거의 없다. 그래서 요한계시록을 역사적으로 해석해야 할지, 종말론적으로 해석해야 할지, 양쪽 모두로 해석해야 할지 갈피를 잡기 어렵다.

그 결과 사람들은 요한계시록을 자기 멋대로 해석하는 '자의적(恣意的) 해석'이라는 유혹에 쉽게 빠져들었다. 실제로 2세기 중엽 몬타누스파로부터 현대에 이르기까지 요한계시록을 함부로 해석하는 수많은 이단들이 존재했다. 반면에 정통 교회는 해석의 오류를 피하기 위해 요한계시록 해석을 주저했다. 문제를 해결하기보다는 회피하는 쪽을 택한 것이다.

하지만 환상의 해석이 불가능한 것은 아니다. 환상의 언어적 특징을 파악하고 또 성서의 도움을 받으면, 환상의 의미를 해석할 수 있다. 환상은 논리적, 서술적, 실제적, 직설적 언어를 사용하지 않는다. 상징적, 은유적, 시적, 암시적 언어를 사용한다. 그리고 이미지를 사용한다. 그 이유는 특별히 전하고자 하는 사실을 아주 강조하기 위해서이다. 예를 들면, 예수 그리스도를 '어린 양'(계 5:6)이라고 하는 것은 그리스도의 십자가 사건을 특별히 강조하기 위한 표현이다. 요한이 실제로 하늘 보좌에서 어린 양을 본 것이 결코 아니다. 고난 받으신 흔적을 지닌 예수 그리스도를 본 것이다. 그 예수 그리스도를 어린 양으로 표현했을 뿐이다.

요한계시록은 '부활하신 영광의 예수님이 일곱 천사를 대동하여 아시아 일곱 교회에 말씀하시는데 그 예수님은 대제사장이시며 왕이시며, 태초부터 존재하셨으며, 전지하시며, 전능하시며, 심판 주이시며, 아무도 그의 말씀을 거역할 수 없는 신이시다'라는 말을 "인자 같은 이가 발에 끌리는 옷을 입고 가슴에 금띠를 띠고 그의 머리와 털의 희기가 흰 양 털 같고 눈 같으며 그의 눈은 불꽃 같고 그의 발은 풀무불에 단련한 빛 난 주석 같고 그의 음성은 많은 물 소리와 같으며 그의 오른손에 일곱 별이 있고 그의 입에서 좌우에 날선 검이 나오고 그 얼굴은 해가 힘있게 비치는 것 같더라"(계 1:13~16)라고 표현한다. 전하고자 하는 내용을 강조하기 위해서 같은 내용을 상징적, 은유적, 시적, 암시적 언어를 사용해 화려한 이미지로 표현한 것이다. 이를 전달하기 위한 도구로 환상이 사용되었다.

해석의 관점

성서 해석도 책이나 예술 작품처럼 해석자의 영향을 받는다. 해석자의 관점에 따라 본문에 대한 해석이 달라진다. 예를 들면, 요나서를 역사적 사실로 볼 수도 있고 문학 작품으로 볼 수도 있다. 아가(雅歌)는 그리스도와 교회의 관계에 대한 말씀으로 볼 수도 있고, 바람직한 부부상에 대한 말씀으로 볼 수도 있다. 두 경우 모두 해석자의 관점에 따라 책의 주제나 신앙적 교훈, 그리고 본문 해석이 달라진다. 그리고 해석자가 근본주의자냐 자유주의자냐에 따라 창조, 부활, 종말, 기적 등에 관한 성서 본문을 전혀 다르게 해석할 수 있다. 근본주의자는 성서에 문자적 오류가 없다는 입장으로 성서에 대한 비평적 연구를 죄악시한다. 반면 자유주의자는 문자적 오류가 있다는 입장으로 성서를 자유롭게 비평하며 연구한다.

요한계시록 역시 해석자의 관점에 따라 본문의 의미가 크게 달라진다. 요한계시록은 성서에서 해석자의 관점에 가장 큰 영향을 받는 책이라 할 수 있다. 그래서 학자들은 요한계시록을 해석하는 방법에 관해 많은 연구를 했다. 박두환 교수는 "요한계시록 어떻게 해석할 것인가?"라는 제목의 논문에서 '① 통시적 해석: 종교사적 해석, 전승사적 해석, 시간사적 해석, 사회사적 해석, 문헌-양식-편집사적 해석, 왕국사적 해석, 교회사-세계사적 해석 ② 공시적 해석: 수사적 해석, 의미론적 해석, 심리학적 해석 ③ 미래적 해석: 종국사적 해석, 극단적인 미래적 해석'으로 요한계시록 해석의 관점을 구분했다.[18]

요한계시록을 해석하는 관점은 크게 과거주의, 역사주의, 미래주의, 상징주의로 구분할 수 있다.[19]

첫째, 과거주의는 요한계시록이 '반드시 속히 일어날 일들'(계 1:1)이므로 요한 시대에 이미 모든 것이 이루어졌다는 것이다. 이는 요한계시록 전체를 1세기 말 소아시아 교회의 입장에서 읽어야 한다는 것이다. 이 입장은 요한계시록이 소아시아 일곱 교회를 위한 편지였고, 성서 해석의 기본 원칙에 충실하다는 장점이 있다. 성서의 책은 기본적으로 '그때, 그 곳에서, 그 사람들'의 입장에서 해석해야 한다. 그러나 악에 대한 최후 승리, 새 예루살렘의 도래, 예수 그리스도의 재림 등이 아직까지 전혀 이루어지지 않았다는 약점이 있다.

둘째, 역사주의는 요한계시록을 저자 요한의 시대부터 그리스도 재림까지의 역사로 보는 방법이다. 이를 현재주의라고도 한다. 역사가 하나님의 주권 아래 있다는 생각 아래 요한계시록의 환상을 각 시대의 세계사적 사건이나 강대국의 역사에 적용시키는 해석이다. 이는 하나님 중심의 역사 해석이라는 장점이 있으나 요한계시록의 환상이 소아시아 일곱 교회와 무관하게 되는 단점이 있다. 또 환상의 해석이 강대국의 역사에 국한되며 시대에 따라 환상의 주체가 달라지는 단점도 있다.

셋째, 미래주의는 요한계시록 1~3장은 초대 교회부터 재림까지의 교회 역사로 보고(교회사의 일곱 시대) 4~22장의 환상은 주님의 재림 직전에 일어날 일로 해석하는 것이다. 이는 난해한 환상에 대한 구체적, 역사적 해석을 보류하면서 재림의 때를 기다릴 수 있다는 장점이 있다. 그러나 환상 중 '로마 제국과 관련된 내용'(17~18장)을 설명하지 못하는 단점이 있다. 그리고 역사적 해석을 약화시켜 환상의 해석이 상상이 될 가능성이 매우 크다.

넷째, 상징주의는 요한계시록을 역사와 무관한 계시, 시간을 초월한 상징적인 교훈으로 보는 것이다. 예를 들면 13:1의 일곱 머리 짐승을 죽음을 가져오는 치명적 일곱 죄를 상징하는 것으로 보는 것이다. 이는 모든 환상에 대한 해석이 가능하고 현존하는 선과 악의 대결, 교회와 세상의 갈등을 설명하기 쉽다는 장점이 있다. 그러나 환상의 해석이 아전인수나 알레고리로 흐를 가능성이 크며 편지와 예언으로 주어진 요한계시록의 역사적 의미가 약화되는 단점이 있다. 그리고 재림에 대한 소망 역시 약화된다.

해석의 열쇠: 마지막 때

요한계시록은 종말을 위한 책, 마지막 때를 위한 계시이다. 이를 요한계시록 처음과 끝에서 알 수 있다. 1:3에 "이 예언의 말씀을 읽는 자와 듣는 자와 그 가운데에 기록한 것을 지키는 자는 복이 있나니 때가 가까움이라"는 말씀이 있다. 그리고 22:10에 "이 두루마리의 예언의 말씀을 인봉하지 말라 때가 가까우니라"는 말씀이 있다. 여기서 '때'는 예수께서 구름을 타고 오시는 재림의 날이다(계 1:7). 요한계시록은 이 재림의 날에 '가까이' 사는 사람들을 위한 책이다.

이 사실을 '처음이요 마지막'(계 1:17, 2:8, 22:13), '장차 오실 이'(계 1:4, 8) 같은 그리스도 칭호에서 알 수 있다. 그리고 '선과 악의 마지막 싸움, 마지막 심판'을 강조하는 말씀에서 알 수 있다(계 16:16, 18:1~24, 19:11~14, 19~20, 20:10), '영원한 죽음과 영원한 생명'(계 20:12~15, 21:3~4, 8, 22:5), '새 하늘과 새 땅, 새 예루살렘'(계 20:11, 21:1, 21:9~22:5)에 대한 말씀에서도 알 수 있다. '예수께서 다시 이 세상에 오시기를 바라는 교회의 소망'(계 22:17, 20)에서 알 수 있고, '그렇게 다시 오실 것이라는 주님의 약속'(계 2:16, 3:11, 22:7, 12, 20)에서 알 수 있다. 요한계시록은 분명히 재림의 날에 가까운 때, 다시 말해서 마지막 때를 위한 책인 것이다.

그러므로 마지막 때의 성서적 의미를 아는 것이 중요하다. 종말의 의미에 따라 요한계시록 해석이 달라지기 때문이다. 실제로 사람들마다 이를 다르게 알고 있다. 마지막 때를 위한 책이기 때문에, 마지막 때의 의미를 바로 알아야 요한계시록을 제대로 해석할 수 있다. 마지막 때에 대한 성서적 의미를 살펴보자.

성서가 말하는 마지막 때는 '그리스도의 비밀이 밝혀진 때'(롬 16:25~26)로, 그리스도의 오심과 함께 시작되었다. 히브리서 1:1~2에 "옛적에 선지자들을 통하여 여러 부분과 여러 모양으로 우리 조상들에게 말씀하신 하나님이 이 모든 날 마지막에는 아들을 통하여 우리에게 말씀하셨으니"라는 말씀이 있다. 이는 예수께서 이 세상에 오신 것과 함께 마지막 때가 시작되었다는 뜻이다. 인용한 말씀에서 하나님의 아들이 오시기 전은 '옛적'($\pi\alpha\lambda\alpha\iota$, 팔라이)이며, 오신 후는 '마지막'($\epsilon\sigma\chi\alpha\tau\sigma\varsigma$, 에스카토스)'이다. 이 헬라어 '에스카토스'에서 영어 '에스카톨로지'(eschatology, 종말론)가 유래했다. 그러므로 성서가 말하는 마지막 때는 예수 그리스도의 초림과 재림 사이를 말한다. 이 사실을 성서 곳곳에서 확인할 수 있다.

베드로전서 1:20에 "그는 창세 전부터 미리 알린 바 되신 이나 이 말세에 너희를 위하여 나타내신 바 되었으니"라는 말씀이 있다. 하나님께서 종말에 그리스도를 보내 주셨다는 뜻이다. 이 역시 그리스도가 이 세상에 오신 때가 바로 마지막 때라는 말이다. 여기서 말세는 '시간들의 마지막'($\epsilon\sigma\chi\alpha\tau\sigma\varsigma$ $\tau\omega\nu$ $\chi\rho\sigma\nu\omega\nu$, 에스카토스 톤 크로논)으로 표현되었다. 그래서 베드로전서 4:7은 '만물의 마지막'($\tau\epsilon\lambda\sigma\varsigma$ $\pi\alpha\nu\tau\omega\nu$, 텔로스 판톤)이 가까이 왔다'라고 한다. 그리스도의 오심으로 마지막 때가 시작되었기 때문이다. 요한일서 2:18에도 "아이들아 지금은 마지막 때라 적그리스도가 오리라는 말을 너희가 들은 것과 같이 지금도 많은 적그리스도가 일어났으니 그러므로 우리가 마지막 때인 줄 아노라"는 말씀이 있다. 이 역시 히브리서 1:1~2와 베드로전서 1:20과 같은 의미로, 1세기 기독교인들은 자신들이 마지막 때에 살고 있다고 확신했다. 그래서 초대 교회가 긴박한 종말을 기대했던 것이다. 여기서 마지막 때는 '마지막 시간'(εσχατη ὡρα, 에스카테 호라)으로 표현되었다.

이 사실을 성령 강림 사건에서도 확인할 수 있다. 오순절 성령 강림이 있은 후 베드로는 사람들에게 설교하면서, "하나님이 말씀하시기를 말세에 내가 내 영을 모든 육체에 부어 주리니 너희의 자녀들은 예언할 것이요 너희의 젊은이들은 환상을 보고 너희의 늙은이들은 꿈을 꾸리라"라는 요엘 2:28의 예언을 인용했다.(행 2:17) 요엘서에는 '말세'라는 표현이 없으나, 베드로는 '마지막 날들'(εσχαται ἡμεραι, 에스카타이 헤메라이)이라는 표현을 넣어 요엘서의 예언을 인용했다. 예수 그리스도의 부활과 승천, 그리고 성령 강림을 마지막 때에 일어나는 사건으로 이해한 것이다.

이 외에도 예수 그리스도의 오심과 더불어 마지막 때가 시작되었다는 말씀을 고린도전서 10:11의 '말세(τελη των αιωνων, 텔레 톤 아이오논)를 만난 우리를 깨우치기 위해', 디모데후서 3:1의 '너는 이것을 알라 말세(εσχαται ἡμεραι, 에스카타이 헤메라이)에 고통하는 때가 이르러', 야고보서 5:3의 '너희가 말세(εσχαται ἡμεραι, 에스카타이 헤메라이)에 재물을 쌓았도다', 베드로후서 3:3의 '말세(εσχατοι των ἡμερων, 에스카토이 톤 헤메론)에 조롱하는 자들이 와서', 유다서 1:18의 '마지막 때(εσχατος του χρονου, 에스카토스 투 크로누)에 자기의 경건하지 않은 정욕대로 행하며' 등에서 볼 수 있다.

이것은 구약성서의 종말 이해와 일치한다. 구약성서의 종말은 근본적으로 하나님의 오심과 상관이 있다. 이를 종말론적 말씀으로 인정받는 이사야 2:2~4와 미가 4:1~4에서 확인할 수 있다. 이 구절들이 묘사하는 내용은 요한계시록의 새 예루살렘 모습과 거의 일치한다. 한편, 구약성서에는 종말에 메시아가 하나님보다 앞서 온다는 말씀이 있다. '평강의 왕'(사 9:1~7), '이새의 줄기에서 나는 한 싹'(사 11:1~9)과 같은 말씀이다. 말라기 3:1에는 "만군의 여호와가 이르노라 보라 내가 내 사자를 보내리니 그가 내 앞에서 길을 준비할 것이요"라는 말씀이 있다. 결국 구약성서가 말하는 종말의 때는 메시아가 오는 때이다. 이것이 유대인들의 보편적인 생각이 되었다. 제자들은 나사렛 예수가 메시아임을 굳게 믿었기 때문에 당연히 예수 그리스도로 인해 마지막 때가 시작되었다고 생각했다.

구약시대 다니엘은 "마지막 때까지 이 말을 간수하고 이 글을 봉함하라"는 명령을 받았다(단 12:4, 9). 하늘 위에나 땅 위에나 땅 아래 그 봉함된 두루마리를 펴거나 볼 자가 없었다(계 5:3). 그런데 예수 그리스도께서 그 봉인된 두루마리를 펼치신다(계 5:5~9). 예수 그리스도의 오심으로 인해 마지막 때가 시작되었다는 말이다. 그러므로 성서가 말하는 종말, 즉 마지막 때는 '예수 그리스도의 초림에서 재림까지의 기간'을 말한다. 이 기간은 모든 민족에게 복음이 전해지는 시간이다.(막 13:10)

요한계시록이 기록된 1세기 말 성도들도 마지막 때를 살았고, 교회 개혁에 목숨을 걸었던 16세기 종교개혁자들도 마지막 때를 살았다. 21세기를 사는 현대인도 마지막 때를 살고 있다. 예수님 이후 모든 시대, 모든 교회가 마지막 때를 살았고 살고 있는 것이다. 요한계시록이 마지막 때를 위한 계시라는 말씀은 그리스도의 초림과 재림 사이 모든 시대, 모든 교회를 위한 말씀이라는 뜻이다. 요한계시록은 반드시 이 사실에 기초해서 해석해야 한다. 요한계시록은 어느 특정 시대를 기점으로 해석할 수 없다. 어느 특정 시대를 위한 말씀이 아니라 그리스도의 초림에서 재림까지를 위한 말씀이기 때문이다.

이 사실은 요한계시록 해석에 있어 매우 중요하다. 마지막 때를 그렇게 볼 때, 요한계시록 2~3장의 일곱 교회는 단순히 역사적 일곱 교회만 의미하는 것이 아니다. 모든 시대, 모든 교회를 상징한다. 그리고 일곱 봉인과 일곱 나팔과 일곱 대접의 재앙은 어느 특정 시대에 해당되는 재앙이 아니다. 모든 시대, 모든 재앙을 상징한다. 두 증인과 두 짐승 역시 특정 시대의 역사적 인물이 아니며, 큰 음녀 역시 역사상의 구체적 나라가 아니다. 짐승의 표인 666도 마찬가지다. 모든 것이 그리스도의 초림과 재림 사이에 해당되는 상징들인 것이다. 요한계시록의 환상들은 특정 시대, 특정 인물, 특정 사건을 가리키는 수수께끼가 아니라 그리스도의 초림과 재림 사이의 모든 시대, 모든 인물, 모든 역사를 포괄하는 상징들이다. 요한계시록은 이 사실에 기초해서 해석해야 한다.

그러므로 세 번의 일곱 재앙을 현대의 자연 재앙이나 핵무기와 화학무기 같은 대량 살상 무기로, 뿔이 열이고 머리가 일곱인 짐승을 '유럽 연합'(European Union, EU)으로, 짐승의 표(666)를 바코드나 베리칩(VeriChip) 같은 현대적 발명품으로, 큰 음녀를 현대의 반 기독교적 국가로 해석하는 것은 옳지 않다. 이런 설명은 결과적으로 1~20세기는 마지막 때가 아니라는 입장이기 때문이다. 그리고 21세기에 들어서 비로소 마지막 때가 시작되었다는 것이기 때문이다. 이런 식의 해석은 요한계시록을 마치 노스트라다무스(Nostradamus)의 예언을 해석하듯이 해석하는 것이다. 이는 결코 옳은 방법이 아니다.

그런 해석에는 심각한 문제가 있다. 그렇게 해석할 때 요한계시록은 21세기 이전에 속한 교회에 무의미한 책이 되어 버린다. 그들은 마지막 때에 존재한 교회가 아니기 때문이다. 그런 해석은 성서의 종말 이해와 일치하지 않는다. 성서가 말하는 마지막 때는 예수 그리스도의 오심과 더불어 시작되었기 때문이다. 무엇보다 그런 해석은 예수 그리스도의 재림이 늦어질 때 모두 틀린 해석이 된다. 만약 그리스도의 재림이 22세기에 일어난다면 21세기 상황에 맞춘 모든 해석은 단숨에 오류가 되고 만다. 요한계시록은 그렇게 해석할 수 없다. 성서의 종말이 그런 의미가 아니기 때문이다.

해석의 열쇠: 마지막 날

요한계시록을 해석하는 또 다른 열쇠는 '마지막 날'이다. 환상의 결론이 이 마지막 날을 가리키기 때문이다. 마지막 날은 성도들이 부활하는 날로서(요 6:39~40), 요한복음에 집중적으로 나타난다(요 6:39, 40, 44, 54, 11:24, 12:48). 이 날은 예수께서 재림하시는 날이며, 심판의 날이며, 부활의 날이다. 그리고 새 예루살렘이 도래하는 날이다. 요한계시록은 결과적으로 이 마지막 날을 약속하는 책이다. 이 날이 분명히 있으므로 이 날을 소망하라는 것이다. 그러므로 요한계시록은 이 마지막 날 개념에 기초해서 해석해야 한다. 요한계시록은 '마지막 때'를 살면서 '마지막 날'을 소망하는 하나님 백성을 위한 책이다.

마지막 날에 대한 기원을 구약성서에서 발견할 수 있다. 이사야 2:2에 "말일에 여호와의 전의 산이 모든 산 꼭대기에 굳게 설 것이요 모든 작은 산 위에 뛰어나리니 만방이 그리로 모여들 것이라"는 말씀이 있다. 여기서 '말일'이 마지막 날이다. 이사야 2:2~4에서 보는 마지막 날의 모습은 요한계시록처럼 우주적이지는 않지만 많이 비슷하다. 만방이 여호와의 전에 모이며 하나님께서 판결하시며 평화의 나라가 도래한다. 다니엘서 10:14에도 "이제 내가 마지막 날에 네 백성이 당할 일을 네게 깨닫게 하러 왔노라 이는 이 환상이 오랜 후의 일임이라 하더라"는 말씀이 있다.

마지막 날은 우리 주 예수 그리스도의 날이며(고전 1:8), 그리스도가 강림하시는 주의 날이다(살후 2:1~2). 그리고 각 사람의 공적이 나타나는 날이다(고전 3:13). '부활의 자녀들'(눅 20:36)이 새 예루살렘에서 사는 날이다(계 21:1~22:5). 비록 아무도 그때와 시기에 관해서는 알 수 없으나(막

13:32, 살전 5:1), 그날은 반드시 온다. 그러므로 마지막 때를 사는 하나님의 백성은 그날이 오기까지 길이 참아야 한다(약 5:7). 주님이 강림하시는 마지막 날이 가깝기 때문이다(약 5:8). 요한계시록은 마지막 때를 사는 하나님의 백성에게, 마지막 날을 소망하라고 가르친다. 그러므로 마지막 날에 대한 이해 없이 요한계시록을 설명할 수 없다.

요한계시록은 '오늘'을 사는 사람들에게 '마지막 날'에 대한 소망을 준다. 현재의 고난을 부활의 날에 대한 소망으로 이기라고 한다. 그 부활의 날이 멀지 않다. 지금이 마지막 때이기 때문이다. 이 사실은 모든 시대, 모든 교회에 해당된다. 교회는 처음부터 종말론적 소망을 가진 공동체였다. 요한계시록의 환상을 특정 시대의 인물이나 사건, 그리고 나라에 대입하려고 해서는 안 된다. '마지막 때'(그리스도 초림에서 재림까지)에 대한 설명과 '마지막 날'(그리스도 재림의 날)에 대한 기대로 설명해야 한다. 믿는 자는 육신의 눈으로 눈앞에 닥친 박해의 칼을 보면서 영의 눈으로는 마지막 날의 승리의 면류관을 보아야 한다. 요한계시록은 이를 가르친다.

예수께서는 요한에게 '지금 있는 일과 장차 될 일을 기록하라'고 명령하신다(계 1:19). 여기서 '지금 있는 일'은 마지막 때를, '장차 될 일'은 마지막 날을 의미한다고 볼 수 있다. 요한계시록은 마지막 때와 마지막 날에 대한 기록인 것이다. 요한은 자신을 '예수의 환난과 나라와 참음에 동참하는 자'라고 소개한다(계 1:9). 여기서 '환난'은 로마의 박해를 의미하고 '나라'는 하나님 나라를 의미한다. 요한은 새 예루살렘이 임할 때까지 일곱 교회와 함께 로마의 박해를 참겠다고 말한 것이다. 마지막 날에 대한 소망으로 마지막 때인 오늘을 인내하겠다는 말이다. 요한의 자기소개가 요한계시록 해석에 중요한 단서를 제공한다.

요한계시록에 대한 역사적 이해도 필요하나. 기록 시기, 지자, 시대적 상황, 기록 목적에 대한 이해가 요한계시록 해석에 도움이 된다. 하지만 요한계시록은 종말론적 해석이 필수적이다. 마지막 때와 마지막 날을 보아야 한다. 소망의 핵심이 새 예루살렘이기 때문이다. 요한계시록은 단순히 박해 때 믿음을 지킬 것을 권면하는 책이 아니다. 그보다 훨씬 더 깊은 메시지를 담고 있다. 그것은 마지막 날에 대한 소망이다. 이것을 놓치면 요한계시록을 바로 이해한 것이 아니다. 요한계시록은 마지막 때와 마지막 날에 대한 계시를 담고 있다.

마지막 날은 새 예루살렘과 깊은 관계가 있다. 마지막 날은 궁극적 소망의 날인데 그 소망의 핵심이 새 예루살렘이기 때문이다. 물론 그리스도의 재림이 중요하다. 그리스도의 재림으로 마지막 날이 시작되기 때문이다. 그날에 받을 부활의 몸도 중요하다. 그 몸으로 영원히 살기 때문이다. 하지만 새 예루살렘의 도래가 소망의 진정한 핵심이다. 그리스도의 재림으로 부활의 몸을 얻은 성도들이 새 예루살렘에서 영원히 살기 때문이다. 요한계시록은 새 예루살렘에 대한 환상으로 마무리된다. 요한계시록의 결론이 새 예루살렘이라는 뜻이다. 재림하신 그리스도는 "내 아버지께 복 받을 자들이여 나아와 창세로부터 너희를 위하여 예비된 나라를 상속받으라"(마 25:34)라고 말씀하실 것이다. 새 예루살렘은 창세로부터 예비된 나라이다. 요한계시록은 마지막 날에 있을 새 예루살렘과 연결해서 해석해야 한다.

그러나 요한계시록은 마지막 날에 대한 시간표가 아니다. 요한계시록을 그렇게 해석하는 것은 가장 심각한 오류를 범하는 것이다. 이단과 사이비, 거짓 종파들이 요한계시록을 그렇게 이용한다. 지금이 마지막 날에 아주 가까운 때라고 하면서 요한계시록을 특정 나라, 특정 인물, 특정 사건으로 해석한다. 종말의 시간표로 이용하는 것이다. 그러면서 자기들에게만 해석의 비밀이 알려졌다고 한다. 이단과 사이비, 거짓 종파들이 쓰는 전형적인 수법이다. 교회사에 그런 일들이 많이 있었고 지금도 일어나고 있다. 윌리엄 밀러(William Miller, 1782~1849)는 요한계시록과 다니엘서를 문자적으로 읽은 후, 그리스도의 재림을 1843년 어느 때라고 계산했다. 1844년 3월까지 아무 일이 일어나지 않자 잘못을 인정하고 1844년 10월 22일이라고 다시 계산했다. 대략 오십만 명의 미국인들이 그날 그리스도의 재림을 기다렸다. 그중 약 오만 명은 재산을 팔아 나누어 주거나 직업을 버리고 시골에 가 천국으로 들림 받기를 기다렸다. 이날은 결국 '대 실망의 날'로 끝나고 말았다.[20]

하나님은 요한계시록을 통해 최후 심판을 경고하신 것이지 요한계시록을 최후 심판의 시간표를 발표하신 것이 아니다. 요한계시록은 마지막 날에 대한 약속일 뿐, 마지막 날의 시간표가 아니다. 그날은 아무도 알지 못한다. 사람은 물론 천사도 알지 못한다. 심지어는 그리스도조차도 모르신다. 오직 성부 하나님만 그날이 언제인지 아신다.(마 24:36, 42, 44)

요한계시록은 하나님의 백성들이 마지막 날을 소망하면서 그리스도 재림 때까지 사탄의 세력을 이기라고 한다. 최후 승리를 믿고 끝까지 인내하라고 한다. 박해로 흘린 피를 하나님께서 반드시 신원해 주실 것이라고 약속한다. 그 기간은 그리스도가 오신 때부터 다시 오실 때까지다. 그리스도의 초림은 죄 사함을 위한 것이고, 그리스도의 재림은 구원을 위한 것이다(히 9:28). 성서는 이 초림부터 재림까지의 기간을 마지막 때라고 한다.

예수께서 이 세상에 오심으로써 하나님의 구원 계획의 핵심이 밝혀졌다. 그것은 부활과 영원한 생명이다. 사탄도 이 사실을 알게 되었다. 그래서 사탄은 예수께서 다시 이 세상에 오시는 마지막 날까지, 온갖 방법을 동원해 하나님의 백성을 유혹한다. 새 예루살렘의 도래를 방해하는 것이다. 요한계시록은 이 사실을 깨닫도록 한다. 그래서 사탄의 유혹을 끝까지 이기고 새 예루살렘에 들어가 세세토록 왕 노릇하라고 한다.(계 21:27, 22:5)

요한계시록은 어느 특정 시기를 위한 책이 아니라 마지막 때와 마지막 날을 위한 책이다. 요한계시록이 기록되었다는 1세기 말을 위한 책이기도 하고, 종교개혁 시대를 위한 책이기도, 현대를 위한 책이기도 하다. 또한 그리스도의 재림 때까지를 위한 책이다. 요한계시록은 예수께서 이 세상에 오신 때부터 다시 오실 때까지 하나님 백성의 영적 실존에 대한 이야기다. 하나님의 백성은 항상 사탄의 유혹을 받고 그를 따르는 무리의 박해에 노출되어 있다. 그래서 많은 고난이 따른다. 하지만 결국 의의 최후 승리를 경험한다. 그 마지막 날의 승리를 소망하면서 유혹과 박해가 있는 마지막 때를 이기라는 것이다. 이것이 요한계시록을 해석하는 열쇠다.

　성서에는 특정 시대 역사에 해당되는 묵시문학적 환상이 있다. 대표적인 예가 다니엘 7장의 네 짐승 환상, 8장의 숫양과 숫염소 환상, 11장의 남방 왕과 북방 왕의 싸움이다. 다니엘 7장의 네 짐승은 '바빌로니아, 메데, 페르시아, 그리스'를 말하며, 8장의 숫양과 숫염소는 '페르시아와 그리스'를, 11장의 남방 왕과 북방 왕은 '이집트의 프톨레미 왕가와 시리아의 셀류쿠스 왕가'를 말한다. 다니엘 7, 8, 11장의 환상은 역사적 인물이나 사건을 상징적으로 표현한 환상이다. 그래서 환상의 역사적 배경을 알면 환상의 해석이 가능하다. 반대로 구체적 역사를 묵시문학적 언어로 치환하는 일도 가능하다.

"그때에 바다에서 사납고 무서운 짐승이 올라오는데 그 얼굴이 원숭이 같고 그 이름이 넷 또는 여덟 글자이더라. 그 짐승의 뒤를 큰 무리의 황충들이 따르는데 그 황충들은 그 손에 전갈과 같이 쏘는 권세를 받아 그것으로 그 땅 사람들을 죽이는데, 그 쏘는 권세가 번개와 천둥과 같더라. 그 짐승과 황충들로 인하여 흰 옷을 입은 백성들이 크게 울부짖고 땅의 삼분의 일이 불타고 강의 삼분의 일이 피가 되더라."

이것은 도요토미 히데요시가 임진왜란을 일으켜 조선을 침공한 사실을 묵시문학적 언어로 표현해 본 것이다. 이것을 환상이라고 할 때, 역사적 배경을 모르면 해석이 곤란하다. 하지만 임진왜란이라는 역사적 배경을 안다면 해석하지 못할 구절이 없다. 바다는 왜군이 바다를 건너온 사실을 뜻하며, 무서운 짐승은 도요토미 히데요시를 말한다. 그 얼굴이 원숭이 같다는 것은 도요토미가 작고 못생긴 외모 때문에 어린 시절 원숭이라고 불린 것을 말하며, 그 이름이 넷 또는 여덟이라는 것은 '풍신수길'(豊臣秀吉)과 '도요토미 히데요시'를 말한다. 큰 무리의 황충은 왜구들을 말하며, 전갈과 같이 쏘는 권세는 조총을 말한다. 땅의 삼분의 일이 불타고 강의 삼분의 일이 피가 되더라는 말은 조선이 큰 고통을 당했다는 말이다.

"그때에 한 짐승이 북방으로부터 내려와 사람들을 괴롭힐 것이라. 그 짐승은 이마에 크고 영화로운 큰 별을 가졌는데 그 별은 가짜별이라. 그러나 많은 사람들이 그 별을 진짜로 오인하더라. 그 짐승의 입에서는 불이 나오고 그 손과 발은 찌르는 칼과 창과 같으니 그 짐승으로 인해 땅의 거민의 삼분의 일이 죽으리라. 그 짐승으로 인해 온 땅이 신음할 것인 데 그때가 지나기 위해서는 사람들이 세 번 절을 해야 하리라. 그러나 동쪽에서 흰 말을 탄 용사가 나타나리니 그 말은 아름다운 말이라. 그 용사의 뒤를 다른 말 탄 자들이 따르더라. 그 용사가 그 짐승을 그 땅에서 몰아낼 것이나 완전히 죽이지는 못하리라. 그 짐승은 그 땅의 북방을 차지하여 그곳에서 왕 노릇 하리라."

이것은 북한이 일으킨 6·25 전쟁을 묵시문학적 언어로 표현해 본 것이다. 이 역시 역사적 배경을 모르면 해석이 난감하지만, 역사적 배경을 안다면 완전한 해석이 가능하다. 한 짐승은 김일성을 말하며 북방은 북한이며 이마의 별은 김일성이 장군 출신이라는 말이다. 짐승의 입에서 나오는 불, 칼과 창 같은 손발은 전쟁 무기를 말하며, 세 번 절을 한다는 말은 3년을 뜻한다. 동쪽에서 온 흰 말 탄 용사는 미국을 중심으로 한 유엔군을 말하며, 짐승이 북방에서 왕 노릇 한다는 것은 남북 분단을 의미한다.

하지만 요한계시록의 환상은 이렇게 역사적 인물이나 구체적 사건을 환상으로 나타낸 것이 아니다. 환상의 역사적 배경을 알 수 없다. 요한계시록의 환상은 특정 시대, 특정 사건, 특정 인물에 대한 환상이 아니기 때문이다. 요한계시록을 이렇게 해석하려는 순간 심각한 오류에 빠지게 된다. 요한계시록의 환상은 마지막 때에 속하는 모든 시대에 적용된다. 그리스도의 초림부터 재림 때까지 모든 시대를 위한 환상으로 마지막 날을 약속한다. 요한계시록은 이 사실에 기초해서 해석해야 한다.

요한계시록의 구조와 해석

요한계시록은 '일곱 교회를 향한 말씀(1~3장), 보좌에 앉으신 이와 어린 양에 대한 환상(4~5장), 마지막 때에 대한 환상(6~16장), 마지막 날에 대한 환상(17~22장)'으로 이루어져 있다. 요한계시록을 바로 해석하기 위해서는 각 부분에 대한 기본적 이해가 필요하다.

(1) 일곱 교회를 향한 말씀(1~3장): 일곱 교회는 그리스도의 초림부터 재림까지 모든 시대, 모든 교회를 상징한다. 그러므로 이 부분은 그리스도의 초림부터 재림까지, 모든 시대 모든 교회를 위한 말씀이다.

(2) 보좌에 앉으신 이와 어린 양에 대한 환상(4~5장): 요한계시록이 하나님과 그리스도의 계시라는 사실을 확인하는 내용이다. 이 부분은 역사의 진행과 무관한 초역사적 말씀이다.

(3) 마지막 때에 대한 환상(6~16장): 마지막 때에 있을 재난과 환난, 하나님 백성과 교회, 마귀와 그를 따르는 세상에 대한 환상이다. 이 부분의 환상은 시간적 배열이 아니다. 6장의 사건이 일어난 후 7장의 사건이 일

어나는 것이 아니고, 11장 사건이 끝난 후 12장 사건이 일어나는 것이 아니다. 마지막 때에 일어나는 일들을 사건 별로 보여 주는 것이다. 이 사실을 인지하는 것이 이 부분 해석에 중요하다.

(4) 마지막 날에 대한 환상(17~22장): 마지막 날에 대한 환상으로 그리스도의 재림 전후에 일어날 일들에 대한 환상이다. 바벨론의 멸망과 최후 심판, 천년왕국과 사탄의 패망, 새 하늘과 새 땅, 새 예루살렘의 도래에 대한 말씀이다. 심판과 구원, 부활과 새 예루살렘에 대한 내용으로 역사의 종말에 대한 말씀이다. 마지막 날이라고 해서 24시간을 의미하는 것은 아니다.

일곱 교회에 보내는 편지

THE KINGDOM OF
RESURRECTION

PART 2

1. 인자와 환상의 시작_1:1~20

● 복을 주는 계시의 말씀(1:1~3)

1 예수 그리스도의 계시라 이는 하나님이 그에게 주사 반드시 속히 일어날 일들을 그 종들에게 보이시려고 그의 천사를 그 종 요한에게 보내어 알게 하신 것이라
2 요한은 하나님의 말씀과 예수 그리스도의 증거 곧 자기가 본 것을 다 증언하였느니라
3 이 예언의 말씀을 읽는 자와 듣는 자와 그 가운데에 기록한 것을 지키는 자는 복이 있나니 때가 가까움이라

1:1 예수 그리스도의 계시라 요한계시록은 "예수 그리스도의 계시라"라는 말로 시작된다. 이는 예수 그리스도를 의도적으로 강조한 표현으로 그리스도가 요한계시록의 중심인물임을 의미하는 것이다. 이를 요한계시록 마지막의 "아멘 주 예수여 오시옵소서 주 예수의 은혜가 모든 자들에게 있을지어다 아멘"(계 22:20~21)이라는 말씀에서도 알 수 있다. 요한계시록은 예수 그리스도의 재림을 강조하므로, 그리스도로 시작해서 그리스도로 끝나는 것이 자연스럽다. 기독론이 요한계시록의 핵심이라고 할 수 있다.[1]

계시는 헬라어 명사 '아포칼립시스'(αποκαλυψις)를 번역한 것으로 동사 '아포칼립토'(αποκαλυπτω)는 '감추어진 것을 드러낸다, 덮인 것을 벗겨 보여 준다'라는 의미이다.[2] 요한계시록이 예수 그리스도의 계시라는 말은 이 책이 요한의 깨달음이 아니라 하나님의 뜻이라는 말로서, 요한계

시록의 내용이 반드시 이루어진다는 선포이다. 계시는 곧 하나님의 뜻으로, 하나님의 뜻은 반드시 이루어진다(렘 1:12, 겔 17:24, 22:14, 36:36). 그러므로 요한계시록의 환상은 사람의 생각과 상관없이 이루어진다.

1:1 **속히 일어날 일들을** 요한계시록의 계시는 '속히 일어날 일들'에 관한 것이다. 그러므로 요한계시록은 긴박한 심정으로 읽어야 한다. 그 '속히 일어날 일들'이 아직 다 이루어지지 않은 것은, 하나님이 사람들을 오래 참으셔서 아무도 멸망하지 않고 다 회개하기를 바라시기 때문이다(벧후 3:9). 하지만 결국은 '주의 날'이 도둑 같이 임하여, 하늘이 사라지고 하늘의 모든 것이 불에 녹고 땅과 땅에 속한 모든 것들이 불타 버리는 날이 온다(벧후 3:10). 초대 교회 때 이레네우스나 히폴리투스와 같이 메시아가 다스리는 지상왕국을 기대하면서도 그 왕국이 속히 오지는 않으리라고 생각한 사람들이 있었다.[3]

1:1 **그 종들에게** '종들'은 역사적으로 요한계시록의 수신자인 아시아 일곱 교회 교인들을 의미하지만, 실질적으로는 모든 교회의 성도들을 의미한다(종말론적 이해). 요한계시록에서는 성도들을 '하나님의 종들'로 표현한다.(계 1:1, 2:20, 19:2, 5, 22:3)

1:1 **그의 천사를 그 종 요한에게 보내어** 하나님은 요한에게 천사를 보내셔서 속히 일어날 일들을 알게 하신다. 예언의 경우 보통 하나님의 말씀이 예언자에게 직접 주어진다. 그래서 '여호와께서 이렇게 말씀하셨다'(כֹּה אָמַר יְהוָה, 코 아마르 야웨)라는 것이 예언의 전형적인 어투다. 예레미야는 "내가 다시는 여호와를 선포하지 아니하며 그의 이름으로 말하지 아니하리라 하면 나의 마음이 불붙는 것 같아서 골수에 사무치니 답답하여 견딜 수 없나이다"(렘 20:9)라고 한다. 하나님의 말씀을 직접 들은 후, 그 말씀을 전하지 않으려고 하면 예레미야 자신이 견딜 수가 없다는 말이다. 요한계시록의 경우 이와 달리 하나님은 천사를 통해 요한에게 하나님을 전하셨다. 그래서 요한계시록이 예언이면서도 묵시문학적 성격

을 가지고 있다고 말할 수도 있다. 묵시문학에서는 초월적 존재가 천사를 통해 계시하는 경우가 많기 때문이다.

그러나 하나님이 천사를 통해 그 뜻을 전하시는 일이 성서에서 낯선 일은 아니다. 하나님은 천사를 보내서서 하갈에게 이스마엘의 장래를 약속하셨고(창 16:11), 롯에게 소돔과 고모라의 멸망을 알리셨다(창 19:1). 여호수아에게 가나안 점령을 약속하셨고(수 5:14), 기드온을 사사로 삼으셨다(삿 6:22). 삼손의 출생을 알리셨고(삿 13:20), 다니엘에게 말씀하셨고(단 10:11), 아합의 예언자들을 속이셨다(왕상 22:22). 그리고 사가랴에게 세례 요한의 출생을 알리셨고(눅 1:12), 마리아에게 아기 예수의 탄생을 알리셨다(눅 1:28). 그러므로 천사를 통해 요한에게 계시하신 것만 가지고 요한계시록이 묵시문학에 속한다고 말할 이유는 없다. 요한은 자신의 글을 예언이라고 한다.(계 1:3, 22:7, 10, 18, 19)

1:2 하나님의 말씀과 예수 그리스도의 증거 곧 자기가 본 것을 요한이 본 환상은 본질적으로 하나님의 말씀이자 예수 그리스도의 증거이다. 요한이 스스로 환상을 본 것이 아니라, 하나님이 보여 주신 환상을 보았기 때문이다. 요한은 이 사실을 매우 강조한다. 예수 그리스도의 증거라는 말은 예수께서 선포하신 계시로 이해할 수 있다.

1:3 이 예언의 말씀을 요한은 자신의 글을 '예언의 말씀'이라고 하는데 (계 1:3, 22:7, 10, 18, 19) 이는 요한계시록이 요한의 생각이 아니라 하나님의 말씀이라는 뜻이다. 요한은 자신의 생각을 묵시문학적 환상으로 표현한 것이 아니라 하나님이 보여 주신 환상을 글로 옮겼을 뿐이다.

1:3 그 가운데 기록한 것을 지키는 자는 복이 있나니 요한계시록은 무섭고 두려운 책이라는 이미지를 주기 쉬운데 환상이 주로 심판, 죽음, 천재지변, 싸움 등에 관한 것이기 때문이다. 그러나 실상은 그렇지 않다. 요한계시록은 두려움을 주는 책이 아니라 복을 주는 책이며, 무서워서 외면해야 할 책이 아니라 읽고 지켜서 복을 받아야 할 책이다. 요한계시록은

박해 때 믿음을 지켜서 어린 양의 생명책에 기록되는 복을 받으라고 한다. 그리고 성도들이 새 예루살렘에서 '세세토록 왕 노릇 할 것'(22:5)이라고 약속한다. 요한계시록에는 '복이 있다'라는 말씀이 모두 일곱 번 나온다.(계 1:3, 14:13, 16:15, 19:9, 20:6, 22:7, 14)

1:3 때가 가까움이라 그리스도 재림의 때, 즉 마지막 날이 가깝다는 뜻이다. 새 예루살렘의 도래가 가깝다는 뜻도 된다. 이는 요한계시록의 환상이 가까운 장래에 이루어질 것이라는 말로, 1:1의 '속히 일어날 일들이'라는 말과 같은 의미다. 요한계시록은 서두에서 환상이 속히 이루어질 것이라고 강조한다. 지금이 마지막 때이기 때문이다.

긴박한 종말에 대한 지나친 기대감으로 그리스도 재림의 날짜를 제시하는 것은 심각한 잘못이다. 그런 시도는 예외 없이 거짓임이 드러났다. 인간이 재림의 날짜를 알 수 없기 때문이다. 그러나 종말에 대한 긴박감이 사라져 "때가 가까움이라"는 말씀을 소홀히 여기는 것도 잘못이다. 그 소홀함이 지나쳐 종말 자체에 대한 무관심이 될 수 있기 때문이다. 에스겔 시대에 '세월이 흘러도 환상(묵시)은 이루어지지 않는다'는 속담이 있었다. 사람들이 하나님의 뜻은 이루어지지 않는다고 생각한 것이다. 이에 하나님은 에스겔에게 '모든 환상(묵시)이 이루어질 때가 가까이 왔다'고 예언하라 하신다(겔 12:22~23). 믿는 자는 에스겔 시대의 잘못을 되풀이하지 말아야 한다.

● 일곱 교회에 보내는 편지의 인사말(1:4~8)

4 요한은 아시아에 있는 일곱 교회에 편지하노니 이제도 계시고 전에도 계셨고 장차 오실 이와 그의 보좌 앞에 있는 일곱 영과

5 또 충성된 증인으로 죽은 자들 가운데에서 먼저 나시고 땅의 임금들의 머리가 되신 예수 그리스도로 말미암아 은혜와 평강이 너희에게 있기를 원하노라 우리를 사랑하사 그의 피로 우리 죄에서 우리를 해방하시고

6 그의 아버지 하나님을 위하여 우리를 나라와 제사장으로 삼으신 그에게 영광과
능력이 세세토록 있기를 원하노라 아멘
7 볼지어다 그가 구름을 타고 오시리라 각 사람의 눈이 그를 보겠고 그를 찌른 자
들도 볼 것이요 땅에 있는 모든 족속이 그로 말미암아 애곡하리니 그러하리라
아멘
8 주 하나님이 이르시되 나는 알파와 오메가라 이제도 있고 전에도 있었고 장차
올 자요 전능한 자라 하시더라

1:4 아시아에 있는 일곱 교회에 아시아는 로마의 주 이름으로 터키 서부
지역을 말한다. 아시아(Aσια)라는 이름은 히타이트어 아수와(Assuwa)에
서 유래했는데, 주전 5세기 이후 그리스 작가들은 동쪽(Orient)을 아시아
라 불렀다.[4] 아시아는 미시아(Mysia), 이오니아(Ionia), 리디아(Lydia), 프리
기아(Phrygia), 카리아(Caria) 등으로 구성되었으며 그 중심 지역은 이오니
아와 리디아이다. 아시아는 로마 제국에서 가장 부유한 주 가운데 하나
로 풍부한 과일, 상업, 직물, 염색 공업으로 유명했다. 신약성서에 20번
등장하는데 로마의 주 전체를 의미하거나(행 6:9, 19:10, 27:2, 벧전 1:1), 이
오니아와 리디아 지역을 의미하기도 한다(행 2:9, 16:6, 고후 1:8, 딤후 1:15).
요한계시록 1:4과 1:11의 아시아는 이오니아와 리디아 지역을 의미한다.
아시아는 후에 소아시아(Asia Minor)라고도 불렀다.

일곱 교회는 아시아의 교회를 대표한다. 요한계시록은 1:11에 언급된
일곱 교회에만 보내는 편지가 아니라 아시아에 있는 교회 전체에 보내는
편지가 분명한데, 전체를 의미하는 7이라는 숫자가 이를 밝혀 준다. 요
한은 아시아의 일곱 교회를 선택해서 로마의 박해에 직면한 아시아 전체
교회에 그리스도의 계시를 전하고 있는 것이다.

그러나 요한계시록 해석은 이런 역사적 이해를 넘어 종말론적 이해까
지 나아가야 한다. 1~3장의 일곱 교회는 아시아의 교회뿐만 아니라 재림
을 기다리는 세상 모든 교회를 상징한다. 요한계시록은 처음부터 끝까지

역사적 이해를 넘어 종말론적 이해까지 나아가야 계시의 참된 의미를 알 수 있다. 그러나 종말론적 이해라고 하면서 일곱 교회를 교회사의 일곱 시대로 보는 것은 지나친 해석이다. 일곱 교회를 모든 시대, 모든 교회에 상징으로 보는 것이 옳다. 하나님은 1세기 말 아시아의 일곱 교회를 이용해서 모든 시대, 모든 교회에 말씀하신다.

1:4 편지하노니 정확하게 말하면 요한계시록은 책이 아니라 편지다. 원문에 '편지하노니'라는 말은 없으나 편지가 분명한데, 당시의 전형적인 편지 형식을 가지고 있기 때문이다.(1장 '요한계시록 이해'에서 '편지' 참고)

1:4 이제도 계시고 전에도 계셨고 장차 오실 이시며 영원히 존재하신다는 뜻으로 성부 하나님을 가리키는 표현이다. 이는 헬라 문화에서 신의 영원성과 불변성을 말할 때 자주 사용되었다(Zeus was, Zeus is, Zeus will be).[5] 요한은 1:4~5에서 아시아 일곱 교회를 향해 삼위일체 하나님의 은혜와 평강이 있기를 축복하는데 그 순서는 성부, 성령, 성자이지만 내용과 구조는 성자를 강조한다. 요한계시록은 종말을 준비하는 책으로서 심판주로 다시 오실 예수 그리스도에 초점을 둔다.

1:4 그의 보좌 앞에 있는 일곱 영과 여기서 '그'는 앞에서 언급된 성부 하나님을 의미한다. 그리고 '일곱 영'은 완전한 영이신 성령을 의미하는데 3:1, 4:5, 5:6에 '하나님의 일곱 영'이라는 표현이 나온다. 일곱 영이 높은 지위에 있는 일곱 천사라는 설명도 있으나[6] 문맥의 흐름으로 볼 때 성령으로 보는 것이 옳다. 요한은 편지의 인사말인 1:4~6에서 삼위일체 하나님이신 성부, 성령, 성자를 언급하고 있는 것이다. 일곱 영이라는 표현은 하나님의 강한 힘을 상징하는 것이라는 설명도 있다.[7] 일곱 영은 성령의 충만한 능력을 나타내는 표현이라는 것이다. 한편, 와들(R. Waddell)은 구약성서 이사야 11:2와 스가랴 4:1~14에서 일곱 영의 이미지를 볼 수 있다고 한다.[8] 이사야 11:2는 하나님의 영이 메시아에게 주는 지혜, 총명, 모략, 재능, 지식과 같은 일곱 선물이며 스가랴 4:2와 4:10에는 일곱 등대

와 일곱 눈이 등장한다.

1:5 충성된 증인 1:5에는 기독론적 호칭이 세 개 등장한다. 이 호칭들은 십자가에서 초라하게 돌아가신 나사렛 예수의 진실한 모습을 드러내는 데 그 첫 번째가 '충성된 증인'이다. 이 호칭의 기원을 구약성서에서 찾기도 하는데 시편 89:37에 '충성된 증인'이라는 말이 있기 때문이다.[9] 시편 89:37은 다윗 왕조가 영원할 것이라는 말씀으로, 여기에 근거하면 '충성된 증인'은 예수 그리스도의 영원한 왕권을 의미한다. 그러나 이 호칭의 의미를 신약성서에서 찾는 것이 더 옳다. 유대인들의 모함과 박해에도 불구하고 묵묵히 십자가를 지신 예수 그리스도를 하나님의 충성된 증인이라 부름으로써 아시아의 교회들이 로마의 박해에 묵묵히 견딜 것을 권면하고 있는 것이다. 보링(M. E. Boring)은 이 시기에 이미 증인이라는 뜻의 헬라어 마르튀스(μαρτυς)가 순교자(martyr)를 의미하는 말이 되어가는 중이었다고 한다.[10] 충성된 증인이라는 기독론적 칭호는 십자가를 지는 그리스도의 모습을 보여 준다. 그러면서 믿는 자들로 하여금 자기 십자가를 지라고 가르친다.(마 10:38, 16:24)

1:5 죽은 자들 가운데에서 먼저 나시고 두 번째 기독론적 칭호는 '죽은 자들 가운데에서 먼저 나신 분'이다. 이는 예수 그리스도가 부활의 첫 열매라는 뜻이다. 예수 이전에 살아난 사람들은 부활한 것이 아니라 소생한 것이다. 그들은 예수님처럼 부활의 몸으로 다시 살아난 것이 아니기 때문이다. 엘리야가 살린 사르밧 과부의 아들(왕상 17:17~24), 엘리사가 살린 수넴 여인의 아들(왕하 4:8~37), 예수께서 살리신 나인 성 과부의 아들(눅 7:11~17), 나사로 등은 부활의 몸으로 다시 산 것이 아니라 죽기 전 몸으로 다시 살아났다. 그것은 성서가 말하는 부활이 아니다. 성서의 부활은 예수님처럼 부활의 몸으로 살아나는 것이다. 그러므로 '죽은 자들 가운데에서 (가장) 먼저 나신 이'는 예수님께 합당한 칭호가 맞다. 예수님만 부활의 몸으로 다시 살아나셨기 때문이다.

부활하신 예수님에 대한 기사에는 이상한 점들이 있는데 막달라 마리아는 처음에 예수님을 몰라보았다(요 20:15). 엠마오로 가던 제자들도 그랬다(눅 24:16). 그러다가 갑자기 예수님을 알아본다(요 20:16, 18, 눅 24:31). 그리고 예수님은 제자들이 방문을 잠그고 있는데 갑자기 나타나시거나(요 20:19, 26), 제자들의 눈앞에서 순식간에 사라지신다(눅 24:31). 그래서 제자들은 예수님의 유령을 보고 있다고 생각했다(눅 24:37). 하지만 제자들이 본 것은 예수님의 유령이 아니었다. 예수님은 식사도 하시고 몸에 못자국과 창자국이 있었다(눅 24:40~43, 요 20:27, 21:9~14). 무엇보다 예수님 자신이 '나는 유령이 아니다, 살과 뼈를 가지고 있다'라고 말씀하셨다(눅 24:39). 이런 이유가 바로 예수께서 부활의 몸으로 살아나셨기 때문이다. 부활의 몸은 분명히 살과 뼈가 있지만 인간의 몸과 다르다. 그래서 제자들이 처음에 예수님을 몰라보았고, 예수님은 문이 잠긴 방에 갑자기 나타나시거나 순식간에 사라지셨다. 그러면서도 몸에 못자국과 창자국이 있었고 또 식사도 하셨다.

1:5 땅의 임금들의 머리 보링(Boring)은 이 표현이 원래 로마 황제를 가리키던 것이라고 한다.[11] 그것이 기독론적 칭호로 차용되었다는 것이다. 하지만 같은 개념이 성서에도 있는데 '만왕의 왕, 만주의 주'라는 표현이다(단 8:25, 딤전 6:15, 계 17:14, 19:16). 이는 분명히 하나님, 또는 예수 그리스도를 가리킨다. '땅의 임금들의 머리'라는 기독론적 칭호는 십자가 형틀에서 범죄자로 죽은 나사렛 예수의 진짜 모습을 보여 준다. 십자가에서 죽은 나사렛 예수가 실은 만왕의 왕이시라는 뜻이다. 1:5에 등장하는 세 개의 기독론적 칭호는 그리스도의 '고난'(충성된 증인)과, '부활'(죽은 자들 가운데서 먼저 나신 분)과, '구원'(땅의 임금들의 머리)을 의미한다고 볼 수 있다.

1:5 은혜와 평강이 너희에게 있기를 요한은 아시아 교회에 편지로 인사하면서 삼위일체 하나님의 은혜와 평강이 일곱 교회에 있기를 기원한다.

1:5 우리를 사랑하사 1:5의 '우리를 사랑하사'부터 1:6의 마지막 '아멘'까지는 찬양이다. 요한은 일곱 교회에 대해 하나님의 은총을 기원한 후, 그리스도의 영광과 능력을 찬양한다. 요한은 이 찬양에서 그리스도를 '우리를 사랑하시는 분, 우리를 죄에서 해방하신 분, 우리를 나라와 제사장으로 삼으신 분'으로 묘사한다. 요한의 찬양에서 보듯이 그리스도의 사랑이 우리를 죄에서 구하셨으며(엡 5:2) 그 사랑으로부터 우리를 끊을 수 있는 것은 없다.(롬 8:35)

1:5 그의 피로 우리 죄에서 우리를 해방하시고 그리스도가 십자가에서 흘리신 피에는 사람의 죄를 대속하는 능력이 있다. 이 능력은 찬양의 대상이 되어 마땅하다. 요한계시록은 그리스도의 보혈을 '어린 양이 흘리신 구속의 피'라고 한다.(계 5:9, 7:14)

1:6 우리를 나라와 제사장으로 삼으신 이는 구원받은 자들의 영광스런 모습을 묘사하는 것이다. 예수께서 구원받은 자들로 하여금 '나라를 이루게 하시고, 그 나라의 제사장이 되게 하신다'는 의미이다. 여기서 나라는 하나님 나라로서 구원받은 자들이 하나님 나라의 백성이 되어 하나님 나라를 이룬다는 뜻이다. 성도들이 하나님 나라의 제사장과 같은 존재라는 내용을 요한계시록 5:10과 20:6, 그리고 베드로전서 2:5, 9에서 볼 수 있다.

이 생각의 뿌리를 구약성서에서 찾을 수 있다. 출애굽기 19:6은 이스라엘 백성을 가리켜 '제사장 나라, 거룩한 백성'이라 하고 이사야 61:6은 '여호와의 제사장, 하나님의 봉사자'라고 한다. 여기에 근거할 때 구원받은 자들이 하나님 나라의 제사장이 된다는 것은 거룩한 자들이 하나님을 직접 섬긴다는 의미일 것이다. 그들은 세상 어떤 왕보다 더 영광스런 인물들로 세상을 다스리고도 남을 존재들이다.(계 5:10, 20:6, 22:5)

1:6 아멘 아멘은 원래 히브리어로 진실하다는 뜻인데, 여기서는 앞에 언급된 말이 옳다는 의미로 사용되었다(verily, truly). 그 속에는 언급된

말을 실천하겠다는 의지도 내포되어 있는데 요한계시록 1:7, 5:14, 7:12, 19:4, 22:20에서 '아멘'을 볼 수 있다. 바울도 자신의 편지에서 찬양 후에 아멘을 사용하였다.(롬 1:25, 15:33, 갈 1:5)

1:7 그가 구름을 타고 오시리라 글자 그대로는 '구름과 함께'이며, 그리스도의 재림을 의미하는 말이다. 성서에서 구름은 하나님의 현현과 관계있다(출 19:16, 마 17:5). 성서에는 예수 그리스도가 구름을 타고 재림하실 것이라는 전승이 있다. 예수님 자신이 '인자가 구름을 타고 올 것'이라고 말씀하셨고(마 24:30, 26:64), 예수님이 승천하실 때 나타난 천사 역시 예수님이 구름을 타고 오실 것이라고 한다(행 1:9~11). 요한계시록 14:14~16은 예수 그리스도를 구름 위에 앉으신 분으로 표현한다. 이 말은 만화에서 보듯이 예수님이 실제로 구름을 타고 오신다는 말이 아니다. 하나님으로서 재림하신다는 말이며 그 재림을 온 세상 모든 사람이 알아차린다는 뜻이다. 믿지 않는 자들조차도 재림하시는 예수가 만왕의 왕, 만주의 주이심을 깨닫는다는 말이다. 그리스도의 재림은 요한계시록의 중요한 주제 중 하나다. 예수 그리스도께서 하실 일은 부활 후 승천하신 것으로 끝난 것이 아니다. 그리스도가 해야 할 일이 아직 남아 있는데 바로 재림과 심판이다.(마 25:31~46)

1:7 그를 찌른 자들도 볼 것이요 문자적으로는 예수님의 허리를 창으로 찌른 자들을 뜻하지만, 예수님을 십자가에 못 박은 일에 가담한 모든 자들을 의미한다. 예수께서 재림하실 때 세상 사람들은 그가 진실로 만왕의 왕이심을 알게 되어 당황할 것이다. 그때 예수님을 십자가에 못 박고 찌른 자들이 가장 당혹스런 얼굴을 할 것이다. 스가랴 12:10에 '그들이 찔러 죽인 나를 보고 슬피 운다'라는 표현이 있다.

1:7 땅에 있는 모든 족속이 그로 말미암아 애곡하리니 믿는 자에게는 예수께서 재림하시는 날이 구원과 은혜의 날이다. 그러나 믿지 않는 자에게는 그날이 심판과 애곡의 날로 그들은 통곡할 수밖에 없다. '땅에 있는

모든 족속'은 믿지 않는 자 전부를 말하는 것으로 세상에 대한 심판의 완성을 의미한다. '심판의 완성'은 요한계시록의 중요한 주제로 재림과 연결되어 있다.

1:8 나는 알파와 오메가라 8절은 하나님 스스로 자신이 어떤 존재인가를 밝히시는 내용이다. 알파(Α)는 그리스 알파벳의 첫 글자이며 오메가(Ω)는 마지막 글자로(영어로 치면 A와 Z) 처음과 마지막을 의미한다. 21:6에 "이루었도다 나는 알파와 오메가요 처음과 마지막이라"라는 말씀이 있고, 22:13에 "나는 알파와 오메가요 처음과 마지막이요 시작과 마침이라"라는 말씀이 있다. 이는 이사야 41:4, 44:6, 48:12의 "나는 처음이요 나는 마지막이라"는 말씀에서 유래한 것이다.

'알파와 오메가'는 하나님의 영원하심, 유일하심, 전능하심에 대한 상징이다. 하나님은 처음부터 마지막까지 영원히 존재하는 분이시며, 처음부터 마지막까지 유일하게 존재하는 신이시며(사 44:6 참고), 처음부터 마지막까지 모든 역사를 권능으로 주관하는 분이시다. 그러므로 '알파와 오메가'는 그 뒤에 나오는 '이제도 있고 전에도 있었고 장차 올 자요 전능한 자'와 연관이 있다.

1:8 이제도 있고 전에도 있었고 장차 올 자요 1:4에 언급된 표현으로 하나님의 영원하심을 의미한다. 1:8은 영원히 존재하시는 하나님을 강조한다.

1:8 전능한 자라 하나님의 전능하심을 강조하는 호칭으로 신약에서 요한계시록에만 많이 등장한다(계 4:8, 11:17, 15:3, 16:7, 14, 19:6, 15, 21:22). 그 외에는 사무엘하 7:14의 인용구인 고린도후서 6:18에 한 번 나올 뿐이다.

● 그리스도의 명령(1:9~20)

9 나 요한은 너희 형제요 예수의 환난과 나라와 참음에 동참하는 자라 하나님의 말씀과 예수를 증언하였음으로 말미암아 밧모라 하는 섬에 있었더니
10 주의 날에 내가 성령에 감동되어 내 뒤에서 나는 나팔 소리 같은 큰 음성을 를

으니

11 이르되 네가 보는 것을 두루마리에 써서 에베소, 서머나, 버가모, 두아디라, 사데, 빌라델비아, 라오디게아 등 일곱 교회에 보내라 하시기로

12 몸을 돌이켜 나에게 말한 음성을 알아 보려고 돌이킬 때에 일곱 금 촛대를 보았는데

13 촛대 사이에 인자 같은 이가 발에 끌리는 옷을 입고 가슴에 금띠를 띠고

14 그의 머리와 털의 희기가 흰 양털 같고 눈 같으며 그의 눈은 불꽃 같고

15 그의 발은 풀무불에 단련한 빛난 주석 같고 그의 음성은 많은 물 소리와 같으며

16 그의 오른손에 일곱 별이 있고 그의 입에서 좌우에 날선 검이 나오고 그 얼굴은 해가 힘있게 비치는 것 같더라

17 내가 볼 때에 그의 발 앞에 엎드러져 죽은 자 같이 되매 그가 오른손을 내게 얹고 이르시되 두려워하지 말라 나는 처음이요 마지막이니

18 곧 살아 있는 자라 내가 전에 죽었었노라 볼지어다 이제 세세토록 살아 있어 사망과 음부의 열쇠를 가졌노니

19 그러므로 네가 본 것과 지금 있는 일과 장차 될 일을 기록하라

20 네가 본 것은 내 오른손의 일곱 별의 비밀과 또 일곱 금 촛대라 일곱 별은 일곱 교회의 사자요 일곱 촛대는 일곱 교회니라

1:9 나 요한은 너희 형제요 요한은 자신을 소개하면서 '너희 형제'라고 하는데 이는 일곱 교회 교인들의 형제라는 말이다. 믿는 자들은 교회 초창기부터 서로를 형제라고 불렀는데 이를 사도행전에서 확인할 수 있다.(행 1:15, 16, 2:29, 37 등)

1:9 예수의 환난과 나라와 참음에 동참하는 자라 요한은 또 자신을 '예수의 환난과 나라와 참음에 동참하는 자'라고 소개한다. 이는 원문으로 예수 '안에서' 환난과 나라와 참음에 동참한다는 뜻이다. 요한은 하나님 나라가 임할 때까지 아시아 일곱 교회 형제들과 '함께' 로마의 박해를 참겠다고 하는데, 이는 요한계시록 메시지 이해에 매우 중요하다. 하나님 나라가 임할 때까지 박해를 견디는 것이 요한계시록의 핵심 메시지이기 때

문이다. 요한은 자기소개를 통해 요한계시록을 이해하는 중요한 단서를 제공하는데, 이를 하나님의 지혜로 볼 수 있다.

1:9 하나님의 말씀과… 밧모라는 섬에 있었더니 요한이 환상을 본 곳은 밧모 섬이다. 밧모 섬은 스포라데스(Sporades) 도서(島嶼)에 속한 섬으로 밀레도에서 서쪽으로 약 60km, 에베소에서 남서쪽으로 약 120km 떨어져 있다.[12] 고대에 이 정도 거리면 육지에서 상당히 떨어진 곳이라 할 수 있다. 플리니(Pliny)와 타키투스(Tacitus)에 의하면 로마 시대에 스포라데스의 섬들은 죄수나 정치범의 유배지로 사용되었다.[13] 요한은 단순히 밧모 섬에 '있었다, 오게 되었다'라고 표현하지만, 실은 밧모 섬에 '유배되었다'라는 의미일 것이다. 그 이유는 예수를 증언했기 때문일 것이다. 요한이 복음을 전하기 위해 스스로 밧모 섬에 갔다고 보기는 어려운데, 밧모 섬에 주민이 거의 없기 때문이다. 요한은 자신이 복음 때문에 박해를 받고 있다는 표현을 피하고 싶었을 것이다. 지금 박해를 받고 있는 교회들을 향해 편지를 쓰고 있기 때문이다. 요한은 자칫 자랑처럼 보일 수 있는 표현을 의도적으로 피하고 있는 것이다. 최근에는 밧모 섬이 유배지였는지 알 수 없다는 주장도 있다. 범죄자들의 식민지(penal colony)는 분명히 아니었지만, 유배지였다는 역사적 증거도 없다는 것이다.[14] 그러나 교회의 전통에 의하면 요한은 도미티아누스 14년(95년)에 밧모 섬에 유배되었다.[15] 헤머(C. J. Hemer)는 요한이 아시아 일곱 교회를 떠나 밧모 섬에 간 이유는 불확실하다고 해야 하지만 법적 유배를 당했을 가능성이 매우 크다고 말한다.[16]

1:10 주의 날에 '주의 날'을 구약의 '여호와의 날', 즉 마지막 날로 볼 수는 없다. 여기서 주의 날은 일요일인 주일을 의미하는 것으로 보아야 한다. 일요일은 한 주간의 첫 날로 불리다가(행 20:7, 고전 16:2) 요한계시록이 기록될 무렵부터 주의 날로 불리었다. 요한은 주일에 환상을 본 것이다.

1:10 내가 성령에 감동되어 헬라어로는 단순히 '내가 영 안에 있었다'라

고 표현되어 있다. 그래서 블라운트(B. K. Blount)는 이를 '예언하는 인간의 영'으로 설명한다.[17] 그러나 이를 성령으로 보는 것이 옳다. 신약성서에는 성령을 단순히 영으로 표현한 곳들이 있다(요 4:23, 행 6:3, 10, 롬 8:5, 16, 23, 26, 27 등). 환상은 하나님께서 보여 주시는 것으로 요한은 하나님의 영이자 그리스도의 영이신 성령의 도움으로 환상을 보았다.

1:10 나팔 소리 같은 큰 음성을 들으니 1:12 이하에서 알 수 있듯이 이는 예수 그리스도의 음성으로 같은 말이 4:1에도 등장한다. 요한은 예수 그리스도의 신비한 음성을 나팔 소리와 같다고도 하고 많은 물소리와 같다고도 한다.(계 1:15)

1:11 네가 보는 것을 요한계시록의 환상 전부를 의미하는 것으로, 지금 일어나고 있는 일과 앞으로 일어날 일을 의미한다(계 1:19). 지금 일어나고 있는 일은 1:9의 '환난'(로마의 박해)이며, 앞으로 일어날 일은 1:9의 '나라' (하나님 나라의 완성)일 것이다.

1:11 두루마리에 써서 두루마리는 헬라어 '비블로스'(βιβλος)를 번역한 것으로 파피루스 두루마리를 의미한다.[18] 요한은 아시아 일곱 교회에 보내는 편지를 파피루스 두루마리에 쓴 것이다. 현대의 책과 같은 형태는 '코덱스'(Codex)라고 하는데, 코덱스는 주후 2~3세기부터 많이 사용되었다. 비블로스에서 '바이블'(Bible, 성서)이 유래했다.

1:11 일곱 교회에 보내라 하시기로 요한은 성령에 감동된 상태에서 '에베소, 서머나, 버가모, 두아디라, 사데, 빌라델비아, 라오디게아 교회'에 편지를 보내라는 음성을 듣는다. 일곱 교회가 선정된 기준은 알기 어려운데 도시의 크기에 따른 기준은 아닐 것이다. 두아디라, 빌라델비아는 비교적 작은 도시이며 더 큰 도시인 골로새, 히에라볼리, 드로아 등이 빠졌기 때문이다.[19] 일곱 교회는 1세기 말에 존재했던 '역사적 교회'가 분명하지만, 또한 세상에 존재하는 모든 교회를 의미하는 '상징적 교회'로 보아야 한다. 역사적 교회는 1:19의 '지금 있는 일'을 의미하며, 상징적 교회

는 1:19의 '장차 될 일'을 의미한다. 요한계시록은 책 자체가 이렇게 이중적 의미를 가지고 있다. 그런 의미에서 요한의 편지를 받은 '역사적' 일곱 교회는 세상 모든 교회의 영적 상태를 보여 주기 위한 하나님의 선택이었을 것이다.

1:12 일곱 금 촛대를 보았는데 요한은 나팔 소리 같은 큰 음성을 듣고 그 음성의 주인공을 확인하기 위해 몸을 돌렸다. 그리고 먼저 일곱 금 촛대를 보았는데, 이는 1:11에서 언급된 일곱 교회를 상징한다(계 1:20). 요한이 본 것은 일곱 개의 금 촛대로 구약시대 성막과 성전에 있었던 '일곱 가지 등잔대'(מְנוֹרָה, 메노라, 출 25:31~40, 슥 4:2)가 아니다. 여기서 금은 고귀함을, 촛대는 진리의 빛을 상징한다. 교회는 가장 귀한 진리를 밝히 비추는 곳이다.

1:13 촛대 사이에 인자 같은 이가 요한은 촛대 사이에서 '인자 같은 이'를 보았는데 이는 예수 그리스도가 분명하다. 요한은 부활하신 예수 그리스도를 직접 대면한 것이다. '인자'(사람의 아들)는 예수께서 자신에게 사용하신 호칭으로, 복음서 여러 곳에서 확인할 수 있다(마 8:20, 12:40, 17:9, 막 2:10, 14:21, 14:62, 눅 6:22, 12:8, 22:69, 요 6:27, 9:35, 13:31). 다니엘서 7:13에 아람어로 '인자 같은 이'라는 표현이 있는데 이는 메시아를 가리키는 호칭이다. 요한은 인자 같은 이라는 호칭으로 메시아, 부활하신 예수를 말하고 있다. '촛대 사이'라는 말은 '교회 가운데'라는 의미로 구세주이신 예수 그리스도가 교회 안에 계심을 상징한다.

1:13 발에 끌리는 옷을 입고 요한은 1:12~16에서 직접 대면한 예수 그리스도의 모습을 상징적 용어로 묘사한다. 가장 먼저 나오는 '발에 끌리는 옷'은 제사장의 거룩한 옷을 의미한다(출 28:4). 이는 예수님이 새 언약의 대제사장이심을 상징한다(히 8:1~3). 요한이 정말 발에 끌리는 옷을 입고 계시는 예수님을 보았다는 말이 아니라, 영원한 대제사장이신 예수님을 보았다는 말이다.

1:13 **가슴에 금 띠를 띠고** '가슴의 금 띠'는 왕을 상징한다. 이는 1:5에서 보는 '땅의 임금들의 머리가 되신 예수 그리스도'의 모습에 어울리는 복장이다. 요한은 만왕의 왕이신 예수님을 본 것이다. 공동번역 마카베오 상 10:89에 '왕의 친족에게만 주게 되어 있는 황금띠 죔쇠'라는 표현이 있다.

1:14 **그의 머리와 털의 희기가 흰 양털 같고 눈 같으며** 흰 머리털은 영원하신 하나님을 묘사하는 표현이다. 다니엘 7:9에 '옛적부터 항상 계신 이가 좌정하셨는데… 그의 머리털은 깨끗한 양의 털 같고'라는 말씀이 있다. 요한은 하나님을 묘사하는 용어를 예수 그리스도에 적용하는데 아무런 주저함이 없다. 이 표현은 예수님이 영원히 존재하는 분이시라는 뜻으로 '말씀이 태초에 하나님과 함께 계셨고 만물이 그로 말미암아 지음 받았다'라는 요한복음 1:1~3과 같은 내용이다.

1:14 **그의 눈은 불꽃 같고** 눈이 불꽃 같다는 말은 예수 그리스도의 전지하심을 상징하는 표현일 것이다. 다니엘이 티그리스(힛데겔) 강가에서 환상을 보았을 때 다니엘에게 나타난 천사의 눈이 횃불 같았다(단 10:6). 이 역시 천사가 숨겨진 일, 신비한 일을 안다는 의미일 것이다.

1:15 **그의 발은 풀무불에 단련한 빛난 주석 같고** 이 역시 다니엘이 본 환상에서 천사를 묘사하는 표현이다(단 10:6). 주석 같은 발은 강함과 안정됨에 대한 상징으로 모든 반대 세력을 극복한다는 의미일 것이다.

1:15 **그의 음성은 많은 물소리 같으며** 성서에서 '많은 물소리'는 사람의 말로 표현하기 어려운 천상의 소리에 대한 관용적 표현이다. 하나님의 수레 보좌를 호위하는 생물들의 날개 소리가 많은 물소리 같았고(겔 1:24), 하나님의 영광이 나타나는 소리가 많은 물소리 같았다(겔 43:2). 요한이 들은 하늘의 소리가 많은 물소리 같았고(계 14:2), 하늘 백성이 하나님을 찬양하는 소리가 많은 물소리 같았다(계 19:6). 요한은 예수 그리스도의 위엄에 찬 음성을 많은 물소리로 표현한 것이다.

1:16 그의 오른손에 일곱 별이 있고 일곱 별은 1:11에서 언급된 일곱 교회의 사자, 즉 일곱 천사를 의미한다.(계 1:20)

1:16 입에서 좌우에 날선 검이 나오고 이는 예수님의 말씀이 날선 칼과 같이 저항할 수 없는 힘을 가지고 있음을 상징한다. 그래서 심판과 처벌의 도구가 된다. 예수 그리스도는 그 입에서 나오는 예리한 검, 곧 말씀으로 만국을 치시며(계 19:15), 짐승을 경배하던 자들은 예수 그리스도의 입으로부터 나오는 검에 죽는다.(계 19:21) 성경에 하나님의 말씀을 칼에 비유한 구절들이 있다. "성령의 검 곧 하나님의 말씀을 가지라"(엡 6:17)는 말씀과, "하나님의 말씀은 살아 있고 활력이 있어 좌우에 날선 어떤 검보다도 예리하여 혼과 영과 및 관절과 골수를 찔러 쪼개기까지 하며 또 마음의 생각과 뜻을 판단하나니"(히 4:12)라는 말씀이다.

1:16 그 얼굴은 해가 힘있게 비치는 것 같더라 이것은 예수님의 신성(神性)을 강조하는 표현으로 예수님의 얼굴에 신성이 밝히 드러나고 있다. 1:12~16에 언급된 예수 그리스도의 모습을 그림으로 그려서 글자 그대로 재현하려는 것은 요한계시록을 오해하는 것이다. 요한은 금띠를 두른 긴 옷을 입고 백발에 불꽃 같은 눈을 가지고 입에 칼을 문 예수님을 본 것이 아니다. 요한은 '내가 부활의 주, 영광의 그리스도를 보았는데, 주님은 내게 아시아 일곱 교회를 향한 말씀을 주셨다. 그 예수 그리스도는 대제사장이시고 왕이시며, 태초부터 존재하셨으며, 전지전능하시며, 심판 주이시며, 아무도 그 명령을 거역할 수 없는 하나님이시다'라는 말을 하고 있는 것이다. 요한은 의미를 강조하기 위해 이 말을 상징으로 표현했다.

1:17 내가… 죽은 자 같이 되매 이 말은 예수 그리스도를 직접 본 요한이 말할 수 없는 경외감에 사로잡혔다는 뜻이다. 하나님이나 천사와 같이 초자연적 존재를 만나는 경험은 큰 두려움과 경외심을 유발하였다. 그래서 아브라함과 모세를 제외하고는 대부분 요한처럼 되었다. 시내 산에서

하나님의 영광을 본 이스라엘 백성은 심히 두려워하면서 모세에게 청하기를 "당신이 우리에게 말씀하소서 우리가 들으리이다 하나님이 우리에게 말씀하시지 말게 하소서 우리가 죽을까 하나이다"(출 20:19)라고 한다. 삼손의 아버지 마노아는 자신이 천사를 만났다는 사실을 깨달은 후 "우리가 하나님을 보았으니 반드시 죽으리로다"(삿 13:22)라고 아내에게 말했다. 하늘 보좌 환상을 본 이사야는 자신이 망하게 되었다고 말하고(사 6:5), 티그리스 강가에서 천사에 대한 환상을 본 다니엘은 힘이 빠져 얼굴이 죽은 사람처럼 되었다.(단 10:8)

1:17 두려워하지 말라 나는 처음이요 마지막이니 요한이 죽은 자처럼 되었을 때, 예수님은 요한에게 두려워하지 말라고 말씀하신다. 이는 위로와 격려이다. 다니엘에게 나타났던 천사 역시 다니엘을 어루만지며 위로하고 격려하였다(단 10:10). 그렇게 요한을 위로하신 예수님은 자신을 '처음이요 마지막'이라고 소개하신다. 이는 1:8의 "나는 알파와 오메가라"라는 말씀과 같은 의미로 영원히 존재하면서 세상의 처음과 마지막을 주관하는 자라는 뜻이다.

1:18 곧 살아 있는 자라 내가 전에 죽었었노라 이는 예수님의 십자가 죽음과 부활을 의미한다. 예수님은 자신이 십자가에서 죽었으나 부활했고 지금 살아 있다고 말씀하신다. 여기에는 앞으로도 영원히 살 것이라는 뜻이 내포되어 있다.

1:18 세세토록 살아 있어 사망과 음부의 열쇠를 가졌노니 부활하신 예수 그리스도는 영원히 사시는데, 그 말은 곧 죽음의 권세를 이기셨다는 뜻이다. 여기서 음부는 헬라어 '하데스'(ᾅδης)를 번역한 것으로 죽은 자들의 세계를 의미하며 열쇠는 주권이나 능력을 뜻한다. 그러므로 예수께서 사망과 음부의 열쇠를 가지셨다는 말은 예수께서 죽음의 권세를 완전히 이기신 분이라는 말이다. 그래서 성도들에게 영원한 생명을 주실 수 있는 것이다.

1:19 네가 본 것과 지금 있는 일과 장차 될 일을 기록하라 1:19는 요한에게 사명을 주시는 말씀이다. 예수께서는 요한에게 '네가 본 것과 지금 있는 일과 장차 될 일'을 기록하라고 하시면서 '네가 본 것'은 일곱 별과 일곱 금 촛대라고 하신다(계 1:20). 그렇게 볼 때 '지금 있는 일'은 예수 그리스도를 대면하고 있는 일, '장차 될 일'은 4~22장의 종말론적 환상이라고 볼 수 있다. 그러나 이 말씀이 '과거, 현재, 미래'를 의미하는 것이라면 요한계시록이 다루는 종말론적 역사 전체를 기록하라는 말씀으로 이해할 수도 있다.

1:20 일곱 별의 비밀과 하나님께서 비밀스럽게 두시는 것이 있고(단 2:27~30), 오랫동안 봉인해 두시는 것이 있다(단 12:4, 9). 그러나 그런 것이 영원히 감추어지는 것은 아니며, 때가 되면 하나님께서 밝히신다. 그리스도의 오심으로 마지막 때가 되었기 때문에 하나님께서 모든 감추어진 비밀을 밝히신다.

1:20 일곱 별은 일곱 교회의 사자요 '일곱 금 촛대'(계 1:12)와 '일곱 별'(계 1:16)의 의미가 밝혀진다. 일곱 촛대는 1:11에서 언급된 일곱 교회이고, 일곱 별은 그 교회의 사자들이다. 여기서 사자는 천사(ἄγγελος, 앙겔로스)를 말한다. '교회의 천사'는 교회의 영적 모습을 강조하는 표현으로 교회는 지상에 있지만 하늘과 연결되어 있다는 말이다. 이것이 교회의 실제 모습이다.(마 18:18 참고)

▶ 1장의 핵심 및 교훈

1장의 핵심은 요한계시록이 예수 그리스도의 계시라는 것이다(계 1:1). 요한계시록은 삼위일체 하나님 중 예수 그리스도를 강조한다고 볼 수 있는데 그리스도께서 마지막 날을 주관하시기 때문이다. 1장은 예수 그리스도의 신성과 구원 활동을 강조한다. 그리스도는 하나님과 동등하신 분으로 땅의 임금들의 머리가 되시며(계 1:5), 처음과 마지막이시며(계

1:17), 세세토록 살아 계신 분이며(계 1:18), 사망과 음부의 열쇠를 가지신 분이다(계 1:18). 그리고 예수 그리스도는 죽은 자들 가운데서 가장 먼저 부활하신 분이며(계 1:5), 그의 피로 사람들을 죄에서 해방하셨으며(계 1:5), 이 세상을 심판하시기 위해 구름을 타고 다시 오시는 '장차 오실 이'시다(계 1:4, 7, 8). 재림하시는 그리스도는 사망과 음부의 열쇠를 가지고 계신다(계 1:18). 이는 세상을 심판할 권세를 가지셨다는 뜻이다. 그리스도의 심판으로 땅에 있는 모든 족속이 애곡하는데(계 1:7), 그리스도의 재림과 심판은 요한계시록 전체의 핵심이다. 그리스도의 사명은 부활과 승천으로 끝난 게 아니며 재림과 심판이라는 사명이 아직 남아 있다.(마 25:31~46)

또한 1장은 요한계시록이 계시임을 강조하는데, 이는 요한계시록이 사람의 지혜가 아니라 하나님의 지혜라는 뜻이다. 요한계시록은 요한의 생각을 환상으로 표현한 책이 아니라 하나님이 보여 주신 환상을 기록한 책이다. 그러므로 요한계시록은 요한이 쓴 묵시문학이 아니라 하나님의 계시를 기록한 예언이다. 요한계시록은 요한의 역사 이해 및 종말론적 관점이 아니라 종말에 대한 하나님의 계획을 밝힌 그리스도의 계시인 것이다. 하나님은 요한계시록을 통해 마지막 때를 인내하고 마지막 날을 준비하라고 말씀하신다. 그래서 영원한 복을 받으라는 것이다.

르네 데카르트(1596~1650) 이후 인간의 이성이 강조되면서 계시에 대한 믿음이 약화되었다. 데카르트는 의심이라는 방법을 통해 절대적 확실성을 발견하고자 했다. 가장 확실한 사실을 찾기 위해 모든 것을 의심한 것이다. 그런 가운데 절대 의심할 수 없는 한 가지 사실을 발견했는데, 그 것은 자신이 의심하고 있다는 것이었다. 이 사실을 정리한 것이 '나는 생각한다, 고로 나는 존재한다'라는 말이다. 이는 의심이 인간 존재의 근본이라는 뜻으로 거기에는 성서의 계시도 포함된다. 데카르트는 기독교인 이었으며 1637년에 출간된 「방법서설」에서 신의 존재나 영혼 불멸에 대한 믿음을 표명했다. 그러나 그의 철학으로 인해 성서의 계시는 큰 타격을 받았는데 성서에는 인간의 합리적, 이성적 사고로 믿기 어려운 내용이 많기 때문이다. 그러면서 성서의 계시는 권위를 잃게 되었다.

진실을 말하면 계시와 이성은 충돌하지 않는다. 오히려 계시는 이성이 알 수 없는 진리를 깨닫도록 도와준다. 단지 그 돕는 방법이 이성을 초월할 뿐이다. 그 대표적인 예가 나사렛 예수가 하나님이시라는 것과, 재림과 부활과 심판과 영원한 생명이 있다는 것이다. 바로 요한계시록 1장이 강조하는 내용이다. 인간의 이성을 하나님의 계시에 굴복시킬 때 참된 신앙을 가질 수 있다. 그러므로 교회는 계시의 권위를 회복시켜 세상을 진리의 길로 인도해야 한다. 이성의 눈으로 읽으면 요한계시록은 이해할 수 없는 책이지만, 계시라는 사실을 믿고 믿음의 눈으로 읽으면 이 책의 진리를 깨달을 수 있다.

요한계시록은 교회가 반드시 '읽고 듣고 지켜야' 하는 말씀이다(계 1:3). 이 책이 마지막 때를 살면서 마지막 날을 준비하는 하나님의 백성에게 필수적인 말씀이기 때문이다. 요한계시록은 복을 위한 계시의 말씀으로, 이 말씀을 듣고 지키는 자는 복을 받는다(계 1:3). 그러므로 교회는 사명을 가지고, 성도들로 하여금 '오메가의 진리'를 담고 있는 요한계시록을 읽고 듣고 지키도록 해야 한다.

한편, 1장은 요한계시록이 '교회'를 향한 그리스도의 말씀이라는 사실을 강조한다(계 1:11). 그리스도는 삼위일체의 한 위격으로 성부 하나님의 계획을 이루시는데 예수 그리스도 없이 하나님의 구원 계획은 완성될 수 없다. 예수께서 이 세상에 오셔서 십자가 고난을 받으셨기 때문에 부활과 영생에 대한 하나님의 구원 계획이 성취될 수 있는 것이다. 그런데 그 계획은 교회를 통해서 이루어진다. 이것이 1장의 또 다른 핵심이라 할 수 있다.

교회는 하나님이 세우신 구원 계획의 필수 요소로, 삼위일체 하나님

다음 가는 중요한 역할을 한다. "너희가 땅에서 매면 하늘에서도 매일 것이요 무엇이든지 땅에서 풀면 하늘에서도 풀리리라"(마 18:18)라는 말씀이 이를 증명한다. 교회 밖에는 구원이 없으며, 교회를 다니지 않고 구원을 얻을 수는 없다. 교회가 존재하기 이전 사람들의 구원과, 교회를 알 수 없었던 사람들의 구원에 대한 신학적 문제가 있기는 하지만, 그런 문제는 하나님께 맡기고, 마지막 때를 사는 하나님의 백성은 교회를 세우고, 거룩하게 지키고, 유혹으로부터 보호해야 한다. 교회가 유일한 구원의 방주이기 때문이다.

2. 일곱 교회를 향한 말씀_2:1~3:22

1 에베소 교회의 사자에게 편지하라 오른손에 있는 일곱 별을 붙잡고 일곱 금 촛
  대 사이를 거니시는 이가 이르시되
2 내가 네 행위와 수고와 네 인내를 알고 또 악한 자들을 용납하지 아니한 것과 자
  칭 사도라 하되 아닌 자들을 시험하여 그의 거짓된 것을 네가 드러낸 것과
3 또 네가 참고 내 이름을 위하여 견디고 게으르지 아니한 것을 아노라
4 그러나 너를 책망할 것이 있나니 너의 처음 사랑을 버렸느니라
5 그러므로 어디서 떨어졌는지를 생각하고 회개하여 처음 행위를 가지라 만일 그
  리하지 아니하고 회개하지 아니하면 내가 네게 가서 네 촛대를 그 자리에서 옮
  기리라
6 오직 네게 이것이 있으니 네가 니골라 당의 행위를 미워하는도다 나도 이것을 미
  워하노라
7 귀 있는 자는 성령이 교회들에게 하시는 말씀을 들을지어다 이기는 그에게는 내
  가 하나님의 낙원에 있는 생명나무의 열매를 주어 먹게 하리라

2:1 에베소 교회의 사자에게 편지하라 에베소(Ephesus)는 로마의 속령인
아시아 주(州)의 수도로 로마 총독이 거주했으며 이 지역에서는 가장 큰
도시였다. 에베소는 당시 지중해에서 알렉산드리아 다음 가는 유명한
항구도시로 교통의 요지였으며 무역과 상업이 발달했다. 에베소는 이방
종교의 온실이기도 했는데 황제 숭배가 성행했으며 그리스의 여신 아데

미(Artemis)를 주신(主神)으로 섬겼다.(행 19:23~41)

에베소 교회는 사도 바울이 세운 교회다. 바울이 2차 선교여행(주후 50~52)을 마치고 안디옥으로 돌아가는 길에, 에베소를 방문해 처음으로 복음을 전했다(행 18:19~21). 그때 브리스길라와 아굴라가 고린도에서부터 동행했다. 바울은 곧 예루살렘으로 떠났지만 두 사람은 에베소에 남았으며, 그 결과 에베소 교회가 세워졌다. 후에 알렉산드리아 출신 아볼로가 에베소를 방문해서 에베소 교회에서 가르쳤다(행 18:24~28). 바울은 3차 선교여행(주후 53/54~58) 때 다시 에베소에 들러 2~3년 동안 에베소에 머물며 복음을 전했다(행 19:10, 20:31). 그때 에베소에 사는 사람들뿐만 아니라 아시아에 사는 유대인이나 헬라인이나 모두 주의 말씀을 들었다(행 19:10). 에베소 교회는 그 후 아시아 지역에서 중요한 역할을 했으며 사도 요한이 에베소에서 말년을 보냈다는 교회의 전승이 있다.

"사자에게 편지하라"에서 사자는 천사를 의미하며 '편지하라'는 단순히 '쓰라'라는 동사다. 개역성서가 이를 편지하라고 의역했다.

2:1 일곱 별을 붙잡고 이는 예수께서 일곱 교회의 사자인 일곱 천사의 주(主)가 되신다는 뜻이다.(계 1:16, 20 참고)

2:1 일곱 금 촛대 사이를 거니시는 이가 이르시되 교회의 머리와 주인 되시는 예수께서 일곱 교회에 말씀하신다는 뜻이다(계 1:12, 20 참고). 일곱 금 촛대는 1:12~13에서 언급되었으며, 2~3장에 나타나는 그리스도 칭호는 모두 1장에서 언급되었다. 주로 1:12~18에서 볼 수 있는데, 3:14의 '충성되고 참된 증인이시요'는 1:5에서 볼 수 있다.

예수께서 일곱 교회에 말씀하시는 이유는 일곱 교회가 여러 가지 문제를 가지고 있기 때문이다. 그 문제는 거짓 가르침(에베소, 버가모, 두아디라 교회), 박해(서머나, 빌라델비아 교회), 자기만족(사데, 라오디게아 교회) 등이다. 이 중에서 박해를 받은 '서머나, 빌라델비아 교회'가 칭찬만 받았으며, '에베소, 버가모, 두아디라 교회'는 칭찬과 책망을 함께 받았다. '사데, 라오디게아 교회'는 책망만 받았다.

2:2 내가 네 행위와 수고와 네 인내를 알고 예수 그리스도는 바울이 에베소 교회를 세울 때부터 요한이 요한계시록을 쓸 때까지 에베소 교회의 모든 일을 알고 계신다. 예수께서 이 세상에 재림하시는 날 아무것도 그리스도 앞에서 감추어 질 수 없다. 개인의 일이든 공동체의 일이든 모든 것이 드러나게 된다. 그렇게 모든 일을 아시는 예수께서 에베소 교회의 행위와 수고와 인내를 칭찬하신다. 여기서 행위는 믿음의 선한 행동이고, 수고는 말씀을 따르는 순종이다. 이는 복음을 전하는 증인의 모습이 내포된 것으로 종말에 크게 칭찬받을 행위요 수고이다. 예수께서는 에베소 교회의 인내도 칭찬하시는데, 이는 박해의 상황을 반영하는 칭찬이다. 두아디라 교회와 빌라델비아 교회 역시 인내를 칭찬받았다(계 2:19, 3:10). 하지만 인내가 꼭 박해 때만 필요한 덕목은 아니며 모든 시대, 모든 교회가 배워야 할 덕목이다. 온전한 믿음은 인내를 통해서 얻는다(약 1:3~4). 성숙한 믿음은 시험을 거치는 법인데 그 시험을 견디기 위해서 인내가 필요한 것이다. 야고보서 5:11은 인내하는 자를 복되다고 한다.

2:2 자칭 사도라 하는 자들을 시험하여 에베소 교회는 거짓 사도들을 구별해 그들의 가르침을 거부했다. 이 또한 에베소 교회가 잘한 일이다. 초대 교회 때 스스로 사도라고 칭하는 거짓 선지자나 선생들이 있었다(고후 11:13, 15, 요일 4:1, 벧후 2:1). 에베소 교회가 어떤 방법으로 자칭 사도들을 시험했는지는 알 수 없으나 바울의 가르침에 기초해 그렇게 했을 가능성이 크다. 바울은 에베소 교회 장로들과의 마지막 만남에서 '자신이 떠난 후 사나운 이리가 교회에 들어와 교인들을 자기 제자로 삼으려고 어그러진 말을 할 것'이라고 경고했다(행 20:29~30). 그러면서 자신이 3년 동안 밤낮으로 쉬지 않고 눈물로 각 사람을 훈계한 것을 기억하라고 권면했다(행 20:31). 자칭 사도를 2:6의 니골라 당으로 보는 시각도 있으니 확실치는 않다.

2:3 네가 참고 내 이름을 위하여 견디고 2절에서 언급된 인내가 3절에서 다시 강조되고 있다. 에베소 교회가 예수 그리스도의 이름을 위해 견뎠다는 말은 믿음을 지키기 위해 로마의 박해를 인내했다는 뜻이다. 에베소 교회의 인내는 자신들의 영광이 아니라 하나님의 영광을 위한 것이었다. 그러므로 에베소 교회의 인내는 주님의 칭찬을 받아 마땅하다.

2:3 게으르지 아니한 것을 아노라 에베소 교회는 게으르지 않다는 칭찬을 받았다. 이는 영적으로 게으르지 않다는 의미로 그리스도를 알고 그 계명을 지키는 일에 부지런하다는 말이다. 기독교인의 삶에 있어서 영적 태만은 죄이며, 성서는 영적 부지런함을 권면한다. 성서에 "부지런하여 게으르지 말고 열심을 품고 주를 섬기라"(롬 12:11)라는 말씀과 "우리가 간절히 원하는 것은 너희 각 사람이 동일한 부지런함을 나타내어 끝까지 소망의 풍성함에 이르러 게으르지 아니하고 믿음과 오래 참음으로 말미암아 약속들을 기업으로 받는 자들을 본받는 자 되게 하려는 것이니라"(히 6:11~12)라는 말씀이 있다.

2:4 너를 책망할 것이 있나니 에베소 교회는 칭찬도 받지만 책망도 받는다. 잘한 일도 있지만 잘못한 일도 있는 것이다. 아시아 일곱 교회 중에 세 교회는 칭찬과 책망을 함께 받았고, 두 교회는 칭찬만 받았으며, 두 교회는 책망만 받았다는 사실에 주목할 필요가 있을지도 모른다. 전체 교회가 대략 그런 비율로 존재한다는 가르침일 수도 있을 것이다.

2:4 너의 처음 사랑을 버렸느니라 에베소 교회가 처음 사랑을 버렸다는 말씀은, 교회는 '그리스도의 신부'(고후 11:2, 엡 5:24, 31~32, 계 19:7, 22:16)라는 말씀을 생각나게 한다.[20] 신부 된 에베소 교회가 신랑 되신 그리스도에 대한 사랑을 잃어버린 것이다. 그 잃어버린 사랑을 '처음 사랑'이라고 표현한 것은 에베소 교회가 그리스도에 대한 순결하면서도 뜨거운 열정을 잃어버렸다는 의미이다. '처음 사랑'의 내용을 알기는 어렵지만 회개를 촉구하는 2:5의 '처음 행위'를 통해 그 의미를 짐작할 수 있다. 처음 사

랑이란 결국 순결한 믿음의 행위인 것이다. 에베소 교회는 예수를 구주로 믿고 영생을 확신하며 열심히 말씀을 배우고 뜨겁게 복음을 전하는 믿음이 식은 것이다. 에베소 교회와는 달리 예수님은 두아디라 교회의 사랑을 칭찬하신다.(계 2:19)

2:5 생각하고 회개하여 처음 행위를 가지라 예수께서는 에베소 교회의 회개를 촉구하시는데 처음 사랑을 회복하라는 것이다. 왜 처음 사랑을 잃어버리게 되었는지, 언제 그렇게 되었는지 잘 성찰해서 다시 그리스도의 순결하고 지혜로운 신부가 되라고 하신다. 성서의 회개는 잘못 했다는 고백이나 참회의 눈물이 아니라 지금까지의 행동을 버리고 새로운 행동을 하는 것이다.(엡 4:22~24)

2:5 네 촛대를 그 자리에서 옮기리라 예수께서는 에베소 교회가 회개하지 않으면 촛대를 그 자리에서 옮기겠다고 하시는데 이는 심판을 의미한다. 에베소 교회가 회개하지 않으면 심판을 당하리라는 말씀이다. 이 말씀은 2:1의 '일곱 금 촛대 사이를 거니시는 이'와 연관된 표현으로, 교회의 자격을 잃어버린다는 뜻이다. 그리스도는 경고를 받고도 회개치 않는 교회를 교회로 인정치 않으신다. 회개는 요한계시록의 중요한 주제로, 일곱 교회를 향한 말씀에서 회개에 대한 권면을 볼 수 있다(계 2:5, 16, 21, 22, 3:3, 19). 그리고 4~22장의 환상에서 회개치 않는 자들에 대한 고발을 볼 수 있다.(계 9:20, 21, 16:9, 11)

2:6 오직 네게 이것이 있으니 네게 이런 '좋은' 점도 있다는 뜻으로 다시 에베소 교회의 장점을 말씀하시는 것이다. 교회의 자격을 박탈하겠다는 무서운 경고 후에, 다시 에베소 교회의 장점을 언급하심으로써 에베소 교회를 위로하신다.

2:6 네가 니골라 당의 행위를 미워하는도다 예수께서는 에베소 교회가 니골라 당을 미워한 것을 칭찬하시면서 자신도 니골라 당을 미워한다고 말씀하신다. 니골라 당에 대해서는 명확하게 밝혀진 것이 없는데, 니골

라를 추종한 사람들은 분명하나 어떤 니골라인지 알 수 없기 때문이다. 그 당시 니골라는 흔한 이름이었다. 니골라 당이 버가모 교회의 '발람의 교훈을 지키는 자들'(계 2:14)과 전체적으로, 또는 부분적으로 동일한 자들이라는 견해가 있다. 헬라어 '니콜라오스'(Νικολαος)와 히브리어 '발람'(בלעם)이 어원적으로 같다고 볼 수 있기 때문이다. 찰스(R. H. Charles)가 오래 전에 이런 주장을 했는데, 그의 설명은 아직도 인용되고 있다.[21]

만약 그렇다면 니골라 당은 우상에 바친 제물을 먹을 수 있다고 하고 성적 자유(음란)를 주장한 그룹이다(계 2:15). 이 두 가지가 1세기 기독교의 중요한 문제였음을 신약성경 다른 곳에서 알 수 있다(고전 5:9, 6:9, 13~18, 8:4~13). 그러나 이 견해가 확실한 것은 아니다. 한편, 니골라 당이 2:2의 거짓 사도라는 견해도 있다. 그렇다면 그들은 참과 거짓을 섞어서 전한 자들이다. 바울은 그들을 가리켜 배운 교훈을 거슬러 분쟁을 일으키는 자들이며, 그리스도가 아니라 자기 배를 섬기는 자들이며, 교활한 말과 아첨하는 말로 순진한 사람들의 마음을 미혹하는 자들이라고 한다.(롬 16:17~18)

니골라 당의 정체를 명확히 아는 것이 요한계시록 해석에 중요한 것은 아니다. 이단은 이단일 뿐 이단의 주장을 잘 알아야 정통교리를 제대로 파악할 수 있는 것이 아니다. 현대에도 교주 자신이 재림 예수나 성령이라는 이단, 삼위일체를 부정하는 이단, 성서 외에 다른 경전을 가지고 있는 이단들이 있지만, 그들의 이단사설을 알아야 정통교리를 제대로 이해할 수 있는 것은 아니다. 본문에 니골라 당에 대한 설명이 없는 이유는 니골라 당이 당시 아시아 지역에 널리 알려진 이단으로 특별히 언급할 필요가 없었기 때문일 것이다. 현대에도 교회 안에 이름이 널리 알려진 이단들이 있는데 특별한 경우가 아니라면 그들의 이름을 언급하는 것만으로 충분하다.

2:7 성령이 교회들에게 하시는 말씀을 들을지어다 2:1에서 알 수 있듯이

2:2~6 사이의 말씀은 예수께서 에베소 교회에 하신 말씀이다. 그 말씀을 2:7에서는 성령이 하시는 말씀이라고 한다. 이는 성령이 곧 예수 그리스도의 영이시기 때문이다(롬 8:9, 갈 4:6, 빌 1:19, 벧전 1:11). 일곱 교회에 대한 말씀 모두 '귀 있는 자는 성령이 교회들에게 하시는 말씀을 들을지어다'라는 말씀으로 끝나는데, 그만큼 이 말씀의 의미가 중요하다. 교회가 진리의 영이신 성령을 의지할 때 예수 그리스도의 말씀을 바로 이해하고 제대로 실천할 수 있다. 그리스도는 이 사실을 강조하신다.

2:7 이기는 그에게는 요한계시록에서 '이기는 자'는 박해의 고통을 견디고 거짓의 유혹을 물리치면서 끝까지 부활의 증인으로 남는 자를 말한다. 요한일서 5:4에 "무릇 하나님께로부터 난 자마다 세상을 이기느니라 세상을 이기는 승리는 이것이니 우리의 믿음이니라"는 말씀이 있다.

2:7 하나님의 낙원에 있는 생명나무의 열매를 주어 먹게 하리라 이 말씀은 에덴 동산에 있는 생명나무에 기초한 것이다. 요한계시록은 이렇게 창세기와 연결되면서 '알파와 오메가이신 한 분 하나님'(사 41:4, 44:6, 48:12, 계 1:8, 21:6~7, 22:13)이 성서를 처음부터 끝까지 주관하셨음을 드러낸다. 영원한 생명을 상징하는 생명나무는 창세기 2:9, 3:22, 24에 등장한 후 성서에서 사라졌다가 요한계시록 2:7, 22:2, 14에 처음으로 등장한다.[22] 이렇게 창세기와 요한계시록에 공통으로 등장하는 내용으로 생명나무 외에 '뱀'(창 3:1, 계 12:9)과 '바벨론'(창 11:9, 계 18:2)을 들 수 있다. 생명나무 열매를 먹는다는 것은 영생을 얻는다는 말로 예수께서 이 세상에 오신 목적인데(요 3:16), 이를 재림하실 예수 그리스도께서 주신다는 말이다.

● **서머나 교회에 보내는 말씀(2:8~11)**

8 서머나 교회의 사자에게 편지하라 처음이며 마지막이요 죽었다가 살아나신 이가 이르시되

9 내가 네 환난과 궁핍을 알거니와 실상은 네가 부요한 자니라 자칭 유대인이라
하는 자들의 비방도 알거니와 실상은 유대인이 아니요 사탄의 회당이라
너는 장차 받을 고난을 두려워하지 말라 볼지어다 마귀가 장차 너희 가운데에서
10 몇 사람을 옥에 던져 시험을 받게 하리니 너희가 십 일 동안 환난을 받으리라 네
가 죽도록 충성하라 그리하면 내가 생명의 관을 네게 주리라
11 귀 있는 자는 성령이 교회들에게 하시는 말씀을 들을지어다 이기는 자는 둘째
사망의 해를 받지 아니하리라

2:8 서머나 교회 서머나(Smyrna)는 에베소에서 북쪽으로 약 56km 떨어진 부유한 항구 도시로, 과학과 의약품의 중심지였으며 좋은 포도주와 아름다운 건물로 유명했다.[23] 서머나는 주전 580년에 파괴되어 주전 290년에 재건되었는데, 약 300년간 버려진 후에 재건된 것이다. 로마는 서머나에 '죽었으나 아직 살아 있는 도시'(The City That Died Yet Lives)라는 호칭을 주었는데, 이는 2:8의 그리스도 칭호와 유사하다.[24] 서머나는 일찍이 로마에 충성해서 주전 195년에 로마의 수호신인 '여신 로마'(the goddess Roma)를 위한 신전을 건축했다. 서머나는 후에 이 지역에서 황제 숭배의 중심지가 되어 주후 26년에는 티베리우스 황제를 위한 신전을 건축했다. 그래서 로마 원로원은 서머나를 티베리우스 제의를 위한 '신전 지기'(temple keeper)로 인정했으며,[25] 서머나는 후에 하드리아누스(AD 117~138)와 카라칼라(AD 211~217) 신전도 건축했다. 서머나는 오늘날 이즈미르(Izmir)로 2~3장의 일곱 도시 중에서 지금도 번영하고 있는 유일한 도시이다.[26]

서머나 교회는 바울이 3차 선교여행 중 에베소에 2~3년간 머물며 복음을 전했을 때 그 영향으로 세워졌을 가능성이 있다. 그때 아시아에 사는 자는 유대인이나 헬라인이나 다 주의 말씀을 들었기 때문이다(행 19:10). 일곱 도시 중 서머나가 제일 유명한 도시였으나 편지의 길이는 가장 짧다.

2:8 처음이며 마지막이요 죽었다가 살아난 이가 이르시되 일곱 교회에 보낸 편지는 모두 예수 그리스도를 소개하는 기독론으로 시작한다. 서머나 교회에 소개된 예수 그리스도는 '처음이며 마지막이요 죽었다가 살아난 이'이다. '처음이며 마지막이요'는 1:17에서 언급된 것으로 1:8의 '알파와 오메가'와 같은 의미다(계 1:8, 1:17 참고). '죽었다가 살아난 이'는 십자가 죽음과 부활을 의미한다.

2:9 네 환난과 궁핍을 알거니와 서머나 교회는 고난 받는 가난한 교회였다. 도시는 부유했지만 성도들은 가난했던 것이다. 성도들이 대부분 사회적 하위 계층이었을 수도 있고(고전 1:26 참고), 박해가 가난의 이유였을 수도 있다. 서머나의 경제 구조가 황제 숭배 중심이었기 때문에 황제를 숭배하지 않는 자들은 가난할 수밖에 없었다는 설명도 있다.[27]

2:9 실상은 네가 부요한 자니라 서머나 교회는 고난 받는 가난한 교회였지만 예수께서는 그런 서머나 교회를 가리켜 실은 부요한 교회라고 하신다. 그것이 서머나 교회의 영적 모습으로 예수께서는 교회의 영적 모습을 보신다. 예수께서 이처럼 사람들과 전혀 다른 모습을 보신 경우들이 있다. 가난한 과부가 성전에 두 렙돈을 헌금했을 때와(눅 21:1~4) 사람들이 예루살렘 성전의 화려함을 자랑했을 때이다(눅 21:5~6). 예수께서는 두 렙돈을 가장 많은 헌금이라고 칭찬하셨고 예루살렘 성전은 철저하게 파괴되리라고 예언하셨다. 한편, 서머나 교회와는 달리 물질적으로 부요했던 라오디게아 교회는 영적으로 가련하고 가난하고 눈까지 멀었다는 책망을 들었다.(계 3:17)

2:9 자칭 유대인이라 하는 자들의 비방도 알거니와 이는 서머나 교회가 유대인들에게 비난을 당하고 있다는 말씀이다. 바울과 바나바가 비시디아의 안디옥과 이고니온에서 복음을 전할 때 유대인들이 두 사람을 박해했다(행 13:45, 50, 14:2, 5). 그처럼 유대인들이 서머나 교회의 참된 믿음을 비방했던 것이다. 참된 믿음은 그리스도의 십자가 죽음과 부활에 대

한 믿음이다(고전 15:3~8). '자칭 유대인'이라는 표현은 겉사람만 유대인이지 속사람은 유대인이 아니라는 뜻이다.(롬 2:28~29)

2:9 실상은 유대인이 아니라 사탄의 회당이라 교회를 비방하고 복음 전파를 방해하는 유대인들은 더 이상 '하나님의 백성'(신 27:9)이 아니라 '사탄의 백성'이다. 그들은 혈통적으로는 유대인이지만 영적으로는 아닌 자들이다. '사탄의 회당'을 교회에서 다시 유대교로 간 자나 니골라 당처럼 교회 내부의 적으로 볼 수도 있다. 그러나 더프(P. B. Duff)는 이를 지역 회당의 유대인들로 설명하면서 이 말씀은 교인들로 하여금 다시 회당으로 돌아가지 않도록 하기 위한 것이라고 한다.[28]

2:10 장차 받을 고난을 두려워마라 2:9에서 보듯이 서머나 교회는 이미 박해를 받고 있는데 주님은 그 박해가 앞으로 계속 될 것이라고 하신다. 하지만 그런 고난을 두려워하지 말라고 격려하신다. 성도들은 그리스도의 남은 고난을 그의 몸 된 교회를 위해 자신의 육체에 채워야 하며 (골 1:24), 영문 밖에 계신 그리스도께 나아가 그 분의 치욕을 짊어져야 한다.(히 13:13)

2:10 마귀가 장차 너희 가운데에서 몇 사람을 옥에 던져 시험을 받게 하리니 서머나 교회가 지금 박해를 받고 있는 이유는 마귀의 시험 때문이다. 교회가 당하는 박해는 마귀의 개입 때문인데 요한계시록 12장의 '여자와 용'에 대한 환상에서 이를 잘 확인할 수 있다. '몇 사람을 옥에 던진다'는 말씀은 박해를 상징하는 일반적인 표현일 수도 있고 서머나 교인 몇 사람이 실제로 감옥에 갇힌다는 말일 수도 있다(행 12:5, 16:24, 고후 6:5, 빌 1:7). 당시 기독교인들은 황제 숭배를 거부한다는 이유로 감옥에 갇혔는데, 그렇게 성도들을 감옥에 가두는 로마 관리들의 배후에 마귀가 있는 것이다.

2:10 너희가 십일 동안 환난을 받으리라 여기서 '십일'이 십 년, 또는 긴 기간을 의미한다는 설명이 있다. 그러나 그보다는 환란의 기간이 한시적이

고 짧을 것이라는 의미로 이해하는 것이 좋다. 예수께서는 서머나 교회가 받을 박해가 길지 않을 것이라고 말씀하시는데 이는 서머나 교회에 대한 위로와 격려이다. 성서에 시험과 관련된 열흘의 예가 있다. 다니엘과 세 친구는 열흘 동안 채식만 하면서 자신들의 건강을 시험받았다(단 1:8~16). 이 사건에서 열흘이 세 번 언급된다.(단 1:12, 14, 15)

2:10 네가 죽도록 충성하라 내가 생명의 관을 네게 주리라 서머나 교회가 경험할 박해가 기간은 짧을지 몰라도 그 강도는 결코 약하지 않다. 죽음을 각오해야 할 정도이다. 예수께서는 서머나 교회에 순교도 마다 않는 충성을 요구하시는데 이는 모든 교회, 모든 교인을 향한 말씀이기도 하다. 교회사를 볼 때 죽기까지 충성한 하나님의 백성이 많았다. 예수께서는 죽도록 충성하는 자들에게 승리의 상징인 '생명의 면류관'을 약속하신다. 죽기까지 믿음을 지킨 자들의 충성은 결코 헛되지 않으며 그들은 죽음을 이기고 영원한 생명의 면류관을 받는다.(딤후 4:8)

2:11 이기는 자는 둘째 사망의 해를 받지 아니하리라 둘째 사망이라는 표현은 20:6, 14, 21:8에서도 볼 수 있다. 이는 그리스도의 재림 후에 있을 영원한 죽음을 의미한다. 요한계시록에 첫째 사망이라는 표현이 없지만 내용의 흐름으로 볼 때 첫째 사망은 육신의 죽음을 뜻하고 둘째 사망은 영원한 죽음을 뜻한다. 같은 개념을 첫째 부활이라는 표현에서 볼 수 있다(계 20:5~6). 사람의 육신이 죽는 것이 첫째 죽음인데, 이때 믿는 자들의 영혼은 계속 죽어 있지 않고 살아난다. 이것이 첫째 부활이다. 예수께서 재림하시는 날 첫째 죽음을 당한 자들은 심판을 받고 영원한 형벌을 받는데 이것이 둘째 죽음이다. 반면 첫째 부활을 경험한 자들은 부활의 몸으로 영원히 사는데, 둘째 부활이라는 말은 없으나 내용의 흐름 상 이것이 둘째 부활이다.

12 버가모 교회의 사자에게 편지하라 좌우에 날선 검을 가지신 이가 이르시되

13 네가 어디에 사는지를 내가 아노니 거기는 사탄의 권좌가 있는 데라 네가 내 이름을 굳게 잡아서 내 충성된 증인 안디바가 너희 가운데 곧 사탄이 사는 곳에서 죽임을 당할 때에도 나를 믿는 믿음을 저버리지 아니하였도다

14 그러나 네게 두어 가지 책망할 것이 있나니 거기 네게 발람의 교훈을 지키는 자들이 있도다 발람이 발락을 가르쳐 이스라엘 자손 앞에 걸림돌을 놓아 우상의 제물을 먹게 하였고 또 행음하게 하였느니라

15 이와 같이 네게도 니골라 당의 교훈을 지키는 자들이 있도다

16 그러므로 회개하라 그리지 아니하면 내가 네게 속히 가서 내 입의 검으로 그들과 싸우리라

17 귀 있는 자는 성령이 교회들에게 하시는 말씀을 들을지어다 이기는 그에게는 내가 감추었던 만나를 주고 또 흰 돌을 줄 터인데 그 돌 위에 새 이름을 기록한 것이 있나니 받는 자 밖에는 그 이름을 알 사람이 없느니라

2:12 버가모 버가모(Pergamum)는 서머나에서 북쪽으로 약 88km 떨어진 도시로 아시아 지방의 종교 중심지였다. 버가모에는 제우스 신전을 포함해 웅장한 이방 신전들이 많았으며 주전 29년 아시아에서 처음으로 황제숭배를 시작했다.[29] 이런 이유로 버가모는 '사탄의 권좌가 있는 곳'으로 불렀다(계 2:13). 한편, 버가모는 문화의 중심지로 이집트의 알렉산드리아 도서관에 필적하는 도서관이 있었다. 알렉산드리아 도서관은 그 당시 지중해에서 가장 유명한 도서관이었다. 버가모의 도서관은 20만 권 이상의 양피지 두루마리를 소장했다고 한다. 버가모에는 로마의 행정 관청이 있었으며, 에베소와 서머나와는 달리 무역이 발달한 도시가 아니었다.[30]

2:12 좌우에 날선 검을 가지신 이 이는 1:16에서 언급된 기독론적 호칭이다. '좌우에 날선 검'은 양쪽으로 벨 수 있는 칼을 말하는데 로마군의 칼이 그랬다. 로마군의 칼은 양쪽에 날이 선 짧은 칼로 그 이전의 칼들과

달랐으며 백병전에서 놀라운 효과를 발휘했다. 전쟁사가 중에는 로마군의 칼을 가리켜 현대로 치면 핵폭탄의 발명에 필적한다고 평한 학자가 있다. 로마 총독은 황제로부터 '칼의 정의'(Jus Gladii)라는 이름의 검을 받아 식민지 백성의 생사여탈권을 가졌다. 하지만 사람의 진정한 생사여탈권은 오직 부활하신 그리스도에게 있다. 성서에서 날카로운 칼은 하나님의 말씀을 상징한다.(사 49:2, 엡 6:17, 히 4:12)

2:13 네가 어디에 사는 것을 내가 아노니 버가모가 어떤 곳이라는 것을 예수께서 아신다는 말씀이다. 버가모는 이방 종교가 흥하고 황제 숭배가 강한 곳으로 성도들이 신앙을 지키기 어려운 곳이었다. 이는 그런 곳에서 믿음을 지키고 있는 버가모 교회를 위로하시는 말씀이다.

2:13 거기는 사탄의 권좌가 있는 데라 예수께서는 버가모를 가리켜 '사탄의 권좌가 있는 곳'이라고 하시는데, 이는 2:9의 '사탄의 회당'과 유사한 표현이다. 버가모가 사탄의 권좌가 있는 곳이라고 불린 이유는 버가모가 황제 숭배의 중심지였기 때문일 것이다.[31] '사탄의 회당'이 유대인의 박해를 의미하므로 '사탄의 권좌'는 로마인의 박해를 의미한다고 볼 수 있다. 유대인들은 종교적인 이유로 기독교인들을 박해했고, 로마인들은 정치적인 이유로 기독교인을 박해했다. 그 당시 황제 숭배를 거부하는 것은 사형에 해당되는 죄목이었다.[32]

2:13 내 충성된 증인 안디바가 순교자라는 것 외에는 안디바(Antipas)가 누구인지 알 수 없다. 예수께서는 안디바를 '충성된 증인'이라고 부르시는데, 이는 그리스도에게 사용된 기독론적 호칭이기도 하다(계 1:5, 3:14). 그리스도와 안디바에게 같은 용어가 사용된 것인데 피터즈(O. K. Peters)는 충성된 증인이라는 호칭이 요한계시록의 내용을 연결하는 요소이며 중요한 논점이라고 한다.[33]

2:13 사탄이 사는 곳에서 죽임을 당할 때에도 안디바가 버가모에서 순교했음을 뜻하는 말씀이다. 안디바는 도미티아누스의 박해 때 순교했을

것으로 추정되며 당시 순교자들을 대표하고 있다.

2:14 네게 발람의 교훈을 지키는 자들이 있도다 버가모 교회는 이방 종교의 영향이 강한 곳에서 믿음을 지켜 안디바와 같은 순교자까지 생길 정도였다. 하지만 그런 버가모 교회도 책망 받을 점이 있는데 교회 안에 행음하는 자들과 우상에게 바친 제물을 먹는 자들이 있었던 것이다. 2:14은 이들을 가리켜 '발람의 교훈을 지키는 자들'이라고 한다.

발람의 죄는 민수기 22~25장에 언급되어 있으며, 그 본질은 행음과 우상 숭배이다. 유브라데 강 상류 브돌 출신 예언자 발람은 하나님이 허락하지 않으셨기 때문에 이스라엘을 직접 저주할 수 없었다. 그래서 발람은 이스라엘 백성으로 하여금 죄를 짓게 한 후 하나님의 벌을 받게 하는 계략을 세운다. 그것은 이스라엘 백성으로 하여금 모압 여자들과 행음하는 죄를 짓게 한 뒤, 자연스럽게 모압의 우상을 섬기게 하는 것이었다. 발람의 계략은 크게 성공해서 모압 여인들과 행음한 이스라엘 백성은 모압의 우상까지 숭배했다(민 25:1~2). 그 결과 이스라엘 백성은 진노하신 하나님이 보낸 염병으로 이만 사천 명이 죽었다(민 25:8~9). 이스라엘 백성은 발람으로 인해 받은 벌을 결코 잊지 않았으며, 발람의 죄는 신약에서까지 인용되었다.(벧후 2:15, 유 1:11)

2:14 우상의 제물을 먹게 하였고 이방 신전의 경우 신전에 바치는 제물들이 많아서 제사장과 그 종들이 먹고 남으면 시장에 팔거나 제사 향연 때 먹었다. 부자들만 신에 바쳐진 고기들을 살 수 있었고 엘리트들만 제사 향연에 초대 받았다. 제사 향연은 신전 관리가 주관했으며 거기에 초대 받는 것은 일종의 특권이었다.[34]

2:15 네게도 니골라 당의 교훈을 지키는 자들이 있도다 니골라 당은 2:6에서도 언급되었다.(발람과 니골라의 언어적 관계에 대해 2:6 주석 참고). 니골라 당의 문제는 행음과 우상 숭배이지만 구체적인 가르침은 모르고 있다. 일반적으로는 니골라 당이 신학과 생활에서 이방 사회와의 타협을

가르친 것으로 이해하는데 극단적인 개인의 자유를 주장했을 수도 있고 도덕 폐기론을 주장했을 수도 있다. 이레네우스는 이 니골라 당을 일곱 집사 중 하나인 '안디옥의 니골라'(행 6:5)를 따르는 당이라 생각했고 기록에 의하면 2세기에 그런 이름을 가진 그룹이 있었다.[35] 니골라, 발람, 이세벨(계 2:20)은 거짓 가르침의 상징적 이름으로, 교회를 유혹에 빠트리는 영적 간음에 해당된다.

2:16 그러므로 회개하라 예수께서는 버가모 교회의 회개를 촉구하신다. 행음과 우상 숭배를 버리라는 말씀으로 하나님은 음행과 우상 숭배를 지극히 싫어하신다. 예수께서 버가모 교회를 책망하시는 이유는 버가모 교회의 회개를 기대하시기 때문이다.

2:16 그리하지 아니하면… 내 입의 검으로 그들과 싸우리라 '내 입의 검'은 하나님의 말씀을 의미한다. 이는 2:12의 '좌우에 날선 검을 가지신 이'와 관계된 말씀으로 버가모 교회의 일부 교인들이 회개하지 않으면 하나님 말씀으로 그들을 정죄하시겠다는 것이다. 교회도 그리스도처럼 하나님의 말씀으로 이단과 싸운다.

2:17 내가 감추었던 만나를 주고 '감추었던 만나'는 예수 그리스도 자신을 의미한다. 요한복음 6:51에 "나는 하늘에서 내려온 살아 있는 떡이니 사람이 이 떡을 먹으면 영생하리라"는 말씀이 있다(요 6:30~35). 예수께서는 '사탄의 권좌'가 주는 박해와 '발람의 교훈'이 주는 유혹을 이기는 자들에게 감추었던 만나를 주신다. 이는 영원한 생명을 주신다는 말로 믿는 자의 진정한 승리를 의미한다.

2:17 또 흰 돌을 줄 터인데 이 말씀은 해석하기 어렵다. 흰 돌의 의미를 정확히 알 수 없기 때문이다. '이기는 자들'이 흰 돌을 받는데 이 흰 돌의 용도에 관해서 의견이 분분하다. '축제에 참여할 수 있는 입장권, 동의를 의미하는 투표용, 친구가 헤어질 때 반으로 쪼개어 이름을 새긴 우정의 돌(tessara hospitalis), 범죄 행위에 대한 무죄의 상징' 등으로 설명하지

만 그 어느 것도 확실하지 않다. 이 중에서 '축제에 참여할 수 있는 입장권'으로 본다면 하늘나라 잔치에 참여할 수 있는 권리를 상징하며, '우정의 돌'로 본다면 예수께서 믿음을 지키는 자에게 그런 우정을 보여 주신다는 뜻이 된다. 예수께서는 그 돌 위에 '새 이름'이 기록되어 있다고 말씀하신다(계 2:17). 흰 돌의 의미를 메시아가 베푸는 종말론적 잔치에 참여할 수 있는 권한으로 보는 것이 제일 무난하다. 이사야 25:6에 여호와께서 베푸시는 천상의 연회에 대한 말씀이 있는데, 흰 돌은 이 잔치에 참여할 수 있는 자격을 의미하는 것이다. 흰색은 '흰 옷 입은 자들'(계 3:4, 5, 18, 4:4, 7:9, 13)에서 알 수 있듯이 신앙의 승리를 의미한다. 본문의 '돌'(ψηφος, 프세포스)은 신약에서 드문 단어로 요한계시록 2:17에서 두 번, 사도행전 26:10에서 한 번 등장할 뿐이다. 사도행전 26:10의 경우 '투표'의 의미로 사용되었다. 찬성의 표시로 돌을 던졌다는 말이다.

2:17 새 이름을 기록한 것이 있나니 '새 이름'은 흰 돌을 받는 자의 이름일 수도 있고 예수 그리스도의 이름일 수도 있다. 그러나 흰 돌을 받는 자만 그 이름을 알 수 있다는 말씀을 볼 때 '새 이름'은 흰 돌을 받는 자의 이름일 것이다. 예수 그리스도의 이름은 성도 모두가 알 수 있는 이름이다. 새 이름이 기록된 흰 돌을 받는다는 말은 새 예루살렘에 들어갈 자격을 얻는다는 뜻이다. 이사야 62:2에 "이방 나라들이 네 공의를, 뭇 왕이 다 네 영광을 볼 것이요 너는 여호와의 입으로 정하실 새 이름으로 일컬음이 될 것이며"라는 말씀이 있다.

2:17 받는 자 밖에는 그 이름을 알 사람이 없느니라 이는 구원의 개인성(個人性)을 강조하는 말씀이다. 영원한 생명은 각 사람이 혼자 얻는 것으로, 다른 사람과 함께 얻거나 다른 사람 덕분에 얻는 것이 아니다.

18 두아디라 교회의 사자에게 편지하라 그 눈이 불꽃 같고 그 발이 빛난 주석과 같은 하나님의 아들이 이르시되

19 내가 네 사업과 사랑과 믿음과 섬김과 인내를 아노니 네 나중 행위가 처음 것보다 많도다

20 그러나 네게 책망할 일이 있노라 자칭 선지자라 하는 여자 이세벨을 네가 용납함이니 그가 내 종들을 가르쳐 꾀어 행음하게 하고 우상의 제물을 먹게 하는도다

21 또 내가 그에게 회개할 기회를 주었으되 자기의 음행을 회개하고자 하지 아니하는도다

22 볼지어다 내가 그를 침상에 던질 터이요 또 그와 더불어 간음하는 자들도 만일 그의 행위를 회개하지 아니하면 큰 환난 가운데에 던지고

23 또 내가 사망으로 그의 자녀를 죽이리니 모든 교회가 나는 사람의 뜻과 마음을 살피는 자인 줄 알지라 내가 너희 각 사람의 행위대로 갚아 주리라

24 두아디라에 남아 있어 이 교훈을 받지 아니하고 소위 사탄의 깊은 것을 알지 못하는 너희에게 말하노니 다른 짐으로 너희에게 지울 것은 없노라

25 다만 너희에게 있는 것을 내가 올 때까지 굳게 잡으라

26 이기는 자와 끝까지 내 일을 지키는 그에게 만국을 다스리는 권세를 주리니

27 그가 철장을 가지고 그들을 다스려 질그릇 깨뜨리는 것과 같이 하리라 나도 내 아버지께 받은 것이 그러하니라

28 내가 또 그에게 새벽 별을 주리라

29 귀 있는 자는 성령이 교회들에게 하시는 말씀을 들을지어다

2:18 두아디라 교회 두아디라(Thyatira)는 버가모에서 남동쪽으로 약 65km에 위치했으며 직물과 염직이 발달한 상업도시였다. 2~3장의 일곱 도시는 지리적 일관성이 있다. 에베소에서 서머나를 거쳐 버가모까지 북쪽으로 간 다음, 버가모에서 두아디라, 사데, 빌라델비아, 라오디게아까지 남동쪽으로 간다. 두아디라는 버가모 - 두아디라 - 사데 - 빌라델비아 - 라

오디게아를 잇는 도로에 위치한 도시로 에게 해 지역의 상업 중심지였다. 그러나 요한계시록 2~3장에 소개된 일곱 도시 중에서는 상대적으로 작은 도시였다. 두아디라 출신 리디아가 마케도니아의 빌립보에서 바울을 자기 집에 머물도록 했다(행 16:14). 리디아는 자색 옷감 상인이었는데 자색 염색이 두아디라의 주요 산업이었다. 일곱 도시 중에서 두아디라가 가장 작은 도시였으나 편지의 길이는 가장 길다.

2:18 그 눈이 불꽃 같고 그 발이 빛난 주석과 같은 1:14~15에 소개된 표현이다(계 1:14~15 주석 참고). 두아디라 교회는 칭찬과 책망을 함께 받았지만 칭찬보다는 책망이 더 강하다. '불꽃 같은 눈과 빛난 주석 같은 발'은 전지하신 예수 그리스도의 엄격한 심판을 강조하는 표현이다.

2:18 하나님의 아들 하나님의 아들이라는 칭호는 요한계시록에서 여기에만 나온다. 예수 그리스도의 신성(神性)을 드러내는 칭호로 두아디라 교회에 주어진 말씀이 반드시 이루어질 것을 의미한다. 두아디라가 제우스의 아들 아폴로를 수호신으로 섬겼기 때문에 예수 그리스도를 참되신 하나님의 아들로 소개한 것이라는 설명도 있다.[36]

2:19 내가 네 사업과 사랑과 믿음과 섬김과 인내를 아노니 여기서 '네 사업'은 '너의 행위들'이라는 말로 그 뒤에 나오는 '사랑과 믿음과 섬김과 인내의 행위'를 말하는 것으로 볼 수 있다.

2:19 네 나중 행위가 처음 것보다 많도다 두아디라 교회의 순종을 칭찬하시는 말씀이다. 두아디라 교회의 '사랑과 믿음과 섬김과 인내의 행위'가 처음보다 더 좋아졌다는 것으로 에베소 교회와 대비되는 말씀이다. 에베소 교회는 처음 사랑을 버렸다는 책망을 받았다(계 2:4). 그러나 두아디라 교회는 박해를 받으면서도 교회에 있어야 할 덕목이 더욱 강해졌다.

2:20 자칭 선지자라 하는 여자 이세벨을 네가 용납함이니 두아디라 교회를 칭찬하신 그리스도는 곧 이어 두아디라 교회를 책망하시는데 그 핵심은 자칭 선지자인 이세벨의 가르침을 용납한 것이다. 교회를 어지럽히

는 여 예언자를 두아디라 교회가 축출하지 못한 것을 책망하시는 것이다. 여기서 이세벨은 그녀의 실제 이름이 아니라 상징적인 이름으로 이세벨은 시돈 왕 엣바알의 딸로 아합의 아내였다.(왕상 16:31)

자칭 선지자는 거짓 예언자라는 말이다. 예언자는 하나님의 말씀을 받아 그대로 전하는 자로서(민 24:3~4) 예언자는 하나님의 말씀을 전할 뿐 자신을 말을 할 수 없다. 그러나 거짓 예언자는 자신의 말을 하나님의 말씀이라고 전하면서(렘 14:14~15, 23:13~32, 겔 13:1~7, 미 2:11, 3:11) 거짓 예언으로 백성을 멸망으로 인도한다. 이세벨이 바로 그런 여자로 지극한 음행과 술수로 북 이스라엘을 도탄에 빠트렸다.(왕하 9:22)

아합(주전 871~852)과 이세벨 시대에 이스라엘의 우상 숭배가 극에 달했는데, '아합 시대에 벧엘 사람 히엘이 여리고를 건축했다'(왕상 16:34)는 말씀이 이를 상징적으로 밝혀 준다. 여호수아는 여리고 성을 점령한 후, '여리고를 재건하려는 자는 하나님의 저주를 받아 기초를 쌓을 때 맏아들을 잃고 성문을 세울 때 막내아들을 잃을 것'이라고 선포했다(수 6:26). 그래서 여호수아의 저주 이후 수백 년 동안 아무도 여리고 성을 재건할 생각을 하지 않았다. 그런데 아합 시대에 여리고를 재건했다는 말은 그만큼 백성들의 신앙이 타락했다는 증거이다. 아합 시대에 우상 숭배가 성행한 이유가 바로 이세벨 때문이다. 이방 여인이었던 이세벨이 바알과 아세라 숭배를 장려했던 것이다. 그래서 이세벨은 요한계시록에서 우상 숭배로 유혹하는 거짓 예언자의 대명사로 사용되었다. 에스겔 13:17~23에 거짓을 예언하는 여자들에 대한 말씀이 있는데, 그들은 주로 점이나 주술을 이용해서 예언했다.

2:20 그가 내 종들을 가르쳐 꾀어 거짓 예언자는 하나님의 백성을 타락시킨다. 하나님의 종들이 거짓 가르침으로 인해 하나님의 뜻을 버리게 되는 것이다. 그 당시 교회는 지금의 신약성서가 없었고, 정통 교리가 완성되지 않았고, 유대교에 물 들기 쉬웠고, 이방 종교와 황제 숭배에 노출

되어 있었고, 그리스의 이원론적 철학에 영향을 받고 있었다. 그런 이유로 거짓 가르침에 쉽게 빠질 수 있었는데 두아디라 교회의 이세벨이 이런 일을 했던 것이다. 이세벨은 바벨론과 새 예루살렘 사이에 투쟁이 있음을 의미하며 기독교적 가치에서 벗어나는 공동체는 바벨론이 된다고 경고하는 이름이다.[37]

2:20 행음하게 하고 우상의 제물을 먹게 하는도다 이세벨의 유혹에 빠진 자는 '행음과 우상의 제물을 먹는 죄'를 짓는다. 이는 발람의 교훈에 빠진 자들, 즉 니골라 당의 죄와 같으며(계 2:14~15) 이세벨이 니골라 당에 속한 인물이었을 수도 있다. 두아디라 교인들이 이세벨의 가르침에 빠져 실제로 간음을 했다고 보기는 어렵다. 이세벨은 세상과의 적당한 타협을 가르치면서 믿음이 있으면 우상의 제물을 먹어도 된다고 가르쳤을 것이다. 그리스도는 이것을 영적 간음이라고 하시는 것이다. 성서는 우상 숭배를 간음으로 표현한다. 이세벨의 유혹에 빠진 교인들은 세상과 타협하거나 세상을 즐기면서 예수를 믿은 자들이다. 예수께서는 그런 믿음을 영적 간음, 즉 우상 숭배라고 책망하신다.

2:21 회개할 기회를 주었으되 예수께서는 자칭 선지자인 이세벨이 회개할 기회를 주셨는데 이세벨의 죄를 오래 참으셨다는 의미다. 헬라어 원문으로는 '기회'(chance)가 아니라 '시간'(time)을 주셨다고 되어 있다. 그러나 두아디라 교회의 이세벨은 주님이 주신 시간 동안 회개하지 않았고 그래서 주님의 벌을 받게 된다.

2:22 내가 그를 침상에 던질 터이요 침상은 병상을 의미한다(시 6:6, 41:3). 예수께서 두아디라 교회의 거짓 선지자를 병들게 하실 것이라는 말씀이다.

2:22 그와 더불어 간음하는 자들도 예수께서는 이세벨의 가르침에 빠져 우상을 숭배하는 자들에게 경고하신다. 만약 회개하지 않으면 그들도 이세벨처럼 큰 벌을 받을 것이라고 말씀하신다. 거짓 지도자를 따르는 백성은 그 지도자와 함께 망한다. 성서는 잘못된 지도자나 거짓 가르침을

따르는 자들의 멸망을 경고한다(사 9:16, 렘 14:14~16, 20:6, 겔 13:1~23, 마 15:14). 그리고 '모르고 지은 죄'(레 5:15, 17)와 무지를 죄라고 한다.(사 5:13, 엡 4:18)

2:23 또 내가 사망으로 그의 자녀를 죽이리니 이세벨을 따르는 자들이 회개하지 않을 경우 그들이 받을 벌이 매우 크다는 말씀이다. 본인들이 큰 환난을 경험하는 것은 물론이고 그 자녀들까지 죽게 된다. 거짓 선지자의 가르침에 빠진 결과가 이렇게 무서우므로 이단의 유혹을 가볍게 여길 일이 아니다. 이를 진리의 말씀으로 극복하지 못하면 그리스도의 무서운 심판을 피할 수 없다.

2:23 나는 사람의 뜻과 마음을 살피는 자인 줄 알리라 성서는 하나님께서 사람의 생각과 마음을 모두 아신다고 가르친다. 구약성서와 신약성서 모두 이 사실을 일관되게 강조한다(시 139:1~10, 143:10, 잠 15:3, 11, 24:12, 전 12:14, 렘 17:9~10, 20:12, 23:24, 29:23, 마 10:30, 42, 12:36). 요한계시록에서는 이 사실이 '그의 눈은 불꽃 같고'라는 말씀으로 표현되었다(계 1:14). 이것은 오직 하나님만이 가지신 능력으로 하나님 외에는 아무도 이런 능력을 가질 수 없다. 그래서 하나님은 아무것도 모르신다는 주장은 거짓이며 그렇게 말하는 자들은 악인이다(시 10:11~13, 53:1, 59:7, 73:11~12, 94:7~11). 하나님은 사람의 내면까지 아시기 때문에 각 사람의 행위대로 갚아 주신다.

2:24 두아디라에 남아 있어 이 교훈을 받지 아니하고 두아디라 교회에도 남은 자들이 있었는데 그들은 이세벨의 거짓 예언에 속지 않은 자들이다. 성서에는 아무리 타락한 상황에서도 하나님의 뜻을 따르는 '남은 자'가 있다고 하는데 두아디라 교회도 예외가 아니다. 남은 자에 관한 유명한 말씀으로 열왕기상 19:18을 들 수 있다. 엘리야는 아합과 이세벨의 위협을 피해 시내 산으로 도피한 후, 하나님께 살아남은 예언자는 자신밖에 없다는 말을 했다. 그때 하나님은 '내가 바알에 한 번도 절한 적이 없

고 입 맞춘 적이 없는 사람들을 칠천 명 남겨두었다'라고 말씀하셨다.(사 1:9, 6:13, 겔 12:16 참고)

2:24 사탄의 깊은 것 이단들은 주로 자기들만 '하나님의 깊은 것'(신비)을 깨달았다고 주장하면서 사람들을 유혹한다. '사탄의 깊은 것'은 이에 대한 풍자이다. 이세벨과 그 추종자들은 하나님의 깊은 것을 깨달은 것이 아니라 사탄의 깊은 것을 깨달은 것이다. 고린도전서 2:10에 '하나님의 깊은 것'이라는 표현이 있다.

2:24 다른 짐으로 너희에게 지울 것은 없노라 이는 두아디라 교회의 남은 자들이 이단의 유혹을 이기고 음행과 우상 숭배에 빠지지 않는 것으로 충분하다는 말씀이다. 그 외에 더 요구할 것이 없으니 계속 그렇게 하라는 말씀이다. 여기서 '짐'이라는 단어에 주목해 이 말씀을 '예루살렘 사도회의'(행 15:22~29)와 연관시키는 설명도 있다. 49년경 사도들은 예루살렘에서 회의를 열어 이방-기독교인들이 율법을 지키는 문제를 논의하였다. 사도들은 심각한 논의 끝에 '이방인 신자들에게 우상의 제물과 피와 목매어 죽인 것과 음행을 멀리 하는 것'(행 15:29) 외에는 다른 짐을 지우지 않겠다는 결정을 했다. 2:24의 '짐'은 바로 이 결정을 의미하는 것으로 이것만 지키면 된다는 의미라는 설명이다. 그러나 문맥의 흐름을 볼 때 이 설명은 설득력이 약하다.

2:25 다만 너희에게 있는 것을 이는 두아디라 교회의 '사랑과 믿음과 섬김과 인내'(계 2:19)를 의미하는 말씀이다. 그리고 사탄의 깊은 것을 알지 못하는 믿음이다.(계 2:24)

2:25 내가 올 때까지 굳게 잡으라 이세벨의 유혹은 주님이 다시 오실 때까지 계속된다. 한두 번, 또는 몇 번으로 그치는 것이 아니다. 마귀는 예수 그리스도를 유혹했으나 실패하자 다음 기회를 얻을 때까지 한시적으로 떠나 있었다(눅 4:13). 교회는 주님이 다시 오시는 그날까지 악한 영의 유혹을 이겨야 한다.

2:26 끝까지 내 일을 지키는 그에게 만국을 다스리는 권세를 주리니 유혹을 이기고 끝까지 충성된 자들은 만국을 다스리는 권세를 받는데, 이는 영적 권세를 의미한다. 두아디라 교회의 남은 자들이 로마 황제를 능가하는 세상 권세를 누릴 수는 없다. 시편 2:8~9에 만국을 다스리는 권세가 나오는데, 하나님이 택하신 예루살렘의 왕이 이런 권세를 받는다. 그는 하나님의 아들이라 불리며(시 2:7) 그에게 도전하는 세상의 왕들은 멸망당한다(시 2:10~12). 두아디라 교회의 충성된 자들은 영적으로 이런 권세를 가지고 사탄과 '사탄의 깊은 것'을 아는 자들을 이기는 것이다. 2:26은 역사적 현실이 아니라 종말론적 상황을 염두에 둔 말씀으로 새 예루살렘에 거하는 자들이 세세토록 왕 노릇 할 것이라는 말씀과 같은 의미이다.(계 22:5)

2:27 그가 철장을 가지고 그들을 다스려 질그릇 깨뜨리는 것과 같이 하리라 철장은 쇠막대기를 의미하며 지극히 강한 권세를 상징한다. 두아디라 교회의 남은 자들 앞에서 악한 영과 그 추종자들은 쇠막대기에 부서지는 토기그릇과 같다. 주님은 박해와 유혹을 이기고 끝까지 충성한 자들이 받을 은총을 이렇게 설명하신다. 믿음에 승리한 자들은 세상 마지막 날에 이런 영광을 누린다.

2:27 나도 내 아버지께 받은 것이 그러하니라 만국을 다스리는 권세는 결국 하나님께 속한 것으로, 하나님께서 그 아들 예수 그리스도에게 주신 권세이다. 그 권세를 예수께서 두아디라 교회의 남은 자들에게 주시는 것이다. 하나님은 참 포도나무에 붙어 열매를 맺는 가지마다 더 많은 열매를 맺게 하신다.(요 15:1~2)

2:28 또 그에게 새벽 별을 주리라 이를 구원 받은 자들이 부활 후 샛별처럼 찬란하게 되리라는 말씀으로 이해할 수도 있다. 새벽에 홀로 빛나는 샛별은 아름답고 찬란해서 보는 사람으로 하여금 감탄을 자아낸다. 그렇게 본다면 그리스도는 이세벨의 유혹을 끝까지 이긴 자들에게 이런 영

광스런 모습을 약속하신 것이다. 하지만 새벽 별을 예수 그리스도로 이해할 수도 있다. 22:16에 '나는 다윗의 뿌리요 자손이니 곧 광명한 새벽별이라'라는 말씀이 있는데, 여기서 새벽 별은 메시아를 지칭하는 표현이다(민 24:17). 그렇게 본다면 예수께서는 구원 받은 자들에게 메시아의 통치를 약속하신 것이다. 두 번째 설명이 좀 더 설득력이 있다.

▶ 2장의 핵심 및 교훈

2장의 핵심은 예수께서 모든 교회를 판단하신다는 것이다. 그리스도는 교회의 모습을 보시며 참된 교회는 칭찬하시고 문제 있는 교회는 책망하신다. 교회는 예수께로부터 칭찬 받는 교회가 되어야 하며 책망 받을 일은 속히 회개해야 한다.

그리스도는 교회를 영적 모습으로 판단하신다. 건물의 외형이나 교인 숫자 같은 것을 보시는 것이 아니라 눈에 보이지 않는 '사랑과 믿음과 섬김과 인내'(계 2:19) 등을 보신다. 그러므로 물질적으로 가난한 교회도 주님의 눈에는 얼마든지 부자일 수 있다(계 2:9). 깊은 사랑과 굳센 믿음, 겸손한 섬김과 흔들리지 않는 인내가 있다면 그 교회는 그리스도가 보시기에 부유한 교회인 것이다.

반대로 모든 것이 풍족한 교회라도 주님 눈에는 헐벗고 굶주린 교회일 수 있다. 화려하고 웅장한 건물이 있고 그 건물을 가득 채울 교인들이 있어도 '사랑과 믿음과 섬김과 인내'가 없다면 가난한 교회이다. 라오디게아 교회가 그런 교회였다(계 3:17). 교회의 규모를 자랑하는 사람들이 있지만 성서에는 그런 것을 칭찬하는 내용이 없다. 신약성서에는 1세기에 상대적으로 큰 교회였던 예루살렘, 안디옥, 로마 교회의 규모를 칭찬하는 내용이 전혀 없다. 하나님의 백성은 교회를 영적으로 분별할 줄 아는 눈을 가져야 한다.

2장의 네 교회가 칭찬받은 내용을 '사랑과 믿음과 섬김과 인내'(계 2:19)

로 요약할 수 있는데, 이 네 가지 모두가 교회에 꼭 필요한 덕목이다. 사랑과 섬김은 교회가 굳건히 서는 데 필요하고, 믿음과 인내는 고난을 극복하는 데 필요하다. 사랑과 섬김이 없는 교회는 하나가 될 수 없고, 믿음과 인내가 없는 교회는 고난을 이길 수 없다. 그래서 주님은 이 네 가지 덕목을 갖춘 교회를 칭찬하신다.

바울은 고린도전서 13장에서 사랑의 중요성을 강조하는데, 사랑이 없으면 다른 모든 성령의 은사가 무의미하다. 믿는 자에게는 항상 '믿음, 소망, 사랑'이 있어야 하는데, 그 중에서 사랑이 제일이다(고전 13:13). 바울은 사랑을 추구하며 신령한 것들을 사모하라고 하는데(고전 14:1), 사랑은 성령의 은사인 동시에 성령의 열매이다. 그만큼 중요하다는 뜻으로 '하나님은 사랑이시라'(요일 4:8)라는 말씀에서 이 사실을 알 수 있다.

예수께서는 섬김의 좋은 예를 보여 주셨다. 예수님은 잡히시던 날 밤 제자들의 발을 씻겨 주시며 '내가 본을 보였으니 너희도 이와 같이 행하라'고 말씀하셨다(요 13:12~15). 그리고 "인자가 온 것은 섬김을 받으려 함이 아니라 도리어 섬기려 하고 자기 목숨을 많은 사람의 대속물로 주려 함이니라"(마 20:28)고 말씀하셨다. 또 "너희 중에 큰 자는 너희를 섬기는 자가 되어야 하리라"(마 23:11)고 말씀하셨다. 섬김은 교회가 꼭 갖추어야 할 덕목으로 예수님은 섬김이 있는 교회를 칭찬하신다.

히브리서 11:35~38은 세상이 감당하지 못하는 믿음의 사람을 소개하는데, "또 어떤 이들은 더 좋은 부활을 얻고자 하여 심한 고문을 받되 구차히 풀려나기를 원하지 아니하였으며 또 어떤 이들은 조롱과 채찍질뿐 아니라 결박과 옥에 갇히는 시련도 받았으며 돌로 치는 것과 톱으로 켜는 것과 시험과 칼로 죽임을 당하고 양과 염소의 가죽을 입고 유리하여 궁핍과 환난과 학대를 받았으니 (이런 사람은 세상이 감당하지 못하느니라) 그들이 광야와 산과 동굴과 토굴에 유리하였느니라"는 말씀이다.

한편, 고난을 이기기 위해서는 인내가 필수적이다. 하나님은 마지막 때를 위해 교회를 세우셨는데, 교회는 유혹과 박해로 여러 가지 고난을 겪게 된다. 그 고난을 견디고 믿음을 지키는 일은 쉽지 않으며, 복음을 전하는 일은 더욱 어렵다. 성도가 가는 길은 좁고 힘든 길로서 영광의 면류관을 받기 위해서는 반드시 인내가 필요하다. 그래서 예수께서는 교회의 인내를 칭찬하신다.(계 3:10)

하지만 주님은 잘못이 있는 교회를 책망하신다. 책망의 주된 이유는 '사랑의 변질과 거짓의 용납과 우상 숭배' 때문이다. 예수께서는 처음 사랑을 버린 교회를 책망하신다(계 2:4). 처음 사랑이란 하나님만 사랑하고 하나님의 사랑만 아는 것으로 아가의 주인공처럼 신랑을 순결하면서도 뜨겁게 사랑하는 것이다. 그러나 교회 중에는 처음 사랑을 잊은 교회가 있다. 하나님도 사랑하고 세상도 사랑하는 교회, 하나님의 기쁨이 되고자 하면서 세상도 즐기는 교회가 그런 교회다. 예수께서는 그렇게 자기를 부인하지 않고 그리스도의 제자가 되려는 교회를 책망하신다.

교회가 가장 많이 책망 받는 내용은 거짓의 용납이다. 교회 안에는 자칭 사도와 자칭 유대인, 자칭 선지자라는 이세벨, 니골라 당과 발람의 교훈을 따르는 자들이 있다. 이들은 세상의 가치관을 교회에 심는 자들이며, 하나님의 말씀에서 듣고 싶은 것만 듣는 자들이다. 그들은 하나님도 사랑하고 돈도 사랑하며, 영생도 얻고 부귀영화도 누리려는 자들이다. 성서를 멋대로 해석하면서 하나님 말씀에 마귀의 지혜나 사람의 경험을 섞는 자들이다. 교회는 이 거짓 가르침에 쉽게 빠질 수 있다. 그것이 잘못인 줄도 모르고 받아들일 가능성이 크다. 예수께서는 그런 교회를 책망하시므로 거짓 가르침을 피하기 위해 하나님의 진리로 무장해야 한다.

우상 숭배는 하나님이 가장 싫어하시는 죄이다. 십계명의 제1계명이 "너는 나 외에는 다른 신들을 네게 두지 말라"(출 20:3)는 것이다. 우상 숭배는 반드시 벌을 받는다. 성서에는 우상을 만들지 말고 이미 있는 우상을 제거하라는 말씀이 계속 반복된다. 바울은 아테네에 머물면서 그 도시에 우상이 가득한 것을 보고 격분했는데(행 17:16), 우상을 보시는 하나님의 마음이 그런 것이다. 성서에는 우상의 개념을 확대하는 말씀이 있다. 예수께서는 재물이 우상이 될 수 있다고 하시면서, 사람이 두 주인을 함께 섬길 수 없다고 말씀하신다(마 6:24). 이 말씀에 기초하면 하나님보다 더 사랑하는 것이 곧 우상이다.

책망을 받는 교회는 회개가 필요하다. 회개하여 순결하고 뜨거운 사랑을 회복하고, 거짓 가르침을 버리고 참된 진리를 되찾아야 한다. 우상 숭배를 버리고 오직 하나님만 경배해야 한다. 회개는 잘못했다는 고백이나 참회의 눈물이 아니라 지금까지의 행동을 버리고 새로운 행동을 하는 것이다(엡 4:22~24). 교회는 책망 받은 내용을 진지하게 성찰해서 잘못을 회개하고 다시 순결하고 지혜로운 신부가 되어야 한다. 그렇지 않으면 그리스도의 무서운 심판을 면할 수 없다.(계 2:5, 16, 22~23)

● 사데 교회를 향한 말씀(3:1~6)

1 사데 교회의 사자에게 편지하라 하나님의 일곱 영과 일곱 별을 가지신 이가 이르시되 내가 네 행위를 아노니 네가 살았다 하는 이름은 가졌으나 죽은 자로다

2 너는 일깨어 그 남은 바 죽게 된 것을 굳건하게 하라 내 하나님 앞에 네 행위의 온전한 것을 찾지 못하였노니

3 그러므로 네가 어떻게 받았으며 어떻게 들었는지 생각하고 지켜 회개하라 만일 일깨지 아니하면 내가 도둑 같이 이르리니 어느 때에 네게 이를는지 네가 알지 못하리라

4 그러나 사데에 그 옷을 더럽히지 아니한 자 몇 명이 네게 있어 흰 옷을 입고 나와 함께 다니리니 그들은 합당한 자인 연고라

5 이기는 자는 이와 같이 흰 옷을 입을 것이요 내가 그 이름을 생명책에서 결코 지우지 아니하고 그 이름을 내 아버지 앞과 그의 천사들 앞에서 시인하리라

6 귀 있는 자는 성령이 교회들에게 하시는 말씀을 들을지어다

3:1 **사데 교회** 사데(Sardis)는 두아디라에서 남쪽으로 50km 정도 떨어져 있는데, 삼면이 가파른 절벽으로 된 천연의 요새로 금으로 유명했다. 사데는 고대로부터 정치적으로 중요한 도시였으며 한 때 리디아(Lydia) 왕국의 수도였다(주전 680~547년경). 주전 546년 페르시아가 점령한 후 페르시아 총독이 거주했으며 주전 129년에 로마 제국의 영토가 되어 아시아의 주요 도시가 되었다. 사데는 사금과 모직 무역으로 부요했으나 주후 17년의 지진으로 필라델피아와 함께 큰 피해를 입었다. 플리니(Pliny)는 이 지진을 가리켜 '인간의 기억 중 가장 큰 재난'이라고 불렀다.[38] 사데는 후에 재건되었으나 요한계시록 기록 당시 거의 세력을 잃어 직물 산업으로 유명한 정도였다. 당시 인구는 육만에서 십만 정도로 추정된다.

3:1 **하나님의 일곱 영과 일곱 별을 가지신 이가** 하나님의 일곱 영은 성령을 의미하며(계 1:4 주석 참고), 일곱 별은 일곱 천사들을 의미한다(계 1:20 주석 참고). 그러므로 이는 '성령으로 충만하고 일곱 천사들을 거느리신 예수께서'라는 말이다.

3:1 **네가 살았다 하는 이름은 가졌으나 죽은 자로다** 주님은 처음부터 사데 교회를 책망하시는데, 이런 경우는 사데 교회가 처음이다. 사데 교회의 문제가 그만큼 심각했던 것이다. 일곱 교회에서 사데 교회와 라오디게아 교회가 책망만 받았지만 사데 교회에 대한 책망이 훨씬 더 심하다. 라오디게아 교회는 가난하고 눈멀고 벌거벗은 상태라는 책망을 받았지만(계 3:17), 사데 교회는 거의 죽은 것과 같다는 평가를 받았다. 주님이 보시기에 사데 교회는 죽을병에 걸려 있었던 것이다. 그러나 사람들이 볼 때 사데 교회는 죽은 교회가 아니었으며 오히려 살아 있는 교회였다. '살았다는 이름을 가졌다'라는 말씀은 다른 사람들이 그렇게 인정해 준다는 뜻으로, 사데 교회는 오늘날 술집으로 전환된다는 일부 유럽 교회 같은 모습이 아니었다. 주후 2세기에 멜리토(Melito)라는 유명한 감독이 사데에 있었는데, 이 말은 곧 사데에 상당한 규모의 기독교 공동체가 있

었다는 뜻이다. 그러므로 주후 1세기 말 사데 교회 역시 사람들 눈에는 그리 나쁜 모습이 아니었을 것이다.

3:2 너는 일깨어 그 남은 바 죽게 된 것을 굳건하게 하라 주님이 보시기에 사데 교회는 영적으로 거의 죽어 가고 있었다. 주님은 그런 사데 교회를 보고 깨어나라고 경고하시며 철저한 회개를 촉구하신다. '남은 바 죽게 된 것을 굳건하게 하라'는 말씀은 거의 죽은 목숨이나 아직은 살아 있으니 그 '남은' 생명을 보존하여 강건해지라는 뜻이다.

3:2 네 행위의 온전한 것을 찾지 못하였노니 주님은 사데 교회의 행위가 온전치 못하다고 말씀하신다. 이는 3:1의 '내가 네 행위를 안다'는 말씀과 연결된 것으로, 예수께서는 사데 교회의 온전치 못한 행위를 잘 알고 계신다. 예수께서 사데 교회를 죽은 교회라고 책망하시는 이유는 하나님이 보시기에 중요한 것이 빠졌기 때문이다. 그것은 사데 교회의 행위가 온전치 못한 것이었다. 절반의 사랑, 외식에 흐르는 신앙, 순종이 없는 믿음, 말을 따르지 못하는 실천, 자기만족 같은 것이 사데 교회의 '죽음에 이르는 죄'였다.

3:3 어떻게 받았으며 어떻게 들었는지 이것은 지금까지 받은 가르침을 상기하라는 말씀이다. 지금까지 배우고 들은 복음에 기초해서 잘못을 회개하라는 말씀으로, 하나님의 말씀이 신앙의 기초이며 회개의 근거이다. 서기관 사반이 성전에서 발견된 율법책을 읽었을 때 요시야는 옷을 찢으며 회개했다(왕하 22:8~11). 주님은 사데 교회에 그런 회개를 요구하신다.

3:3 만일 일깨지 아니하면 내가 도둑 같이 이르리니 사데 교회가 그 죄를 회개하지 않으면 그리스도의 징계를 피할 수 없다. 예수께서는 사데 교회가 방심하고 있을 때 도둑 같이 오셔서 그들을 징계하실 것이다. 도둑 같이 이르신다는 것은 아무도 그 징계의 때를 모른다는 뜻이다. '깨어 있지 않으면 내가 도둑 같이 임할 것'이라는 말씀이 다른 곳에서는 재림

의 때를 의미하지만(마 24:42~44, 막 13:32~37, 눅 21:34~36), 여기서는 이를 종말론적 심판보다 역사적 징계로 보는 것이 더 낫다.[39] 그 이유는 주님의 오심이 조건적이기 때문이다. 주님은 사데 교회가 '회개하지 않으면' 도둑 같이 이르신다. 그러나 그리스도의 재림에는 이런 조건이 없다. 종말론적 심판은 사람의 행동과 상관없이 임하는 것이다.(계 3:11, 22:7, 10, 12, 20)

3:4 그 옷을 더럽히지 아니한 자 몇 명이 네게 있어 하지만 거의 죽은 것과 같은 사데 교회에도 남은 자들이 있다(계 2:24 주석 참고). 주님은 그들을 가리켜 '옷을 더럽히지 아니한 자들'이라고 하시는데, 남은 자들을 이렇게 표현한 것은 사데의 주산업이 직물이기 때문일 것이다. '남은 자'를 3:5에서는 '이기는 자'라고 한다.

3:4 흰 옷을 입고 나와 함께 다니리니 주님은 사데 교회의 남은 자들에게 흰 옷을 약속하신다. 흰 옷은 하늘 보좌에 앉으신 분의 옷이며(단 7:9), 예수 그리스도의 옷이며(마 17:2), 천사들의 옷이며(마 28:3), 이십사 장로들의 옷이며(계 4:4), 어린 양의 아내, 즉 교회의 옷이며(계 19:4), 하늘 군대의 옷이며(계 19:14), 하늘 백성의 옷이다(계 7:9, 13). 흰 옷은 거룩함과 구원의 상징으로 거룩한 자들만이 흰 옷을 입고 예수 그리스도와 '함께 다니는' 영광을 누릴 수 있다. 에녹과 노아가 하나님과 '동행'했다고 한다.(창 5:24, 6:9)

3:5 그 이름을 생명책에서 결코 지우지 아니하고 남은 자들은 '흰 옷'을 입고 생명책에 이름이 기록되는 은총을 받는다. 이것은 부활의 몸으로 흰 옷을 입고 영원히 산다는 의미이다. '그 이름을 생명책에서 지우지 않겠다'라는 말씀은 그 이름을 지울 수도 있다는 뜻이다. 살아나라는 경고의 말씀을 듣고도 회개치 않는 자는, 그 이름이 생명책에서 지워 지는 벌을 받는다. 예수를 믿었지만 영원한 생명을 얻지 못하는 것이다.

세례를 받았음에도 불구하고 영생을 얻지 못하는 자들이 있다. 그리스도께서 그 이름을 지운 불의한 자들이다. 그들이 비록 예수 이름으로 선지자 노릇을 하고, 귀신을 쫓아내고, 많은 권능을 행했어도, 예수께서는 그들을 보시고 '내가 너희를 알지 못한다. 불법을 행하는 자들아'라고 말씀하신다(마 7:22~23). 에스겔 33:13에 "가령 내가 의인에게 말하기를 너는 살리라 하였다 하자 그가 그 공의를 스스로 믿고 죄악을 행하면 그 모든 의로운 행위가 하나도 기억되지 아니하리니 그가 그 지은 죄악으로 말미암아 곧 그 안에서 죽으리라"는 말씀이 있다. 그리고 에스겔 33:18~19에는 "만일 의인이 돌이켜 그 공의에서 떠나 죄악을 범하면 그가 그 가운데에서 죽을 것이고 만일 악인이 돌이켜 그 악에서 떠나 정의와 공의대로 행하면 그가 그로 말미암아 살리라"는 말씀이 있다.

바울의 용어를 빌려 기독교인을 신령한 자(고전 3:1), 육신에 속한 자(고전 3:1), 불의한 자로 구분할 수 있다(고전 6:9). 신령한 자는 영원한 생명과 함께 상급도 받지만, 육신에 속한 자는 영원한 생명만 얻을 뿐 상급이 없다(고전 3:12~15). 불의한 자는 상급은커녕 영원한 생명도 얻지 못한다(고전 6:9). 불의한 자는 세례를 받았음에도 불구하고, 음행하고 우상 숭배하고 남색하고 도둑질하고 술 취하고 모욕하고 속여 빼앗는 자들이다(고전 6:9~10). 예수 이름을 팔아 명예와 부를 얻고 자기 배를 불리는 자들이다. 그들의 이름은 생명책에서 지워 진다.

3:5 그 이름을 내 아버지 앞과 그의 천사들 앞에서 시인하리라 이는 생명책에 적힌 이름을 인정하시겠다는 것으로 영원한 생명을 허락하신다는 뜻이다. 예수께서 그 이름을 시인하시는 것은 일종의 상급이다. 남은 자와 이기는 자가 이런 상급을 받는다. '시인하리라'(ὁμολογεω, 호몰로게오)라는 단어 속에는 박해의 상황에서 예수의 이름을 고백하라는 권면이 암시되어 있다. 복음서에 "누구든지 사람 앞에서 나를 시인하면 나도 하늘에 계신 내 아버지 앞에서 그를 시인할 것이요"(마 10:32)라는 말씀이 있다.

7 빌라델비아 교회의 사자에게 편지하라 거룩하고 진실하사 다윗의 열쇠를 가지신 이 곧 열면 닫을 사람이 없고 닫으면 열 사람이 없는 그가 이르시되

8 볼지어다 내가 네 앞에 열린 문을 두었으되 능히 닫을 사람이 없으리라 내가 네 행위를 아노니 네가 작은 능력을 가지고서도 내 말을 지키며 내 이름을 배반하지 아니하였도다

9 보라 사탄의 회당 곧 자칭 유대인이라 하나 그렇지 아니하고 거짓말 하는 자들 중에서 몇을 네게 주어 그들로 와서 네 발 앞에 절하게 하고 내가 너를 사랑하는 줄을 알게 하리라

10 네가 나의 인내의 말씀을 지켰은즉 내가 또한 너를 지켜 시험의 때를 면하게 하리니 이는 장차 온 세상에 임하여 땅에 거하는 자들을 시험할 때라

11 내가 속히 오리니 네가 가진 것을 굳게 잡아 아무도 네 면류관을 빼앗지 못하게 하라

12 이기는 자는 내 하나님 성전에 기둥이 되게 하리니 그가 결코 다시 나가지 아니하리라 내가 하나님의 이름과 하나님의 성 곧 하늘에서 내 하나님께로부터 내려오는 새 예루살렘의 이름과 나의 새 이름을 그이 위에 기록하리라

13 귀 있는 자는 성령이 교회들에게 하시는 말씀을 들을지어다

3:7 **빌라델비아 교회** 빌라델비아(Philadelphia)는 사데에서 남동쪽으로 45km 쯤 떨어져 있으며, 요한계시록 일곱 도시 중 비교적 역사가 짧다. 버가모(Pergamum)의 왕 유메네스 2세(Eumenes, 주전 197~159) 또는 그 동생 아탈루스 2세(Attalus, 주전 159~138)가 빌라델비아를 건설했다.[40] 아탈루스의 별칭이 필라델푸스(Philadelphus)였는데 빌라델비아는 '형제 사랑'이라는 뜻이다(롬 12:10, 히 13:1 참고). 빌라델비아는 활화산 지역 기슭에 위치한 도시로 상업에 좋은 위치와 포도 농사에 이상적인 비옥한 땅과 온천이 장점이었다. 그러나 항상 화산과 지진의 위험이 있었으며 실제로 주후 17년과 23년에 있었던 지진으로 크게 파괴되었다. 티베리우스 황제

(주후 14~37)가 재건한 후 얼마 동안 '네오 가이사랴'(Neo Caesarea, The New City of Caesar)라고 불렸는데, 이렇게 새 이름으로 불린 것이 3:12의 "나의 새 이름을 그이 위에 기록하리라"는 말씀과 상관이 있을 것이다. 예수께서는 빌라델비아 교회를 무척 기뻐하셨다.(계 3:7~8)

3:7 **다윗의 열쇠를 가지신 이** 성서에서 다윗은 메시아의 의미를 가지는데(사 11:1, 10), 신약성서에서 특히 그렇다(마 1:1, 22:42~45, 막 11:10, 눅 1:32, 요 7:42, 롬 1:3~4, 딤후 2:8). 그러므로 다윗의 열쇠는 메시아 왕국의 열쇠를 의미한다. 이는 예수께서 '새 예루살렘'(계 3:12)의 열쇠를 가지셨다는 말로 하나님 나라의 절대 주권을 가지셨다는 뜻이다. 이런 생각의 뿌리를 이사야 22:20~22에서 발견할 수 있다. 하나님께서 힐기야의 아들 엘리아김을 향해 "내가 다윗의 집의 열쇠를 그의 어깨에 두리니 그가 열면 닫을 자가 없겠고 닫으면 열 자가 없으리라"(사 22:22)고 말씀하신다. 이는 엘리아김이 막강한 권세를 가지고 왕에게 나아갈 사람을 결정한다는 뜻이다. 새 예루살렘의 절대적 권세는 예수 그리스도께 있어서 예수께서 새 예루살렘에 거할 자와 아닌 자를 결정하신다. 그 결정을 번복할 수 있는 사람은 없다. 마태복음 16:19에 의하면 예수께서 베드로에게 천국 열쇠를 주신다. 그러나 그 열쇠의 진정한 주인은 예수 그리스도이시며 베드로는 그리스도의 대리인일 뿐이다. 요한계시록 3:7에서 이 사실이 명백히 밝혀진다.

3:8 **열린 문을 두었으니** '열린 문'은 구원의 문을 의미한다. 예수께서 구원의 문을 빌라델비아 교회에 열어 두셨다는 말로서 빌라델비아 교회를 크게 칭찬하시는 말씀이다. 예수께서 열어 놓으신 구원의 문을 닫을 수 있는 사람은 없다.

3:8 **네가 작은 능력을 가지고서도** 예수께서는 빌라델리비아 교회가 작은 능력을 가졌다고 말씀하신다. 빌라델비아 교회의 능력이 다른 여섯 교회에 비해 상대적으로 작다는 의미인지, 아니면 빌라델비아 교회의 능력이

객관적으로 작다는 의미인지 알 수 없지만 이 말씀의 초점은 분명하다. 작은 능력으로도 그리스도의 말씀을 지키고 그 이름을 배반하지 않을 수 있다는 것이다. 예수께서 빌라델리비아 교회를 칭찬하신 이유는 빌라델비아 교회가 말씀에 순종하고 순수한 믿음을 지켰기 때문이다. 작은 능력으로도 얼마든지 주님의 칭찬을 받을 수 있다.

3:9 사탄의 회당 사탄의 회당은 유대인 회당을 가리키는 것으로 서머나 교회에 대한 말씀에서 이미 언급되었다(계 2:9 주석 참고). 예수 그리스도를 거부하는 유대인들은 더 이상 하나님의 백성이 아니라 사탄의 백성이다. 이들은 몸의 할례를 받은 유대인일 뿐 마음의 할례를 받은 참 유대인이 아니다.(렘 9:26, 겔 44:7, 9)

3:9 자칭 유대인이라 하나 그렇지 아니하고 거짓말 하는 자들 예수를 거부하는 유대인들은 거짓 유대인이다. 그들은 스스로 유대인이라고 하지만 그 말은 거짓말일 뿐이다. 복음을 받아들이는 유대인이 진짜 유대인이다.

3:9 네 발 앞에 절하게 하고 복음을 거부하는 유대인들이 장차 굴욕을 당할 것이라는 말씀이다. 그들은 빌라델비아 교회에 무릎을 꿇게 되는데 예수께서 그렇게 하신다. 이 말씀은 유대인 중 일부가 예수를 믿게 된다는 뜻이 아니다. 이는 빌라델비아 교회를 위로하는 말씀으로 이사야서에 비슷한 예언들이 있다(사 45:14, 49:23, 60:14). 모두 이방 나라들이 이스라엘에 굴복하고 절할 것이라는 말씀이다. 이와 같이 자칭 유대인들은 그리스도의 몸 된 교회에 굴복하게 된다.

3:10 네가 나의 인내의 말씀을 지켰은즉 박해를 인내하라는 예수의 말씀을 빌라델비아 교회가 지켰다는 뜻이다.

3:10 시험의 때를 면하게 하리니 이는 장차 온 세상에 임하여 '시험의 때'는 장차 온 세상에 임하여 땅에 거하는 자들을 시험하는 때이다. 그러므로 이 시험의 때를 4~16장에서 언급된 '일곱 봉인, 일곱 나팔, 일곱 대접'의 때로 이해할 수 있다. 예수께서 빌라델비아 교회에 온 세상에 임할 그 무

서운 시련의 때를 면하는 은총을 허락하신 것이다. 작은 능력으로 인내의 말씀을 지키는 순결한 교회는 이런 은총을 받는다.

3:11 내가 속히 오리니 네가 가진 것을 굳게 잡아 빌라델비아 교회는 예수께로부터 칭찬을 받았는데, 그 내용은 '가르침에 순종하고, 예수 이름을 두려움 없이 담대히 증거하고, 인내하라는 명령을 지킨 것'이다. 예수께서는 그런 빌라델비아 교회에게 놀라운 은총을 약속하셨다. 그렇다고 해서 그 약속이 무조건 이루어지는 것은 아니며 빌라델비아 교회가 해야 할 일이 있다. 그것은 지금까지 지켜온 믿음을 앞으로도 계속 지키는 것이다. 빌라델비아 교회는 지금의 믿음을 재림의 때까지 굳게 지켜야 한다. 그래야 '시험의 때를 면하는 은총'을 누릴 수 있다. 다만 그 기간이 그리 길지는 않을 것이다. '내가 속히 오리니'라는 말씀이 빌라델비아 교회에 큰 위로가 되었을 것이다.

3:11 네 면류관을 빼앗지 못하게 하라 끝까지 믿음을 지켜 생명의 면류관을 받으라는 말씀이다. 예수께서는 끝까지 충성하는 자들에게 '생명의 면류관'을 주신다(계 2:10 주석 참고). 빼앗지 못하게 하라는 말씀은 빼앗으려는 자들이 있다는 뜻인데 마귀와 그 수하들이 그런 자들이다. 이들은 요한계시록에서 용, 두 짐승, 음녀(바벨론) 등으로 등장한다.

3:12 이기는 자는 내 하나님 성전에 기둥이 되게 하리니 이기는 자는 3:11의 '면류관을 지키는 자'를 말하며 구원 받은 자를 뜻한다. 성전 기둥이 된다는 것은 하나님 나라에서 중요한 역할을 하는 백성이 된다는 뜻이다. 기둥은 건물을 세우고 지탱하는데 필수적인 구조물로 기둥 없는 건물은 있을 수가 없다. 그러므로 '성전 기둥이 되게 하겠다'라는 말씀은 '성전에 필수적인 존재로 만들겠다'는 말씀이다. 모든 유혹을 이기고 끝까지 믿음을 지키는 자들이 이런 복을 받는다. 요한계시록 21:22에 의하면 새 예루살렘에는 성전이 없다. 그렇다고 해서 '성전 기둥이 되게 하겠다'는 말씀이 21:22와 모순된다고 생각할 필요는 없다. 3:12의 성전 기둥은

하나님 백성이 받을 영원한 복에 대한 비유일 뿐이다.

3:12 하나님의 이름과··· 새 예루살렘의 이름과··· 나의 새 이름을 예수께서는 '하나님 성전의 기둥'에, '하나님의 이름과, 새 예루살렘의 이름과, 나의 새 이름을 기록하겠다'라는 약속을 하신다. 이는 하나님의 백성, 새 예루살렘의 시민, 그리스도의 증인으로 인정하시겠다는 뜻으로 생명의 면류관을 주시겠다는 약속을 삼중으로 하시는 것이다.

● 라오디게아 교회에 보내는 말씀(3:14~22)

14 라오디게아 교회의 사자에게 편지하라 아멘이시요 충성되고 참된 증인이시요 하나님의 창조의 근본이신 이가 이르시되

15 내가 네 행위를 아노니 네가 차지도 아니하고 뜨겁지도 아니하도다 네가 차든지 뜨겁든지 하기를 원하노라

16 네가 이같이 미지근하여 뜨겁지도 아니하고 차지도 아니하니 내 입에서 너를 토하여 버리리라

17 네가 말하기를 나는 부자라 부요하여 부족한 것이 없다 하나 네 곤고한 것과 가련한 것과 가난한 것과 눈 먼 것과 벌거벗은 것을 알지 못하는도다

18 내가 너를 권하노니 내게서 불로 연단한 금을 사서 부요하게 하고 흰 옷을 사서 입어 벌거벗은 수치를 보이지 않게 하고 안약을 사서 눈에 발라 보게 하라

19 무릇 내가 사랑하는 자를 책망하여 징계하노니 그러므로 네가 열심을 내라 회개하라

20 볼지어다 내가 문 밖에 서서 두드리노니 누구든지 내 음성을 듣고 문을 열면 내가 그에게로 들어가 그와 더불어 먹고 그는 나와 더불어 먹으리라

21 이기는 그에게는 내가 내 보좌에 함께 앉게 하여 주기를 내가 이기고 아버지 보좌에 함께 앉은 것과 같이 하리라

22 귀 있는 자는 성령이 교회들에게 하시는 말씀을 들을지어다

3:14 라오디게아 교회 라오디게아(Laodicea)는 빌라델비아에서 남동쪽으로 65km 쯤 떨어져 있으며 리쿠스(Lycus) 강가에 위치한 도시이다. 교

통의 요지로 무역과 은행이 발달했으며 모직물 제조가 성행한 상업도시였다. 그리고 안약으로 유명한 의술학교가 있었다. 라오디게아는 브리기아(Phrygia) 지방에서 가장 부요한 도시였으나 인구 증가로 인한 물 부족이 큰 문제였다. 라오디게아에서 리쿠스 강 건너 약 10km 떨어진 곳에 온천으로 유명한 히에라폴리스가 있었고, 강 위로 약 16km 떨어진 곳에 차가운 샘으로 유명한 골로새가 있었는데 이 세 도시를 자매도시라 불렀다. 바울이 골로새 교회에 보낸 편지에서, 라오디게아에 있는 형제들에게 안부를 전해달라고 부탁한다.(골 4:15)

3:14 **아멘이시요** 라오디게아 교회에 대한 말씀은 '아멘'이신 그리스도에 대한 언급으로 시작한다. 히브리어 '아멘'이 진실하다는 뜻이므로(계 1:6 주석 참고), 이는 진실하신 예수라는 말이다. 이사야 65:16에서 살아계신 하나님을 두 번 '아멘의 하나님'(אמן יהוה, 엘로헤이 아멘)이라고 하는데, 이는 God of faithfulness, God of truth라는 뜻이다. 개역성서는 이를 '진리의 하나님'으로 번역했고, 표준새번역은 '진리이신 하나님'으로, 공동번역은 '미쁘신 하느님'으로 번역했다.

3:14 **충성되고 참된 증인이시요** 이는 그리스도의 고난과 죽음을 강조하는 그리스도 칭호로 5:6의 '죽임을 당하신 어린 양'과 연관된 칭호이다. 일곱 교회에 보내는 편지에서 소개된 그리스도 칭호는 모두 1장에서 언급된 것을 반복한 것으로 '충성되고 참된 증인' 역시 1:5에서 언급되었다.(계 1:5 주석 참고)

3:14 **하나님의 창조의 근본이신 이가 이르시되** 이는 창조와 관련된 그리스도 칭호로 예수 그리스도를 창조주라 일컫는 것이다. 이 칭호는 성서 다른 곳에 없으며 골로새서 1:18의 '만물의 으뜸'이라는 표현이 다소 비슷하다. 하지만 예수 그리스도가 창조에 관여하셨다는 말씀들은 있다. 요한복음 1:1~3에 '태초에 말씀이 하나님과 함께 계셨고 만물이 그로 말미암아 지은 바 되었다'는 말씀이 있고, 골로새서 1:15~17에 '모든 피조물

보다 먼저 나신 이가 계시니 만물이 다 그로 말미암고 그를 위하여 창조되었다'는 말씀이 있다. 요한복음 8:58의 "내가 진실로 진실로 너희에게 이르노니 아브라함이 나기 전부터 내가 있느니라"는 말씀 역시 창조와 관련된 말씀으로 생각할 수 있다.

3:15 네가 차지도 아니하고 뜨겁지도 아니하도다 예수께서는 라오디게아 교회를 칭찬 없이 책망만 하시는데, 라오디게아 교회가 차지도 뜨겁지도 않고 미지근하다는 것이다. 이것은 미성숙한 신앙을 지적하신 것이 아니라 라오디게아 교회의 혼합 종교 모습을 질책하신 것으로 보아야 한다. 라오디게아 교회가 하나님에 대한 믿음과 우상 숭배, 그리스도에 대한 믿음과 황제 숭배가 혼합된 모습을 보인 것이다(겔 8:1~18 참고). 이 말씀은 믿는다고 하면서 경건생활에 게으른 태도나, 외식과 위선 같은 태도를 지적하시는 것이 아니다. 그보다 더 심각한 죄, 하나님과 우상을 함께 섬기는 태도를 지적하신 것이다. 예를 들면 일제 강점기에 한국교회가 신사참배를 결정한 것 같은 일이다.

3:15 네가 차든지 뜨겁든지 하기를 원하노라 이는 열정적 믿음을 가지라는 말씀이 아니라 순결한 믿음을 가지라는 말씀이다. 열심히 기도하고 복음을 전하라는 말씀이 아니라, 하나님도 섬기고 우상도 섬기는 태도를 버리라는 것이다. 전자는 권면이지만 후자는 질책이며, 전자는 미성숙한 신앙이지만 후자는 무서운 죄다.

3:16 내 입에서 너를 토하여 버리리라 라오디게아 교회가 구원의 기회를 잃어버린다는 뜻으로, 이는 생명책에서 그 이름을 지워 버리시는 것이다(계 3:5 주석 참고). 예수도 믿고 우상도 섬기는 자는 구원을 얻지 못한다. 혼합주의는 믿음이 아니며 신사참배를 하는 교회는 교회가 아니다. 교회 건물이 있고 주일예배가 있을지는 몰라도 영적으로는 이미 예수께서 토해 버리신 교회다. 주께서 구원의 약속을 취소하신 교회인 것이다.

3:17 나는 부자라 부요하여 부족한 것이 없다 하나 사람의 생각과 주님의

생각이 아주 다를 수 있음을 보여 주는 말씀이다. 라오디게아가 상업, 금융업, 의술 등이 발전한 부요한 도시였으므로 라오디게아 교회 역시 그런 분위기였을 것이다. 사람의 눈으로 볼 때 부족한 것 없이 하고 싶은 일은 다 할 수 있는 교회였다. 그러나 주님이 보실 때는 정반대로 모든 것이 부족한 교회였다.

3:17 네 곤고한 것과… 벌거벗은 것을 알지 못하는도다 라오디게아 교회는 스스로 부자라고 생각하고 있었지만 예수께서는 그런 라오디게아 교회를 가리켜 가장 비참한 거지라고 하신다. 아주 가난한데다가 눈까지 멀고 벌거벗은 정말 비참하고 불쌍한 거지의 모습이다. 예수께서는 라오디게아 교회의 영적 비참함을 강조하신다. 사람이 보는 교회와 주님이 보시는 교회는 아주 다를 수 있는데 라오디게아 교회가 그런 교회였다.

3:18 내게서 불로 연단한 금을 사서 부요하게 하고 주님은 라오디게아 교회를 책망하신 후, 그들이 비참한 현실을 벗어날 수 있는 세 가지 방법을 가르쳐 주신다. 그것은 주님께로부터 불로 연단한 금과 흰 옷과 안약을 사는 것이다. 라오디게아 교회가 불로 연단한 금을 사야 하는 이유는 지금 비참할 정도로 가난하기 때문이며, 흰 옷을 사야하는 이유는 벌거벗었기 때문이며, 안약을 사야하는 이유는 눈이 멀었기 때문이다. '불로 연단한 금'은 순금이라는 뜻으로 '순수한 믿음'을 비유하신 것이다(벧전 1:7). 이는 혼합주의 믿음을 버리고 순수한 믿음을 가지라는 말씀이다. 영적으로 부요한 교회는 순수한 믿음을 가진 교회인데, 그런 믿음은 사람의 노력이 아니라 그리스도를 통해 얻는다. 이것이 '불로 연단한 금을 내게서 사라'는 말씀의 의미이다.

3:18 흰 옷을 사서 입어 여기서 흰 옷은 순결함의 상징이다. 성서는 우상을 섬기는 일을 간음에 비유하는데, 그런 영적 간음을 벗어나 오직 그리스도만 섬기는 순결함을 회복하라는 말씀이다. 그래야 예수께서 입에서

토해 내는 일을 피할 수 있다. 구원을 받을 수 있다는 말이다. 구원받는 자들이 흰 옷을 입는다는 표현은 3:4~5에서 이미 언급되었다.(계 3:4 주석 참고)

3:18 안약을 사서 눈에 발라 '안약을 사라'는 말씀은 영의 눈을 뜨라는 것이다. 라오디게아 교회는 영적 소경으로 자신들의 혼합주의 신앙을 보지 못하고 있다. 그것이 라오디게아 교회의 미지근한 신앙이다. 안약을 사라는 말씀은 속히 영의 눈을 떠서 그런 신앙을 버리라는 말씀이다. 영적으로 눈 뜬 교회는 성령으로 충만한 교회를 의미하는데, 진리의 영으로 충만할 때 비로소 영의 눈을 뜰 수 있다. 에스겔은 환상으로 예루살렘 성전이 심각한 우상 숭배에 빠져 있음을 보았다(겔 8:1~17). 그들은 겉으로는 하나님을 섬기고 있었지만 속으로는 우상을 섬기고 있었다. 에스겔은 또 하나님께서 일곱 천사를 통해 우상 숭배에 빠진 예루살렘 주민을 무섭게 심판하시는 모습을 보았다(겔 9:1~11). 영적으로 눈을 뜬 교회가 그런 환상을 본다.

3:19 내가 사랑하는 자를 책망하여 징계하노니 예수께서 라오디게아 교회를 책망하신 이유는 라오디게아 교회를 사랑하시기 때문이다. 주님은 사랑하시는 자일수록 가르치고 벌하시는데, 이것을 성서 여러 곳에서 확인할 수 있다(시 71:20~21, 119:67, 71, 사 30:20, 히 12:6~11, 약 1:2~4). 그러므로 하나님은 사랑하는 자를 벌주시면서 마음 아파하신다. 이 사실이 가장 극적으로 표현된 곳이 예레미야 14:17의 "너는 이 말로 그들에게 이르라 내 눈이 밤낮으로 그치지 아니하고 눈물을 흘리리니 이는 처녀 딸 내 백성이 큰 파멸, 중한 상처로 말미암아 망함이라"는 말씀이다. 예루살렘의 멸망을 보시는 하나님께서 밤낮으로 우신다는 표현으로 사랑하는 자를 벌주시는 하나님의 마음이 이러하다.

3:19 네가 열심을 내라 회개하라 하나님도 섬기고 우상도 숭배하는 혼합주의 신앙을 버리고 하나님만 열심히 섬기라는 말씀이다. 성서의 회개는

'자기반성, 통곡, 뉘우침' 같은 것이 아니라, 지금까지 하던 일을 중단하고 새로운 일을 하는 것이다. '회개하라'는 주님의 권면은 반드시 혼합주의 신앙을 버리고 신앙의 순수성을 회복하라는 뜻이다.

3:20 내가 문 밖에 서서 두드리노니 예수께서 라오디게아 교회에 들어가지 못하고 밖에 계신다. 신랑(그리스도)이 신부(교회) 집에 들어가지 못하고 있는 것인데, 라오디게아 교회가 거룩하지 못하기 때문이다. '예수께서 들어가지 못하시는 교회'라는 이미지가 이 말씀에서 시작되었을 것이다.

3:20 누구든지 내 음성을 듣고 문을 열면 내가 그에게로 들어가 3:20을 예수께서 신자 개인의 마음 문을 두드리시는 것으로 이해할 수도 있다. '누구든지, 그에게로'와 같은 표현 때문이다. 문을 연다는 의미는 주님의 뜻에 전적으로 순종한다는 뜻인데, 라오디게아 교회의 경우 혼합주의를 회개하고 신앙의 순수성을 회복하는 것이다.

3:20 그와 더불어 먹고 그는 나와 더불어 먹으리라 주님과 함께 만찬을 나눈다는 뜻으로 아주 친밀한 교제와 확실한 은총을 의미한다. 성서에는 하나님께서 베푸시는 만찬에 대한 말씀들이 있는데(사 25:6, 마 8:11, 22:1~19, 눅 14;15, 22:30, 계 19:9), 이 만찬에 참여하는 자는 하늘의 기쁨을 맛보게 된다.

3:21 내가 내 보좌에 함께 앉게 하여 주기를 이는 천국에서 영광의 자리에 앉을 것이라는 종말론적 약속이다. 승리하신 예수께서 하나님 보좌 곁에 앉아 계신 것처럼, 이기는 자는 예수 그리스도의 보좌 곁에 앉게 된다. 누가복음 22:30에 '너희로 보좌에 앉아 이스라엘 열두 지파를 다스리게 하겠다'라는 말씀이 있고, 요한계시록 20:4에 '보좌에 앉아 심판하는 권세를 받은 자들'이라는 말씀이 있다.

▶ 3장의 핵심 및 교훈

3장의 핵심도 2장처럼 예수께서 교회를 판단하신다는 것이다. 그리스도는 교회의 순수한 사랑과 순결을 기뻐하시고, 부정(不貞)과 음탕함에 분노하신다. 그러므로 교회는 그리스도의 기쁨이 되어야 하고, 예수님께 칭찬받는 교회가 되어야 한다. 그리스도의 책망을 받는 교회는 즉시 회개해서 주님의 진노를 피해야 한다.

3장 역시 그리스도는 교회의 영적 모습을 보신다는 사실을 강조한다. 사람들이 살아 있다고 칭찬하는 교회를 주님은 죽었다고 책망하신다(계 3:1). 사람들이 훌륭하고 자랑스럽다고 칭찬하는 교회를 주님은 비참하고 흉측한 교회라고 책망하신다(계 3:17~18). 교회는 주님의 눈으로 자신의 모습을 볼 수 있어야 하는데, 그런 교회가 되기 위해서는 성령으로 충만해야 한다. 교회는 성령께서 주시는 지혜를 얻어야 한다.

예수께서는 작은 능력으로 순종하는 교회를 칭찬하신다(계 3:8). '달란트 비유'(마 25:14~30)와 '므나 비유'(눅 19:11~27)에서 알 수 있듯이, 주님은 '작은 일'(마 25:21, 23)과 '지극히 작은 것'(눅 19:17)에 충성하는 자들을 착하고 충성된 종이라 칭찬하신다. 작은 일에 충성하는 교회가 주님의 상급을 받는다. 교회가 큰일을 이루려고 애쓸 필요가 없는 이유는 하나님께서 일하시기 때문이다. 하나님께서 구원을 위해 쉬지 않고 일하시고 (요 5:17, 빌 1:6), 그런 아버지를 따라 예수께서도 일하신다(요 5:17). 하나님께서 일하신다는 사실을 믿고 작은 일에 충성하는 교회가 복된 교회이다.

그리스도는 자신의 이름을 배반하지 않는 교회를 칭찬하신다(계 3:8). 이는 고난 중에 하나님을 원망하지 않고 믿음을 잃지 않는다는 뜻이다. 주님은 일이 순조롭고 형통할 때는 물론이고, 힘들고 어려운 일이 닥쳐도 인내하고 끝까지 소망을 붙드는 교회를 칭찬하신다(계 3:8, 10). 빌라델비아 교회가 그런 교회였는데 그리스도는 모든 교회가 빌라델비아 교회와 같기를 원하신다.

한편, 주께서 무섭게 책망하시는 교회가 있다. 하나님과 세상을 동시에 사랑하려는 교회이며(계 3:15~16), 성공에 취해 스스로 교만해지고 안락함에 빠져 자기만족을 즐기는 교회이다(계 3:17). 이런 교회는 스스로 그리스도의 빛과 세상의 소금이라고 여기지만 주님이 보시기에는 하나님의 영광을 가리는 존재일 뿐이다. 라오디게아 교회가 그런 교회였다. 라오디게아 교회는 하나님과 세상을 함께 사랑하고, 신앙의 기쁨과 세상의 기쁨을 함께 즐기려는 순결치 못한 교회였다. 남편이 부정한 아내를 사랑할 수 없듯이, 그리스도는 순결치 못한 교회를 심히 책망하신다. 하나님과 세상을 동시에 사랑하는 일은 절대 용납될 수 없기 때문에 성서에는 이를 비난하는 말씀이 많이 있다.

"한 사람이 두 주인을 섬기지 못할 것이니 혹 이를 미워하고 저를 사랑하거나 혹 이를 중히 여기고 저를 경히 여김이라 너희가 하나님과 재물을 겸하여 섬기지 못하느니라."(마 6:24)

"육신의 생각은 하나님과 원수가 되나니 이는 하나님의 법에 굴복하지 아니할 뿐 아니라 할 수도 없음이라."(롬 8:7)

"간음한 여인들아 세상과 벗된 것이 하나님과 원수 됨을 알지 못하느냐 그런즉 누구든지 세상과 벗이 되고자 하는 자는 스스로 하나님과 원수 되는 것이니라."(약 4:4)

"이 세상이나 세상에 있는 것들을 사랑하지 말라 누구든지 세상을 사랑하면 아버지의 사랑이 그 안에 있지 아니하니"(요일 2:15)

예수께서는 교회가 순수한 믿음과 순결한 사랑, 온전한 진리로 충만해지기를 원하신다. 교회는 오직 하나님만 사모하고 하나님만 의지하는 믿음을 가져야 한다. 그리스도만 사랑하고 그리스도의 사랑만 원하는 순결함이 있어야 한다. 그리고 진리의 영이신 성령으로 충만해야 한다. 이것이 '온전한 행위'(계 3:2)로서 '내게서 순금과 흰 옷과 안약을 사라'는 말씀의 의미이다(계 3:18). 그리스도는 온전치 못한 믿음과 순종을 책망하신다. 사데 교회가 그런 교회였다. 사데 교회는 온전치 못한 순종에 만족하면서 스스로 살아 있는 믿음이라 생각했으나 그리스도는 사데 교회를 향해 죽은 교회라고 단언하신다. 온전치 못한 믿음과 순종이 무서운 결과를 초래한다는 사실을 알아야 한다.

말씀을 가볍게 여길 때 그런 일이 일어난다. 믿음은 말씀을 듣는 일에서부터 시작되지만(롬 10:17, 벧전 2:2), 그것은 시작일 뿐 열매가 있어야 한다(마 13:1~23). 말씀을 들었지만 마귀의 유혹과, 고난과, 세상 염려와, 재물의 유혹 때문에 아무 열매를 맺지 못하면 아무 소용이 없는 믿음이 된다. 열매 맺는 온전한 믿음을 가지기 위해서는 그리스도의 은혜를 사모해야 하며(계 3:18), 말씀에 기초한 회개가 필요하며(계 3:3, 19), 믿음과 순종에 열심을 내야 한다(계 3:19). 그런 교회가 승리하는 교회이다.(계 3:5, 12, 21)

쉽 게 풀 어 쓴 요 한 계 시 록 주 석

일곱 인의 재앙

THE KINGDOM OF RESURRECTION

PART 3

1. 하나님의 보좌와 하늘 예배_4:1~5:14

1 이 일 후에 내가 보니 하늘에 열린 문이 있는데 내가 들은 바 처음에 내게 말하
던 나팔 소리 같은 그 음성이 이르되 이리로 올라오라 이 후에 마땅히 일어날 일
들을 내가 네게 보이리라 하시더라
2 내가 곧 성령에 감동되었더니 보라 하늘에 보좌를 베풀었고 그 보좌 위에 앉으
신 이가 있는데
3 앉으신 이의 모양이 벽옥과 홍보석 같고 또 무지개가 있어 보좌에 둘렸는데 그
모양이 녹보석 같더라
4 또 보좌에 둘려 이십사 보좌들이 있고 그 보좌들 위에 이십사 장로들이 흰 옷을
입고 머리에 금관을 쓰고 앉았더라
5 보좌로부터 번개와 음성과 우렛소리가 나고 보좌 앞에 켠 등불 일곱이 있으니
이는 하나님의 일곱 영이라.

4:1 이 일 후에 '이 일 후에'라는 표현은 이제 새로운 환상이 시작된다는
뜻으로 요한계시록에서 이 표현이 여러 번 사용되었다(계 7:1, 9, 15:5, 18:1,
19:1). 여기서는 '아시아 일곱 교회에 대한 환상'(계 1:9~3:22)이 끝나고 새
로운 환상이 시작된다는 말이다.

4:1 내가 보니 하늘에 열린 문이 있는데 헬라어로는 '보라, 하늘에 한 문
이 열려 있었다'라고 되어 있다. 요한이 환상 중에 하늘 문이 열려 있는
것을 보고 경탄의 외침을 외친 것이다. 요한이 본 새 환상은 '열린 하늘

문'을 보는 것으로 시작된다. 이것은 일곱 교회에 대한 환상이 지상적이고 역사적이었다면, 새 환상은 천상적이고 초역사적임을 의미한다. 1~3장의 환상은 '교회와 예수 그리스도'에 대한 묘사로 시작되었지만, 새로운 환상은 '하늘 보좌와 하나님'에 대한 묘사로 시작된다. 이는 환상의 내용이 달라진다는 것을 강하게 암시하는데, 요한은 이 열린 문을 통해 하늘나라에 들어간다. 요한은 문 사이로 하늘나라를 들여다 본 것이 아니라 그 문으로 들어가 하늘나라를 직접 본 것이다. 이는 4장 이하의 환상이 하나님의 계시가 확실하다는 뜻이다. 야곱이 베델에서 꿈을 꾼 후 그 곳을 '하늘의 문'(창 28:17)이라고 했다. 그리고 신약성서 여러 곳에서 하늘이 열린다는 표현을 볼 수 있다.(마 3:16, 요 1:51, 행 7:56, 10:11)

4:1 처음에 내게 말하던 나팔 소리 같은 그 음성이 이르되 '나팔 소리 같은 그 음성'은 일곱 교회를 향해 말씀하시던 예수 그리스도의 음성이다(계 1:10). 요한에게 환상을 보여 주신 분은 삼위일체 하나님으로 요한은 예수 그리스도의 음성을 듣고 성령으로 감동되어 하늘 보좌에 앉으신 성부 하나님을 뵈었다.(계 4:1~2)

4:1 이리로 올라오라 요한을 하늘로 부르시는 그리스도의 말씀이다. 일곱 교회를 위한 환상에서는 없던 말씀으로 요한이 볼 새로운 환상의 내용이 천상적이고 초역사적인 것임을 암시한다. 이사야가 소명을 받을 때 하늘 보좌와 하나님을 보았으며(사 6:1~13), 사도 바울 역시 하나님 계신 곳을 보았다.(고후 12:1~4)

4:1 마땅히 일어날 일들을 앞으로 요한이 볼 환상은 '마땅히' 일어날 일들인데, 이는 반드시 이루어질 일들이라는 뜻이다. 세상의 종말과 그리스도의 재림, 최후 심판과 새 예루살렘의 도래가 확실히 있을 것이라는 말씀이다. 예수 그리스도 자신이 이 일의 주인공이다. 요한이 본 환상은 앞으로 일어날 일들로서 미래를 지향한다. 그래서 요한계시록의 경우 역사적 이해를 넘어서는 종말론적 이해가 필요한 것이다.

4:2 내가 곧 성령에 감동되었더니 문자적으로는 '내가 영 안에 있게 되었다'는 뜻이다. 요한의 몸이 하늘나라에 올라간 것이 아니라, 요한이 환상 중에 하늘나라를 보았다는 의미이다. 성령께서 요한의 환상을 도우신다. '성령에 감동된다, 성령이 나를 데리고 가신다'는 표현은 요한계시록 1:10, 4:2, 17:3, 21:10에 등장하는데, 이는 요한계시록의 구조를 이해하는 데 도움을 준다.

4:2 보라 하늘에 보좌를 베풀었고 4:2~3은 하늘 보좌와 그 보좌에 앉으신 하나님에 대한 묘사이다. 4:1의 '보라'라는 명령형 동사가 4:2에서도 사용되었다. 요한은 열린 하늘 문에 이어 하늘 보좌를 보라고 하는데, 이는 묵시문학에서 흔히 사용되는 표현으로 보좌는 왕권을 상징한다. 요한은 열린 하늘 문을 통해 하늘 보좌를 보았다. 하늘나라의 왕이신 하나님의 보좌를 본 것이다. 4장의 핵심은 창조주 하나님이시며, 창조주 하나님을 묘사하는데 하늘 보좌가 중요한 역할을 한다. 그래서 4장 전체가 하늘 보좌를 중심으로 설명된다. 4:3~8에서 보는 하늘 보좌에 대한 묘사는 에스겔 1:4~28의 영향을 받았다.

4:2 그 보좌 위에 앉으신 이가 있는데 요한은 하늘 보좌에 앉으신 성부 하나님을 보았다. 요한은 성부 하나님께 대한 묘사를 극도로 절제해서 보좌에 '어떤 분'이 앉아 계신다고 할 뿐이다. 하나님에 대한 직접적인 묘사는 성서 전체를 통틀어 금지되었으며, 이는 요한계시록도 예외가 아니다. 다니엘 7:9에 "내가 보니 왕좌가 놓이고 옛적부터 항상 계신 이가 좌정하셨는데 그의 옷은 희기가 눈 같고 그의 머리털은 깨끗한 양의 털 같고 그의 보좌는 불꽃이요 그의 바퀴는 타오르는 불이며"라는 말씀이 있다.

4:3 앉으신 이의 모양이 벽옥과 홍보석 같고 요한은 하나님의 이미지를 보석으로 표현한다. 벽옥(ιασπις, 이아스피스, jasper)은 맑은 보석으로 대제사장 흉패에 사용된 보석 중 하나이다(출 28:20). 새 예루살렘이 벽옥처럼 맑게 빛나며(계 21:11), 새 예루살렘의 성벽이 벽옥이다(계 21:18). 그

리고 새 예루살렘 성벽의 기초석 중 하나가 벽옥이다(계 21:19). 홍보석(σ αρδιον, 사르디온, carnelian)은 붉은 보석으로 역시 대제사장 흉패에 사용되었다(출 28:17). 홍보석(사르디온)이라는 이름은 사데(Sardis)에서 왔으며, 홍보석 역시 새 예루살렘 성벽의 기초석 중 하나이다(계 21:20). 4:3에서 보는 하나님의 이미지는 '아름다움, 고귀함, 장엄함, 그리고 찬란함'이다. 거룩함은 4:8에 나타난다.

4:3 또 무지개가 있어 보좌에 둘렀는데 성서의 무지개는 두 번 다시 홍수로 심판하지 않겠다는 하나님의 약속의 상징이다(창 9:12~17). 그렇게 볼 때 무지개는 하나님의 자비하심과 신실하심을 의미한다. 에스겔 1:28에 하나님 보좌의 사방 광채가 '비 오는 날 구름에 있는 무지개 같다'는 표현이 있는데, 여기서는 하나님의 영광을 묘사한다. 무지개는 하나님의 보좌를 아름답게 꾸미기도 하지만, 무엇보다 하나님의 중요한 속성을 강조하기 위한 수단이다.

4:3 그 모양이 녹보석 같더라 보좌 주변의 무지개가 녹보석 같이 보였다는 말이다. 녹보석(σμαραγδος, 스마라그도스, emerald)은 에메랄드(비취옥)로 밝은 초록색을 띠는 보석이다. 녹보석 역시 새 예루살렘 성벽의 기초석 중 하나이다(계 21:19). 요한이 본 하나님의 보좌는 밝은 초록색을 띤 무지개로 둘러싸여 있었다.

4:4 이십사 장로들이 흰 옷을 입고 머리에 금관을 쓰고 4:4는 하나님의 보좌 주변에 대한 묘사이다. 하나님의 보좌 둘레에 이십사 보좌들이 있었고, 거기에 흰 옷을 입고 금관을 쓴 이십사 장로들이 앉아 있었다. 흰 옷과 금관의 의미는 쉽다. 흰 옷은 거룩함과 구원의 상징이며(계 3:4 주석 참고), 금관은 승리와 영광의 상징이다. 금관(στзφανος, 스테파노스)을 왕관보다는 월계관의 모습으로 보아야 한다는 견해도 있다.

그러나 이십사 장로가 누구인가를 알기는 어렵다. 일단 24라는 숫자는 묵시문학 다른 곳에는 나오지 않는다. 그래서 성서 외적 자료의 도움을 받을 수가 없다. 그리고 이십사 장로는 요한계시록에만 등장한다. 성서의 도움도 받을 수 없는 것이다. 이십사 장로에 대한 견해로 '이스라엘의 열두 족장과 예수님의 열두 제자, 순교한 구약의 예언자들, 특수 계층의 천사들, 바빌로니아 신화에 기초한 이십사 별(star gods), 예루살렘 성전을 섬긴 이십사 반열(대상 24:1~19), 하루 이십사 시간' 등이 있다.[1] 별로 보는 견해는 하늘의 별들도 하나님을 섬긴다는 말이며, 시간으로 보는 견해는 이십사 시간 하나님을 찬양한다는 의미다.

본문 속에 명백한 힌트가 없고 각 견해마다 장단점이 있기 때문에 이 중에서 어느 하나를 선택하기는 쉽지 않다. 그러나 이십사 장로가 누구인지 짐작할 수 있는 길이 있다. 요한은 이십사 장로의 정체성을 암시하기보다 그들이 하는 일에 관심을 보인다. 이십사 장로는 하나님과 어린 양을 경배하고(계 4:9~10, 5:8~14, 11:16~18, 19:4), 계시를 설명하고(계 5:5, 7:13~17), 기도의 향이 가득한 금 대접을 가진다(계 5:8). 그 하는 일을 볼 때 이십사 장로는 하나님의 백성을 대표하는 인물들이 분명하다. 하나님 나라의 백성 전체를 상징하는 인물들인 것이다. 그러므로 이십사 장로를 열두 족장과 열두 제자로 보는 것이 제일 타당하다. 열두 족장은 구약시대의 하나님 백성을, 열두 제자는 신약시대의 하나님 백성을 대표한다.

이 사실을 새 예루살렘의 열두 성문과 열두 기초석에 기록된 이름에서 확인할 수 있다. 열두 성문에는 이스라엘 열두 지파의 이름이 기록되어 있고(계 21:12), 열두 기초석에는 예수의 열두 제자 이름이 기록되어 있다(계 21:14). 역사적 인물이 구체적으로 언급된 경우가 요한계시록에 거의 없으며, 대부분 상징, 은유, 비유로 표현되었다. 이십사 장로 역시 마찬가지로 이십사 장로는 거룩한 백성 전체에 대한 상징인 것이다. 많은 학자들이 이 견해를 지지한다. 복음서에 그리스도가 재림하는 날 열두 제자들이 이스라엘 열두 지파를 심판하고 다스릴 것이라는 말씀이 있다.(마 19:28, 눅 22:30)

4:5 보좌로부터 번개와 음성과 우렛소리가 나고 구약성서에서 번개와 천둥은 하나님의 현존을 상징하는 이미지이다(출 19:16, 욥 36:30~32, 시 77:17~18, 사 29:6, 겔 1:4, 13, 14, 24). 하나님께서 보좌에 앉아 계신다는 말을 이렇게 하는 것이다. 번개와 음성과 우렛소리는 요한계시록 다른 곳에도 나타난다(계 8:5, 11:19, 16:17~18). 이때 지진과 우박이 함께 언급되기도 하는데 이는 하나님의 심판을 의미한다. 민수기 7:89에 의하면 하나님은 지성소의 증거궤 위 속죄소 위의 두 그룹 사이에서 말씀하시며 시편 18:7~13에서 하나님의 현현에 대한 상세한 묘사를 볼 수 있다.

4:5 보좌 앞에 켠 등불 일곱이 있으니 이는 하나님의 일곱 영이라 4:5는 하나님의 보좌 앞쪽에 대한 묘사이다. 요한은 하나님의 보좌 앞에서 성령께서 현존하시는 모습을 보았는데, 이를 불타는 일곱 등불을 보았다고 표현한다. 일곱 등불은 하나님의 일곱 영이라는 말로서 완전하신 영, 즉 성령을 의미한다(계 1:4, 3:1 참고). 하나님의 일곱 영을 일곱 천사로 볼 수는 없다. 여기서 일곱은 완전함을 의미하는 것으로 '하나님의 완전하신 영'(성령)이라는 뜻이다. 등불(λαμπας, 람파스)은 집안에서 쓰는 램프(λυχνος, 뤼크노스)가 아니라 야외에서 사용하는 횃불을 말한다.

일곱 등불은 스가랴 4:2의 '순금 등잔대' 환상을 연상케 한다. 스가랴는 환상 중에 순금 등잔대에 있는 '일곱 등잔'을 보았다. 이는 성전 안에 있던 '일곱 가지 등잔대'(מנורה, 메노라)를 말하는 것으로(출 37:17~24) 하나님의 현존하심을 상징한다. 스가랴 4:10은 이 일곱 등잔을 가리켜 '온 세상에 두루 다니는 여호와의 눈'이라고 한다. 그렇게 볼 때 스가랴 4:2의 일곱 등잔은 '모든 것을 아시는 하나님의 현존하심'을 상징한다.

● 네 생물과 이십사 장로(4:6~11)

6 보좌 앞에 수정과 같은 유리 바다가 있고 보좌 가운데와 보좌 주위에 네 생물이 있는데 앞뒤에 눈들이 가득하더라

7 그 첫째 생물은 사자 같고 그 둘째 생물은 송아지 같고 그 셋째 생물은 얼굴이 사람 같고 그 넷째 생물은 날아가는 독수리 같은데

8 네 생물은 각각 여섯 날개를 가졌고 그 안과 주위에는 눈들이 가득하더라 그들이 밤낮 쉬지 않고 이르기를 거룩하다 거룩하다 거룩하다 주 하나님 곧 전능하신 이여 전에도 계셨고 이제도 계시고 장차 오실 이시라 하고

9 그 생물들이 보좌에 앉으사 세세토록 살아 계시는 이에게 영광과 존귀와 감사를 돌릴 때에

10 이십사 장로들이 보좌에 앉으신 이 앞에 엎드려 세세토록 살아 계시는 이에게 경배하고 자기의 관을 보좌 앞에 드리며 이르되

11 우리 주 하나님이여 영광과 존귀와 권능을 받으시는 것이 합당하오니 주께서 만물을 지으신지라 만물이 주의 뜻대로 있었고 또 지으심을 받았나이다 하더라

4:6 보좌 앞에 수정과 같은 유리 바다가 있고 요한은 하나님 보좌 앞에 수정 같은 유리 바다가 있다고 하는데, 이 유리 바다는 설명하기 어렵다. 유리 바다에 대한 세부적 묘사가 없고, 요한계시록 외에는 성서 다른 곳에 전혀 언급되지 않기 때문이다. 유리 바다는 요한계시록에 두 번 등장하는데(계 4:6, 15:2), '보통 바다'와 구별하기 위한 용어로 보인다. 요한계시록에서 '보통 바다'는 심판의 대상이거나 악한 영의 세력 아래 있다(계 7:2, 8:8, 12:12, 18:21). 유리 바다는 유리가 넘실대는 바다가 아니라 유리처럼 맑은 바다를 말하는데, 이를 '수정과 같은'이라는 수식어에서 알 수 있다.

유리 바다가 인간이 하나님 앞에 나아가기 위해 반드시 극복해야 할 세력을 상징한다는 설명이 있다. 요한계시록의 다른 곳을 볼 때 바다는 하나님의 뜻을 반대하는 모든 것을 대표한다는 것이다.[2] 블라운트(B. K. Blount)는 유리 바다를 사람이 하나님께로 나아가는 것을 방해하는 혼돈의 세력으로 이해했다.[3] 사람은 이 바다를 건너야 하나님께로 나아갈 수 있다는 것이다. 그러나 이런 해석은 '너무나 맑은 바다'라는 표현과 일

치하지 않는다. '수정과 같은 유리 바다'는 부정적 이미지가 아니라 긍정적 이미지를 준다. 그러므로 이를 사람이 하나님께 나아가는 것을 방해하는 부정적 세력으로 볼 것이 아니라, 피조물이 창조주께 드려야하는 경외심을 요구하는 표현으로 보아야 한다. 블라운트의 설명은 유리 바다가 아닌 보통 바다에 해당되는 내용이다.(계 7:2, 8:8, 12:12, 18:21)

유리 바다는 물이 아니라 수정으로 포장된 바닥이라는 설명도 있다. 유리 바다는 '바다 같이 넓은 수정 바닥'이라는 것으로, 하나님의 보좌 앞에 수정으로 포장된 바다 같이 넓은 바닥이 있다는 것이다.[4] 이는 하나님의 보좌와 천국 백성 사이에 바다라는 큰 공간적 괴리가 존재한다는 사실을 피하기 위한 설명일 것이다. 하지만 바다라는 헬라어 '쌀라사'($\theta\alpha\lambda\alpha\sigma\sigma\alpha$, sea, lake)에 '바닥'이라는 의미는 없다.

유리 바다가 예루살렘 성전의 '놋쇠 바다'(왕상 7:23~26, 대하 4:2~6)에 해당된다는 설명도 있다.[5] 솔로몬 성전에 놋쇠 바다가 있었듯이, 하늘 성전에는 유리 바다가 있다는 것이다. 솔로몬 성전의 놋쇠 바다는 직경이 약 5m(십 규빗)로 9만 리터(이천 밧, 대하 4:5는 삼천 밧) 정도의 물을 담았는데, 제사장들이 이 물로 손과 발을 씻었다(출 30:19~21, 40:30~32, 대하 4:6). 바다는 제사장을 정결케 하는 용도였던 것이다. 이 설명이 옳다면 유리 바다는 하나님의 보좌가 곧 하늘 성전이라는 말을 하는 것이다. 실제로 요한계시록에 '하늘에 있는 하나님의 성전'이라는 말씀이 있다(계 7:15, 11:19, 14:15, 17, 15:5, 6, 8, 16:1, 17). 특히 16:17은 하나님의 보좌와 하늘 성전이 동일하다는 것을 암시한다. 그렇다면 유리 바다는 보좌 앞에 선 하나님 나라 백성의 정결함과 거룩함을 상징한다(계 7:9). 새 예루살렘의 경우는 성전이 없다. 하나님과 그리스도가 곧 성전이시다.(계 21:22)

그러나 유리 바다를 창조주와 피조물 사이에 있는 존재론적 차이에 대한 상징으로 보는 것이 좋을 것이다. 바다는 바다 이편과 바다 저편을 구분한다. 하나님의 보좌 앞에 유리 바다가 있다는 말은, 하나님은 창조주이시고 인간은 피조물임을 강조하는 것이다(계 3:14, 4:11, 10:6, 21:5). 구원 받은 하나님의 백성이 하나님의 얼굴을 직접 보는 날이 온다고 할지라도(계 22:4), 하나님과 인간 사이에 창조주와 피조물이라는 존재론적 차이는 영원히 변하지 않는다. 보좌 앞의 유리 바다는 이 사실을 상징하는 것이다. 그렇게 볼 때 15:2의 '불이 섞인 유리 바다'는 피조물의 죄에 대한 창조주의 진노를 의미한다.

그 외에 유리 바다가 창세기 1:7과 시편 104:3, 148:4의 궁창 위의 물이라는 설명도 있다.[6] 그리고 유리 바다가 순결함과 고요함을 암시하기 때문에, 하나님의 보좌는 세상의 혼란에 아무런 영향을 받지 않는다는 설명도 가능하다. 그렇게 본다면 유리 바다는 지상의 교회가 박해를 받는 상황과 대비가 되는 상징이다.

4:6 보좌 주위에 네 생물이 있는데 보좌 주위에 있는 네 생물 역시 유리 바다처럼 설명하기 어려운데, 유리 바다나 네 생물이 천상의 존재들이기 때문이다. 네 생물은 사자, 송아지, 사람, 독수리 같은 얼굴을 하고 있고, 여섯 날개를 가졌으며 앞뒤에 눈들이 가득하다(계 4:6~8). 그들은 하나님의 보좌 제일 가까운 곳에서 하나님을 찬양하고(계 4:8, 5:8, 14, 19:4), 어린 양이 봉인을 떼실 때 각각 '오라' 하고 외치며(계 6:1, 3, 5, 7), 네 생물 중 하나가 일곱 대접을 일곱 천사에게 준다(계 15:7). 네 생물이 하는 일에 근거해서 네 생물이 가장 높은 천사들이라는 설명이 있다.[7] 그들의 기원은 모호하지만 하나님을 직접 보위하면서 천상의 모든 존재를 이끄는 천사들이라는 것이다. 그렇게 본다면 4:7의 '사자 같고 송아지 같고 사람 같고 독수리 같다'는 표현은 그들의 특별한 용맹함, 강건함, 지혜로움을 강조하는 표현일 수 있다.

그러나 네 생물을 천사로 보기 어려운 이유들이 있다. 네 생물은 날개가 있으나 천사는 날개가 없다. 성서에 천사가 날개를 가진 존재로 등장하는 경우는 한 번도 없다. 그리고 네 생물은 동물 얼굴을 하고 있으나 천사는 사람을 얼굴을 한다. 또 생물과 천사는 용어가 다르다. 천사를 굳이 '생물'(ζῷον, 조온, living being, animal)이라고 부를 이유가 없는 것이다.

에스겔 1:4~25에 하나님의 바퀴 보좌를 호위하는 네 '생물'(חיה, 하야)이 나온다. 에스겔 10:1~19에 의하면 이 네 생물은 곧 '그룹'(כרוב, 케룹)이다. 그들은 각각 네 개의 얼굴(사람, 사자, 소, 독수리)과 네 날개를 가지고 있다(겔 1:6, 10, 10:14, 21). 이것은 요한계시록의 네 생물과 조금 차이가 있는데 요한계시록의 네 생물은 각자 하나의 얼굴과 여섯 날개를 가지기 때문이다. 그리고 에스겔서의 네 생물은 움직이기는 하지만 말하지는 않는다. 그러나 요한계시록의 네 생물은 하나님을 찬양한다. 한편, 이사야 6:1~7에는 하나님의 보좌를 호위하는 '스랍'(שרף, 사랍)이 언급되어 있다. 이들은 여섯 날개를 가지고 하나님의 보좌 곁에서 '거룩하다 거룩하다 거룩하다'고 외친다(사 6:2~3). 이사야의 스랍은 하나님 보좌 위에 위치하지만 에스겔의 네 생물은 보좌 아래쪽에서 보좌를 운반하며, 요한계시록의 네 생물은 보좌 주위에 서 있다.

이렇게 이름과 세부적 묘사가 조금 다르긴 하지만 요한계시록의 네 생물을 에스겔서의 그룹이나 이사야서의 스랍과 같은 존재로 볼 수 있다. 모두 하나님의 보좌 주변에서 보좌를 호위하거나 하나님을 찬양하기 때문이다. 하나님의 보좌를 호위하는 존재로 그룹도 있고 스랍도 있고 네 생물도 있다고 보기는 어렵다. 무엇보다도 에스겔서가 네 생물과 그룹을 동일시한다(겔 1:4~25, 10:1~19). 세부적 묘사가 다른 것은 환상을 글로 옮기는 과정에서 일어난 차이거나, 요한이 어떤 특별한 점을 강조하면서 생겼을 것이다. 네 생물이 하나님 보좌 주위에 있듯이 여호와께서는 그룹 사이에 좌정하시고(시 80:1, 99:1), 그룹 사이에 계시고(사 37:16), 그룹들 위에 계시고(왕하 19:15), 그룹을 타고 나신다.(삼하 22:11)

4:6 앞뒤에 눈들이 가득하더라 네 생물에 대한 묘사는 눈이 많다는 말

로 시작해 눈이 많다는 말로 끝난다(계 4:6~8). 보통 이 말을 네 생물이 세상 모든 일을 다 본다는 의미로 설명한다. 눈의 기능이 보는 것이기 때문이다. 스가랴 4:10에 '온 세상에 두루 다니는 여호와의 눈'이라는 표현이 있다. 이는 모든 것을 다 보고 아시는 하나님의 현존하심을 의미한다. 그러나 네 생물의 앞뒤, 안과 주변에 눈이 '가득하다'는 표현은 같은 종류의 생물 전체를 대표한다는 의미일 수도 있다. 환상의 의미를 해석할 때 사용된 단어에 주목하는 것이 필요한데 '가득하다'라는 단어가 대표성을 의미할 수 있다. 에스겔 1:18, 10:2에 의하면 네 생물이 운반하는 보좌 수레의 바퀴에 눈이 가득했다.

　　4:7 그 첫째 생물은 사자 같고 둘째 생물은 송아지… 네 생물의 모습은 사자, 송아지, 사람, 독수리 같았다. 그들의 모습에 기초해서 네 생물을 피조물 전체를 상징하는 존재로 볼 수 있는데, 이것이 가장 바람직한 설명일 것이다. 네 생물은 가장 귀하고 강한 생물을 상징한다. 사자는 육식동물, 송아지는 초식동물, 독수리는 조류 중에서 가장 귀하거나 강하며, 여기에 생물 중에서 가장 강한 사람이 첨가되었다. 성서에서 4라는 숫자는 확실히 세상 전체를 의미할 때 사용되며 사자, 송아지, 독수리, 사람은 피조물을 대표할 만한 존재들이다. 그렇게 본다면 네 생물과 이십사 장로가 하나님을 찬양한다는 말은 모든 피조물과 하나님의 백성이 하나님을 찬양한다는 뜻이다. 그들에게 사용된 호칭과 그들을 묘사한 모습을 볼 때, 네 생물을 높은 지위의 천사보다 피조물을 대표하는 존재로 보는 것이 더 타당할 것이다. 그들은 모든 피조물에 대한 하나님의 통치를 상징한다는 것이다.[8] 4라는 숫자는 하늘과 땅의 네 방향을 의미한다.

　　2세기의 이레네우스는 네 생물이 네 복음서 기자를 의미한다고 설명했는데, 이 설명은 오래 동안 영향력을 끼쳤다. 사람은 족보로 시작되는 마태복음을, 사자는 세례 요한의 사자후로 시작되는 마가복음을, 송아지는 스가랴의 제사 이야기로 시작되는 누가복음을, 독수리는 로고스로 시작되는 요한복음을 상징한다는 것이다.[9] 이는 창조 때 마치 독수리처럼 '수면 위로 운행한 하나님의 영'(창 1:2)을 로고스와 일치시킨 것이다.

4:8 네 생물은 각각 여섯 날개를 가졌고 네 생물이 여섯 날개를 가졌다는 것은 이사야서의 '스랍'과는 일치하지만(사 6:2) 에스겔서의 '그룹'과는 다르다. 에스겔서의 그룹은 네 날개를 가졌다(겔 1:6, 10:21). 이사야서에 의하면 스랍들은 두 날개로 얼굴을 가리고, 두 날개로 발(몸)을 가리고, 두 날개로 날았다(사 6:2). 이는 천사들이 하나님을 경외하고, 하나님 앞에서 겸손하며, 하나님의 사자(使者)임을 의미하는 것이다.

4:8 그 안과 주위에는 눈들이 가득하더라 4:6에서 언급된 내용이 다시 반복되었다. 네 생물을 높은 지위의 천사로 본다면 네 생물의 놀라운 지혜와 능력을 상징적으로 표현하는 것이 된다. 그렇지 않고 네 생물을 피조물의 대표적 존재로 본다면 각 생물의 전체를 의미하는 것으로 이해할 수 있다. 어느 쪽이든 실제로 수백 개 눈을 가진 존재라고 볼 수는 없다. 이는 예수 그리스도를 실제로 일곱 뿔과 일곱 눈을 가진 어린 양으로 볼 수 없는 것과 같다(계 5:6~13, 6:1, 16, 7:9). 이런 것은 특정 사실을 강조하기 위한 상징적 용어일 뿐 실제로 그런 모습일 수는 없다. 예수 그리스도를 묘사할 때 '그의 입에서 좌우에 날선 검이 나오고'(계 1:16)라고 했다고 해서, 입에 양날을 가진 검을 물고 계시는 예수 그리스도를 상상해서는 안 된다. 예수 그리스도의 말씀은 날선 검과 같이 저항할 수 없는 힘을 가지며 심판과 처벌의 도구가 된다는 말을 그렇게 표현한 것이다.

4:8 거룩하다 거룩하다 거룩하다 4:8~11은 하늘 예배의 모습이다. 네 생물과 이십사 장로들이 하나님을 찬양하고 경배한다. 네 생물은 밤낮 쉬지 않고 하나님의 거룩하심을 찬양하는데, '거룩하다'가 세 번 반복되는 것은 하나님이 지극히 거룩하심을 의미한다. 이사야도 하나님을 모신 스랍들이 '거룩하다 거룩하다 거룩하다'라고 외치면서 하나님의 영광을 찬양하는 모습을 보았다.(사 6:3)

4:8 전능하신 이여 전에도 계셨고 이제도 계시고 장차 오실 이시라 네 생물은 하나님의 전능하심과 영원하심을 찬양한다. '전에도 계셨고 이제도 계시고 장차 오실 이시라'는 표현은 영원히 존재하시는 분이라는 뜻이다 (계 1:4, 8 참고). 이 두 가지는 신성(神性)의 중요한 요소로 하나님이 영원히 존재하시면서 창조와 심판을 주관하신다는 의미이다. 4:9~11도 이 사실을 강조하는데 '세세토록 살아계시는 이'(계 4:9, 10)와 '주께서 만물을 지으신지라'(계 4:11)에서 이를 알 수 있다.

4:9 세세토록 살아 계시는 이에게 세세토록은 문자적으로 '모든 세대까지'(unto the ages of the ages)로 '영원 무궁히'라는 뜻이다. 영원은 하나님께 속한 개념으로 피조물은 근본적으로 영원한 존재가 아니다. 그러나 하나님이 영원한 생명을 주시면 영원히 살 수 있다.

4:10 자기의 관을 보좌 앞에 드리며 4:10 역시 하나님께 예배하는 모습이다. 네 생물의 경배와 찬양에 이어서 이십사 장로들도 하나님께 경배와 찬양을 드린다. 그러면서 장로들은 쓰고 있던 금관을 벗어 하나님께 드린다. '드린다'라는 헬라어 동사는 '발로'(βαλλω, throw)로 '던지다'라는 뜻이다. 개역한글판에서는 '자기의 면류관을 보좌 앞에 던지며'라고 번역했지만, 개역개정판에서는 '자기의 관을 보좌 앞에 드리며'라고 번역했다. 하나님께 금관을 던진다는 것이 불경스럽다고 여긴 듯하다. 그러나 금관을 보좌 앞에 던진다는 표현을 이십사 장로의 지극한 겸손으로 이해할 수도 있다. 하나님의 보좌, 즉 하나님의 영광과 존귀 앞에서는 인간이 쓴 금관은 던져 버려도 좋을 정도로 하찮은 것이라는 의미이다. '던지다'라는 동사 속에 하나님의 영광에 대한 찬양과, 하나님을 경배하는 인간의 겸손이 들어 있다고 볼 수 있는 것이다.

4:11 주께서 만물을 지으신지라 이십사 장로는 만물을 지으신 하나님을 찬양하고 경배한다. 하나님만이 유일하신 창조주시기 때문에 영광과 존귀와 권능을 받기에 합당하신 분이시라는 것이다. 창조주 하나님은 홀로

모든 영광을 받기에 합당하신 분이다. 존재하는 모든 것 가운데 유일무이하게 '스스로 존재하는 분'이시기 때문이다.

▶ 4장의 핵심 및 교훈

4장의 핵심은 창조주 하나님께 대한 찬양과 경배이다. 모든 피조물과 구원 받은 백성들이 창조주 하나님을 찬양하고 경배하는 것이 하늘나라의 모습이다. 창조주 하나님은 그런 찬양과 경배를 받기에 합당한 분이시다.

성서는 "태초에 하나님이 천지를 창조하시니라"(창 1:1)는 말씀으로 시작되어 창조 이야기가 이어지는데 이는 하나님이 창조주라는 사실을 강조하기 위한 것이다. 하나님이 창조주라는 말은 전지전능하시며, 유일무이하시며, 세상을 다스리시며, 역사와 인간의 생사화복을 주관하시는 분이라는 뜻으로 이 사실이 진리의 근본인 동시에 믿음의 출발점이다. 하나님이 창조주라는 사실을 믿을 때 성서를 믿을 수 있고, 하나님의 구원 계획을 믿을 수 있다. 성서가 창조 이야기로 시작되는 것은 창조주를 믿고 섬기며 창조주를 경배하라는 뜻이다. 4장은 요한계시록의 서론부(1~3장)가 끝나고 본론부가 시작되는 부분으로 그 내용이 창조주 하나님께 대한 찬양과 경배이다. 이는 하나님이 창조주라는 사실이 신앙의 기초가 되기 때문이다.

하나님이 창조주라는 사실을 믿으면 하나님이 세상의 종말을 주관하신다는 사실도 믿을 수 있다. 하나님이 시작하신 일을 하나님이 끝내시는 것이다. 세상은 우연히 생겨나서 무한히 존재하는 것이 아니라, 하나님의 뜻을 따라 창조되어 하나님의 계획을 따라 끝나게 된다. 그것이 하나님의 구원 계획이다. 하나님이 창조주이심을 믿으면 고난과 박해를 믿음으로 인내할 수 있다. 세상을 창조하신 전능자가 약속하신 영생의 면류관을 위해 목숨까지 버릴 수 있다. 올바른 창조 신앙을 가지면 성서의 모든 약속을 붙드는 굳센 믿음을 가질 수 있는 것이다. 4장은 그런 믿음의 사람이 되라고 한다.

하나님이 창조주이심을 믿는 것은 하나님이 내게 생명을 주신 분으로서 나의 주가 되심을 인정하는 것이다. 그래서 하나님의 뜻에 순종하게 된다. 내가 나의 주인이라는 생각에서 인간의 죄가 시작된다. 그는 내 생각, 내 뜻대로 사는 것이 잘 사는 것이라고 생각하지만, 그런 생각은 원죄의 결과일 뿐 진실이 아니다. 창조 신앙은 인간이 피조물이라는 사실을 깨우쳐 주면서, 창조주 하나님을 찬양하고 경배하며 살라고 한다. 창조주 하나님께서 새 예루살렘을 준비하시며, 창조를 통해 자신의 전능하심을 증명하신다. 그런 창조주 하나님을 찬양하는 사람이 지혜롭고 복된 사람이다.

하나님은 찬양과 경배를 받기에 합당하신 분이다. 거룩하시고 전능하시고 영원하시며, 무엇보다도 만물을 창조하신 분이므로 믿는 자는 네 생물과 이십사 장로처럼 창조주 하나님께 영광과 존귀와 감사를 드리며 살아야 한다. 열심히 살면 충분한 것이 아니라, 하나님께 찬양과 경배를 드리는 생활을 해야 한다. '세상 염려와 재물의 유혹'(마 13:22) 때문에 찬양과 경배를 잃어버리지 말아야 한다. 그것이 하나님의 백성이 사는 모습이다.

세상은 하나님께 찬양과 경배를 드리지 않는다. 그들은 하나님을 거부하면서, 자신을 찬양하거나 우상을 만들어 숭배한다. 성서는 그런 자들을 가리켜 선악과를 먹은 자, 거짓의 영인 마귀의 유혹에 넘어간 자들이라고 한다. 요한계시록은 그들을 짐승의 표를 받은 자들이라고 한다(계 13:17, 14:9, 11, 16:2, 19:20). 그들은 마지막 심판 날에 영원한 형벌을 받을 것이다.(마 25:41~46)

• 봉인된 두루마리(5:1~5)

1 내가 보매 보좌에 앉으신 이의 오른손에 두루마리가 있으니 안팎으로 썼고 일곱 인으로 봉하였더라
2 또 보매 힘있는 천사가 큰 음성으로 외치기를 누가 그 두루마리를 펴며 그 인을

떼기에 합당하냐 하나

3 하늘 위에나 땅 위에나 땅 아래에 능히 그 두루마리를 펴거나 보거나 할 자가 없
더라

4 그 두루마리를 펴거나 보거나 하기에 합당한 자가 보이지 아니하기로 내가 크게
울었더니

5 장로 중의 한 사람이 내게 말하되 울지 말라 유대 지파의 사자 다윗의 뿌리가 이
겼으니 그 두루마리와 그 일곱 인을 떼시리라 하더라

5:1 보좌에 앉으신 이의 오른손에 두루마리가 있으니 4장에 이어 5장에서
도 하늘 보좌에 대한 묘사가 계속된다. 그러나 4장의 초점이 창조주 하
나님과 이십사 장로, 그리고 네 생물이었다면, 5장의 초점은 하나님이 쥐
고 계시는 두루마리와 그 두루마리를 취하신 예수 그리스도이다. 보좌
에 앉으신 이가 두루마리를 쥐셨다는 말은 성부 하나님이 두루마리를
통해 주어질 계시의 근원이시라는 뜻이다. 하나님께서 두루마리에 적힌
계시를 계획하셨으며, 두루마리를 오른손에 쥐셨다는 것은 두루마리의
중요성을 암시하는 것이다. 유대인들은 오른쪽을 왼쪽보다 더 중요하게
여겼다. 승천하신 예수께서도 하나님 오른쪽에 계시고(마 26:64, 막 14:62,
16:19, 눅 22:69, 행 7:55, 56, 롬 8:34, 골 3:1), 예수께서 최후의 심판을 하실
때도 오른쪽에 구원받을 자들을 세우신다(마 25:33). 두루마리는 헬라어
비블리온(βιβλιον)을 번역한 것으로 두루마리도 될 수 있고 책도 될 수
있는데 대개 두루마리로 번역한다. 이 두루마리는 6~7장에서 보는 일곱
가지 종말론적 사건을 담고 있다.

5:1 안팎으로 썼고 일곱 인으로 봉하였더라 그 두루마리는 안팎으로 기
록되었고 일곱 개의 도장으로 봉인되었다. 두루마리의 경우 보통 한 쪽
에만 기록했는데, 양쪽으로 기록했다는 말은 하나님의 계획이 그만큼 많
았다는 의미일 것이다. 두루마리의 양면을 사용해야 할 만큼 계시의 내

용이 많았던 것이다. 에스겔 2:10에 안팎으로 기록된 두루마리에 대한 언급이 있다. 일곱 인으로 봉하였다는 말은 일곱 번 봉인했다는 말로 두루마리를 완벽하게 봉인했다는 뜻이다. 그러므로 그 두루마리를 읽을 수 있는 사람이 없다. 종말에 대한 하나님의 계획은 오직 하나님만 아시며, 그 계획을 알 수 있는 피조물은 없다.

5:2 누가 그 두루마리를 펴며 그 인을 떼기에 합당하냐 하나 힘 있는 천사가 일곱 인을 뗄 사람을 찾는다. 만약 그런 사람이 있다면 그가 두루마리의 내용을 읽고, 종말에 대한 하나님의 계획을 밝힐 수 있을 것이다. 힘 있는 천사가 미가엘이나 가브리엘일 수 있지만 요한은 그 이름을 밝히지 않는다.

5:3 그 두루마리를 펴거나 보거나 할 자가 없더라 천사가 봉인을 떼고 두루마리를 풀 사람을 찾았으나, 그런 사람은 하늘에도 없고 땅에도 없다. 성서에 언급된 위대한 신앙의 인물조차 두루마리를 읽을 수 있는 자격이 없는 것이다. 종말에 대한 하나님의 계획은 사람에게 완벽히 감추어져 있다.

5:4 합당한 자가 보이지 아니하기로 내가 크게 울었더니 요한은 두루마리를 풀 수 있는 사람이 하늘과 땅에 없음을 알고 크게 울었다. 여기서 '폴뤼'(πολυ, much)라는 부사가 사용되었는데 '크게 울었다'를 '통곡했다'고 번역해도 좋을 것이다. 요한이 크게 운 이유는 종말에 대한 하나님의 계획을 알 수 없었기 때문이다. 요한은 두루마리의 내용을 전혀 알 수 없었으나, 그것이 아주 중요한 내용이라는 것은 알 수 있었다. 두루마리를 하나님이 오른손에 쥐고 계시고, 또 일곱 번이나 봉인되었기 때문이다.

5:5 유대 지파의 사자 다윗의 뿌리가 이겼으니 사람은 종말에 대한 하나님의 계획을 알 수 없으나, 봉인을 풀고 두루마리를 읽을 수 있는 분이 계시는데 바로 예수 그리스도시다. 울고 있는 요한을 이십사 장로 중 한 사람이 위로하면서 예수께서 두루마리를 읽으실 수 있다고 말한다. 장로가 말한 '유대 지파의 사자'와 '다윗의 뿌리'는 메시아를 가리키는 말로 예

수 그리스도를 의미한다. 예수 그리스도는 혈통적으로 유대 지파에 속한 다윗 가문 출신으로 유대 지파의 상징이 사자이다. 창세기 49:9에 '유다는 사자 새끼로다 그가 엎드리고 웅크림이 수사자 같고 암사자 같다'는 표현이 있다. 한편, 이사야 11:1, 10에 '이새의 뿌리에서 한 가지가 나서 열매를 맺고 만민의 깃발이 되며 열방이 그에게로 돌아올 것'이라는 말씀이 있는데, 장로는 '다윗의 뿌리'라는 말로 예수 그리스도의 혈통을 밝히는 동시에 예수님이 승리의 메시아임을 밝히고 있다.(행 13:23 참고)

이사야 29:11에 "모든 계시가 너희에게는 봉한 책의 말처럼 되었으니"라는 말씀이 있다. 그리고 다니엘 12:4, 9에 "마지막 때까지 이 말을 간수하고 이 글을 봉함하라"는 말씀이 있다. 이처럼 구약시대에는 종말에 대한 하나님의 뜻이 봉함되어 있었다. 그래서 하늘 위에나 땅 위에나 땅 아래 그 봉함된 두루마리를 펴거나 볼 자가 없었다(계 5:3). 그러나 예수께서 그 봉인된 두루마리를 펼치시는데(계 5:5~9), 이는 예수께서 종말에 대한 하나님의 계획을 밝히신다는 말이다. 예수께서 이 세상에 오심으로 마지막 때가 시작되었기 때문이다. 그래서 바울은 '내가 그리스도의 비밀을 깨달았다'(엡 3:4)라고 하며 '내가 만물을 창조하신 하나님 속에 감추어졌던 비밀의 경륜을 드러내고 전할 임무를 맡았다'고 한다(엡 3:9). 그리스도를 통해 종말에 대한 하나님의 비밀이 드러났기 때문이다.

5:5 그 두루마리와 일곱 인을 떼시리라 하더라 장로는 요한에게 승리의 메시아이신 예수께서 일곱 인을 풀고 두루마리를 펴실 것이라고 한다. 성부의 손에 있는 두루마리를 사람은 펼 수 없으나 성자는 펴실 수 있다. 이는 예수께서 종말의 때를 주관하신다는 의미다. 사실 그리스도의 재림이 있어야 부활과 심판이 가능하다.

• 어린 양에 대한 경배(5:6~14)

6 내가 또 보니 보좌와 네 생물과 장로들 사이에 한 어린 양이 서 있는데 일찍이 죽임을 당한 것 같더라 그에게 일곱 뿔과 일곱 눈이 있으니 이 눈들은 온 땅에 보내심을 받은 하나님의 일곱 영이더라

7 그 어린 양이 나아와서 보좌에 앉으신 이의 오른손에서 두루마리를 취하시니라

8 그 두루마리를 취하시매 네 생물과 이십사 장로들이 그 어린 양 앞에 엎드려 각각 거문고와 향이 가득한 금 대접을 가졌으니 이 향은 성도의 기도들이라

9 그들이 새 노래를 불러 이르되 두루마리를 가지시고 그 인봉을 떼기에 합당하시도다 일찍이 죽임을 당하사 각 족속과 방언과 백성과 나라 가운데에서 사람들을 피로 사서 하나님께 드리시고

10 그들로 우리 하나님 앞에서 나라와 제사장들을 삼으셨으니 그들이 땅에서 왕 노릇 하리로다 하더라

11 내가 또 보고 들으매 보좌와 생물들과 장로들을 둘러 선 많은 천사의 음성이 있으니 그 수가 만만이요 천천이라

12 큰 음성으로 이르되 죽임을 당하신 어린 양은 능력과 부와 지혜와 힘과 존귀와 영광과 찬송을 받으시기에 합당하도다 하더라

13 내가 또 들으니 하늘 위에와 땅 위에와 땅 아래와 바다 위에와 또 그 가운데 모든 피조물이 이르되 보좌에 앉으신 이와 어린 양에게 찬송과 존귀와 영광과 권능을 세세토록 돌릴지어다 하니

14 네 생물이 이르되 아멘 하고 장로들은 엎드려 경배하더라

5:6 한 어린 양이 서 있는데 요한은 하늘 보좌와 네 생물과 이십사 장로들 사이에 예수 그리스도께서 서 계신 것을 보았다. 그것을 어린 양이 서 있는 것을 보았다고 표현한 것은 예수 그리스도의 고난을 강조하기 위해서다. 요한은 하나님 보좌 곁에 서 계시는 지극히 영광스러운 예수 그리스도를 보았는데, 그 영광스러운 그리스도가 바로 십자가 고난을 당하신 예수라는 것이다. 요한은 이 고난의 그리스도를 강조하기 위해서 일곱 뿔과 일곱 눈을 가지고 일찍이 죽임을 당한 것 같은 어린 양이 보좌

곁에 서 있다고 표현한다.

이십사 장로 중 한 명이 승리의 메시아가 봉인을 떼고 두루마리를 펼 것이라고 말한다(계 5:5). 요한은 그 말을 듣고 승리의 메시아가 곧 십자가에서 고난 받으신 분이시라는 사실을 강조하는 것이다. 이렇게 수난의 그리스도를 '죽임을 당한 것 같은 어린 양'으로 표현하는 것이 요한계시록에서 사용된 언어의 특징이다. 5:5의 사자는 승리의 그리스도를 상징하며 5:6의 어린 양은 수난의 그리스도를 상징한다. 요한은 '같은 분을 사자와 양으로 묘사할 수 있는가? 사자와 양이 하나가 될 수 있는가?'라는 논리를 무시하고, 연이어 예수님의 특성을 상징적 언어로 묘사하고 있다.

5:6 일찍이 죽임을 당한 것 같더라 요한은 '도살당했던 것 같은 양'이라는 표현을 쓰는데, 이는 어린 양 예수께서 십자가에서 돌아가셨던 사실을 말한다. 요한은 그리스도가 가진 많은 모습 중에서 십자가 죽음을 특별히 강조하기 위해 '어린 양'이라는 표현을 사용하는 것이다.

5:6 일곱 뿔과 일곱 눈이 있으니 여기서 일곱 뿔은 완전한 힘과 왕의 위엄을 상징한다(신 33:17, 왕상 22:11, 시 89:17, 겔 34:21, 단 7:20~21). 시편 112:9에 "그의 뿔이 영광 중에 들리리로다"라는 말씀이 있다. 일곱 눈은 완전한 지혜와 충만한 지식을 상징한다(슥 3:9, 4:10). 어린 양의 일곱 눈은 '여호와의 눈'(대하 16:9, 시 34:15, 139:16, 슥 4:10)과 같은 개념으로 전지(全知)하심을 의미한다.[10] 그리스도는 모든 것을 보시고 모든 것을 아신다는 뜻이다. 요한은 어린 양이라는 이미지를 통해 고난 받으신 예수를 말하고 있지만, 예수께서 결코 어리석거나 약해서 고난을 받으신 것이 아니다. 죽임을 당한 어린 양은 일곱 눈과 일곱 뿔을 가진 양으로, 완전한 힘과 완전한 지혜를 가진 분이시다. 그런 예수께서 하나님의 뜻에 순종해 자진해서 고난을 받으신 것이다. 요한은 하나님의 보좌에서 일곱 뿔과 일곱 눈을 가진 어린 양을 본 것이 아니다. 몸에 고난 받으신 흔적이 있

는 전지전능하신 그리스도를 보았는데, 그 사실을 상징적 언어로 표현한 것일 뿐이다.

5:6 이 눈들은 온 땅에 보내심을 받은 하나님의 일곱 영이더라 앞에서 이미 살펴보았듯이 일곱 영은 일곱 천사가 아니라 성령으로 이해하는 것이 옳다(계 1:4 주석 참고). 무엇보다 어린 양의 일곱 눈을 하나님의 일곱 영과 동일시하기 때문이다. 이는 그리스도와 성령을 동일시하는 것이다. 어린 양의 일곱 눈이 땅에 보내심을 받은 하나님의 일곱 영이라는 말씀은 예수께서 성령으로 충만하신 것을 의미한다.

5:7 그 어린 양이 나아와서 보좌에 앉으신 이의 오른손에서 두루마리를 취하시니라 아무도 열 수 없는 두루마리를 어린 양이 받았다는 말은 오직 그리스도만 하나님의 뜻을 온전히 전달하실 수 있다는 뜻이다. 이를 예수 그리스도를 통한 특별계시라고 할 수 있다. 5:3~7의 의미는 '종말에 대한 하나님의 계획을 사람은 알 수 없으나, 오직 한 분 예수 그리스도는 아신다. 그는 메시아이며(유대 지파의 사자, 다윗의 뿌리), 십자가의 고난을 받으신 분이며(죽임을 당한 흔적이 있는 어린 양), 능력과 지혜를 가지신 분이며(일곱 뿔과 일곱 눈), 성령으로 충만한 분이시다(하나님의 일곱 영)'는 것이다.

5:8 네 생물과 이십사 장로들이 어린 양 앞에 엎드려 4장에서 하나님을 경배한 네 생물과 이십사 장로들이 이제는 예수 그리스도를 경배하기 위해 엎드린다. 예수께서 성부의 손에서 두루마리를 취하셨기 때문이다. 네 생물과 이십사 장로는 그 사실에 감격한 것이다. 예수께서 두루마리를 취하신 일이 그만큼 영광스럽고 중요한데, 종말에 대한 하나님의 뜻이 밝혀지면서 구원의 완성이 가까워졌기 때문이다.

5:8 각각 거문고와 향이 가득한 금 대접을 가졌으니 네 생물과 이십사 장로들은 각각 거문고와 금 대접을 가졌는데, 이는 예수 그리스도를 경배하기 위한 도구들이다. 거문고는 헬라어로 '키싸라'(κιθαρα, zither, harp)

인데 주로 수금(harp, 하프)으로 번역한다. 금 대접은 귀한 그릇을 의미하며 성전의 기구들이 금으로 만들어졌다(왕상 7:48~50). 금 대접에는 향이 가득했는데 이 향은 성도의 기도를 뜻한다(계 5:8). 성도의 기도를 향에 비유한 것을 시편 141:2에서 볼 수 있다. 네 생물과 이십사 장로들은 자신들의 찬양과 성도들의 기도로 예수 그리스도를 경배한 것이다. 예수 그리스도를 통해 하나님의 뜻이 이루어지는 것을 모든 피조물과 하나님의 백성이 기뻐하고 찬양한다.

5:9 그들이 새 노래를 불러 이르되 네 생물과 이십사 장로들은 새 노래로 그리스도를 찬양한다. 새 노래는 하나님의 새로운 은총에 대한 감사의 노래로 새 시대에 넘쳐흐를 찬양이다. 새로움은 요한계시록의 중요한 주제 중 하나로, 새 노래(계 5:9, 14:3) 외에도 새 이름(계 2:17, 3:12), 새 하늘과 새 땅(계 21:1), 새 예루살렘(계 21:2) 등이 있다.

5:9 인봉을 떼기에 합당하시도다 그들은 예수께서 봉인을 떼고 두루마리를 펴기에 합당하신 분이라고 찬양하는데, 그럴 만한 자격을 가진 분이시라는 말이다. 그 자격은 예수께서 십자가 죽음을 통해 세상 만민을 피로 사서 하나님께 드리셨기 때문이다(계 5:9). 그리고 그들 중 구원받은 자들로 하여금 하나님의 백성과 제사장이 되게 하셨기 때문이다.(계 5:10)

5:9 사람들을 피로 사서 하나님께 드리시고 이는 예수께서 십자가 죽음을 통해 세상 만민의 죄를 사하셨으며, 죄 사함을 받은 자들로 하나님의 백성이 되게 하셨다는 의미이다. 믿는 자의 몸은 더 이상 자신의 것이 아니라, 예수께서 값을 치르고 사신 것으로 주님의 것이다(고전 6:19~20). 그러므로 하나님께 영광을 돌려야 한다. 5:9의 '일찍이 죽임을 당하사'라는 말은 십자가 죽음을 의미하며, '각 족속과 방언과 백성과 나라'는 세상 만민을 의미한다.

5:10 그들로 우리 하나님 앞에서 나라와 제사장들을 삼으셨으니 예수께서

만민을 피로 사셨기 때문에 그 가운데 예수를 믿는 자들은 하나님 나라의 백성이 된다. 여기서 '나라'는 하나님 나라를 의미하며 믿는 자들이 하나님 나라의 백성이 된다는 뜻이다. 하나님의 백성은 하나님 나라의 제사장이기도 하다. 이는 하나님의 백성이 하나님을 섬기고 경배하는 자들이라는 뜻이다. 출애굽기 19:6에 "너희가 내게 대하여 제사장 나라가 되며 거룩한 백성이 되리라"는 말씀이 있고, 베드로전서 2:9에 "너희는 택하신 족속이요 왕 같은 제사장들이요 거룩한 나라요 그의 소유가 된 백성이니"라는 말씀이 있다. 요한계시록 20:6에는 "그들이 하나님과 그리스도의 제사장이 되어 천 년 동안 그리스도와 더불어 왕 노릇 하리라"는 말씀이 있는데, 모두 하나님의 백성은 하나님을 섬기는 자들이라는 의미이다.

5:10 그들이 땅에서 왕 노릇 하리로다 하나님의 백성은 주님과 함께 세상을 다스린다. 이는 실제로 왕이 되어 다스린다는 말이 아니라 영적으로 그렇다는 말이다. 영적으로 볼 때 하나님의 백성은 이 세상을 다스리는 자들이다(계 20:6, 22:5). 하나님의 백성이 세상을 다스릴 권세를 받는다는 사상을 다니엘 7:18, 22, 27에서 볼 수 있고, 로마서 5:17, 21에서 확인할 수 있다. 하나님의 백성은 세상을 이긴 자들로 그리스도의 통치에 참여한다. 현실에서는 박해를 받지만 영적으로 볼 때는 오히려 세상을 다스리는 것이다. 새 예루살렘이 도래하는 날 그 일이 실제로 이루어져 믿는 자들은 세세토록 왕 노릇 한다.(계 22:5)

5:11 많은 천사의 음성이 있으니 그 수가 만만이요 천천이라 요한은 하나님 보좌 주변에서 무수한 천사들을 보았는데 그들이 바로 하늘 군대이다(왕하 6:16~17, 사 45:12, 단 4:35, 계 19:14). 만만(萬萬)이나 천천(千千)은 많은 숫자를 가리키는 히브리적 표현이다. 다윗이 골리앗을 죽이고 돌아왔을 때 여인들이 "사울이 죽인 자는 천천이요 다윗은 만만이로다"라고 노래했다.(삼상 18:7)

5:12 죽임을 당하신 어린 양은 능력과… 영광과 찬송을 받으시기에 합당하도다 무수한 천사들이 예수 그리스도의 영광과 능력을 찬양한다. 찬양의 내용이 '일곱 가지'(능력, 부, 지혜, 힘, 존귀, 영광, 찬송)인 것은 예수 그리스도의 영광과 능력이 완전하다는 뜻이다.

5:13 모든 피조물이 이르되 보좌에 앉으신 이와 어린 양에게 하나님 보좌에 대한 요한의 환상은 모든 피조물이 성부 하나님과 성자 그리스도를 찬양하는 것으로 끝을 맺는다. 여기에는 천군 천사와 하나님이 백성과 온 천하 만물이 포함된다. 요한은 이를 강조하기 위해 '하늘 위, 땅 위, 땅 아래, 바다 위, 그리고 그 가운데 있는 모든 피조물'이라는 표현을 사용한다. 이들은 '보좌에 앉으신 성부와 어린 양이신 성자께 찬송과 존귀와 영광과 권능을 영원히 돌릴지어다'라고 찬양한다.

4장에서 '보좌에 앉으신 이'(하나님)를 경배하고 5장에서 '어린 양'(그리스도)을 찬양하는 것은 창조주를 경배하고 구세주를 찬양하는 것이다. 이는 하나님과 예수 그리스도를 동일선상에서 경배하고 찬양하는 것이다. 그런데 어린 양이 '하나님의 일곱 영'(성령)을 가지시기 때문에(계 5:6) 4~5장은 결국 삼위일체 하나님을 경배하고 찬양한다.

5:14 네 생물이 이르되 아멘 하고 장로들은 엎드려 경배하더라 요한이 본 하나님 보좌에 대한 환상은 네 생물의 '아멘'과 이십사 장로들의 '경배'로 끝이 난다. 장로들은 엎드려서 성부와 성자를 경배했는데, 이는 온전히 겸손한 경배를 의미한다.

▶ 5장의 핵심 및 교훈

5장의 핵심은 종말에 대한 하나님의 계획이 그리스도의 수난을 통해 밝혀졌다는 것이다. 하나님은 마지막 때와 마지막 날에 대한 특별한 계획을 세우셨는데 사람은 아무도 그 계획을 알 수 없었다. 예언자들조차 알 수 없었던 그 계획은 예수님을 통해 드러났는데, 예수 그리스도의 대속의 죽음과 부활이 그 계획의 핵심이다. 그래서 예수 그리스도는 창조주 하나님처럼 찬양과 경배를 받기에 합당한 분이시다.

하나님은 아브라함을 통해 이스라엘 민족을 세우시고, 모세를 통해 그들과 계약을 맺으셨다. 하나님은 이스라엘의 하나님이 되시고, 이스라엘은 하나님의 백성이 되었다. 하나님은 그들에게 율법을 주어 하나님의 뜻을 알게 하시고, 성전과 제사장을 세워 하나님을 섬기게 하셨으며, 성서를 기록하게 하시고 메시아를 기다리게 하셨다. 이 모든 것이 하나님의 구원 계획이다.

그러나 이것이 전부는 아니다. 하나님이 세우신 구원 계획의 핵심은 부활과 영생, 그리고 부활의 나라인데(요 3:16, 요일 2:25, 계 21:1~22:4), 이를 위해서는 예수 그리스도의 십자가 죽음과 부활이 필요했다. 죽은 사람이 부활해서 영원히 산다는 것은 사람이 생각할 수 없는 일이기 때문이다. 그래서 예수 그리스도 이전에는 하나님의 구원 계획이 완전히 드러날 수 없었던 것이다. 히브리서 10:1이 율법을 가리켜 "장차 올 좋은 일의 그림자일 뿐이요"라고 한 것은 구약성서에 드러난 하나님의 구원 계획이 온전한 것이 아님을 의미한다.

구약성서에는 영원한 생명에 대한 말씀이 거의 없다. 다니엘서 12:2~3, 13이 영생을 언급하는 유일한 본문이라 할 수 있다. 그래서 구약성서의 복은 현실적이고 물질적이다. 영원한 생명을 언급할 수 없으므로 영원한 복을 약속하지 않는다. 신명기 28:2~8에서 보듯이 하나님을 잘 섬기면 자식이 잘 되고 토지의 소산이 많고, 짐승이 늘어나고 광주리와 떡 반죽 그릇이 복을 받고, 원수를 이기고 창고가 가득차고, 하는 일이 형통하는 복을 받는다. 출애굽기 23:25는 구약성서의 복을 한마디로 정리한다. "네 하나님 여호와를 섬기라 그리하면 여호와가 너희의 양식과 물에 복을 내리고 너희 중에서 병을 제하리니"라는 말씀이다.

그러나 신약성서는 부활과 영생을 강조한다. 하나님의 구원 계획이 예수 그리스도를 통해 완전히 드러났기 때문이다. 구원 계획의 핵심인 '죄 사함과 부활, 영생과 부활의 나라'가 그리스도를 통해 완전히 밝혀지게 되었다. 어린 양이 두루마리의 일곱 봉인을 떼신다는 말은(계 5:5) 오직 예수 그리스도의 죽음과 부활을 통해서 하나님의 구원 계획이 온전히 밝혀진다는 뜻이다. 이것이 5:3의 "하늘 위에나 땅 위에나 땅 아래에 능히 그 두루마리를 펴거나 보거나 할 자가 없더라"는 말씀의 뜻이다. 예수 그리스도의 수난을 통해 하나님의 계획이 완전히 드러나면서 마지막 때가 시작되었다. 마지막 때란 예수 그리스도를 통해 하나님의 구원 계획이 완전히 드러난 때를 말한다.

그래서 신약성서의 복은 구약성서와 다르다. 구약성서의 복이 현세적이고 물질적인 데 반해 신약성서의 복은 내세적이고 영적이다. 가장 대표적인 것이 마태복음 5:1~12와 누가복음 6:20~26의 예수님 말씀이다. 예수님은 세상에서 가난한 자는 복이 있고 부요한 자는 화가 있을 것이라고 말씀하신다(눅 6:20, 24). 베드로전서 1:4에서 신약성서의 복을 요약하는데, "썩지 않고 더럽지 않고 쇠하지 아니하는 유업을 잇게 하시나니 곧 너희를 위하여 하늘에 간직하신 것이라"는 말씀이다. 예수 그리스도를 통해 영원한 생명을 약속하셨기 때문에 하늘의 복과 영원한 상급을 약속하신다. 하나님께서 태초로부터 예비하신 것이 바로 영원한 생명과 영원한 복이다.

하나님의 이런 계획은 그리스도의 죽음과 부활을 통해 이루어진다. 예수 그리스도의 십자가 죽음은 하나님의 구원 계획에 있어서 필수불가결한 일이다. 그래서 요한계시록 5장은 죽임을 당하신 어린 양을 상세히 묘사한다. 5:6, 9, 12는 그리스도의 수난이 있었기 때문에 영원한 생명과 영원한 복이 가능하게 되었다는 것을 말한다. 그리고 오직 예수 그리스도의 십자가 죽음만이 사람의 구원을 가능케 하는 유일무이한 사건이었음을 강조한다. 이천 년 전 예루살렘에서 일어난 예수님의 죽음은 사람의 영생을 가능케 하는 우주적인 사건이었다.

그 당시 이를 아는 사람은 아무도 없었지만, 천상의 존재들은 잘 알고 있었다. 그래서 네 생물과 이십사 장로와 수많은 천사들은 수난의 그리스도를 찬양한다. 죽임을 당한 것 같은 어린 양을 큰 음성으로 찬양하되, '죽임을 당하신 어린 양은 능력과 부와 지혜와 힘과 존귀와 영광과 찬송을 받으시기에 합당하도다, 보좌에 앉으신 이와 어린 양에게 찬송과 존귀와 영광과 권능을 세세토록 돌릴지어다'(계 5:12~13)라고 찬양한다. 십자가를 지고 돌아가신 예수 그리스도는 그런 찬양을 받기에 합당하신 분이다.

2. 일곱 인과 하나님의 백성_6:1~8:5

● 첫째 인에서 넷째 인까지(6:1~8)

1 내가 보매 어린 양이 일곱 인 중의 하나를 떼시는데 그 때에 내가 들으니 네 생물 중의 하나가 우렛소리 같이 말하되 오라 하기로

2 이에 내가 보니 흰 말이 있는데 그 탄 자가 활을 가졌고 면류관을 받고 나아가서 이기고 또 이기려고 하더라

3 둘째 인을 떼실 때에 내가 들으니 둘째 생물이 말하되 오라 하니

4 이에 다른 붉은 말이 나오더라 그 탄 자가 허락을 받아 땅에서 화평을 제하여 버리며 서로 죽이게 하고 또 큰 칼을 받았더라

5 셋째 인을 떼실 때에 내가 들으니 셋째 생물이 말하되 오라 하기로 내가 보니 검은 말이 나오는데 그 탄 자가 손에 저울을 가졌더라

6 내가 네 생물 사이로부터 나는 듯한 음성을 들으니 이르되 한 데나리온에 밀 한 되요 한 데나리온에 보리 석 되로다 또 감람유와 포도주는 해치지 말라 하더라

7 넷째 인을 떼실 때에 내가 넷째 생물의 음성을 들으니 말하되 오라 하기로

8 내가 보매 청황색 말이 나오는데 그 탄 자의 이름은 사망이니 음부가 그 뒤를 따르더라 그들이 땅 사분의 일의 권세를 얻어 검과 흉년과 사망과 땅의 짐승들로써 죽이더라

6:1 어린 양이 일곱 인 중의 하나를 떼시는데 어린 양이 두루마리의 봉인을 떼신다는 말은 그리스도를 통해 세상을 향한 하나님의 계획이 드러난다는 의미이다. 요한은 예수께서 두루마리의 첫째 인을 떼시는 것

을 보았는데, 여기서부터 요한계시록의 본격적인 어려움이 시작된다. 성도들은 6:1부터 읽기를 주저하고 목사들은 설교하기를 주저한다. 내용이 두렵고 해석이 어렵기 때문이다.

5장에서 언급했듯이 성부의 손에 들린 두루마리는 종말에 대한 하나님의 계획을 담고 있다. 그 두루마리가 일곱 번 봉인되었다는 말은 그 계획이 사람들에게 완벽하게 감추어져 있다는 뜻이다. 이제 예수께서 첫 봉인을 떼심으로 두루마리에 적힌 하나님의 계획이 드러나게 된다. 일곱 인이 말하려는 것은 세상의 혼란이다. 종말에 대한 하나님의 계획이 밝혀지면서 세상에 극심한 혼란이 있을 것이라는 말이다. 그것은 전쟁과 싸움, 경제적 혼란과 죽음, 박해와 자연재해 같은 것들이다. 예수께서 인을 떼실 때마다 이런 일들이 일어나는데, 이는 예수께서 이미 말씀하신 말세의 징조와 아주 유사하다(마 24장, 막 13장, 눅 21장). 예수께서도 '전쟁, 기근, 지진, 해가 어두워짐, 달이 빛을 잃음' 등을 말씀하셨다.

요한계시록의 환상을 천상에 대한 환상과 지상에 대한 환상으로 구분할 수 있다. 예를 들면 4~5장은 천상에 대한 환상이고 6장은 지상에 대한 환상이다. 7장은 다시 천상에 대한 환상이다. 천상에 대한 환상은 역사와 무관하다. 하늘나라에 속한 것이기 때문에 본질적으로 초역사적이고 그래서 역사로부터 자유롭다. 그러나 지상에 대한 환상은 이와 달리 역사와 무관할 수 없다. 그래서 지상에 대한 환상의 경우 이를 역사적 인물이나 사건과 연결하고 싶은 유혹을 받을 수 있다. 그렇게 되면 환상의 의미가 확실해지기 때문이다. 그러나 그런 유혹을 피해야 하는 이유는 지상에 대한 환상이 특정 시대를 위한 말씀이 아니라 종말의 때 전체를 위한 말씀이기 때문이다. 그래야 자의적 해석이라는 위험을 피할 수 있다. 일곱 인에 대한 환상을 구체적 인물과 사건으로 설명하려는 시도를 피해야 한다.

요한계시록은 어떤 구체적 인물이나 사건이 상세하게 언급된 경우가 없다. 모든 인물, 모든 사건이 상징이나 은유로 표현되었는데, 이 사실은 환상의 해석 역시 그래야 한다는 것을 암시한다. 환상의 내용을 역사적 인물이나 구체적 사건으로 설명하기보다는 환상이 내포하고 있는 의미를 파악하는 것이 중요하며 그것이 바람직한 해석이다.

6:1 네 생물 중의 하나가 우렛소리 같이 말하되 하나님을 보좌하는 네 생물이 하는 일 중에 하나가 어린 양이 처음 네 봉인을 떼실 때 '오라' 하고 외치는 것이다. 인을 뗄 때 일어나는 사건은 온 세상에 해당되는 사건인데, 그 이유는 4라는 숫자 때문이다. 성서에서 '네 바람'(단 7:2, 슥 6:5)이나 '땅 사방'(겔 7:2, 계 7:1)은 온 세상을 의미한다. 네 봉인을 뗄 때 네 생물이 네 말과 네 기수를 부른다는 것은 그로 인한 일들이 온 세상에 해당되는 사건임을 암시하는 것이다. 우렛소리는 4:5에서 이미 언급되었는데, 구약성서는 하나님의 음성을 우렛소리로 표현한다.(삼하 22:14, 시 18:13, 29:3, 77:18, 104:7)

6:1 오라 하기로 네 생물은 각각 '오라'(ερχου, 에르쿠, come! 명령형)라는 말로 '말(馬)과 기수'를 부른다. 네 생물이 부른 대상이 말과 기수가 아니라 '요한 또는 그리스도'라는 설명이 있는데, 그리스도라면 '오소서'라고 번역해야 한다. 언어적으로는 후자도 가능하지만 문장의 흐름으로 볼 때 말과 기수로 보는 것이 더 타당하다. 오라는 명령이 끝나면서 곧 말과 기수가 등장하기 때문이다. 네 말과 기수는 온 땅에 있을 '전쟁과 싸움과 기근과 사망'을 상징한다. 네 봉인은 그리스도의 재림 전까지 그런 일들이 있을 것이라고 한다.

6:2 흰 말이 있는데 그 탄 자가 활을 가졌고 첫째 생물의 외침을 따라 흰 말과 말을 탄 기수가 등장한다. 어린 양이 봉인을 떼실 때 네 생물의 외침이 있고, 그 외침을 따라 말과 기수가 등장하는 것은 네 번째 봉인까지 동일하다. 이 네 마리 말과 기수는 하나님의 종말론적 심판을 의미하는데, 스가랴 1:8~11과 6:1~7에서 비슷한 환상을 볼 수 있다. 스가랴 역시 네 마리

말과 말을 탄 기수들에 대한 환상을 보았다. 하지만 스가랴서의 경우 네 기수는 하나님의 명령을 따라 온 세상을 두루 살펴본 네 천사를 의미한다.

흰 말을 탄 기수를 예수 그리스도로 보는 해석이 있다. 흰색이 '순결, 의, 거룩'을 상징하고 그가 면류관을 받기 때문이다. 그리고 19:11에 예수께서 흰 말을 타신다는 말씀이 있다. 그러나 여기서는 네 말이 하나의 그룹이기 때문에, 흰 말을 탄 기수 역시 악한 세력으로 보아야 한다. 무엇보다 6:2의 흰 말을 탄 기수와 19:11~14의 흰 말을 타신 그리스도에 대한 묘사가 아주 다르다. 6:2의 흰 말을 탄 기수는 악한 세력이 분명하며, 기수가 손에 든 활은 전쟁을 상징한다.

6:2 면류관을 받고 나아가서 이기고 또 이기려고 하더라 면류관은 전쟁에서의 군사적 승리를 의미한다. 면류관은 헬라어로 '스테파노스'(στεφανος)이다. 스테파노스는 월계관(wreath)과 왕관(crown)의 의미를 모두 가지고 있다.[11] 올림픽에서 승리한 선수들과 전쟁에서 승리한 로마 장군들이 월계관을 받았다.[12] 흰 말을 탄 기수는 전쟁에서 계속 승리하기를 원하는데, 이는 그리스도의 초림과 재림 사이에 전쟁이 끊이지를 않을 것이라는 뜻이다. 그리스도가 재림하시는 그날까지, 세상에는 손에 무기를 쥐고 전쟁에서 승리하기를 원하는 자들이 계속 등장한다.

6:4 붉은 말이 나오더라 그 탄 자가 허락을 받아 어린 양이 둘째 인을 떼실 때 둘째 생물이 '오라' 하고 외치면서 두 번째 말이 등장한다. 그 말의 색깔은 붉은 색이다. 붉은 말을 탄 기수가 하는 일은 '땅에서 화평을 제하고 서로 죽이게 하는 일'이다. 그는 이를 위해 큰 칼을 받았는데, 붉은 말을 탄 기수는 하나님의 허락을 받고 그 일을 한다. 이 말의 뜻은 하나님이 살인을 조장하신다는 것이 아니라 하나님이 사람들의 살인을 묵인하신다는 의미이다. 사람들의 악함을 아시기 때문이다.

6:4 땅에서 화평을 제하여 버리며 서로 죽이게 하고 또 큰 칼을 받았더라 이는 세상에 싸움이 그치지 않고 살인이 계속 되리라는 말씀이다. 첫 번

째 흰 말이 전쟁을 상징한다면, 두 번째 붉은 말은 싸움을 상징한다. 새 예루살렘이 도래하기까지 이 세상에는 전쟁과 싸움이 그치지 않을 것이다. 큰 칼은 큰 공포와 많은 살인을 의미한다.

6:5 검은 말이 나오는데 그 탄 자가 손에 저울을 가졌더라 예수께서 세 번째 인을 떼실 때 검은 말이 등장한다. 검은 말을 탄 기수는 손에 저울을 들고 있는데, 저울은 상행위의 필수품으로 경제적 환란을 상징한다.

6:6 네 생물 사이로부터 나는 듯한 음성을 들으니 요한은 네 생물 사이로부터 어떤 음성을 듣는데 이는 하나님의 음성일 것이다. 하나님의 보좌 주위에 네 생물이 있다(계 4:6). 성서는 하나님에 관한 직접적인 표현을 삼가고 간접적으로 완곡하게 표현한다. 예를 들면 욥기 1:5, 11, 2:5, 9는 하나님을 '저주한다'라는 의미로 '축복한다'(ㄱㄱㄴ, 바라크)라는 동사를 사용한다. 사용된 동사는 '축복한다'지만, 문맥의 흐름상 내용은 분명히 하나님을 저주한다는 것이다. '하나님을 저주한다'라는 말을 심각한 불경으로 생각한 서기관이 저주한다는 동사 대신 축복한다는 동사를 사용한 것이다. 하지만 번역할 때는 문맥의 의미를 살려서 '저주한다'라고 번역한다. 요한도 하나님께서 직접 재앙에 관해 말씀하시는 것에 부담을 느껴서 '네 생물 사이로부터 나는 듯한 음성'이라고 표현했을 것이다.

6:6 한 데나리온에 밀 한 되요 한 데나리온에 보리 석 되로다 '한 데나리온에 밀 한 되, 보리 석 되'라는 말은 물가의 폭등을 말한다. 데나리온은 로마의 화폐 단위이며 보통 노동자의 하루 품삯이 한 데나리온이었다(마 20:2, 13). '되'는 헬라어 '코이닉스'(κοινιξ)를 번역한 것으로 약 1.1ℓ의 양이다. 밀 한 되는 대략 사람의 하루 식량이며, 보리 석 되는 말이나 당나귀의 하루 식량이다.[13] 한 데나리온으로 밀 한 되, 보리 석 되를 산다는 말은 노동자가 하루 종일 일을 해서 겨우 자기 식량을 해결할 수 있을 정도로 물가가 비싸다는 말이다. 그만큼 살기 어렵다는 뜻이다. 아운(D. E. Aune)은 6:6에 언급된 밀의 가격은 평소 물가의 8배, 보리는 약 5배 정도

라고 한다.[14] 밀과 보리 가격의 폭등은 기근 때문이므로 두루마리의 처음 세 봉인은 전쟁과 폭력과 기근을 말하고 있다. 모두 사람들의 삶을 아주 황폐케 하는 것들이다.

6:6 감람유와 포도주는 해치지 말라 하더라 이 말씀은 다소 해석하기 어렵다. 밀과 보리에 이어 감람유와 포도주 가격도 폭등해야 철저한 기근을 말할 수 있다. 그런데 밀과 보리 가격은 폭등했지만 감람유와 포도주 가격은 안정세를 보이는 양상이다. 이것은 재난 중에도 회복의 길을 열어 놓으시는 하나님의 자비라는 설명이 있다. 밀과 보리 추수는 다음 해에 얼마든지 회복될 수 있지만, 감람나무와 포도나무가 말라 죽는 경우 쉽게 회복될 수 없기 때문이다. 그러나 계속되는 재앙 가운데 유독 셋째 말에서만 일부이긴 하지만 회복을 말하는 것은 납득하기 어렵다.

이 말씀이 도미티아누스 시대 때 있었던 실제 역사를 반영한다는 설명이 있다.[15] 주후 92년의 큰 기근 후에 로마의 부자들이 자신들의 땅을 기름과 포도주 생산에 사용했는데, 그 결과 기름과 포도주는 풍족한데 반해 밀과 보리가 부족한 일이 발생했다. 이 문제를 해결하기 위해 도미티아누스는 특히 아시아 지역 포도원의 규모를 절반으로 줄이라는 행정명령을 내렸는데, 하나님의 말씀은 도미티아누스의 명령에 반대되는 것이라는 설명이다. 그러나 요한계시록의 환상이 그런 역사적 사건에 근거한 것이라고 보기는 어렵다.

감람유와 포도주 가격에 변동이 없다는 말은 기근의 피해를 가난한 자들만 본다는 설명이 있다. 감람유와 포도주는 부자들이 살 수 있는 일종의 사치품이라는 것이다. 가난한 자들은 원래 비싼 감람유와 포도주도 못 사고 가격이 폭등한 밀과 보리도 못 사지만, 부자들은 감람유와 포도주는 제 가격에 사고 밀과 보리만 비싸게 사니 큰 피해가 없다는 것이다. 그러나 감람유와 포도주를 부자들만 즐긴 사치품으로 보기는 어렵다. 고급 제품도 있지만 그보다는 밀과 보리와 같은 생필품으로 보아야 할 것이다.

"감람유와 포도주는 해치지 말라"는 말씀은 경제 질서의 혼란을 의미한다. 밀과 보리는 감람유나 포도주보다 더 근본적인 생필품으로, 감람유와 포도주 없이는 살 수 있지만 밀과 보리 없이는 살 수 없다. 사람들은 가장 기본적인 음식을 아주 비싸게 사고, 그렇지 않은 것은 상대적으로 싸게 사면서 혼란을 겪는다. 세상 형편을 가늠할 수가 없는 것이다. 세 번째 말은 기근과 그로 인한 경제적 재난을 상징하는데, 6:5의 저울이 이런 경제 질서의 혼란을 대표한다.

6:8 청황색 말이 나오는데 그 탄 자의 이름은 사망이니 네 번째 말의 색깔은 청황색이다. 헬라어 '클로로스'(χλωρος)는 yellow-green, light green을 뜻하며 '창백하다'(pale)라는 의미를 가진다. 네 번째 말의 색깔은 시체의 색깔을 의미한다고 볼 수 있다. 처음 세 경우와 달리 네 번째 말은 기수의 이름이 언급되는데 그 이름은 사망이다. 이는 죽음의 힘을 의인화한 것이다. 이 이름이 처음 네 봉인을 뗄 때 등장하는 네 말의 역할과 기능을 상징적으로 설명하는데, 세상에 있을 재앙과 재난으로 인해 많은 사람들이 죽을 것이라는 뜻이다.

6:8 음부가 그 뒤를 따르더라 음부는 헬라어 '하데스'(ἅδης)를 번역한 것으로 '죽은 자의 세계'라는 뜻이다. 재앙과 재난으로 죽은 자들이 죽은 자의 세계에 들어간다는 말이다. 음부는 구약성서의 '스올'(שאול)과 같은 개념으로 신접한 여인이 사울의 부탁으로 사무엘의 혼을 스올에서 불러 올렸다.(삼상 28:7~15)

6:8 땅 사분의 일의 권세를 얻어 네 봉인을 뗄 때 일어나는 재앙은 광범위하지만 실은 부분적이다. 세상의 4분의 1이 그 영향을 받는데 이는 마지막 재앙의 서곡과 같다. '일곱 나팔'(계 8~9장)의 경우 세상의 3분의 1이 영향을 받고, '일곱 대접'(계 16장)은 세상 전체가 영향을 받는다. 환상이 진행되면서 재앙의 정도가 심화된다.

6:8 검과 흉년과 사망과 땅의 짐승들로써 죽이더라 네 번째 말을 탄 기수는 사망이라는 이름에 걸맞게 '검과 흉년과 사망과 땅의 짐승들로 사람들을 죽인다. 여기서의 사망은 전염병으로 인한 죽음을 의미할 것이다. 에스겔서에 의하면 전염병이 하나님의 네 가지 중한 벌에 속하기 때문이다. 에스겔 14:21에 "내가 나의 네 가지 중한 벌 곧 칼과 기근과 사나운 짐승과 전염병을 예루살렘에 함께 내려 사람과 짐승을 그 중에서 끊으리니"라는 말씀이 있다. 그리고 에스겔 5:17, 6:12, 7:15, 14:21에서 하나님이 '칼, 기근, 전염병, 짐승' 등으로 이스라엘을 벌하신다는 내용을 볼 수 있다. 이 중에서 네 개가 전부 언급된 곳은 에스겔 5:17과 14:21이다. 하박국 3:5에 '전염병이 하나님 앞에서 행한다'라는 말씀이 있다. '칼과 기근과 전염병'은 구약성서에서 재앙의 상투어로 사용되었다(렘 14:12, 21:7 등 예레미야서에서 14회, 겔 6:11, 12:16). 그리스도의 재림 전에 세상에 재난과 재앙, 죽음과 공포가 있는 이유는 세상이 하나님의 뜻을 거부하고 하나님께 저항하기 때문이다. '검과 흉년과 사망과 땅의 짐승들로 인한 죽음'은 하나님의 무서운 벌이다.

● 다섯째 인에서 여섯째 인까지(6:9~17)

9 다섯째 인을 떼실 때에 내가 보니 하나님의 말씀과 그들이 가진 증거로 말미암아 죽임을 당한 영혼들이 제단 아래에 있어

10 큰 소리로 불러 이르되 거룩하고 참되신 대주재여 땅에 거하는 자들을 심판하여 우리 피를 갚아 주지 아니하시기를 어느 때까지 하시려 하나이까 하니

11 각각 그들에게 흰 두루마기를 주시며 이르시되 아직 잠시 동안 쉬되 그들의 동무 종들과 형제들도 자기처럼 죽임을 당하여 그 수가 차기까지 하라 하시더라

12 내가 보니 여섯째 인을 떼실 때에 큰 지진이 나며 해가 검은 털로 짠 상복 같이 검어지고 달은 온통 피 같이 되며

13 하늘의 별들이 무화과나무가 대풍에 흔들려 설익은 열매가 떨어지는 것 같이 땅에 떨어지며

14 하늘은 두루마리가 말리는 것 같이 떠나가고 각 산과 섬이 제 자리에서 옮겨

6:9 다섯째 인을 떼실 때에 어린 양이 다섯 번째 인을 떼실 때 일어나는 일은 처음 네 인의 경우와 아주 다르다. 다섯 번째 인은 박해로 인해 순교한 자들에 대한 환상으로 요한은 그들의 영혼이 제단 아래에 있는 것을 보았다.

6:9 하나님의 말씀과 그들이 가진 증거로 말미암아 '그들이 가진 증거'란 그리스도에 대한 믿음을 고백했다는 뜻이다. 믿는 자들 중에는 하나님의 말씀과 그리스도에 대한 믿음 때문에 순교하는 자들이 있다. '돌로 치는 것과 톱으로 켜는 것과 시험과 칼로 죽임을 당하는 자들'(히 11:37)이 있는 것이다. 이들은 비록 세상에서는 폭력적이고 비참한 죽음을 당했지만, 하늘나라에서는 가장 큰 상급을 받는다. 요한계시록은 그들을 위로하면서 성도들에게 그들의 신앙을 따르라고 권면한다.

6:9 죽임을 당한 영혼들이 제단 아래에 있어 요한은 제단 아래에 있는 순교한 자들의 영혼을 보았는데, 여기서 제단은 하나님 보좌 앞 제단을 의미한다(계 8:3, 5, 9:13, 14:18, 16:7). 하나님의 보좌는 때로 하나님의 성전으로 표현된다(계 11:19, 14:15, 17, 15:5, 8). 순교한 자들의 영혼이 제단 아래 있다는 말은 제사와 관련이 있을 것이다. 제사에서 제물을 잡은 후 그 피를 번제단 주변이나 아래에 뿌리거나 쏟았다(레 1:5, 11, 3:2, 8, 13, 4:7, 18, 34). 순교한 자들은 마치 하나님께 드려진 제물처럼 의미 있는 피를 흘린 것이다. 그러나 하나님 보좌 앞의 제단은 번제단이 아니라 향을 드리는

제단이다(계 8:3~5). 순교자들에 대한 언급에서 요한계시록이 기록된 역사적 상황을 알 수 있다. 요한계시록에서 하나님의 백성에 대한 으뜸가는 정의는 '예수에 대한 증언 때문에 죽은 자들'이다.[16] '죽임을 당한 영혼들'은 그리스도를 위해 죽은 모든 시대, 모든 순교자들을 의미한다.

6:10 거룩하고 참되신 대주재여 순교자들은 하나님을 '거룩하고 참되신 대주재여'라고 부른다. 대주재는 헬라어 '데스포테스'(δεσποτης, lord, master, owner)를 번역한 것으로 '주'(主)라는 뜻이다.

6:10 땅에 거하는 자들을 심판하여 '땅에 거하는 자들'은 좁은 의미로 보면 순교자들을 박해한 자들이다. 그러나 여기서 순교자들은 그리스도 재림을 통한 총체적 심판을 하나님께 간청하고 있다. 그러므로 땅에 거하는 자들을 하나님의 백성을 대적한 모든 사람으로 보아야 한다.

6:10 우리 피를 갚아 주지 아니하시기를 어느 때까지 하시려 하나이까 순교자들은 최후 심판이 지연되고 있다고 생각하면서, 심판이 속히 이르기를 하나님께 간청한다. 이것은 순교자들이 복수를 요청하는 것처럼 보이지만, 그들이 개인적 복수를 간청하는 것은 아니다. 그들은 그리스도 재림을 통한 정의의 승리와 하나님 나라의 완성을 간청하는 것이다. 순교자들의 간청은 하나님의 정의가 빨리 실현되기를 바라는 것이다. 이를 앞에서 사용된 '심판하여'(κρινω, 크리노, judge)라는 단어에서도 알 수 있다. 하나님께서 먼저 잘 판단하신 후 그 다음에 우리의 억울함을 풀어 달라는 뜻이다.

6:11 그들에게 흰 두루마기를 주시며 두루마기는 '스톨레'(στολη, robe)로 길고 헐거운 겉옷을 말하는데, 예복으로 번역해도 좋을 것이다. 흰 옷은 승리와 순결, 거룩과 영생의 상징으로 하늘나라 백성이 입는 옷이다.(계 3:4, 5, 18, 4:4, 7:9, 13)

6:11 아직 잠시 동안 쉬되… 그 수가 차기까지 하라 하시더라 순교자들의 간청에 하나님은 아직 심판의 때가 아니라고 대답하시는데, 순교자의 숫

자가 덜 채워졌기 때문이다. 아직 복음이 더 전파되어야 하며, 그 과정에서 순교자가 더 생길 것이다. 박해와 순교가 교회의 현실인 것이다. 순교는 세상의 관점에서 보면 슬프고 무기력한 죽음이지만, 영원한 생명의 관점에서 보면 영광스러운 승리의 죽음이다. 예수께서 순교의 모범을 보이셨다. '수가 차기까지'는 묵시문학에서 사용되는 표현이다.

6:12 여섯째 인을 떼실 때에 여섯째 인에서 다시 재앙이 시작되지만, 여섯째 인으로 인한 재앙은 첫째 인에서 넷째 인 사이에 있었던 재앙과 많이 다르다. 첫째 인에서 넷째 인 사이에 있었던 재앙은 현실적이고 역사적이지만, 여섯째 인으로 인한 재앙은 우주적 환란이다. 해가 검어지고, 달이 핏빛이 되고, 별이 떨어진다. 이는 묵시문학에서 우주적 환란을 표현할 때 사용되는 전통적 이미지이다. 하나님의 징벌이 사람들에게만 미치는 것이 아니라 해, 달, 별과 같은 자연계에도 미친다는 말로 하나님의 진노가 그만큼 강력하다는 의미이다. 그래서 하나님의 진노를 피할 수 있는 사람은 아무도 없다.

첫째 인에서 넷째 인까지의 재앙은 사람이 피할 수도 있는 재앙이다. 6:15에서 보는 임금들, 왕족들, 장군들, 부자들, 강한 자들은 세상의 어떤 재앙도 피할 수 있다. 그러나 그들도 여섯째 인에서 보는 우주적 재앙을 피할 수는 없다. 지상의 어떤 권세 있는 자도 어린 양의 분노를 피할 수 없다(계 6:16). 그러나 하나님의 백성은 이 무서운 우주적 재앙을 어린 양의 정의로 이해한다.

6:12 큰 지진이 나며 지진은 종말의 대표적 표징이다. 이사야 29:6에 하나님께서 지진으로 징벌하신다는 말씀이 있고, 에스겔 38:19에 하나님의 노여움으로 인해 지진이 일어난다는 말씀이 있다. 예수께서도 재난의 징조로 지진을 말씀하셨다.(마 24:7, 막 13:8, 눅 21:11)

6:12 해가 검은 털로 짠 상복 같이 검어지고 여호와의 날, 즉 심판의 날에는 해가 어두워진다(사 13:10, 욜 2:31, 3:15, 암 5:20). 해가 검어지는 것은 여

호와의 분노와 관계가 있고(사 50:3, 암 8:9), 어둠은 재앙과 심판, 멸망을 의미한다.(출 10:21~23, 렘 4:28, 13:16, 겔 32:7~8, 계 8:12)

6:12 달은 온통 피 같이 되며 요엘 2:31에 "여호와의 크고 두려운 날이 이르기 전에 해가 어두워지고 달이 핏빛 같이 변하려니와"라는 말씀이 있다. 예수께서는 재림 전 환란이 있을 것인데, 그때 달이 빛을 잃을 것이라고 말씀하셨다.(마 24:29, 막 13:24)

6:13 하늘의 별들이… 땅에 떨어지며 요한은 또 별들이 거센 바람에 설익은 무화과나무 열매 떨어지듯 떨어지는 것을 보았다. 예수께서도 재림 전 환란이 있을 때 별들이 떨어질 것이라고 말씀하셨다(마 24:29, 막 13:25). 구약성서에 '하늘의 만상(일월성신)이 사라지고'(사 34:4)라는 말씀과, '하나님의 진노로 별이 어두워진다'라는 말씀이 있다.(겔 32:7~8, 욜 2:10)

6:14 하늘은 두루마리가 말리는 것 같이 떠나가고 이사야 34:4에 하늘이 말린다는 표현이 있고, 이사야 51:6에는 하늘이 연기 같이 사라진다는 말씀이 있다. 이는 여호와께서 원수들을 벌하시는 날에 일어나는 일이다. 해와 달이 어두워지고 별이 떨어지며 하늘이 말리는 것은 우주적 격변과 자연 질서의 파괴를 말하는 것으로 모두 하나님의 진노와 관계가 있다.

6:14 각 산과 섬이 제 자리에서 옮겨지매 환란의 날에 산과 섬이 옮겨진다는 표현은 성서 다른 곳에 없다. 스가랴 14:4에 '여호와의 날에 감람산이 갈라져 매우 큰 골짜기가 되고 산 절반은 북으로, 절반은 남으로 옮겨질 것'이라는 말씀이 있을 뿐이다. 산과 섬이 옮겨진다는 말씀 역시 우주적 격변을 묘사하는 표현으로 자연 상태에서 산과 섬이 옮겨지는 경우는 없다.

6:15 땅의 임금들과… 모든 종과 자유인이 굴과 산들의 바위 틈에 숨어 여섯째 인으로 인한 재앙을 피할 수 있는 사람은 없다. 왕으로부터 종에

이르기까지 모든 사람이 우주적 환란을 당하게 된다. 이는 하나님의 최후 심판을 피할 수 있는 사람은 아무도 없다는 암시적 경고이다. 하나님의 진노가 이 세상에 임하는 날, 사람들은 굴이나 산의 바위틈에 숨어 공포에 떨 것이다.

6:16 산들과 바위에게 말하되 우리 위에 떨어져 사람들은 하나님의 진노를 피해 굴이나 산의 바위틈에 숨지만 지진이 나고 해, 달, 별이 빛을 잃고, 하늘이 말리며 산과 섬이 옮겨지는 무서운 환란으로 인해 극심한 공포에 떨게 된다. 그래서 하나님과 어린 양의 진노를 피하기 위해 차라리 산과 바위가 자신들을 덮쳐주기를 바란다. 환란의 날이 그만큼 무섭다는 말이다. 호세아 10:8에 "그 때에 그들이 산더러 우리를 가리라 할 것이요 작은 산더러 우리 위에 무너지라 하리라"는 말씀이 있다. 예수께서 십자가를 지고 가시면서, 예루살렘 여인들을 향해 이 말씀을 인용하셨다.(눅 23:30)

6:17 그들의 진노의 큰 날이 이르렀으니 여기서 '그들'은 6:16의 '보좌에 앉으신 이와 어린 양'을 의미한다. '진노의 큰 날'은 구약성서의 '여호와의 날' 개념에서 유래한 것인데, '큰 날'은 하나님과 어린 양의 무서운 진노를 강조하는 것이다. 이사야 13:9에 의하면 여호와의 날은 하나님께서 '잔혹히 분냄과 맹렬히 노하시는 날'인데 이를 예언서 곳곳에서 확인할 수 있다.(사 2:12~22, 13:6, 겔 30:2~3, 욜 2:1~3, 암 5:18~20, 습 1:14~18, 슥 14:1~8, 말 4:1~3)

6:17 누가 능히 서리요 여섯째 인은 '누가 능히 서리요'라는 말씀으로 끝이 난다. '진노의 큰 날'에 있을 하나님과 그리스도의 분노를 피할 수 있는 자는 없다는 말이다. 노아가 경험한 홍수가 그랬다. 방주를 준비한 노아 가족 외에는 아무도 하나님의 심판을 피할 수 없었는데 종말의 때도 그럴 것이다.

▶ 6장의 핵심 및 교훈

6장의 핵심은 그리스도의 심판과 세상의 재앙이다. 마지막 날에 그리스도의 심판이 있는데 아무도 그 심판을 피할 수 없으며, 그 심판의 날이 오기까지 재앙이 세상에 있을 것이다. 이것이 종말에 대한 하나님의 계획이다. 하나님은 오랫동안 종말에 관한 계획을 숨기셨고, 그래서 위대한 신앙의 인물들조차 그 계획을 알 수 없었다. 하나님은 그 계획을 예수 그리스도를 통해서 계시하셨는데, 6장에서 그 계획의 일부를 볼 수 있다. 마지막 때에 세상에 재앙이 있을 것이며, 마지막 날에 그리스도의 심판이 있을 것이라는 내용이다.

하나님의 뜻에 따르면 인류의 역사는 끝없이 계속되는 것이 아니다. 세상은 무한히 존재하는 것이 아니고 인류의 역사에는 종말이 있다. 그러나 인간이 능동적으로 역사의 마침표를 찍는 것은 아니며, 핵전쟁이나 환경 파괴로 자멸하는 것도 아니다. 하나님이 예수 그리스도를 통해 역사의 종지부를 찍으신다. 그리스도의 재림과 심판으로 인해 인류의 역사가 끝나는 것이다. 이것이 세상을 창조하신 하나님의 계획으로 6장은 그날이 반드시 올 것이라고 강조한다.

그날이 오기까지 온갖 종류의 재앙이 세상에 일어난다. 전쟁, 싸움, 궁핍, 질병, 기근, 재해가 세상 곳곳에 끊임없이 일어나, 고통과 죽음이 없는 날이 없다. '사망'이라는 기수가 탄 청황색 말이(계 6:8) 한순간도 쉬지 않고 세상 곳곳을 돌아다니고 있다. 그래서 매 순간 재앙으로 죽는 사람이 있다. 그것이 그리스도의 심판 때까지 존재하는 세상의 모습이다. 이 세상 모든 곳에 재앙과 죽음이 있으며, 죽음이 없는 세상을 만들고자 하는 노력은 헛된 노력일 뿐이다.

세상이 무서운 재앙과 비참한 죽음을 벗어날 수 없는 이유는 하나님의 말씀을 믿지 않고 거부하기 때문이다. 하나님의 말씀을 거부하는 정도가 아니라 아예 하나님을 미워해서 하나님의 말씀에 순종하는 자들을 죽인다. 마지막 때에 세상은 하나님의 백성을 박해하고 살해한다(계 6:9~11). 이렇게 창조주를 미워하고 구세주를 십자가에 못 박으며 하나님의 백성을 박해하고 살해하는 것이 세상의 모습이다. 그 결과 세상에는 재앙과 혼란, 그리고 죽음이 끊이지 않게 되었다. 세상은 어린 양이 진노하시는 '진노의 큰 날'을 경험할 수밖에 없다.(계 6:16~17)

세상은 하나님의 구원 계획을 믿지 않고 그리스도의 재림과 심판을 믿지 않는다. 그것은 창조주의 계획을 피조물이 무시하는 것이고, 구세주의 희생을 죄인이 비웃는 것이다. 세상이 하나님의 진노를 겪는 이유는 창조주의 사랑을 거부하고 구세주의 희생을 무시하기 때문이다. 하나님의 사랑이 부족해서가 아니라 그들의 악이 너무 크고 그리스도의 자비가 모자라서가 아니라 그들의 죄가 너무 무겁기 때문이다.

하나님의 백성은 세상에서 핍박을 받고 피를 흘린다(계 6:10). 그 이유는 아직 하나님이 정하신 심판의 날이 되지 않았기 때문이다. 그날이 빨리 오지 않는 이유는 하나님이 그들의 고통을 모르시거나 기도를 듣지 못하시기 때문이 아니다. 하나님께 구원하실 능력이 없어서도 아니다. 복음이 세상에 충분히 전파되어 구원받을 자들이 더 많아지기를 기다리시기 때문이다(계 6:11). 그러므로 하나님의 백성은 그날이 올 때까지 인내할 줄 알아야 한다. 그날이 반드시 온다는 것을 굳게 믿고, 그날에 대한 소망을 붙들라는 것이 6장의 교훈이다. 그들의 믿음과 인내는 심판의 날에 반드시 보상받는다.

하나님은 마지막 때를 사는 성도들의 고통을 아시며 그들의 기도를 듣고 계신다. 그들이 속히 그 고통에서 벗어나기를 원하시지만, 아직 심판의 때가 아니므로 인내를 요구하신다. 죄인에 대한 심판의 날, 의인에 대한 보상의 날을 믿음으로 기다리라 말씀하신다. 그날이 이르기까지 하나님은 하나님의 백성을 위로하신다. 하나님의 그 위로가 힘이 되어, 믿는 자는 심판의 날까지 인내할 수 있다.

● 인침을 받은 십사만 사천 명(7:1~8)

1 이 일 후에 내가 네 천사가 땅 네 모퉁이에 선 것을 보니 땅의 사방의 바람을 붙잡아 바람으로 하여금 땅에나 바다에나 각종 나무에 불지 못하게 하더라

2 또 보매 다른 천사가 살아 계신 하나님의 인을 가지고 해 돋는 데로부터 올라와서 땅과 바다를 해롭게 할 권세를 받은 네 천사를 향하여 큰 소리로 외쳐

3 이르되 우리가 우리 하나님의 종들의 이마에 인치기까지 땅이나 바다나 나무들을 해하지 말라 하더라

4 내가 인침을 받은 자의 수를 들으니 이스라엘 자손의 각 지파 중에서 인침을 받은 자들이 십사만 사천이니

5 유다 지파 중에 인침을 받은 자가 일만 이천이요 르우벤 지파 중에 일만 이천이요 갓 지파 중에 일만 이천이요

6 아셀 지파 중에 일만 이천이요 납달리 지파 중에 일만 이천이요 므낫세 지파 중에 일만 이천이요

7 시므온 지파 중에 일만 이천이요 레위 지파 중에 일만 이천이요 잇사갈 지파 중에 일만 이천이요

8 스불론 지파 중에 일만 이천이요 요셉 지파 중에 일만 이천이요 베냐민 지파 중에 인침을 받은 자가 일만 이천이라

7:1 이 일 후에 4:1에서 사용된 표현으로 '새로운 환상'(7:1~17)이 시작된다는 뜻이다. 4:1, 7:1, 9, 15:5, 18:1, 19:1에 같은 표현이 있다. 새로운 환상은 재앙에 대한 환상이 아니다. 일곱 봉인에 속한 환상이 아니라는 말이다. 7:1~17은 하나님 백성에 대한 환상으로 일곱 봉인에 대한 보충 설명과 같다. 세상이 일곱 봉인을 통해 재앙과 환란을 경험할 때 하나님 백성은 그렇지 않다는 말이다. 7:1~17은 지상의 하나님 백성과 하늘의 하나님 백성을 함께 언급한다. 십사만 사천 명은 지상의 하나님 백성을 말하며, 흰 옷을 입은 셀 수 없는 큰 무리는 하늘의 하나님 백성을 말한다. '이 일 후에'라는 표현은 세상이 겪는 재앙에 대한 환상이 아니라, 하나님

백성이 경험하는 평안에 대한 환상이라는 뜻이다.

7:1 네 천사가 땅 네 모퉁이에 선 것을 보니 '땅 네 모퉁이'는 당시의 세계관을 보여 주는 표현으로, 옛 사람들은 지구를 편편한 정사각형 같은 모습으로 생각했다. 네 천사가 땅 네 모퉁이에 섰다는 것은 네 천사가 하려는 일이 세상 전체에 영향을 미친다는 뜻이다.

7:1 땅의 사방의 바람을 붙잡아 '사방의 바람'은 세상 전체에 부는 바람을 의미하는데, 네 천사는 땅의 네 모퉁이에 서서 바람을 붙잡아 바람이 땅에 불지 못하도록 한다. 여기서 바람은 하나님의 징벌의 도구, 초자연적인 힘을 의미한다(렘 4:12). 예레미야는 '사방 바람'이 엘람을 향한 하나님의 징벌의 도구로 사용된다고 예언한다(렘 49:36). 하나님은 바빌로니아에 '멸망의 바람'(רוּחַ מַשְׁחִית, 루아흐 마쉬히트)을 일으키신다(렘 51:1). 다니엘은 '사방 바람'이 큰 바다에 분 후에, 큰 짐승 넷이 바다에서 나오는 환상을 보았다(단 7:2~3). 그러므로 사방 바람을 붙잡는다는 말은 6장에서 언급된 심판과 재앙, 우주적 환란이 잠시 중단됨을 뜻하는데, 이를 7:2~3에서 확인할 수 있다. 땅과 바다를 해롭게 할 권세를 받은 네 천사는 땅이나 바다나 나무들을 해하지 말라는 명령을 받는다. 사방 바람을 붙잡는다는 것은 세상의 평온을 상징한다.

7:1 각종 나무에 불지 못하게 하더라 큰 지진이 일어나고 해와 달이 빛을 잃고, 별이 떨어지고 하늘이 말리며, 산과 섬이 옮겨지는 우주적 환란 후에, 나뭇잎조차 흔들리지 않는 고요함이 찾아온다. 그 이유는 천사들이 하나님의 종들에게 인을 치기 위해서이다(계 7:3). 종말을 향한 재앙과 환란이 잠시 중단되는 이유는 세상의 휴식을 위해서가 아니라 하나님의 종들을 구하기 위해서이다. 극심한 환란 중에도 하나님의 종들을 구원하기 위한 하나님의 은혜는 계속된다. 6장의 재앙과 7장의 구원은 시간적으로 따로 일어나는 것이 아니라 동시에 일어나는 것으로 보아야 한다. 종말의 때에 세상은 재앙을 경험하지만, 하나님의 백성은 구원을 경험하

는 것이다. 요한이 재앙에 대한 환상과 구원에 대한 환상을 따로 보았을 뿐인데, 이는 멸망당하는 자들과 구원받는 자들의 운명이 전혀 다르기 때문이다.

7:2 다른 천사가 살아 계신 하나님의 인을 가지고 해 돋는 데로부터 올라와서 요한은 하나님의 도장을 가지고 동쪽에서 오는 천사를 보았는데, 이 천사는 7:1의 네 천사와는 다른 천사이다. 7:2는 환란은 북쪽에서 오고(렘 1:14, 4:6, 6:1, 22, 겔 38:6, 15) 구원은 동쪽에서 온다는 유대인들의 생각을 반영한 것이다(사 41:2, 25, 겔 43:2). 도장은 문서의 효력과 소유의 표시를 위해서 사용되었다.

7:3 하나님의 종들의 이마에 인치기까지 사람의 이마에 하나님의 도장을 찍는다는 말은 그가 이제 하나님의 소유가 되었다는 말이다. 당시는 노예를 그렇게 표시했다. 이마에 하나님의 인침을 받은 자는 하나님의 소유로서 재앙 중에 하나님의 보호를 받는다. 그러므로 하나님의 도장을 받은 자는 구원받은 자라는 의미이다.

에스겔 9:4~6에 천사가 예루살렘 주민들 가운데 예루살렘의 죄를 슬퍼한 자들의 이마에 히브리어 글자 '타브'(ㄲ)를 표시한다는 말씀이 있다. 에스겔 시대의 '타브'는 고대 히브리 글자로 '가위표'(×)와 비슷하다. 천사는 구원 받을 자들의 이마에 일종의 가위표를 한 것인데, 이 표시를 받은 자들은 천사들의 살육을 면했다. 7:3~4의 인침도 에스겔 9:4의 표시와 같은 것일 가능성이 있다. 고린도후서 1:22에 "그가 또한 우리에게 인치시고 보증으로 우리 마음에 성령을 주셨느니라"는 말씀이 있고, 에베소서 1:13에 "약속의 성령으로 인 치심을 받았으니"라는 말씀이 있다. 그리고 에베소서 4:30에 "그 안에서 너희가 구원의 날까지 인치심을 받았느니라"는 말씀이 있다. 한편, 짐승도 인을 친다(계 13:16, 14:9, 20:4). 거짓의 영이 참된 능력이신 어린 양의 능력을 위조하는 것이다. 짐승의 표는 하나님의 도장에 반대 되는 개념이다.

7:4 인침을 받은 자들이 십사만 사천이니 이마에 인침을 받은 '하나님의 종들'의 숫자는 모두 십사만 사천 명인데, 먼저 그 의미를 살펴보자. 7:5~8은 십사만 사천 명이 이스라엘 각 지파에서 만 이천 명씩 해서 모두 열두 지파니까 십사만 사천 명이라고 한다. 각 지파의 만 이천 명은 12라는 숫자에 가장 큰 1,000이 곱해진 숫자이다(12×1,000=12,000). 유대인들의 가장 큰 숫자 단위가 '천'(אֶלֶף, 엘레프, 千)이었다. 이 만 이천 명에 다시 12가 곱해진 숫자가 십사만 사천 명이다. 그렇게 볼 때 십사만 사천 명은 12×1,000×12의 구조를 가진다. 십사만 사천 명은 이스라엘 열두 지파(옛 이스라엘)와 예수님의 열두 제자(새 이스라엘)에 전체를 상징하는 숫자 1,000이 곱해진 것이다. 이것은 구약시대 하나님 백성과 신약시대 하나님 백성의 총집합을 상징하는 것으로 이들은 이 세상에 존재하는 하나님의 백성을 말한다. 그들은 하나님 보좌 앞에 선 자들이 아니라 지상에서 인침을 받는 자들이다. 하나님의 도장을 든 천사가 지상에서 십사만 사천 명에게 인을 친다. 하늘의 하나님 백성은 흰 옷을 입은 큰 무리로 표현된다.(계 7:9)

그런데 지상의 하나님 백성은 단순한 백성이 아니라 여호와의 군대이며 그리스도의 군대이다. 히브리어 '엘레프'(אֶלֶף, 1,000)는 군대의 단위로서(민 31:14, 신 1:15, 삼상 8:12, 22:7, 삼하 18:1, 40), 1,000이라는 숫자는 군대를 상징한다. 하나님의 백성은 영적으로 진리를 위해 싸우는 자들이며, 싸움의 대상은 마귀와 거짓 선지자와 그들을 따르는 무리들이다. 이 싸움에서 승리하는 자가 이마에 구원의 표를 받고 하늘의 흰 옷 입은 자가 된다. 그래서 바벨론과 사탄이 패망한 후에 새 예루살렘이 도래한다.(계 18:1~24, 20:9~10)

십사만 사천 명은 구약시대와 신약시대의 하나님 백성 전체를 말하기 위한 상징적인 숫자로 문자적인 십사만 사천 명이 아니다. 실제로 악한 무리와 싸워 승리하는 하나님의 백성은 그보다 훨씬 많으며 혈통적으로 이스라엘 지파에 한정된 것도 아니다. 모든 시대, 모든 민족으로부터 하나님의 인침을 받은 자들이 나온다. 그러므로 특정 시대, 특정 공동체에만 십사만 사천 명이 나온다는 주장은 전부 거짓이며 이단들이 그렇게 주장한다.

구원받는 하나님의 백성이 십사만 사천 명이 아니라 그보다 훨씬 많다는 사실을 하늘의 하나님 백성 숫자를 통해서 알 수 있다. 하늘의 하나님 백성은 흰 옷 입은 무리로 표현되는데, 그 숫자는 아무도 능히 셀 수 없는 큰 숫자다(계 7:9). 그리고 그 흰 옷 입은 무리는 '각 나라와 족속과 백성과 방언'에서 나온 사람들이다(계 7:9). 세상 모든 민족으로부터 나온 사람들이라는 말이다. 그러므로 자기들만의 공동체에서 십사만 사천 명이 나온다는 주장은 그 공동체가 이단이라는 확실한 증거가 된다.

14:1~3에서 '흰 옷을 입은 큰 무리'(계 7:9~17)는 '시온 산에 선 어린 양과 함께 선 십사만 사천 명'으로 언급된다. 그들은 하나님의 보좌 앞에서 새 노래를 부르는 자들이다. 이로써 하늘의 하나님 백성 숫자가 지상의 하나님 백성 숫자와 일치하게 된다. 그러나 14:1의 십사만 사천 명 역시 상징적인 숫자일 뿐, 실제로 십사만 사천 명만 구원받는 말이 아니다.

7:5~8 유다, 르우벤, 갓, 아셀, 납달리, 므낫세, 시므온, 레위, 잇사갈, 스불론, 요셉, 베냐민 지파 중에 인침을 받은 자가 일만 이천이라 구약성서의 열두 지파 목록은 통일되지 않았다. 시대에 따라 열두 지파 목록이 다르기 때문에 어느 하나를 표준으로 삼기 어렵다. 그러나 가장 기본이 되는 것은 야곱의 열두 아들 이름이다.(창 49:3~27, 출 1:2~5)

야곱의 열두 아들 이름을 고려할 때 7:5~8의 열두 지파 목록은 몇 가지 낯선 점이 있다. 첫째, 유다 지파가 장자인 르우벤 지파보다 앞에 나온다. 구약성서에서 지파 이름을 남쪽에서 북쪽으로 지리적 기준으로 언급할 때, 유다 지파가 제일 먼저 나오는 경우가 있다(민 34:19~28, 수 21:4~7). 역대상 12:23~37에서도 유다 자손이 먼저 언급되었다. 그러나 대부분은 야곱의 장자인 르우벤 지파가 제일 앞에 나온다(창 35:23, 46:8, 49:3, 출 1:2, 민 1:5, 신 33:6, 대상 2:1~2). 유다 지파가 제일 앞에 나오는 것은 유다 지파에서 메시아가 나왔기 때문일 것이다. 메시아가 새로운 시대를 열고 새로운 질서를 세운다는 의미다. 둘째, 단 지파가 빠져 있다.[17]

단은 분명히 야곱의 아들이었다. 단 지파가 빠진 이유는 우상 숭배 때문일 수 있다(삿 18장, 왕상 12:25~33). 셋째, 므낫세 지파가 들어간 것이다. 므낫세는 에브라임과 함께 요셉의 아들이다. 그런데 요셉과 므낫세가 함께 들어있다. 가나안 땅을 분배할 때는 '므낫세 지파와 에브라임 지파'가 자연스럽지만, 요셉이 등장하는 야곱의 열두 아들 목록에 므낫세가 들어간 것은 부자연스럽다. 므낫세 지파는 단 지파 대신 들어간 것으로 이해된다. 북 이스라엘 멸망(주전 722년) 후 북쪽 열 지파의 정체성이 거의 상실되어서, 신약시대에는 지파 개념이 매우 미약했다. 그러므로 7:5~8의 열두 지파 목록은 역사적 의미보다 신학적 의미를 가진다고 보아야 한다.

7:5~8의 열두 지파는 혈통적 유대인을 의미하는 것이 아니라 하나님의 백성을 의미하는 것으로 보아야 한다. 이스라엘 열두 지파처럼 하나님의 선택을 받은 백성이라는 말이다. 14:1~5에서도 구원받은 십사만 사천 명을 유대-기독교인으로 한정하지 않는다. 7:5~8의 열두 지파 목록은 기독교가 새 이스라엘이라는 당시 교회의 생각을 반영한 결과일 것이다.

● 하늘나라 백성의 찬양과 하나님의 위로(7:9~17)

9 이 일 후에 내가 보니 각 나라와 족속과 백성과 방언에서 아무도 능히 셀 수 없는 큰 무리가 나와 흰 옷을 입고 손에 종려 가지를 들고 보좌 앞과 어린 양 앞에 서서

10 큰 소리로 외쳐 이르되 구원하심이 보좌에 앉으신 우리 하나님과 어린 양에게 있도다 하니

11 모든 천사가 보좌와 장로들과 네 생물의 주위에 서 있다가 보좌 앞에 엎드려 얼굴을 대고 하나님께 경배하여

12 이르되 아멘 찬송과 영광과 지혜와 감사와 존귀와 권능과 힘이 우리 하나님께 세세토록 있을지어다 아멘 하더라

13 장로 중 하나가 응답하여 나에게 이르되 이 흰 옷 입은 자들이 누구며 또 어디서 왔느냐

14 내가 말하기를 내 주여 당신이 아시나이다 하니 그가 나에게 이르되 이는 큰 환난에서 나오는 자들인데 어린 양의 피에 그 옷을 씻어 희게 하였느니라

15 그러므로 그들이 하나님의 보좌 앞에 있고 또 그의 성전에서 밤낮 하나님을 섬기매 보좌에 앉으신 이가 그들 위에 장막을 치시리니

16 그들이 다시는 주리지도 아니하며 목마르지도 아니하고 해나 아무 뜨거운 기운에 상하지도 아니하리니

17 이는 보좌 가운데에 계신 어린 양이 그들의 목자가 되사 생명수 샘으로 인도하시고 하나님께서 그들의 눈에서 모든 눈물을 씻어 주실 것임이라

7:9 이 일 후에 내가 보니 7:1에서 사용된 '이 일 후에'라는 표현이 다시 사용되었는데 이 역시 새로운 환상이 시작된다는 뜻이다(계 4:1, 7:1, 15;5, 18:1, 19:1). 여기서는 인침을 받은 십사만 사천 명에 대한 환상이 끝나고 '셀 수 없는 큰 무리'에 관한 환상이 시작된다는 의미이다. 세상에 대한 환상에 끝나고 다시 하늘나라에 대한 환상이 시작된다. 지상의 하나님 백성에 대한 환상이 끝나고 하늘의 하나님 백성에 대한 환상이 시작되는 것이다.

7:9 각 나라와 족속과 백성과 방언에서 이는 '나라와 부족과 민족과 언어'라는 말로서 세상 전체를 뜻하는 표현이다. 요한계시록에서 온 세상을 가리킬 때 자주 사용되었다.(계 5:9, 10:11, 11:9, 13:7, 14:6, 17:15)

7:9 능히 셀 수 없는 큰 무리가 나와 7:9에서 환상의 무대가 지상에서 하늘로 옮겨진다. 요한은 하나님의 보좌 앞에서 흰 옷을 입고 종려 가지를

든 수많은 사람들을 보는데, 그들은 하늘의 하나님 백성이다. 이들은 천상의 성도들을 말하는 것으로 지상에서 인침을 받은 자들이 하늘에서 승리한다는 것을 의미한다. 그들은 땅에서 박해를 받거나 죽임을 당했지만 하늘에서 승리했다.

그들은 셀 수 없는 큰 무리를 이루는데 이들이 모두 부활의 나라 백성이 된다. 구원받은 자들의 숫자가 이렇게 많은 것이다. 노아의 홍수 때는 극소수만 구원을 받았지만, 하나님의 계획을 따라 아브라함이 선택된 후, 모세의 율법, 예수의 복음, 성령 강림, 교회의 시작을 거치면서 셀 수 없는 큰 무리가 구원을 받는다. 이것은 하나님의 승리이다. 그리고 아브라함에게 약속하신 '네 자손이 하늘의 별처럼, 바닷가의 모래처럼 많게 하겠다'(창 22:17)라는 말씀이 이루어진 것이다.

7:9 흰 옷을 입고 손에 종려 가지를 들고 흰 옷에 대해서는 앞에서 설명했으며(계 3:4, 18, 4:4), 종려 가지는 승리의 기쁨을 의미한다. 이는 구원받은 자들이 박해와 어려움을 이기고 믿음의 승리를 거두었다는 의미이다. 예수께서 예루살렘 성에 입성하실 때 사람들이 종려 가지를 흔들었다(요 12:13). 외경인 마카베오상 13:51에 '종려나무 가지를 흔들며 예루살렘의 회복을 기뻐했다'라는 기록이 있다.

7:9 보좌 앞과 어린 양 앞에 서서 4:6의 '유리 바다'가 실제 바다가 아니라는 간접적인 증거이다. 하나님 보좌 앞의 유리 바다가 유리처럼 맑은 실제 바다라면 보좌 앞에 이렇게 많은 무리가 설 수 없다.

7:10 구원하심이 보좌에 앉으신 우리 하나님과 어린 양에게 있도다 흰 옷을 입고 종려 가지를 든 큰 무리는 하나님과 예수 그리스도 앞에서 구원의 찬양을 부른다. 그 찬양은 '구원하심이 보좌에 앉으신 하나님과 어린 양에게 있도다'라는 것이다. 영원한 생명은 오직 하나님만이 주신다는 찬양이다.(요 3:16, 14:6, 행 4:12)

7:11 모든 천사가… 보좌 앞에 엎드려 얼굴을 대고 하나님께 경배하여 하

나님의 보좌 주변에 있는 많은 천사들은 5:11에서 언급되었다. 많은 천사들은 5:11에서 '어린 양의 능력과 부와 지혜와 힘과 존귀와 영광'을 찬송한다.

7:12 아멘 찬송과 영광과… 우리 하나님께 세세토록 있을지어다 아멘 천사들은 5:11에서 그리스도를 찬양했는데, 7:12에서는 성부 하나님을 찬송한다. 이는 '흰 옷 입은 큰 무리가 부른 찬양'(계 7:10)에 대한 화답송이다. 천사들의 찬양은 아멘으로 시작해서 아멘으로 끝나는데, 자신들의 찬양이 진실하며 또 반드시 이루어진다는 뜻이다.

7:13 이 흰 옷 입은 자들이 누구며 또 어디서 왔느냐 이십사 장로 중 한 명이 요한에게, 하나님 보좌 앞에 선 흰 옷 입은 자들에 대한 질문을 한다. 그들이 누구며 어디서 왔느냐는 질문이다. 그들은 큰 환난을 극복한 자들로서(계 7:14) 지상에서 이마에 하나님의 인침을 받은 자들이다.(계 7:2~4)

7:14 이는 큰 환난에서 나오는 자들인데 흰 옷 입은 자들은 어린 양 때문에 고난을 겪은 자들이다. 그들은 믿음 때문에 박해를 받았지만 끝까지 믿음을 지킨 자들이다. 요한계시록을 편지로 받은 아시아의 교인들은 큰 환난을 자신들이 경험한 박해로 이해했을 것이다. 그러나 요한계시록의 환상은 초림 때부터 재림 때까지의 역사를 의미하기 때문에 큰 환난은 모든 환난으로 이해해야 한다. 다니엘 12:1에 "또 환난이 있으리니 이는 개국 이래로 그 때까지 없던 환난일 것이며 그 때에 네 백성 중 책에 기록된 모든 자가 구원을 받을 것이라"는 말씀이 있다.

7:14 어린 양의 피에 그 옷을 씻어 희게 하였느니라 이는 십자가 보혈로 인한 죄 사함을 상징하는데, 예수 그리스도를 믿어 죄 사함을 받았다는 의미이다. 사실 피에 옷을 씻어 희게 한다는 것은 현실적으로 불가능하다. 성시에 더러운 옷이 죄를 상징한다는 말씀이 있고(사 64:6, 슥 3:3~4), 그 죄를 예수의 피로 씻는다는 표현이 있다(롬 3:25, 엡 1:7, 히 9:14, 벧전

1:19, 요일 1:7). 이사야 1:18에 주홍 같이 붉은 죄가 눈과 같이 희어지고, 진홍 같이 붉은 죄가 양털 같이 희게 된다는 말씀이 있다.

7:15 그들이 하나님의 보좌 앞에 있고 그의 성전에서 밤낮 하나님을 섬기매 하나님의 보좌를 하늘 성전으로 언급한 말씀이다. 이 말씀에 기초해서 4:6의 유리 바다를 예루살렘 성전의 청동 바다에 대한 대비로 볼 수 있다. 11:19, 14:15, 17, 15:5, 6, 8, 16:1, 17에서 하늘 성전에 대한 언급을 볼 수 있다.

7:15 보좌에 앉으신 이가 그들 위에 장막을 치시리니 '장막을 치다'라는 동사는 '스케노오'(σκηνοω)로 '거하다, 머물다'라는 의미다. 7:15에서는 미래형으로 사용되어 '하나님이 흰 옷 입은 큰 무리와 함께 거하실 것이다'라는 뜻이 된다. 요한복음 1:14에서는 과거형으로 사용되어 '말씀이 육신이 되어 우리 가운데 거하셨다'라는 뜻을 가진다. 고린도후서 12:9에서는 현재형으로 사용되어 '그리스도의 능력이 내게 머물게 하려 함이라'라는 뜻을 가진다. 여기서 장막은 하나님의 위로와 보호를 의미하는데, 다시는 그들에게 환난이 없고 이제는 평안과 기쁨만 있을 것이라는 뜻이다. 7:15~17은 하나님의 백성이 하늘에서 누리는 복된 삶을 보여 준다. 지상에서 박해받는 하나님의 백성이 천상에서 승리의 백성으로 산다는 것으로, 이것이 요한계시록의 핵심이다.

7:16 그들이 다시는 주리지도 아니하고 목마르지도 아니하고 하나님이 장막을 치신다는 말은 천상의 잔치를 베푸신다는 의미가 있다(사 25:6). 그래서 흰 옷 입은 자들은 다시는 주리지 않을 것이다. 이사야 49:10에 "그들이 주리거나 목마르지 아니할 것이며 더위와 볕이 그들을 상하지 아니하리니 이는 그들을 긍휼히 여기는 이가 그들을 이끌되 샘물 근원으로 인도할 것임이라"는 말씀이 있다.

7:17 어린 양이 그들의 목자가 되사 생명수 샘으로 인도하시고 이사야 49:10에 의하면 이스라엘 백성이 주리거나 목마르지 않고 더위와 볕이 그들을 상치 못하는 이유는 하나님이 그들을 긍휼히 여기시고 그들을

샘물로 인도하시기 때문이다. 하늘나라 백성이 평안을 누리는 이유도 마찬가지다. 하나님께서 그들을 위해 장막을 베푸시고, 그리스도께서 그들의 목자가 되시며, 그들을 생명수 샘으로 인도하시기 때문이다. 구약성서에 하나님이 목자가 되신다는 표현이 있고(시 23:1~2), 요한복음 10:11~16은 예수 그리스도를 선한 목자라고 한다.

7:17 하나님께서 그들의 눈에서 모든 눈물을 씻어 주실 것임이라 이는 하나님의 위로가 극대화된 표현이다. 하나님께서 직접 박해받은 자들의 눈물을 닦아주시는데 21:4에 같은 표현이 있다. 이사야 25:8에 "주 여호와께서 모든 얼굴에서 눈물을 씻기시며 자기 백성의 수치를 온 천하에서 제하시리라"는 말씀이 있다.

● 일곱째 봉인과 금 향로(8:1~5)

1 일곱째 인을 떼실 때에 하늘이 반 시간쯤 고요하더니
2 내가 보매 하나님 앞에 일곱 천사가 서 있어 일곱 나팔을 받았더라
3 또 다른 천사가 와서 제단 곁에 서서 금 향로를 가지고 많은 향을 받았으니 이는 모든 성도의 기도와 합하여 보좌 앞 금 제단에 드리고자 함이라
4 향연이 성도의 기도와 함께 천사의 손으로부터 하나님 앞으로 올라가는지라
5 천사가 향로를 가지고 제단의 불을 담아다가 땅에 쏟으매 우레와 음성과 번개와 지진이 나더라

8:1 일곱째 인을 떼실 때에 하늘이 반 시간쯤 고요하더니 첫째 인부터 여섯째 인까지 읽은 독자는 일곱째 인에서 계속된 재앙의 결론을 기대한다. 그리고 흘린 피를 갚아달라는 '순교자들의 간청'(계 6:9~10)에 대한 대답을 기대한다. 이는 마지막 날에 대한 기대이다. 그러나 어린 양이 일곱째 인을 떼신 후에 기대하던 대단원이 아니라 고요함이 찾아온다. 종말이 연기된 것으로 이는 재림까지의 역사가 그리 단순하지 않음을 의미한다. 마지막 때의 역사가 아주 짧거나 단순하지는 않다.

'반 시간'은 헬라어로 '헤미오리온'(ἡμιωριον)이다. '헤미'(ἡμι−)는 반(半)이라는 의미의 접두사로 라틴어 '세미'(semi-)에 해당되고, '오리온'(ὡριον)은 '호라'(ὡρα, hour)에서 왔다. 글자 그대로 반 시간(half hour)이라는 뜻이다. 반 시간 동안 고요했다는 것은 중요한 계시가 있기 전 준비 기간 같은 것으로, 심리적으로 고요한 상태에서 중요한 일을 기다린다는 의미가 들어있다. 스바냐 1:7에 "주 여호와 앞에서 잠잠할지어다 이는 여호와의 날이 가까웠으므로…"라는 말씀이 있다.

8:2 일곱 천사가 서 있어 일곱 나팔을 받았더라 어린 양이 일곱째 봉인을 떼신 후 약 반 시간 동안 두 가지 일이 일어났다. 하나는 일곱 천사가 일곱 나팔을 받은 것이고, 다른 하나는 천사가 금향로의 향연을 하나님께 드린 후 거기에 하늘 제단의 불을 담아 땅에 쏟은 것이다. 일곱 천사는 요한계시록에만 나오는데(계 8:2, 6, 15:1, 6, 7, 8, 16:1, 17:1, 21:9), 위경인 에녹 1서 20:2~8에 일곱 대(大)천사가 나온다.[18] 나팔은 성서에서 '하나님의 현현'(출 19:13, 16, 19, 20:18), '전쟁'(민 31:6, 삿 7:20, 삼하 2:28, 렘 6:1, 호 5:8, 고전 14:8), '선포'(삼하 15:10, 왕하 9:13, 사 18:3, 58:1렘 4:5), '경고'(겔 33:3~6, 습 1:6), '찬양'과 관계있지만(대상 16:42, 대하 5:13, 20:28, 23:13), 종말론적 사건과 관계된 경우도 있다.(욜 2:1, 마 24:31, 고전 15:51, 52, 살전 4:16)

8:3 또 다른 천사가 와서 제단 곁에 서서 요한은 한 천사가 금 향로를 들고 보좌 근처 제단에 선 것을 보았는데, 그 제단은 분향을 위한 금 제단이다.(계 6:9 주석 참고)

8:3 금 향로를 가지고 많은 향을 받았으니 천사는 하늘 성전에 향을 피우기 위해 금 향로에 많은 향을 받았다. 하나님은 모세에게 성막을 만들라고 하신 후, 성막에서 피울 거룩한 향을 만드는 법을 설명하셨다(출 30:34~38). 소합향, 나감향, 풍자향의 향품을 같은 분량으로 섞어 거룩한 향을 만들고, 거기에 소금을 쳐 성결하게 하라고 말씀하셨다. 사람을 위해서는 그런 향을 만들 수 없었다.

8:3 이는 모든 성도의 기도와 합하여 천국 제단에서의 분향은 향으로만 드리는 것이 아니라 성도의 기도와 합해서 드린다. 향은 하나님을 기쁘시게 하는 것으로(레 1:9, 13, 17 등), 성도의 기도가 향과 합해진다는 것은 성도의 기도가 하나님의 기쁨이 된다는 의미이다. 시편 141:2에 "나의 기도가 주의 앞에 분향함과 같이 되며"라는 말씀이 있다.

8:4 향연이 성도의 기도와 함께… 하나님 앞으로 올라가는지라 이는 하나님께서 성도의 기도를 반드시 들으신다는 말이다. 교회가 기도할 때 그 기도는 반드시 하나님께 상달되어 기도의 열매를 맺는다. 교회는 기도를 통해 하나님과 연결된다.

8:5 제단의 불을 담아다가 땅에 쏟으매 번제단처럼 향을 피우는 분향 제단에도 불이 필요했다. 아론의 아들 나답과 아비후는 향을 피울 때 모세가 명하지 않은 불을 사용하는 바람에 하나님의 벌을 받았다(레 10:1~2). 천사는 하나님께 향을 드린 후 분향 제단의 불을 향로에 담아 그 불을 땅에 쏟았다. 에스겔 10:2를 보면 하나님께서 천사에게 그룹 사이에서 숯불을 가져다 예루살렘 위에 흩으라고 말씀하신다. 여기서 숯불은 심판의 불을 의미한다.(겔 10:6 참고)

8:5 우레와 음성과 번개와 지진이 나더라 성서에서 '우레와 음성과 번개와 지진'(계 11:19, 16:18)은 하나님이 역사에 개입하심을 의미한다(출 19:16, 20:18, 사 29:6). 8:4에 성도들이 기도한 내용에 대한 언급이 없기 때문에, 성도들이 어떤 기도를 드렸는지 알 수는 없다. 그러나 향로가 '우레와 음성과 번개와 지진'을 일으킨다는 말은 성도들이 하나님의 역사 개입을 기도했다는 사실을 암시한다. 성도의 기도가 향로의 향과 함께 하나님께 올라갔기 때문이다. 기도의 진정한 목적은 하나님의 뜻이 땅에서 이루어지는 것이다. 이 사실을 주기도문에서 알 수 있다.(마 6:10)

▶ 7장의 핵심 및 교훈

7장(실질적으로는 7:1~8:5)의 핵심은 하나님이 베푸시는 구원과 평안이다. 하나님은 믿음을 지킨 하나님의 백성에게 은혜를 베푸시는데, 그 은혜는 구체적으로 죽음으로부터의 구원과 하늘나라에서의 영원한 평안이다. 하나님의 백성은 죽음의 권세를 이기고 영원한 생명을 얻으며, 하나님과 함께 영원한 평안을 누리는 특권을 얻는다.

7장은 '여섯 인'(계 6:1~17)에 속한 환상은 아니지만 그 내용은 여섯 인과 연결되어 있다. 세상에 여섯 인에 따른 재앙과 환난이 있을 때, 지상의 하나님 백성은 구원을 경험하고 하늘의 하나님 백성은 평안을 누린다는 것이 7장의 내용이다. 요한이 환상을 본 순서는 여섯 인 다음에 7장의 환상이지만, 환상의 내용은 시간적 진행이 아니다. 6장의 사건이 끝난 후 7장의 사건이 시작되는 것이 아니라 그 둘은 동시에 진행된다. 이것이 요한계시록 이해에 중요하다.

마지막 때에 세상은 여섯 봉인의 무서운 재앙과 환난을 겪는다. 세상에 전쟁과 싸움, 경제적 혼란과 죽음이 끊이지 않는데, 그런 중에 세상은 믿는 자들을 박해한다. 환난을 경험하면서도 회개는커녕 오히려 죄를 짓는 것이다. 세상이 이렇게 악하기 때문에 그리스도의 진노를 피할 수 없다. 이런 가운데 하나님은 자신의 백성을 재앙으로부터 보호하시고, 죽음으로부터 구원하신다. 천사들이 그들의 이마에 하나님의 인을 치는데, 이는 무서운 재앙과 극심한 환난 중에 구원의 은혜가 있다는 뜻이다.

그 구원은 이 세상에서 편안하고 안락한 삶을 누리는 것이 아니다. 오히려 하나님의 백성은 이 세상에서 박해를 받고, 때로 예수의 이름 때문에 죽임을 당한다. 세상이 하나님의 진리를 거부하고 그리스도의 복음을 미워하기 때문이다. 이것이 마지막 때를 사는 믿는 자의 모습으로 하나님의 인, 즉 구원의 표는 이 세상의 행복을 약속하는 것이 아니다.

그러나 믿는 자의 마지막 모습은 박해와 순교가 아니라 영원한 평안이다. 하나님의 백성은 이 세상에서 박해를 받고 죽임을 당하지만, 천국에서 하나님의 한없는 사랑과 보살피심을 받는다. 하나님은 세상이 알 수 없는 위로와 평안을 하나님의 백성에게 주시는데, 그들이 세상의 박해와 위협을 믿음으로 인내했기 때문이다. 하나님이 주시는 그 위로와 평안은 영원하다. 7장은 이 놀라운 은혜를 믿고 마지막 때의 재앙과 박해를 인내하고, 장차 천국에서 얻을 영원한 생명과 평안을 소망하라고 한다.

하나님의 이 한량없는 은혜는 칭송을 받아 마땅하다. 그래서 흰 옷 입은 무리와 천사들은 한 목소리로 "구원하심이 보좌에 앉으신 우리 하나님과 어린 양에게 있도다"라고 찬양하고, "아멘 찬송과 영광과 지혜와 감사와 존귀와 권능과 힘이 우리 하나님께 세세토록 있을지어다 아멘"이라고 화답한다. 이것이 천국의 모습이다. 하나님의 백성은 이 사실을 굳게 믿고 환난 중에 믿음을 지켜야 한다.

그러나 이런 은혜를 누리기 위해서는 먼저 세상의 박해와 악한 영의 유혹을 이겨야 한다. 믿는 자는 그리스도의 군사로 박해와 유혹을 이기고 끝까지 믿음을 지켜야 한다. 믿음의 좁은 길을 끝까지 달려가는 사람이 하나님의 은혜를 누릴 수 있다. 악한 영과의 싸움에서 승리하는 자만이 영생과 평안의 은혜를 누리는 것이다. 도중에 넘어지거나 포기하는 자들은 그런 은혜를 누릴 수 없다는 것이 7장의 교훈이다.

일곱 나팔의 재앙

THE KINGDOM OF RESURRECTION

PART 4

1. 처음 여섯 나팔_8:6~9:21

● 처음 네 나팔(8:6~13)

6 일곱 나팔을 가진 일곱 천사가 나팔 불기를 준비하더라

7 첫째 천사가 나팔을 부니 피 섞인 우박과 불이 나와서 땅에 쏟아지매 땅의 삼분의 일이 타 버리고 수목의 삼분의 일도 타 버리고 각종 푸른 풀도 타 버렸더라

8 둘째 천사가 나팔을 부니 불 붙는 큰 산과 같은 것이 바다에 던져지매 바다의 삼분의 일이 피가 되고

9 바다 가운데 생명 가진 피조물들의 삼분의 일이 죽고 배들의 삼분의 일이 깨지더라

10 셋째 천사가 나팔을 부니 횃불 같이 타는 큰 별이 하늘에서 떨어져 강들의 삼분의 일과 여러 물샘에 떨어지니

11 이 별 이름은 쓴 쑥이라 물의 삼분의 일이 쓴 쑥이 되매 그 물이 쓴 물이 되므로 많은 사람이 죽더라

12 넷째 천사가 나팔을 부니 해 삼분의 일과 달 삼분의 일과 별들의 삼분의 일이 타격을 받아 그 삼분의 일이 어두워지니 낮 삼분의 일은 비추임이 없고 밤도 그러하더라

13 내가 또 보고 들으니 공중에 날아가는 독수리가 큰 소리로 이르되 땅에 사는 자들에게 화, 화, 화가 있으리니 이는 세 천사들이 불어야 할 나팔 소리가 남아 있음이로다 하더라

8:7 첫째 천사가 나팔을 부니 피 섞인 우박과 불이 나와서 땅에 쏟아지매

예수께서 일곱 째 인을 떼셨을 때 일곱 천사가 일곱 나팔을 받았는데(계 8:1~2), 천사들이 나팔을 불자 일곱 인처럼 재앙이 시작된다. 첫 번째 재앙은 피가 섞인 우박과 불이 땅에 쏟아지는 것으로 땅과 수목과 풀의 삼분의 일이 불에 탄다. 일곱 나팔의 재앙은 출애굽 때 애굽에 내린 재앙들과 비슷하다. 애굽에 내린 일곱 번째 재앙이 우박이었는데 우박과 불덩이가 섞여 내렸다(출 9:24). 그러나 출애굽기에서 우박이 강조되었다면 요한계시록에서는 불이 더 강조된다. 땅과 수목과 풀의 삼분의 일이 타 버렸다는 것은 아직 마지막이 아님을 의미한다. 성서에서 삼분의 일은 '부분'을 말하는 상징적인 숫자이다(겔 5:2, 12, 슥 13:8~9). 일곱 인 때 땅의 '사분의 일'이 재앙을 겪었는데(계 6:8), 일곱 나팔 때 '삼분의 일'이 재앙을 겪는다는 말은 재앙의 강도가 높아진 것을 의미한다. 일곱 나팔에서 처음 네 재앙은 자연에 대한 재앙이며, 그 다음 두 재앙은 사람에 대한 재앙이다.

8:8 둘째 천사가 나팔을 부니 불 붙는 큰 산과 같은 것이 바다에 던져지매 첫째 재앙은 땅에 떨어졌지만 둘째 재앙은 바다에 떨어진다. 불 붙는 큰 산 같은 것이 바다에 떨어져 바다의 삼분의 일이 피가 되었다. 그래서 바다 생물의 삼분의 일이 죽고 전체 배의 삼분의 일이 파괴된다(계 8:9). 이는 애굽에 내린 첫째 재앙과 비슷하다. 모세가 지팡이로 나일 강을 쳤을 때 나일 강이 피가 되어 고기가 죽고 물에서 악취가 났다(출 7:17~22). '불 붙는 큰 산'은 단수형으로 화산 폭발 같은 것을 연상시킨다. 예레미야 51:25에 "온 세계를 멸하는 멸망의 산아 보라 나는 네 원수라 나의 손을 네 위에 펴서 너를 바위에서 굴리고 너로 불 탄 산이 되게 할 것이니"라는 말씀이 있다.

8:10 셋째 천사가 나팔을 부니 횃불 같이 타는 큰 별이 하늘에서 떨어져 셋째 재앙은 강과 샘에 떨어진다. 하늘에서 횃불 같이 타는 큰 별이 떨어져 강과 샘의 삼분의 일이 쓴 쑥이 되었다. '횃불 같이 타는 큰 별'은 운석의

피해를 연상시키는데, 그로 인해 물이 쓰게 되었다는 것은 애굽에 내린 첫째 재앙과 비슷하다.

8:11 이 별 이름은 쓴 쑥이라 '쓴 쑥'은 헬라어 '압신쏘스'(αψινθος, wormwood)를 번역한 것으로 별로 인해 물이 쓰게 된 것을 강조하는 이름이다. 구약성서에서 쑥은 하나님의 심판의 상징으로 사용되었다. 여호와께서 이스라엘을 향해 "보라 내가 그들에게 쑥을 먹이며 독한 물을 마시게 하리니 이는 사악이 예루살렘 선지자들로부터 나와서 온 땅에 퍼짐이라 하시니라"(렘 23:15)라고 말씀하신다. 그리고 "내가 그들 곧 이 백성에게 쑥을 먹이며 독한 물을 마시게 하고 그들과 그들의 조상이 알지 못하던 여러 나라 가운데에 그들을 흩어 버리고 진멸되기까지 그 뒤로 칼을 보내리라"(렘 9:15~16)라고 말씀하신다. 예레미야 애가 3:15에 "나를 쓴 것들로 배불리시고 쑥으로 취하게 하셨으며"라는 말씀이 있고 3:19에 "내 고초와 재난 곧 쑥과 담즙을 기억하소서"라는 말씀이 있다.

8:11 물이 쓴 물이 됨으로 많은 사람이 죽더라 사람들이 쓴 물을 먹고 독을 먹은 것처럼 죽은 것이 아니라, 물이 쓰기 때문에 물을 먹지 못해 죽은 것으로 이해해야 한다.

8:12 넷째 천사가 나팔을 부니 해 삼분의 일과… 넷째 천사가 나팔을 불었을 때 해와 달과 별의 삼분의 일이 타격을 받아 어두워지고 빛을 잃었다. 이는 어린 양이 여섯째 인을 떼셨을 때의 재앙과 비슷하고(계 6:12 주석 참고), 애굽에 내린 아홉째 재앙과 비슷하다(출 10:21~23). 심판의 날은 어둠의 날이다. 이사야 13:9~10에 의하면 '여호와의 날은 진노의 날로, 하늘의 별들과 별 무리가 그 빛을 내지 아니하며 해가 돋아도 어두우며 달이 그 빛을 비추지 아니한다.' 반대로 회복의 날은 밝게 빛난다. 이사야 30:26에 "여호와께서 자기 백성의 상처를 싸매시며 그들의 맞은 자리를 고치시는 날에는 달빛은 햇빛 같겠고 햇빛은 일곱 배가 되어 일곱 날의 빛과 같으리라"는 말씀이 있다.

8:13 공중에 날아가는 독수리가 큰 소리로 이르되 넷째 나팔 후에 요한은 독수리가 날면서 '화, 화, 화가 있으리니'라고 외치는 모습을 본다. 처음 네 나팔을 통해 땅과 물과 하늘의 삼분의 일이 무서운 재앙을 겪었는데 앞으로 세 나팔이 더 남아 있기 때문이다. 여기서 독수리는 하나님의 뜻을 전하는 사자(使者)로 재앙의 소식을 전한다. 그러므로 세상이 보기에 독수리는 재앙의 상징이다. 8:13은 처음 네 재앙과 앞으로 닥칠 세 재앙을 구분하면서 독수리를 통해 앞으로 닥칠 재앙이 더 심할 것이라고 경고한다. 신명기 28:49에 "여호와께서 멀리 땅 끝에서 한 민족을 독수리가 날아오는 것 같이 너를 치러 오게 하시리니 이는 네가 그 언어를 알지 못하는 민족이요"라는 말씀이 있다. 그리고 호세아 8:1에 "나팔을 네 입에 댈지어다 원수가 독수리처럼 여호와의 집에 덮치리니"라는 말씀이 있다.

8:13 땅에 거하는 자들에게 화, 화, 화가 있으리니 '땅에 거하는 자'는 6:10에 언급되었는데(계 6:10 주석 참고), '이 세상의 안전을 구하는 자, 지금 세상이 한시적이라는 것을 모르는 자'를 의미한다.

▶ 8장의 핵심 및 교훈

8장의 핵심은 마지막 날이 사람의 생각보다 늦게 온다는 것과, 성도들은 마지막 날을 위해 기도해야 한다는 것이다. 5장부터 시작된 일곱 인 환상은 요한계시록을 읽는 사람으로 하여금 긴박한 재림을 기대하게 한다. 그리스도를 통해 종말에 대한 하나님의 계획이 드러났고, 여섯 인이 열릴 때마다 놀랍고 두려운 재앙이 닥치기 때문이다. 그 재앙은 세상의 사분의 일이 겪는 무서운 환난이다. 그런 가운데 성도들은 구원의 표를 받고, 천국의 성도들은 영원한 평안을 누린다. 이런 내용을 읽다보면 그리스도의 재림이 멀지 않았다는 생각이 든다. 예수께서 일곱째 인을 떼실 때 그리스도의 재림과 최후의 심판이 있을 것이라는 기대를 하게 된다. 일곱째 인이 마지막 날과 연결되었을 것이라고 생각하는 것이다.

그러나 예수께서 일곱째 인을 떼실 때, 하늘이 반 시간쯤 고요하다가 일곱 천사가 일곱 나팔을 받는다. 이것은 그리스도의 재림이 사람의 기대보다 늦어짐을 의미한다. 그리스도의 초림으로 마지막 때가 시작되었다고 해서, 마지막 날이 당장 찾아오는 것은 아니다. 초대 교회는 그리스도의 긴박한 재림을 기대했다. 마지막 날이 얼마 남지 않았다고 믿었기 때문에(고전 7:29), 바울은 처녀와 과부는 결혼하지 않는 것이 더 낫다고 생각했다(고전 7:25~40). 그것이 초대 교회의 일반적인 분위기였다. 그러나 8장은 마지막 날이 그렇게 빨리 오는 것은 아니라고 한다.

2세기 중엽 몬타누스파가 그리스도의 재림을 기대한 이후, 수많은 이단과 사이비 종파가 긴박한 재림을 주장하며 재림의 날짜를 확정했다. 하지만 마지막 날은 그런 식으로 오지 않는다. 그날은 예수께서 말씀하신 것처럼 도둑처럼 오는데, 아무도 예상치 못한 순간에 닥친다는 뜻이다. 그러나 인간이 서두른다고 해서 오는 것은 아니다. 예수께서 이 세상에 오심으로 마지막 때가 시작되었지만, 하나님께서 한 사람이라도 더 회개하고 돌아오기를 바라시기 때문에 마지막 날이 지연된다(벧후 3:9). 온 세상에 복음이 전파될 시간이 필요한 것이다. 이것이 마지막 날이 늦어지는 이유다.

그리스도의 초림과 재림 사이의 기간은 일곱 인의 재앙으로 끝날 정도로 짧지는 않다. 마지막 때는 한 묶음의 환난으로 끝날 정도로 단순하지 않으며, 그보다 긴 시간이 필요하다. 8장은 이 사실을 가르치는데, 예수께서 승천하신 후 이천 년이 지난 지금 8장의 교훈이 옳다는 것을 알 수 있다.

그러므로 하나님의 백성에게 인내는 필수적이다. 마지막 날에 대한 소망을 붙들고 힘들고 어려운 현실을 끝까지 인내해야 한다. 영원한 생명과 상급을 소망하면서, 환난과 박해의 기간을 굳센 믿음으로 이겨야 한다. 이것이 그리스도의 군사가 지켜야 할 모습이다. 그리스도 재림이 늦어진다고 해서 믿음이 해이해지거나 낙심하거나 의심해서는 안 된다.

8장은 또한 마지막 날을 위한 기도를 가르친다. 천사가 제단의 불을 금 향로에 담아 땅에 쏟을 때, 우레와 음성과 번개와 지진이 난다(계 8:3~5). 금 향로가 종말의 재앙을 일으키는 이유는 금 향로에 마지막 날을 기다리는 성도들의 간절한 기도가 들어 있기 때문이다. 하나님은 성도들의 기도를 듣고 역사에 개입하신다. 마지막 날이 더디 오는 것 같고 박해와 환난의 끝을 알 수 없을 때, 하나님의 백성은 간절히 기도해야 한다. 하나님께서 그 기도를 듣고 응답하시기 때문이다. 성도의 기도가 하나님의 능력을 일으키므로 하나님의 백성은 그리스도의 재림을 위해 기도해야 한다. 그날이 소망의 날이기 때문이다. "아멘 주 예수여 오시옵소서"(계 22:20)라는 기도는 모든 시대, 모든 성도의 기도 제목이다.

마지막 때를 사는 성도들이 기도에 힘써야 하는 또 다른 이유는 세상에 재앙과 환난이 있기 때문이다. 재앙과 환난은 시간이 흐를수록 강해지며 마지막 날까지 계속되는데, 하나님의 백성도 이 재앙으로부터 자유로울 수는 없다. 그런 가운데 믿음을 지키기 위해 기도해야 하는 것이다. 하나님의 백성은 자신의 기도가 하나님 앞에 상달된다는 사실을 믿고, 마지막 때와 마지막 날을 위해 쉬지 않고 기도해야 한다. 이것이 8장이 주는 또 다른 신앙적 교훈이다.

● 다섯째 나팔(9:1~12)

1 다섯째 천사가 나팔을 불매 내가 보니 하늘에서 땅에 떨어진 별 하나가 있는데 그가 무저갱의 열쇠를 받았더라

2 그가 무저갱을 여니 그 구멍에서 큰 화덕의 연기 같은 연기가 올라오매 해와 공기가 그 구멍의 연기로 말미암아 어두워지며

3 또 황충이 연기 가운데로부터 땅 위에 나오매 그들이 땅에 있는 전갈의 권세와 같은 권세를 받았더라

4 그들에게 이르시되 땅의 풀이나 푸른 것이나 각종 수목은 해하지 말고 오직 이마에 하나님의 인침을 받지 아니한 사람들만 해하라 하시더라

5 그러나 그들을 죽이지는 못하게 하시고 다섯 달 동안 괴롭게만 하게 하시는데 그 괴롭게 함은 전갈이 사람을 쏠 때에 괴롭게 함과 같더라

6 그 날에는 사람들이 죽기를 구하여도 죽지 못하고 죽고 싶으나 죽음이 그들을 피하리로다

7 황충들의 모양은 전쟁을 위하여 준비한 말들 같고 그 머리에 금 같은 관 비슷한 것을 썼으며 그 얼굴은 사람의 얼굴 같고

8 또 여자의 머리털 같은 머리털이 있고 그 이빨은 사자의 이빨 같으며

9 또 철 호심경 같은 호심경이 있고 그 날개들의 소리는 병거와 많은 말들이 전쟁터로 달려 들어가는 소리 같으며

10 또 전갈과 같은 꼬리와 쏘는 살이 있어 그 꼬리에는 다섯 달 동안 사람들을 해하는 권세가 있더라

11 그들에게 왕이 있으니 무저갱의 사자라 히브리어로는 그 이름이 아바돈이요 헬라어로는 그 이름이 아볼루온이더라

12 첫째 화는 지나갔으나 보라 아직도 이 후에 화 둘이 이르리로다

9:1 하늘에서 땅에 떨어진 별 하나가 있는데 그가 무저갱의 열쇠를 받았더라 다섯째 천사가 나팔을 불었을 때 하늘에서 별 하나가 떨어졌는데, 그 별은 무저갱의 열쇠를 가지고 있었다. 무저갱(無底坑)은 지하 세계의 끝이 없는 구덩이(bottomless pit)라는 뜻이다. 당시에는 악한 영들이 무저갱에 감금된다는 생각이 있었다.(눅 8:31)

고대 이방 종교에서는 별이 신(神)을 의미하고, 유대교 전통에는 타락한 천사 이야기가 있다. 그 둘을 합쳐 여기서의 별을 타락한 천사, 즉 사탄으로 설명하기도 한다. 그러나 땅에 떨어진 별을 사탄으로 이해할 필요는 없다. 땅에 떨어진 별이 무저갱의 열쇠를 '받았더라'는 표현에 주목할 필요가 있는데, 그 열쇠는 하나님께서 주신 것이다. 그러므로 땅에 떨어진 별은 사탄이 아니라 하나님의 뜻을 행하는 사자(使者)이다. 9:1의 별

은 바로 앞에 등장하는 독수리처럼 하나님의 뜻을 행하는 존재로 재앙의 상징으로 보아야 한다. 요한계시록은 천사가 직접 재앙을 외치거나 행하는 일을 피하고, 그런 일을 독수리나 별 같은 비인격적 존재에게 맡기고 있다.

9:2 그가 무저갱을 여니 그 구멍에서 큰 화덕의 연기 같은 연기가 올라오매 땅에 떨어진 별이 받은 열쇠로 무저갱을 열었을 때, 거기서 용광로에서 나는 것 같은 엄청난 연기가 올라와 태양과 대기가 어두워졌다. 여기서 연기와 어두움은 재앙을 의미한다.

9:3 또 황충이 연기 가운데로부터 땅 위에 나오매 무저갱이 열리자 연기와 더불어 황충(메뚜기)이 나와 '이마에 인침이 없는 사람들'(계 7:3)을 괴롭힌다. 이는 8:13에서 독수리 외친 세 개의 '화' 중에서 첫 번째 화로 황충들에게는 '무저갱의 사자, 히브리어로 아바돈, 헬라어로 아볼루온'이라고 하는 왕이 있다.(계 9:11)

황충은 '아크리스'(ακρις, grasshopper, locust)를 번역한 것으로, 메뚜기로 인한 재앙은 구약성서에 여러 번 언급되었다(신 28:38, 대하 7:13, 시 105:34~35, 요엘 1~2장). 애굽을 탈출할 때 8번째 재앙이 메뚜기 재앙이었으며(출 10:4~15), 열왕기상 8:37과 이사야 33:4에서 메뚜기의 공격으로 인한 재앙을 볼 수 있다. 메뚜기로 인한 재앙이 아프리카와 지중해 동쪽에 널리 알려져 있었지만, 9:3~11의 메뚜기 재앙은 그런 실제적인 재앙이 아니라 요엘 2장과 관계있다. 요엘 2장에 악마 같은 메뚜기에 대한 묘사가 있는데 다섯 째 나팔로 인한 황충 재앙은 이와 비슷하다. 황충 재앙은 지금까지의 재앙과 달리 설명이 길고 상세하며 아주 처참해서, 요한계시록의 재앙 중에 가장 비참한 재앙이라고 할 수 있다.

9:3 그들이 땅에 있는 전갈의 권세와 같은 권세를 받았더라 황충은 '전갈의 권세'를 가졌는데 이는 '쏘는 권세'를 의미한다(계 9:5). '전갈의 권세'는 무서운 공포를 의미하며, 그것이 마치 악마가 주는 고통과 같을 것이라

는 뜻이다. '땅에 있는 전갈'이라는 표현은 황충이 땅에 있는 메뚜기가 아니라는 암시이다. 황충은 땅의 메뚜기가 아니라 지하 세계의 메뚜기이며, 실제 메뚜기가 아니라 종말론적 메뚜기이다. 별이 무저갱의 열쇠를 '받은' 것처럼 황충도 전갈의 권세를 '받는다.' 하나님이 그 권세를 주셨다는 뜻으로, 이는 종말에 있을 재앙에 대한 하나님의 숨은 주권을 말한다. 하나님께서 황충을 심판의 도구로 사용하시는 것이다.

9:4 그들에게 이르시되 하나님께서 황충들에게 말씀하신다는 말이다. 이는 황충들이 하나님의 명령을 따라 행한다는 뜻으로 원문으로는 'it was said to them'으로 되어 있다.

9:4 이마에 하나님의 인침을 받지 아니한 사람들만 해하라 하시더라 황충들이 받은 명령은 각종 풀과 수목은 해하지 말고, 하나님의 인침을 받지 않은 자들만 해하는 것이다. 이 세상의 메뚜기들은 풀과 곡식을 먹고 사람은 해치지 않으나, 종말의 메뚜기들은 반대로 풀과 곡식은 그냥 두고 사람만 해친다. '인침을 받지 아니한 사람들'은 하나님의 백성이 아니라는 말이다. 그들은 사탄의 백성이며 사탄의 표를 가진 자들이다. 황충은 전갈처럼 쏘는 독으로 극심한 고통을 주는 지하 세계의 메뚜기로 악마에 어울리는 모습이다. 하나님은 그런 황충으로 사탄에 속한 자들을 심판하신다.

9:5 그러나 그들을 죽이지는 못하게 하시고 황충은 사람들을 죽일 수는 없으며 단지 괴롭힐 따름이다. 이는 생명의 주권이 오직 하나님께 있음을 의미한다. 황충이 사람들을 죽이지 못하는 이유는 하나님이 그들의 회개를 기다리시기 때문이 아니라, 오히려 그들을 더 철저히 심판하시기 위해서이다. 이것을 9:6에서 확인할 수 있는데 사람들은 극심한 고통으로 차라리 죽기를 원하지만 죽을 수가 없다. 죽음이 그들을 피하기 때문이다.

9:5 다섯 달 동안 괴롭게만 하게 하시는데 다섯 달이라는 기간은 해석하기 어렵다. 성서에 다섯 달을 해석할 수 있는 충분한 근거가 없기 때문이

다. 노아 홍수 기간이 150일(창 7:24), 메뚜기의 수명이 5개월, 메뚜기의 출현하는 기간이 5개월이라는 설명 등이 있지만 어느 것도 확실하지 않다. 다만 '비교적 짧은 한시적 기간'을 의미한다는 것은 분명하다. 황충으로 인한 재앙은 매우 참혹하지만 한시적이고 짧은 기간에 그친다. 그러므로 사람들이 견딜 수 있다. 만약 그 기간이 길어진다면 황충 재앙을 견딜 수 있는 사람이 없을 것이다. 마태복음 24:21~22(막 13:19~20)에 하나님께서 택하신 자들을 위해서 환난의 날을 감하신다는 말씀이 있다.

9:5 전갈이 사람을 쏠 때에 괴롭게 함과 같더라 황충이 주는 고통은 전갈이 주는 고통과 같다. 모든 전갈이 치명적 독을 가진 것은 아니지만, 전갈은 독사처럼 독으로 사람을 죽이는 대표적 동물이다. 무저갱에서 올라온 메뚜기는 그런 독을 가지고 있다.

9:6 사람들이 죽기를 구하나 죽지 못하고 이는 황충으로 인한 고통이 극심하다는 말이다. 황충의 독은 사람들이 차라리 죽기를 바랄 정도로 고통스럽다. 그러나 그 때문에 사람이 죽지는 않는다. 죽고 싶을 정도로 고통스럽지만 죽지는 않는다는 말로, 그런 의미에서 황충의 독은 이중의 고통이다. 9:6은 황충의 독 때문에 죽지는 않는다는 사실을 "죽음이 그들을 피하리로다"라고 표현하는데, 이는 지옥의 고통을 암시한다. 지옥은 사람들이 죽고 싶어도 죽을 수 없는 곳인데, 사람들은 황충으로 인해 그런 고통을 맛보게 된다.

9:7 황충들의 모양은 전쟁을 위하여 준비한 말들 같고 9:7~10은 황충의 모습에 대한 묘사로 요엘 2:4~5의 종말론적 메뚜기에 대한 묘사보다 훨씬 자세하다. 요한은 '무엇 같다'라는 표현을 사용해서 황충의 머리, 얼굴, 머리털, 이빨, 흉갑, 날개, 꼬리 등을 자세히 묘사한다. 황충의 전체 모양은 전쟁을 위해 준비한 말과 같다. 이는 황충이 호전적인 존재라는 뜻으로 전쟁의 재앙을 상기시킨다. 요엘 2:4에 '메뚜기의 모양이 말 같고 그 달리는 것은 기병 같다'라는 말씀이 있다.

9:7 그 머리에 금 같은 관 비슷한 것을 썼으며 얼굴은 사람의 얼굴 같고 황충의 모습에 대한 묘사는 비현실적이다. 머리에 관을 쓰고 사람의 얼굴을 했으며, 머리털이 길고 사자 이빨을 가진 메뚜기는 없다(계 9:7~8). 요한은 말을 타고 전쟁하는 기마병의 모습을 황충에 투영하고 있는 듯하다. 황충의 머리에 있는 '금 같은 관'은 기마병이 쓴 투구를 연상케 한다. 황충은 투구를 쓴 사람 모습을 하고 있는 것이다.

9:8 여자의 머리털 같은 머리털이 있고 황충은 투구 아래 긴 머리털을 가지고 있었다. 전설에 의하면 파르티아(Parthia) 기마병의 머리털이 길었다.[1] 파르티아는 유목 민족으로 주전 3세기에 아시아 지역을 침공했으며, 로마의 동쪽 국경 지역에서 로마가 다루기 가장 어려운 적이었다. 파르티아는 기마병이 유명했으며 로마군에게 두려움의 대상이었다.

9:8 그 이빨은 사자 이빨 같으며 황충이 두려운 존재라는 사실을 강조하는 표현이다. 요엘 1:6에 유다를 침공하는 군대를 가리켜 "그들은 강하고 수가 많으며 그 이빨은 사자의 이빨 같고 그 어금니는 암사자의 어금니 같도다"라는 말씀이 있다. 무저갱에서 나온 황충의 모습이 이와 유사하다.

9:9 철 호심경 같은 호심경이 있고 호심경(護心鏡)은 갑옷의 가슴 쪽에 호신용으로 붙인 구리 조각을 말한다. 요한이 환상으로 본 황충의 크기는 실제 메뚜기보다 훨씬 컸을 것이다. 머리에 투구를 쓰고 가슴에 호심경을 할 정도의 크기여야 한다.

9:9 그 날개들의 소리는 병거와 많은 말들이 황충들이 나는 소리는 병거와 말들이 전쟁터로 달려가는 소리 같다. 이를 볼 때 황충의 모습은 분명히 전쟁터로 달리는 기마병의 모습을 연상케 한다. 요엘 2:4~5에 메뚜기 떼가 달리는 기병 같고, 그 소리가 병거 소리 같고, 모습이 군사들이 싸우는 것 같다는 말씀이 있다.

9:10 또 전갈과 같은 꼬리와 쏘는 살이 있어 9:10에서 9:5의 내용이 반복된다. '쏘는 살'은 '켄트론'(κεντρον, sting)으로 '가시, 침'을 의미한다.

9:11 그들에게 왕이 있으니 무저갱의 사자라 황충들에게는 '무저갱의 사자(使者)'라는 왕이 있다. 무저갱의 사자를 직역하면 '깊은 구덩이의 천사'(angel of abyss)인데, 물론 여기서는 타락한 천사를 의미한다. 천사라는 단어의 긍정적 의미를 피하기 위해 '(무저갱의) 사자'라고 번역했을 것이다.

9:11 히브리어로는 아바돈이요 히브리어 '아바돈'(יוֹדַבֲא, destruction, ruin)은 '파괴, 파멸'이라는 뜻으로 '멸망하다, 죽다'라는 동사 '아바드'(דַבָא)에서 온 것이다. 여기서는 '파괴자'라는 의미다. 아바돈은 구약성서의 지혜문학에 등장하는데 개역성서의 경우 욥기 26:6, 28:22, 시편 88:11에서 '멸망'으로 번역했고, 잠언 15:11에서는 '아바돈'으로 음역했다.

9:11 헬라어로는 그 이름이 아볼루온이더라 히브리어 아바돈을 헬라어로 번역한 것이 '아폴뤼온'(Απολλυων, destroyer)이다. 그러므로 아폴뤼온의 뜻도 '파괴자'이다. 이는 동사 '아폴뤼미'(απολλυμι, destroy)에서 온 명사이다. 헬라어 성서인 '칠십인 역'(Septuagint)은 아바돈을 아폴뤼온이 아닌 '아폴레이아'(απωλεια, destruction)로 번역했다(욥 26:6, 28:22, 시 88:11=LXX 87:12, 잠 15:11). 아폴레이아는 단순히 파괴라는 뜻으로 인격화된 파괴자의 의미는 아니다. 보링(M. E. Boring)은 아폴뤼온이 그리스 신 '아폴로'(Απολλων, Apollo)에서 온 언어유희(pun)라고 한다. 도미티아누스가 자신을 아폴로라고 부르기를 좋아했으며, 아폴로의 상징이 메뚜기였기 때문이다.[2]

9:12 첫째 화는 지나갔으나 보라 아직도 이후에 화 둘이 이르리로다 첫째 화는 황충 재앙으로 다섯째 나팔로 인한 것이다. 둘째 화는 여섯째 나팔, 셋째 화는 일곱째 나팔을 의미한다. 이것이 8:13에서 독수리가 외친 '세 번의 화'이다. 첫 번째 화의 의미는 '사람들이 재앙의 길을 원한다면 하나님께서 무저갱의 문을 여신다'라는 것이다.

13 여섯째 천사가 나팔을 불매 내가 들으니 하나님 앞 금 제단 네 뿔에서 한 음성 이 나서

14 나팔 가진 여섯째 천사에게 말하기를 큰 강 유브라데에 결박한 네 천사를 놓아 주라 하매

15 네 천사가 놓였으니 그들은 그 년 월 일 시에 이르러 사람 삼분의 일을 죽이기로 준비된 자들이더라

16 마병대의 수는 이만 만이니 내가 그들의 수를 들었노라

17 이같은 환상 가운데 그 말들과 그 위에 탄 자들을 보니 불빛과 자줏빛과 유황 빛 호심경이 있고 또 말들의 머리는 사자 머리 같고 그 입에서는 불과 연기와 유황이 나오더라

18 이 세 재앙 곧 자기들의 입에서 나오는 불과 연기와 유황으로 말미암아 사람 삼분의 일이 죽임을 당하니라

19 이 말들의 힘은 입과 꼬리에 있으니 꼬리는 뱀 같고 또 꼬리에 머리가 있어 이 것으로 해하더라

20 이 재앙에 죽지 않고 남은 사람들은 손으로 행한 일을 회개하지 아니하고 오히려 여러 귀신과 또는 보거나 듣거나 다니거나 하지 못하는 금, 은, 동과 목석의 우상에게 절하고

21 또 그 살인과 복술과 음행과 도둑질을 회개하지 아니하더라

9:13 하나님 앞 금 제단 네 뿔에서 한 음성이 나서 여섯째 천사가 나팔을 불 때 독수리가 외친 둘째 화가 시작된다. 첫째 화는 하늘에서 떨어진 별로 인해 시작되었는데, 둘째 화는 하나님 앞 금 제단 네 뿔에서 나는 음성으로 시작된다. 성전의 제단은 번제단이든 분향단이든 네 뿔이 있었다(출 27:2, 30:2). 화를 외치거나 재앙을 시작을 알리는 것은 천사나 장로 같은 인격적 존재가 아니라 독수리, 별, 제단의 뿔 같은 비인격적 존재들이다.

9:14 큰 강 유브라데에 결박한 네 천사를 놓아 주라 하매 유브라데는 이라

크를 흐르는 유브라데 강을 말한다. 유브라데에 결박된 네 천사는 7:1~3의 땅 네 모퉁이 선 네 천사가 아니며 다른 곳에서 언급되지 않아 이들의 기원은 알 수 없다. 네 천사를 타락한 천사에 대한 요한의 또 다른 표현으로 이해할 수 있다. 창세기 14:1에 기원을 알 수 없는 네 왕이 등장하는데 그들이 동방에서 온 왕이라는 것은 분명하며, 히브리어로 '천사'(מלאך, 말아크)와 '왕'(מלך, 멜레크)은 발음이 비슷하다. 그러나 9:14의 네 천사를 창세기 14:1의 네 왕과 연결시킬 수는 없다.

둘째 화는 첫째 화와 비슷한 점이 있다. 두 번의 화 모두 숫자를 셀 수 없는 무시무시한 기병대가 환상의 배경이며, 그들을 지휘하는 자는 타락한 천사이다. 첫째 화에서는 무저갱의 황충과 무저갱의 천사가 등장하며, 둘째 화에서는 이만 만의 마병대와 유브라데에 결박된 네 천사가 등장한다. 이렇게 두 번의 화는 유사한 구조를 가지고 있는데, 이들은 시공을 초월한 종말론적 군대로 재앙을 가져온다. 이들을 역사적인 군대로 이해하는 것은 해석에 무리를 가져온다.

하나님께서 아브라함에게 "내가 이 땅을 애굽 강에서부터 그 큰 강 유브라데까지 네 자손에게 주노니"(창 15:18)라고 말씀하셨으므로, 유브라데는 이스라엘의 이상적 경계라고 말할 수 있다. 종말적 재앙을 가져오는 군대는 그 너머 동방에서 온다는 의미일 수 있다. 한편, 유브라데 강은 로마 제국과 파르티아 제국의 국경선이었는데, 파르티아는 로마 제국을 몹시 괴롭힌 나라이다. 그러므로 당시 독자들은 이만 만 마병대에서 파르티아 군대를 연상했을 가능성이 있다. 그러나 사람 삼분의 일이 기병대의 칼이 아니라 말이 내뿜은 불과 연기와 유황으로 죽는 것을 볼 때(계 9:17), 이만 만 마병대를 어떤 역사적 군대로 볼 수는 없다.

9:15 그 년 월 일 시에 이르러 사람 삼분의 일을 죽이기로 준비된 자들이더라 네 천사가 재앙의 천사인 것은 분명하다. 9:11의 '무저갱의 사자'와 같은 존재들인 것이다. 그들은 하나님이 정하신 어느 때에 사람의 삼분의 일을

죽이기로 준비되었다. 네 천사가 이끄는 이만 만 마병대로 인해 사람의 삼분의 일이 죽는다는 것은 아직은 최후의 심판이 아니라는 뜻이다.

9:16 마병대의 수는 이만 만이니 요한은 네 천사가 이끌 마병대의 숫자가 이만 만이라는 소리를 들었다. 이는 두 가지 점에서 무저갱에서 올라온 황충과 유사하다. 첫째, 황충들이 나는 날개 소리가 병거와 많은 말들이 전쟁터로 달려 들어가는 소리와 같았으며, 둘째, 황충들의 숫자 역시 셀 수 없을 정도로 많다는 것이다. 이만 만은 2억으로, 2억 군대는 오늘날에도 비현실적이다. 대부분 십만 미만의 군대로 싸운 로마 시대에는 말할 것도 없다. 그러므로 둘째 화 역시 현실적인 재앙이 아니라 종말론적 재앙을 말한다. 사람이 결코 이길 수 없을 뿐 아니라 저항조차 불가능한 초인간적, 초역사적 재앙이다. 이 사실을 기병과 말에 대한 묘사에서 알 수 있다.(계 9:17)

9:17 불빛과 자줏빛과 유황빛 호심경이 있고 이만 만의 기병대 역시 황충들처럼 호심경을 하고 있다. 무저갱의 황충과 유브라데의 이만 만 기병은 여러 면에서 유사하다. 호심경의 색깔이 '불빛, 자줏빛, 유황빛'이라는 것은 그들의 모습이 무섭고 기괴하다는 것을 강조하는 것이다. 이를 '붉은 빛, 파란 빛, 노란 빛'으로 번역하기도 한다.

9:17 말들의 머리는 사자 머리 같고 이만 만 기병대가 탄 말들의 머리는 사자 같고, 그 입에서 불과 연기와 유황이 나온다. 후자는 마치 용과 같은 모습으로 이만 만 마병대는 말(馬)도 무섭고 기괴하다. 요한은 무서운 재앙을 가져오는 악마 같은 군대를 본 것이다.

9:18 불과 연기와 유황으로 말미암아 이만 만 군대에 의해 사람의 삼분의 일이 죽지만, 정작 사람들을 죽이는 것은 기병대의 칼이 아니라 말이 내뿜은 불과 연기와 유황이다. 불, 연기, 유황은 구약에서 무서움을 일으키는 것들이다. 이는 재앙의 근원이 사람이 아니라 초자연적 존재, 즉 악마임을 암시한다. 재앙의 내용이 역사적, 현실적이 아니라 초역사적, 비

현실적임을 암시하는 것이다. 그러므로 이만 만 군대의 정체를 역사적으로 확인하려는 시도는 불필요하다. 이만 만 마병대의 말은 욥기 41:19~21의 바다 괴물(리워야단)과 비슷한데, 리워야단의 입에서 횃불이 나오고 불꽃이 튀며, 코에서 연기가 나고 그 입김은 숯불을 지핀다.

9:18 사람 삼분의 일이 죽임을 당하니라 사람의 삼분의 일이 죽는다는 것은 아직 진짜 최후가 아니라는 말이다.

9:19 이 말들의 힘은 입과 꼬리에 있으니 이 역시 유브라데의 기병대가 무저갱의 황충과 유사한 점이다. 황충의 이빨은 사자 이빨 같고 그 꼬리에 전갈 같이 쏘는 힘이 있다. 유브라데의 말 역시 입과 꼬리에 힘이 있다. 입에서 불과 연기와 유황이 나와 사람을 죽이며, 꼬리는 뱀의 머리 같아서 사람을 물어 독으로 죽인다.

9:19 꼬리는 뱀 같고 또 꼬리에 머리가 있어 이것으로 해하더라 황충의 꼬리가 전갈 같아서 쏘는 독을 가진 것처럼, 마병대 말의 꼬리는 뱀의 머리 같아서 역시 독을 가지고 있다. 황충의 재앙과 이만 만 마병대의 재앙의 유사점을 또 한 번 확인할 수 있다.

9:20 죽지 않고 남은 사람들은 손으로 행한 일을 회개하지 아니하고 이만 만 마병대 재앙의 핵심 단어는 실은 회개인데, 이는 황충 재앙도 마찬가지다. 극도로 무서운 무저갱의 황충 재앙과 유브라데 마병대 재앙의 목적은 사람들의 회개를 촉구하기 위한 것이다. 그러나 사람들은 지극히 무서운 재앙, 종말의 공포를 경험하면서도 여전히 회개하지 않는다. 초자연적 재앙은 역사의 주인이 하나님이시라는 사실을 밝히 드러내지만, 사람들은 여전히 애굽의 파라오처럼 하나님께 저항한다.

9:20 오히려 여러 귀신과… 금, 은, 동과 목석의 우상에게 절하고 사람들은 회개하지 않고 오히려 귀신과 우상에게 절했다. 우상 숭배는 하나님께 대한 가장 큰 죄로 십계명의 제1, 2계명을 어기는 것이다. 예언자들이 이스라엘의 죄를 고발할 때 가장 흔한 죄가 우상 숭배였다. 사람들은 하나

님이 주관하시는 재앙을 겪으면서도 하나님의 권능을 믿지 않고 오히려 우상을 숭배한다. 하나님을 경외해야 할 때에 하나님이 가장 싫어하시는 일을 행하는 것이다.

성서는 우상이 죽은 존재, 나무나 쇠에 불과하다는 사실을 강조한다. 그래서 우상은 보거나 듣거나 다니거나 하지 못한다고 한다. 다니엘 5:23에 "왕이 또 보지도 듣지도 알지도 못하는 금, 은, 구리, 쇠와 나무, 돌로 만든 신상들을 찬양하고"라는 말씀이 있다(사 44:9~17 참고). 열왕기상 18:27에서 엘리야는 '바알이 혹시 묵상하고 있는지 혹시 그가 잠깐 나갔는지 혹시 그가 길을 행하는지 혹시 그가 잠이 들어서 깨워야 할 것인지'라고 하면서 바알의 선지자들을 조롱한다.

9:21 또 그 살인과 복술과 음행과 도둑질을 회개하지 아니하더라 사람들은 우상 숭배 외에도 여러 가지 죄를 짓지만 그런 죄 역시 회개하지 않는다. 살인은 십계명의 제 6계명에 해당되며, 음행은 7계명, 도둑질은 8계명에 해당된다. 복술은 헬라어 '파르마케이아'(φαρμακεια, sorcery, magic)를 번역한 것으로 마술이나 요술을 의미한다. 18:23에 '바벨론의 복술에 만국이 미혹되었다'라는 말씀이 있다. 구약성서는 복술을 금지하는데(왕하 17:17, 렘 27:9, 겔 12:24, 21:29, 미 5:12, 슥 10:2), 므낫세는 사술을 행하고 신접한 자와 박수를 신임하여 여호와의 진노를 일으켰다(왕하 21:6). 복술(주술)은 갈라디아서 5:20에서 육체에 속한 일 중 하나로 언급되었다.

▶ 9장의 핵심 및 교훈

9장의 핵심은 사람들의 악한 고집과 심판의 당위성이다. 사람들은 재앙으로 극심한 고통을 겪으며 차라리 죽기를 바라면서도 회개하지 않는다. 오히려 살인과 복술과 음행과 도둑질을 계속하고 우상을 섬기면서 하나님께 맞선다. 그러므로 그들의 죄는 심판받지 않을 수 없다. 하나님은 사람들이 회개할 시간을 위해 마지막 날을 늦추고 계시는데, 사람들이 회개는커녕 더욱 악해지니 심판하시는 것이 당연하다. 최후의 심판은 하나님의 무자비하심 때문이 아니라, 끝까지 회개하지 않는 인간의 악한 고집 때문이다. 인간은 자신의 죄 때문에 심판을 받는 것이다.

9장은 하나님의 무서운 진노를 강조한다. 황충과 이만 만 군대라는 초자연적이고 전 지구적인 재앙이 그것이다. 9장은 두 재앙을 아주 상세하게 묘사하는데 재앙의 결과는 몹시 참혹하다. 무저갱의 황충으로 인해 사람들은 차라리 죽기를 바라는데 황충의 재앙이 그만큼 고통스럽다는 말이다. 이만 만 마병대는 악마의 군대 같아서 세상 사람 삼분의 일을 죽인다. 두 재앙은 말로 표현할 수 없는 처참한 환난으로, 이런 초자연적 재앙이 세상 전체를 뒤덮는다. 그래서 9장의 핵심은 하나님의 무서운 진노인 것처럼 보인다.

그러나 황충과 이만 만 마병대 환상의 결론은 이런 우주적 재앙에도 불구하고 사람들이 회개하지 않고 여전히 죄를 짓는다는 것이다. 황충과 마병대 환상은 무서운 재앙을 말하려는 것이 아니다. 이런 재앙에도 불구하고 사람들은 여전히 죄를 짓는다는 것이다. 그래서 장차 있을 최후 심판의 당위성을 말한다. 최후의 심판은 하나님의 인내심과 사랑의 부족 때문이 아니라, 인간의 고집과 회개하지 않는 악함 때문이다. 최후의 심판은 인간이 자초한 것으로 영원한 형벌의 원인은 인간에게 있다.

황충과 마병대 재앙은 이중적 의미를 가지고 있다. 사람들의 죄에 대한 하나님의 징벌이기도 하지만, 그런 재앙을 통해 회개하기를 기대하시는 하나님의 자비이기도 하다. 하나님은 사람들이 무서운 재앙을 겪으며 회개하기를 바라신다. 왜냐하면 최후 심판 후의 형벌은 그보다 훨씬 더 무섭기 때문이다. 하나님의 뜻은 황충과 마병대 재앙을 겪으며 회개하여 그보다 훨씬 무서운 영원한 형벌을 피하라는 것이다. 그러나 사람들은 하나님의 기대와는 달리 더 열심히 귀신과 우상을 숭배한다. 악행을 회개하지 않고 귀신과 우상의 도움으로 재앙을 피하려고 한다. 이것이 마지막 때를 사는 세상의 모습이다. 인간에게 선악과를 먹이는 마귀와 그 유혹에 넘어가는 인간은 예수께서 재림하시는 그날까지 이 세상에 존재한다.

회개는 구원을 향한 첫걸음이며 회개하는 자는 영원한 형벌을 면할 수 있다. 예수께서 "회개하라 천국이 가까이 왔느니라"(마 4:17)는 말씀으로 사역을 시작하신 것처럼 하나님은 인간의 회개를 기다리신다. 9장은 회개를 촉구하는 또 다른 외침이며 동시에 이를 외면하는 자는 영원한 심판을 받을 것이라는 경고이다.

2. 두 증인과 일곱째 나팔_10:1~11:19

● 천사와 작은 두루마리(10:1~11)

1 내가 또 보니 힘 센 다른 천사가 구름을 입고 하늘에서 내려오는데 그 머리 위에 무지개가 있고 그 얼굴은 해 같고 그 발은 불기둥 같으며

2 그 손에는 펴 놓인 작은 두루마리를 들고 그 오른 발은 바다를 밟고 왼 발은 땅을 밟고

3 사자가 부르짖는 것 같이 큰 소리로 외치니 그가 외칠 때에 일곱 우레가 그 소리를 내어 말하더라

4 일곱 우레가 말을 할 때에 내가 기록하려고 하다가 곧 들으니 하늘에서 소리가 나서 말하기를 일곱 우레가 말한 것을 인봉하고 기록하지 말라 하더라

5 내가 본 바 바다와 땅을 밟고 서 있는 천사가 하늘을 향하여 오른손을 들고

6 세세토록 살아 계신 이 곧 하늘과 그 가운데에 있는 물건이며 땅과 그 가운데에 있는 물건이며 바다와 그 가운데에 있는 물건을 창조하신 이를 가리켜 맹세하여 이르되 지체하지 아니하리니

7 일곱째 천사가 소리 내는 날 그의 나팔을 불려고 할 때에 하나님이 그의 종 선지자들에게 전하신 복음과 같이 하나님의 그 비밀이 이루어지리라 하더라

8 하늘에서 나서 내게 들리던 음성이 또 내게 말하여 이르되 네가 가서 바다와 땅을 밟고 서 있는 천사의 손에 펴 놓인 두루마리를 가지라 하기로

9 내가 천사에게 나아가 작은 두루마리를 달라 한즉 천사가 이르되 갖다 먹어 버리라 네 배에는 쓰나 네 입에는 꿀 같이 달리라 하거늘

10 내가 천사의 손에서 작은 두루마리를 갖다 먹어 버리니 내 입에는 꿀 같이 다나 먹은 후에 내 배에서는 쓰게 되더라

11 그가 내게 말하기를 네가 많은 백성과 나라와 방언과 임금에게 다시 예언하여야 하리라 하더라

10:1 힘 센 다른 천사가 구름을 입고 하늘에서 내려오는데 요한은 여섯째 나팔 후에 일곱 나팔과 무관한 두 개의 환상을 본다. 하나는 '작은 두루마리를 가진 천사'(계 10:1~11) 환상이고 다른 하나는 '두 증인'(계 11:1~14)에 대한 환상인데, 이 두 환상은 일곱 나팔과 상관이 없다. 단지 여섯째 나팔과 일곱째 나팔 사이에 들어간 것이다. 이는 여섯째 인과 일곱째 인 사이에 '십사만 사천 명과 수많은 군중에 대한 환상'(계 7:1~17)이 들어간 것과 같다. 종말이라고 해서 재앙과 환난만 있는 것이 아니라 구원도 있다. 작은 두루마리를 가진 천사와 두 증인에 대한 환상은 십사만 사천 명에 대한 환상처럼 마지막 때에 재앙도 있지만 구원도 있다는 사실을 말한다.

'힘 센 천사'는 5:2에도 등장하는데 특별한 지위의 천사를 뜻하는 표현일 것이다. 그러나 누구인지는 알 수 없다. 성서에 가브리엘(단 8:16, 9:21, 눅 1:19, 26)과 미가엘(단 10:13, 21, 12:1, 유 1:19, 계 12:7)이라는 천사 이름이 등장하지만, '힘 센 천사'가 그들 중 하나라고 말할 수는 없다. 성서에서 구름은 하나님의 현현이나 영광과 상관이 있는데(출 13:21, 16:10, 19:9, 민 10:34, 시 99:7, 104:3, 사 19:1, 겔 30:3, 마 17:5, 24:30, 26:64, 계 1:7), 천사가 구름을 옷으로 입었다는 표현은 천상의 존재가 영광스러운 모습으로 나타났다는 의미이다. '힘 센 천사'에 대한 묘사는 하나님과 그리스도의 모습을 연상케 한다.

10:1 그 머리 위에 무지개가 있고 구름을 옷으로 입고 내려오는 힘 센 천사 머리 위에 무지개가 있는데, 무지개는 천사의 영광스럽고 위엄에 찬 모습을 묘사하기 위한 것이다. 무지개는 노아 홍수 후 하나님의 언약의 말씀을 생각나게 하며(창 9:13~16), 하나님의 보좌 주변에 녹보석 색깔의 무지개가 있다.(계 4:3)

10:1 그 얼굴은 해 같고 그 발은 불기둥 같으며 얼굴이 해와 같다는 말 역시 천사의 영광을 나타내기 위한 표현이다. 같은 말이 예수 그리스도를

묘사할 때 사용되었으며(마 17:2, 계 1:16), 시편 80:7, 19에는 '주(하나님)의 얼굴의 광채'라는 유사한 표현이 있다. 하나님을 만난 모세의 얼굴에 광채가 있었다(출 34:29, 30, 34). 발이 불기둥 같다는 표현은 천사의 강함을 나타내기 위한 표현일 것이다. 출애굽 때 하나님의 불기둥이 광야에서 이스라엘 백성을 인도했다.(출 13:21, 22, 14:24)

10:2 그 손에는 펴 놓인 작은 두루마리를 들고 힘 센 천사는 작은 두루마리를 가지고 있는데, 작은 두루마리는 '비블라리디온'(βιβλαριδιον, little book)을 번역한 것이다. 하지만 10:8에서 그냥 두루마리(βιβλιον, 비블리온)로 나오므로 '작은'이라는 형용사에 얽매일 필요는 없다. 그 초점은 크고 작고가 아니라 봉인되었느냐 개봉되었느냐는 것이다. 힘센 천사가 가진 두루마리는 5장의 일곱 인 두루마리인데 그 두루마리가 펼쳐져 있다. 예수께서 이미 일곱 인을 떼셨기 때문이다. 두루마리는 하나님의 말씀을 의미하는데, 요한이 이 두루마리를 먹고 많은 백성과 나라와 방언과 임금에게 다시 예언한다(계 10:11). 종말에 대한 하나님의 뜻이 밝혀졌기 때문이다. 에스겔 2:9~10에 '한 손이 두루마리 책을 가지고 그것을 내 앞에서 펴는데 그 위에 애곡과 재앙의 말이 기록되었더라'는 말씀이 있다.

10:2 그 오른 발은 바다를 밟고 왼 발은 땅을 밟고 바다와 땅을 동시에 밟고 있는 천사의 모습은 초자연적이고 장엄하다. 거대한 모습을 연상케 하며 경외심을 유발한다. 힘 센 천사는 불기둥 같은 발로 바다와 땅을 밟음으로써 세상을 주관하시는 하나님의 주권을 대신 나타내고 있다.

10:3 사자가 부르짖는 것 같이 큰 소리로 외치니 요한계시록에는 큰 소리가 강조되는데(계 1:10, 5:2, 12, 6:10, 7:2, 10, 8:13, 11:12, 15, 12:10, 14:7, 9, 15, 18, 16:1, 17, 18:2, 19:1, 6, 17, 21:3), 천사가 사자처럼 외쳤다는 것은 이를 더욱 강조하는 것으로 심판을 의미한다. 예언서에 하나님을 '울부짖는 사자'에 비유하는 표현이 있으며(호 11:30, 암 3:8), '여호와께서 높은 데서 포효하신다(렘 25:30), '여호와께서 시온에서 부르짖으신다'는 말씀이 있다.(욜

3:16, 암 1:2)

10:3 일곱 우레가 그 소리를 내어 말하더라 일곱 우레는 천사의 사자 같은 부르짖음을 확증해 주는 소리로 하나님의 음성을 뜻한다. 4:5에 "보좌로부터 번개와 음성과 우렛소리가 나고 보좌 앞에 켠 등불 일곱이 있으니 이는 하나님의 일곱 영이라"는 말씀이 있다. 이에 기초하면 일곱 우레는 '하나님의 일곱 영', 즉 성령의 음성이다. 구약성서에 하나님이 우렛소리를 내신다는 말씀이 있다.(삼하 22:14, 욥 26:14, 시 18:13, 29:3, 77:18, 81:7, 104:7)

10:4 일곱 우레가 말한 것을 인봉하고 기록하지 말라 일곱 우레의 소리는 요한이 듣고 알 수 있는 내용이었다. 그래서 요한은 그 말을 기록하려고 했다. 그러나 요한은 그 말을 비밀로 남겨두라는 명령을 받는데, 이는 인간에게 감추어진 하나님의 비밀이 아직 남아있다는 의미이다. 이 비밀은 일곱 째 천사가 나팔을 부는 날 이루어지는데(계 10:7) 마지막 재앙(일곱 대접)과 최후의 심판에 관한 내용일 것이다.

10:5 천사가 하늘을 향하여 오른 손을 들고 오른 손을 든다는 것은 10:6에서 확인할 수 있듯이 맹세의 행위를 의미한다. 다니엘 12:7에 "세마포 옷을 입고 강물 위쪽에 있는 자가 자기의 좌우 손을 들어 하늘을 향하여 영원히 살아 계시는 이를 가리켜 맹세하여 이르되"라는 말씀이 있다.

10:6 세세토록 살아 계신 이… 창조하신 이를 가리켜 맹세하여 이르되 성서에는 '맹세하지 말라'(수 23:7, 마 5:34, 약 5:12), 또는 '하나님의 이름으로 맹세하지 말라'는 말씀이 있다(렘 16:14, 23:7, 호 4:15). 하지만 여기서는 그와 다른 상황이다. 힘 센 천사는 하나님의 이름으로 맹세하는데, '세세토록 살아 계신 이, 하늘, 땅, 바다와 그 안에 있는 모든 것을 창조하신 이'의 이름으로 맹세한다. 이는 영원하신 창조주 하나님의 이름으로 맹세한다는 뜻이다.

10:7 하나님의 그 비밀이 이루어지리라 힘 센 천사가 맹세한 내용은 천

사가 일곱째 나팔을 부는 날 하나님의 비밀이 지체 없이 이루어진다는 것이다. 그 비밀은 하나님이 예언자들을 통해 약속하신 것이며, 영세 전부터 감추어졌으나 예수 그리스도를 통해 드러난 신비의 계시이다.(롬 16:25~26)

10:8 네가 가서… 천사의 손에 펴 놓인 두루마리를 가지라 하기로 하늘에서 들리는 우레 소리는 요한에게 힘 센 천사의 손에 펴 놓인 두루마리를 가지라고 명령하는데, 이는 하나님의 말씀을 받으라는 의미이다. 10:7의 '그 종 선지자들에게 전하신 복음'을 요한에게도 주시는 것이며, 두루마리의 내용을 예언자로서 전하라는 뜻이다. 요한은 자신을 예언자로 소개하고(계 22:9) 자신의 글을 예언이라고 한다.(계 1:3, 22:7, 10, 18, 19)

10:9 천사가 이르되 갖다 먹어 버리라 요한이 천사에게 두루마리를 달라고 했을 때, 천사는 요한에게 그 두루마리를 먹으라고 한다. 두루마리를 먹는다는 것은 하나님의 말씀(계시, 예언)을 받아 전한다는 것을 의미한다. 에스겔이 "너는 이 두루마리를 먹고 가서 이스라엘 족속에게 말하라"는 말씀을 듣고 입을 열자, 하나님께서 두루마리를 에스겔에게 먹이셨는데 두루마리는 에스겔의 입에서 꿀 같이 달았다.(겔 3:1~3)

10:9 네 배에는 쓰나 네 입에는 꿀 같이 달리라 하거늘 하늘의 음성이 요한에게 힘 센 천사가 가진 두루마리를 가지라고 해서 요한은 천사에게 두루마리를 달라고 했다. 천사는 요한에게 두루마리를 주면서 '두루마리가 네 입에는 꿀 같이 달지만 배에는 쓸 것'이라고 말한다. 이는 말씀을 받는 것은 기쁘고 감사하지만 그 내용 때문에 마음이 아플 것이라는 뜻이다. 요한은 심판을 전해야 한다. 하나님의 비밀을 아는 것은 기쁘지만, 그 비밀이 세상에 대한 심판이라는 사실은 슬프다는 의미이다. 시편 19:7~10, 119:103과 에스겔 3:3에 하나님의 말씀이 꿀처럼 달다는 말씀이 있다. 예레미야 15:16에 "내가 주의 말씀을 얻어 먹었사오니 주의 말씀은 기쁨과 내 마음의 즐거움이오나"라는 말씀이 있고, 잠언 16:24에는 '선한

말은 꿀송이 같다'라는 표현이 있다.

10:10 내 입에는 꿀 같이 다나 먹은 후에 내 배에서는 쓰게 되더라 요한이 두루마리를 먹었을 때 천사의 말처럼 입에는 꿀 같이 달지만 배에는 쓴 일이 일어났다. 요한은 하나님의 비밀을 세상에 전해야 하는 사명을 가지게 되었는데, 요한은 그 일이 달면서도 쓰다는 사실을 체험했다.

10:11 그가 내게 말하기를 일곱 우레가 요한에게 말한다는 의미이다. 개역성서는 '그가'라고 단수로 번역했지만 원문으로는 '그들'이라는 복수형이다. 헬라어 동사가 '그들이 내게 말하기를'(λεγουσιν μοι, 레구신 모이)이라고 되어 있다. 이는 10:3~4에서 언급된 '일곱 우레'의 말이라는 의미로 일곱 우레가 주어일 경우 동사는 복수형일 수밖에 없다.

10:11 네가 많은 백성과 나라와 방언과 임금에게 '많은 백성과 나라와 방언과 임금'은 5:9와 7:9에서 언급된 표현으로 온 세상을 의미한다. 두루마리를 먹은 요한은 온 세상을 향해 예언해야 한다는 뜻으로 이 후에 비슷한 표현이 나온다(계 11:9, 13:7, 14:6). 임금이 언급된 것은 임금도 하나님의 말씀을 들어야 할 대상임을 강조한 것으로(계 16:14, 17:10, 12) 요한이 전하는 말이 그만큼 중요하다는 뜻이다.

10:11 다시 예언하여야 하리라 하더라 요한은 예언자로서 지금까지 예언을 했다. 그러나 이제 힘 센 천사에게서 받아먹은 두루마리를 새롭게 예언해야 한다. 이것이 일곱 우레가 요한에게 '네가 다시 예언해야 하리라'고 말한 이유이다.

▶ 10장의 핵심 및 교훈

10장의 핵심은 마지막 때에 하나님이 택하신 자들이 예언의 사명을 다해야 한다는 것이다. 일곱 인 두루마리, 일곱 나팔, 일곱 대접의 환상에서 알 수 있듯이 마지막 때에는 재앙과 환난이 계속된다. 그러나 동시에 하나님의 구원 역사도 계속된다. 하나님은 천사들을 보내셔서 하나님의 인을 칠 십사만 사천 명을 계속 찾으신다(계 7:4~8). 그리고 하나님의 종들도 보내신다. 그들은 구약성서의 예언자들처럼 하나님이 특별히 선택하신 자들로(계 10:7) 그리스도 재림의 날을 위해 말씀을 맡기신 자들이다. 그들은 세상에 마지막 때의 비밀을 전해야 한다.

그들은 철저한 사명감으로 일해야 하는데 구약시대 예언자들보다 훨씬 더 긴박한 때에 사명을 받았기 때문이다. 그들이 마지막 때에 일하는 '종말의 예언자들'이므로 최선을 다해 사명에 충성해야 한다. 비록 그들이 전하는 말이 세상의 행복을 약속하는 말이 아니라 심판에 대한 준엄한 경고이지만 충성을 다해야 한다. 그것이 구원을 향한 외침이기 때문이다. 세상은 마지막 날이 가까이 오고 있음을 모르고 있다. 그날은 믿는 자에게 다시는 밤이 없고 등불과 햇빛이 필요 없는 날이지만, 믿지 않는 자에게는 해와 달이 캄캄해지고 별들이 빛을 잃는 날이다. 마지막 때를 위한 예언자들은 열심히 이 사실을 외쳐야 한다.

이때 중요한 것은 하나님의 말씀을 받은 그대로 전하는 것이다. 요한이 두루마리를 먹었다는 것은(계 10:10) 하나님의 말씀을 받은 그대로 전해야 한다는 뜻이다. 하나님의 말씀을 받은 그대로 전하지 않고 세상의 가치나 인간의 지혜를 섞어 전하는 자는 거짓 예언자이다. 마지막 날이 가까울수록 거짓 예언자들이 많아지는데 하나님을 팔아 자신들의 배를 불리는 자들이며 마귀의 유혹에 넘어간 자들이다.

거의 모든 이단들이 요한계시록을 이용해 거짓을 설파하며 요한계시록의 환상을 제 멋대로 왜곡한다. 대부분의 이단들이 십사만 사천 명을 언급하면서 자신들만 그 숫자에 속한다고 주장한다. 천사가 요한에게 '너는 다시 예언해야 한다'(계 10:11)라고 말한 이유는 마지막 날에 대한 세상의 무지 때문이기도 하지만, 거짓 예언자들이 교회와 믿는 자들을 미혹하기 때문이다. 종말의 예언자들은 이런 거짓 예언자들로부터 교회를 지키고 하나님의 백성을 보호해야 한다.

마지막 때를 위해 선택된 예언자의 사명은 결코 달콤하지 않다. 하나님의 말씀 자체는 진리의 기쁨을 주지만, 선포해야 할 내용이 심판과 재앙이기 때문이다. 심판과 재앙의 이유는 인간의 죄와 고집 때문이고, 회개하라는 경고를 무시하는 인간의 교만과 불순종 때문이다. 그러나 무서운 심판에 대한 예언은 예언자에게 심한 중압감을 준다. 예언을 받는 일 자체가 예언자에게 심리적, 육체적 부담을 준다(겔 3:15, 단 7:28, 8:27, 10:8). 예언자는 때로 하나님 말씀을 전하는 일 때문에 치욕을 당하고 모욕을 받는다.(렘 20:8)

그럼에도 불구하고 예언자는 하나님의 말씀을 받은 그대로 전해야 한다. 예레미야는 하나님의 말씀을 전하지 않겠다고 결심해 보았다. 하지만 그때마다 '하나님의 말씀이 마음속에서 불처럼 타올라 뼛속까지 타들어가는 경험'을 했다(렘 20:9). 그래서 결국은 하나님께 항복했다. 아모스 역시 "주 여호와께서 말씀하신즉 누가 예언하지 아니하겠느냐"(암 3:8)라고 고백한다. 비록 예언의 내용이 사람들에게 환영받지 못하고 하나님의 준엄한 말씀으로 인해 심리적, 육체적 중압감을 느끼고, 예언의 결과가 치욕과 모욕이라고 할지라도 마지막 때를 위해 택함을 받은 예언자는 충성을 다해야 한다. 심판의 날을 선포하는 그들의 사명이 막중하기 때문이다.

● 두 증인(11:1~14)

1 또 내게 지팡이 같은 갈대를 주며 말하기를 일어나서 하나님의 성전과 제단과 그 안에서 경배하는 자들을 측량하되
2 성전 바깥 마당은 측량하지 말고 그냥 두라 이것은 이방인에게 주었은즉 그들이 거룩한 성을 마흔두 달 동안 짓밟으리라
3 내가 나의 두 증인에게 권세를 주리니 그들이 굵은 베옷을 입고 천이백육십 일을 예언하리라

4 그들은 이 땅의 주 앞에 서 있는 두 감람나무와 두 촛대니

5 만일 누구든지 그들을 해하고자 하면 그들의 입에서 불이 나와서 그들의 원수를 삼켜 버릴 것이요 누구든지 그들을 해하고자 하면 반드시 그와 같이 죽임을 당하리라

6 그들이 권능을 가지고 하늘을 닫아 그 예언을 하는 날 동안 비가 오지 못하게 하고 또 권능을 가지고 물을 피로 변하게 하고 아무 때든지 원하는 대로 여러 가지 재앙으로 땅을 치리로다

7 그들이 그 증언을 마칠 때에 무저갱으로부터 올라오는 짐승이 그들과 더불어 전쟁을 일으켜 그들을 이기고 그들을 죽일 터인즉

8 그들의 시체가 큰 성 길에 있으리니 그 성은 영적으로 하면 소돔이라고도 하고 애굽이라고도 하니 곧 그들의 주께서 십자가에 못 박히신 곳이라

9 백성들과 족속과 방언과 나라 중에서 사람들이 그 시체를 사흘 반 동안을 보며 무덤에 장사하지 못하게 하리로다

10 이 두 선지자가 땅에 사는 자들을 괴롭게 한 고로 땅에 사는 자들이 그들의 죽음을 즐거워하고 기뻐하여 서로 예물을 보내리라 하더라

11 삼 일 반 후에 하나님께로부터 생기가 그들 속에 들어가매 그들이 발로 일어서니 구경하는 자들이 크게 두려워하더라

12 하늘로부터 큰 음성이 있어 이리로 올라오라 함을 그들이 듣고 구름을 타고 하늘로 올라가니 그들의 원수들도 구경하더라

13 그 때에 큰 지진이 나서 성 십분의 일이 무너지고 지진에 죽은 사람이 칠천이라 그 남은 자들이 두려워하여 영광을 하늘의 하나님께 돌리더라

14 둘째 화는 지나갔으나 보라 셋째 화가 속히 이르는도다

11:1 또 내게 지팡이 같은 갈대를 주며 말하기를 요한은 지팡이 같은 갈대를 받았는데 누가 요한에게 이를 주었는지 분명치 않다. 10:8~10의 두루마리처럼 천사가 하늘의 음성을 따라 지팡이 같은 갈대를 주었을 것이다. 21:15~17에 '금 갈대 자로 측량하는 이야기가 나오는데 갈대는 측량 도구로 사용되었다. 에스겔 40:3, 5, 42:16에 언급된 '측량하는 장대'가 바

로 '갈대'(קָנֶה, 카네)로 된 장대이다. 에스겔 40:5에 의하면 측량하는 장대는 길이가 6척인데, 여기서 '척'은 히브리어 '아마'(אַמָּה, cubit)를 번역한 것으로 약 50cm이다. 그러므로 측량하는 장대의 길이는 약 3m이다. 에스겔 29:6에 '애굽은 이스라엘 족속에게 갈대 지팡이라'는 말씀이 있다. 여기서의 갈대 지팡이는 측량도구가 아니라 이스라엘이 의지할 수 없는 약한 지팡이라는 뜻이다.

11:1 하나님의 성전과 제단과 그 안에서 경배하는 자들을 측량하되 천사는 요한에게 성전과 제단을 측량하라고 명령한다. 에스겔 40~42장에 성전을 측량하는 환상이 있는데 구약성서에서 측량은 '재건과 회복'(겔 40~42장, 슥 2:1~2), 또는 '처벌과 파괴'를 상징한다(삼하 8:2, 왕하 21:13, 사 34:11, 암 7:7~9, 애 2:8). 11:1에서는 '보호'의 의미가 강하다. '측량하라'는 말이 적그리스도의 공격으로부터 하나님의 백성을 보호하라는 의미로 사용된 것이다. '그 안에서 경배하는 자들을 측량하되'라는 말은 '사람들이 그 안에서 경배하는 하나님의 성전과 제단을 측량하되'라는 말로 이해해야 한다. 사람을 갈대 자로 측량할 수는 없기 때문이다. 하나님의 성전과 제단을 측량하라는 말은 곧 거기서 경배하는 하나님의 백성을 보호하라는 뜻이다. 예루살렘 성전은 주후 70년 로마 군대에 의해 철저히 파괴되었으므로 요한계시록 기록 당시 성전과 제단을 물리적으로 측량할 수는 없었다.

11:2 성전 바깥 마당은 측량하지 말고 그냥 두라 '성전 바깥마당'은 이방인의 뜰을 의미하며, '하나님의 성전과 제단'(계 11:1)에 대비되는 장소이다. 예루살렘 성전은 '유대인의 뜰, (유대인) 여자들의 뜰, 이방인의 뜰'로 구분되어 있었다. 여기서 이방인의 뜰은 성전 건물 바깥으로 성전산(山)의 뜰을 의미한다. 이방인들은 성전산 출입은 가능했으나 성전 건물 안으로는 들어갈 수 없었다. 성전 건물을 둘러싸고 약 1.5m(3cubits) 높이의 돌벽이 있었는데 거기에 13개의 출입구가 있었으며 출입구마다 헬라어와 라

틴어로 이방인의 출입을 금하는 경고문이 있었다.[3] 만약 이방인이 이 안으로 들어가면 죽임을 당할 것이라는 경고문이었다. 사람들이 성전에서 바울을 죽이려 했던 이유가 바울이 이방인들을 성전 안으로 데려 들어 갔다고 오해했기 때문이다.(행 21:27~30)

천사는 요한에게 성전 바깥마당을 측량하지 말라고 하는데, 이는 거기 있는 자들은 보호하지 말라는 뜻이다. 그 곳은 이방인들에게 주어진 곳으로, 그들이 42달 동안 거룩한 성을 짓밟을 때 성전 바깥마당도 짓밟을 것이다. 이것은 한시적이긴 하지만 하나님의 백성 중에 보호받지 못하는 자들, 즉 박해받는 자들이 있을 것이라는 의미다. 성전 바깥마당은 악한 자들의 장소가 아니다. 유대인들이 보통 성전이라고 할 때 이방인의 뜰까지 포함했던 것처럼 11:2의 성전 바깥마당 역시 하나님의 백성에게 속한 영역으로 교회를 뜻한다고 할 수도 있다. 성전 바깥마당을 측량하지 말라는 말은 교회가 박해를 당할 것이라는 말인 것이다. 하나님의 성전과 제단은 측량하지만(계 11:1) 성전 바깥마당은 측량하지 말라는 것은 (계 11:2) 하나님의 백성은 영적으로 하나님의 보호를 받지만 현실적으로는 박해받는다는 것을 의미한다.

11:2 그들이 거룩한 성을 마흔두 달 동안 짓밟으리라 여기서 '그들'은 이방인들로 적그리스도의 세력을 말한다. 삼년 반은 칠년의 절반으로 한시적 기간을 의미한다. 그 기간이 영원하지 않다는 말이다. 삼년 반(마흔두 달, 천이백육십 일, 한 때와 두 때와 반 때)이라는 표현에 내포된 핵심은 영원하지 않다는 것이다. 요한계시록에서 삼년 반은 마지막 때를 상징하는 표현으로 그리스도의 초림에서 재림까지의 기간을 말한다. 삼년 반이 끝나면서 마지막 날이 온다. 그렇게 분명히 끝이 있기 때문에 삼년 반(마흔두 달, 천이백육십 일, 한 때와 두 때와 반 때)이라고 표현한다.

삼년 반은 다니엘 7:25, 12:7에 나오는데 다니엘서에서 삼년 반은 하나님 백성이 겪는 고난의 기간을 의미한다. 이것은 요한계시록에서도 마찬가지다(계 11:2, 3, 12:6, 14, 13:5). 이방인들이 거룩한 성을 '마흔두 달' 동안 짓밟는다는 말은 하나님의 백성이 겪는 고난이 한시적이라는 말이다. 그 고난이 하나님의 계획 아래 있다는 말이기도 하다. 마지막 때에 세상이 주는 고난, 교회가 경험하는 고난은 반드시 끝이 있다. 그 고난은 결코 영원하지 않으므로 교회는 고난을 인내해야 한다.

11:3 내가 나의 두 증인에게 권세를 주리니 여기서 '나'는 하나님이신데 '두 증인'이 누구인지 알기는 어렵다. 그래서 요한계시록에서 해석이 어려운 곳 중 하나로 여긴다. 두 증인을 역사적 인물로 보는 경우, 에녹과 엘리야(하늘로 승천), 여호수아와 스룹바벨(슥 4:3, 12~14. 귀환 후 종교 및 정치 지도자), 모세와 엘리야, 베드로와 바울 등으로 설명한다. 그러나 내적 증거의 부족으로 모두 설득력이 떨어진다. 그래서 두 증인을 비역사적 인물, 즉 순수한 종말론적 인물로 설명하기도 한다. 누구인지 알 수 없는 상징적 인물이라는 것이다. 그러나 두 증인을 개인으로 보기에는 무리가 있다. 11:4~12에서 보는 그들에 대한 묘사가 개인으로 보기 어렵기 때문이다. 두 증인을 교회로 보는 해석도 있는데 이 경우 두 증인이 아시아 일곱 교회 중 칭찬만 받은 서머나, 빌라델비아 교회를 상징한다고 설명한다. 그러나 이 역시 해석에 무리가 따른다. 그럴 경우 나머지 다섯 교회는 하나님의 구원 계획과 무관한 곳이 되어 버리기 때문이다.

두 증인은 '예수 그리스도에 대한 증인'을 말하는 것으로 '하나님의 백성' 전체를 상징하는 인물로 보아야 한다. 그것을 두 증인이라고 한 것은 '옛 언약의 백성'(이스라엘)과 '새 언약의 백성'(교회)이 있기 때문이다(히 8:8, 10, 13, 9:10, 15, 10:9, 16). 요한계시록은 새 언약의 백성을 위한 책이지만 옛 언약의 백성이 있었음을 강조한다. 그래서 하나님 보좌 앞에 이십사 장로가 있으며, 하나님의 인침을 받는 자가 이스라엘 열두 지파의 십사만 사천 명이다. 사실 옛 언약의 백성이 있었기 때문에 새 언약의 백성이 있을 수 있다. 이 둘을 합쳐야 진정한 의미의 하나님의 백성이 된다.

11:3 그들이 굵은 베옷을 입고 천이백육십 일을 예언하리라 굵은 베옷은 삼베로 된 자루 옷을 말하며 슬픔과 회개를 상징한다(대상 21:16, 느 9:1, 에 4:1~4, 시 35:13, 사 37:1~2, 단 9:3, 욜 1:8, 13, 욘 3:5~6, 마 11:21). 두 증인은 굵은 베옷을 입고 천이백육십 일 동안 예언하는데, 이는 정확히 마흔두 달로 이방인들이 거룩한 성을 짓밟는 기간이다(계 11:2). 두 증인의 모습은 스스로 회개하면서 예루살렘과 성전의 운명을 슬퍼하는 예언자의 모습이다.[4] 이것은 적그리스도의 세력이 교회를 박해하는 동안 하나님의 백성은 회개하면서 말씀으로 고난을 이긴다는 것을 의미한다.

11:4 두 감람나무와 두 촛대니 감람나무(올리브나무)는 기름부음 받은 자를 상징하며, 기름부음 받은 자는 선택받은 자를 말한다. 두 증인은 하나님의 백성이기 때문에 선택받은 자들이 맞다. 구약성서는 이스라엘을 포도나무(시 80:8~16, 호 10:1), 포도밭(사 5:1~7, 27:2~6, 렘 12:10), 무화과나무(호 9:10, 미 7:1~4, 렘 8:13, 29:17), '좋은 열매 맺는 아름다운 푸른 감람나무'에 비유한다(렘 11:16). 촛대는 1:12~13, 20에서 볼 수 있듯이 교회를 상징하는데 교회가 세상의 빛이 됨을 뜻하는 것이다. 두 감람나무와 두 촛대는 같은 의미를 반복한 것으로 둘 다 옛 언약의 백성과 새 언약의 백성을 말한다. 두 증인은 두 감람나무이며 두 촛대로서 옛 이스라엘과 새 이스라엘을 말하는 것이다. 스가랴 4:1~5에 순금 등잔대와 두 감람나무에 대한 환상이 있는데 순금 등잔대는 하나님의 현존하심을 상징하며(슥 4:10 참고), 두 감람나무는 정치 지도자인 스룹바벨과 종교 지도자인 여호수아를 상징한다.

11:5 그들의 입에서 불이 나와서 문자적으로는 두 증인의 입에서 불이 나와 두 증인의 원수를 삼켜 버릴 것이라는 말이다. 이는 하나님의 백성이 가진 말씀에 불과 같은 권세가 있어서 적그리스도의 세력을 이긴다는 의미이다. 예레미야 5:14에 "내가 네 입에 있는 나의 말을 불이 되게 하고 이 백성을 나무가 되게 하여 불사르리라"는 말씀이 있다. 두 증인의 입에

서 불이 나와 원수를 삼킨다는 말씀은 열왕기하 1장의 사건을 연상시킨다. 아합이 보낸 오십 부장과 그 부하들이 엘리야를 잡으러 갔을 때 하늘에서 불이 내려와 그들을 태워버리는 일이 두 번 있었다.(왕하 1:9~12)

11:6 하늘을 닫아 그 예언을 하는 날 동안 비가 오지 못하게 하고… '비가 오지 못하게 한다'는 전반부는 엘리야의 경험이며(왕상 17~18장), '물을 피로 변하게 하고 여러 가지 재앙으로 땅을 친다'는 후반부는 모세의 경험이다(출 7~11장). 하나님께서 엘리야와 모세를 통해 하신 일을 이제 교회를 통해 하신다는 뜻이다. 하나님께서 자신의 백성을 도와 세상을 이기도록 하신다.

11:7 무저갱으로부터 올라오는 짐승이 여기서 짐승은 하나님의 백성을 대적하는 사탄의 세력을 말하는데 짐승이 무저갱에서 올라온다는 표현에서 이를 알 수 있다. 이 짐승을 13:1, 11의 짐승과 같다고 보아야 한다. 11:7의 짐승은 단수형이고, 무저갱에서 올라오고, 정관사가 있다. 13:1, 11의 짐승은 둘이고, 땅과 바다에서 올라오고, 정관사가 없다. 하지만 '짐승'(θηριον, 쎄리온)이라는 단어가 같으며 무엇보다 하는 일이 같다. 하나님의 백성을 괴롭히고 우상을 숭배하도록 하는 것이다. 요한이 말하고자 하는 것은 짐승(적그리스도)이 두 증인(하나님의 백성)의 적이며, 그 배후에 사탄이 있다는 것이다.(엡 6:12 참고)

11:7 그들과 더불어 전쟁을 일으켜 그들을 이기고 그들을 죽일 터인즉 무저갱에서 올라온 짐승은 두 증인과 전쟁을 한다. 그런데 그 전쟁에서 짐승이 이기고 두 증인이 죽는다. 이는 하나님의 백성이 적그리스도와 싸워 하나님의 백성이 진다는 뜻이다. 물론 이것은 일시적인 결과일 뿐이며 두 증인은 다시 살아난다(계 11:11). 여기서 '전쟁'(πολεμος, 폴레모스, war, battle)이라는 단어가 사용된 이유는 이 싸움이 개인 간의 싸움이 아니라 백성 간의 싸움이라는 뜻이기 때문이다. 두 증인이 죽는다는 것은 한시적이나마 세상이 교회를 이기고 순교자들이 생긴다는 말이다. 그러나 이것이 교회의 완전한 패배는 아니다. 적그리스도의 세력은 한시적

인 시간을 의미하는 마흔두 달 동안만 거룩한 성을 짓밟을 수 있다(계 11:2). 짐승에게 죽임을 당한 두 증인은 다시 살아나 하늘로 올라간다.(계 11:11~12)

11:8 그들의 시체가 큰 성 길에 있으리니 여기서 큰 성은 예루살렘을 의미한다. 11:8 후반부에 '그들의 주께서 십자가에 못 박히신 곳이라'는 말씀이 있다. 그렇다면 두 증인의 시체가 예루살렘에 버려진다는 의미는 무엇인가? 여기서 예루살렘은 긍정적인 이름이 아니라, 영적으로 소돔이라고도 하고 애굽(이집트)이라고도 하는 부정적인 이름이다. 소돔은 타락을 의미하고 애굽은 압제를 뜻한다. 그러므로 두 증인의 시체가 예루살렘에 버려진다는 의미는, 물질과 음란에 타락한 도시, 어린 양에 대한 믿음을 억압하는 도시로 인해 믿음의 증인들이 소멸된다는 것이다. 하나님의 백성이 그런 도시에서 소금과 빛의 역할을 하지 못하고, 오히려 유혹을 받고 박해를 받아 존재감이 사라진다는 것이다. 영적 소돔의 현대적 예로 포르노 산업을 들 수 있고, 영적 애굽의 현대적 예로 북한 정권을 들 수 있다. 포르노 산업으로 많은 기독교인들이 타락했고, 북한 정권 아래 교회는 완전히 소멸되었다. 그리스도의 초림과 재림 사이에 그런 일들이 일어날 것이라는 말씀이다.

11:9 그 시체를 사흘 반 동안을 보며 무덤에 장사하지 못하게 하리로다 세상은 두 증인의 죽음을 당연시 여긴다. 두 증인의 시체를 사흘 반 동안 장사하지 못하게 하는 것은 두 증인의 죽음이 정당한 결과라는 뜻이다. 죽어 마땅한 존재들로서 죽어서도 고통을 받아야 하며, 그래서 많은 사람들이 봐야 한다는 것이다. 악한 세상은 교회가 죽어야 한다고 생각한다. 11:9는 이 사실을 강조한다. 때로 교회가 죽은 것처럼 보이기도 하지만 그런 기간은 한시적이다. 하나님의 백성은 결코 완전히 죽지 않으며 한시적으로 그럴 뿐이다.

11:10 두 선지자가 땅에 사는 자들을 괴롭게 한 고로 두 증인은 여기서 선

지자로 소개되는데, 이는 마지막 때에 존재하는 교회에 예언이 중요하다는 의미다. 예언은 하나님의 말씀을 바로 전하는 것이며(신 18:19~20), 하나님의 말씀을 받은 그대로 선포하는 자가 예언자이다. '땅에 사는 자들'은 세상 사람을 의미하는데 두 증인은 진리와 정의의 말씀으로 세상 사람들을 괴롭혔다. 하나님 말씀으로 세상의 죄를 고발하고 그들의 타락을 지적한 것이다. 두 증인은 교회에 대한 세상의 박해가 장차 무서운 결과를 가져올 것이라고 경고한다. 그러나 세상은 교회의 참된 예언을 듣기 싫어하며 받아들이기는커녕 오히려 반발한다.

11:10 그들의 죽음을 즐거워하고 서로 예물을 보내리라 하더라 세상은 교회의 죽음을 당연시 할 뿐 아니라(계 11:9) 교회의 죽음을 즐거워한다. 세상은 교회의 고통을 기뻐하는데 서로 예물을 할 정도로 기뻐한다. 여기서 예물은 '선물'(δωρον, 도론, gift)을 의미한다. 하나님의 백성은 이 사실에 놀라지 말아야 하는데 빛과 어둠은 애초부터 하나가 될 수 없다.(요 1:5, 3:19, 8:12, 12:35, 46, 행 26:18, 롬 13:12, 고후 6:14, 엡 5:8, 살전 5:5, 요일 1:5, 2:8, 9)

11:11 삼 일 반 후에 하나님께로부터 생기가 두 증인은 죽은 채로 끝나지 않는다. 삼 일 반 후에 하나님의 생기가 그들 속에 들어가 다시 살아난다. 교회가 세상의 유혹과 박해로 인해 때로 죽은 것처럼 보여도 그 기간은 일시적이다. 교회는 하나님의 생기, 즉 성령님의 도우심을 받아 다시 그 활력을 되찾는다. 그리스도의 재림까지 하나님의 백성이 완전히 죽는 경우는 없으며, 그렇게 보이는 순간조차도 하나님의 남은 백성이 있다. 북한의 무서운 60년 탄압 속에서도 하나님의 생기를 가진 남은 자들은 여전히 존재한다. 두 증인이 살아나는 일을 묘사하는 '생기'와 '발로 일어섬'은 마른 뼈 환상을 보여 주는 에스겔 37:10에서 사용된 단어와 같다.

11:11 구경하는 자들이 크게 두려워하리라 세상이 하나님의 백성을 누려

위한다는 말인데 세상은 죽은 것 같던 교회를 다시 살리시는 하나님의 능력을 보고 하나님의 백성을 두려워한다. 하나님의 권능을 눈으로 보고 성령님의 능력을 체험했기 때문이다.

11:12 그들이 듣고 구름을 타고 하늘로 올라가니 다시 살아난 두 증인은 '이리로 올라오라'는 하늘의 음성을 듣고 하늘로 올라간다. 이는 교회의 영광이 회복됨을 의미한다. 순교자 개인은 다시 살아날 수 없다. 그러나 그리스도의 몸 된 교회는 박해 후에 다시 살아나 그리스도의 영광을 재현한다. 사람이 구름을 타고 승천하는 모습은 사람이 경험할 수 있는 가장 영광스런 모습인데 두 증인이 그런 모습이다. 11:12는 엘리야나 예수님의 승천에서 영향을 받았을 것이다.(왕하 2:9~11, 행 1:6~11)

11:13 그 때에 큰 지진이 나서 성 십분의 일이 무너지고 11:13은 타락과 압제의 성 예루살렘에 대한 하나님의 심판을 의미한다. 지진으로 예루살렘 십 분의 일이 무너지는데, 지진은 종말의 대표적 징조로 심판의 도구로 사용된다(겔 38:19~20, 계 6:12 주석 참고). 성의 십분의 일이 무너진다는 것은 하나님의 심판이 제한적이라는 의미다. 지금 여섯째 나팔이 진행 중으로 일곱째 나팔이 남았으며 아직 그리스도 재림의 날이 아니다. 성의 십분의 일이 무너지는 것과는 대조적으로 구약성서에 백성의 십분의 구가 쫓겨나고(사 6:13), 전쟁에 나간 군인의 십분의 구가 죽는다는 표현이 있다(암 5:3). 그리고 예레미야애가 2:6~8에 하나님께서 이스라엘에 대한 벌로 예루살렘 성전과 궁전과 성벽을 허무신다는 말씀이 있다.

11:13 지진에 죽은 사람이 칠천이라 칠천 명은 성의 십분의 일이 무너진 것과 상관이 있을 수 있다. 성의 십분의 일이 무너지면서 주민의 십분의 일에 해당하는 칠천 명이 사망하는 것이다. 그러나 칠천은 완전수 7에 가장 큰 수 천(千)이 곱해진 것이므로 하나님이 진멸하기로 결정하신 수 전체를 의미하는 것으로 보는 것이 낫다. 제한적인 심판임에도 불구하고 하나님이 정하신 숫자만큼 멸망당하는 것이다. 칠천 명은 짐승에 충성

했던 자들일 것이다.

11:13 그 남은 자들이 두려워하여 영광을 하늘의 하나님께 돌리더라 성서 다른 곳에도 하나님을 두려워하며 하나님께 영광을 돌린다는 표현이 있다(시 22:23, 마 9:8, 눅 5:26, 7:16). 성서에서 하나님께 영광을 돌린다는 것은 죄를 회개하거나 우상숭배를 버리고 하나님께로 돌아온다는 의미가 있다(수 7:19, 대상 16:28~29, 렘 13:16, 단 5:23, 마 9:8, 눅 5:26, 요 9:24). 비록 영적 '소돔과 애굽'에 사는 주민들이지만, 두 증인이 살아나 승천하는 것을 본 후에는 하나님을 두려워하고 하나님께 영광을 돌릴 수밖에 없었다.

11:14 보라 셋째 화가 속히 이르는도다 '독수리가 외친 세 화'(계 8:13) 중에 첫째 화는 다섯째 나팔이었으며(계 9:1), 둘째 화는 여섯째 나팔이었다(계 9:12~13). 그러므로 셋째 화는 일곱째 나팔이다(계 11:15). 그러나 일곱째 나팔로 인한 환상은 다섯째 나팔의 무저갱의 황충이나 여섯째 나팔의 이만 만 마병대 같은 재앙이 아니다. 천사가 일곱째 나팔을 불 때, 그리스도를 찬양하는 하늘의 음성이 들리고 이십사 장로가 하나님을 경배하며 하늘의 성전이 열렸다. 그래서 셋째 화를 16장의 일곱 대접으로 설명하기도 한다.

그러나 일곱째 나팔로 인한 환상 역시 화로 볼 수 있다. '온 세상이 하나님과 그리스도가 다스리는 나라가 되는 것'(계 11:15, 17)과, '이십사 장로들이 주의 진노가 내려 땅을 망하게 하는 자를 멸망시킬 때라고 외치는 것'(계 11:18)과, '하늘에 있는 성전이 열리고 그 안에 번개와 음성들과 우레와 지진과 큰 우박이 있는 것'(계 11:19)이 세상에 속한 자들에는 화이기 때문이다.

● 일곱째 나팔(11:15~19)

15 일곱째 천사가 나팔을 불매 하늘에 큰 음성들이 나서 이르되 세상 나라가 우리 주와 그의 그리스도의 나라가 되어 그가 세세토록 왕 노릇 하시리로다 하니

16 하나님 앞에서 자기 보좌에 앉아 있던 이십사 장로가 엎드려 얼굴을 땅에 대고 하나님께 경배하여

17 이르되 감사하옵나니 옛적에도 계셨고 지금도 계신 주 하나님 곧 전능하신 이여 친히 큰 권능을 잡으시고 왕 노릇 하시도다

18 이방들이 분노하매 주의 진노가 내려 죽은 자를 심판하시며 종 선지자들과 성도들과 또 작은 자든지 큰 자든지 주의 이름을 경외하는 자들에게 상 주시며 또 땅을 망하게 하는 자들을 멸망시키실 때로소이다 하더라

19 이에 하늘에 있는 하나님의 성전이 열리니 성전 안에 하나님의 언약궤가 보이며 또 번개와 음성들과 우레와 지진과 큰 우박이 있더라

11:15 일곱째 천사가 나팔을 불매 하늘에 큰 음성들이 나서 이르되 천사가 일곱째 나팔을 불 때 하늘에서 하나님의 영광을 찬양하는 큰 음성들이 들린다. 큰 음성들의 주인공은 하나님 보좌 주변의 모든 천사이거나(계 8:11), 보좌 앞의 셀 수 없는 무리일 수 있다(계 8:9). 10:7에 '일곱째 천사가 나팔을 불려고 할 때 하나님의 그 비밀이 이루어질 것'이라는 말씀이 있는데 11:15~18이 바로 천사가 말한 '하나님의 그 비밀'일 것이다. 그것은 세상 나라가 하나님 나라가 되어 하나님이 왕이 되시는 것이고(계 11:15, 17), 하나님께서 심판하실 자는 심판하시고 상 주실 자는 상 주신다는 것이다(계 11:18). 이 둘은 서로 연결되어 있다.

11:15 세상 나라가 우리 주와 그의 그리스도의 나라가 되어 세상 나라가 하나님의 나라가 된다는 것은 세상 나라가 하나님 나라에 굴복한다는 뜻이다. 오랫동안 사탄의 영향을 받던 나라가 하나님이 다스리시는 나라가 된다는 말로, 세상 나라에 대한 하나님 나라의 승리를 의미한다. '세상 나라'는 복수형이 아니라 단수형으로 세상 나라 전체를 하나의 왕국으로 보면서 하나님 나라와 대비시킨 것이다. '우리 주'는 성부 하나님을 가리키는데, '그의 그리스도'라는 표현이 이를 뒷받침한다.

11:15 그가 세세토록 왕 노릇 하시리로다 하나님 나라가 세상 나라를 이

긴 후 하나님께서 영원히 그 나라의 왕이 되신다. 하나님이 다스리시는 부활의 나라가 그 나라이다. 이것이 10:7에서 천사가 말한 '하나님의 그 비밀'의 핵심이며 요한계시록 전체의 핵심이기도 하다. 다니엘 8:25, 디모데전서 6:15, 요한계시록 17:14, 19:16은 하나님을 가리켜 '만왕의 왕이시라고 한다.

11:17 옛적에도 계셨고 지금도 계신 주 하나님 이는 영원하신 하나님을 묘사하는 전형적인 표현이다(계 1:4, 8, 4:8). 다만 '앞으로도 계실 분'이라는 내용이 빠져 있다. 일곱째 나팔에서 하나님의 비밀이 완성됨으로써 하나님은 앞으로 오실 분이 아니라 이미 오신 분으로서 영원히 함께 계시는 분이 된다.

11:17 친히 큰 권능을 잡고 왕 노릇 하시도다 11:17~18은 이십사 장로들의 찬양이다. 이십사 장로들은 영원하시고 전능하신 하나님이 '친히 권능을 잡고 왕 노릇 하시도다'라고 찬양한다. 이는 11:15에서 하늘의 큰 음성들이 외친 것과 같은 내용이다.

11:18 이방들이 분노하매 주의 진노가 내려 죽은 자를 심판하시며 믿지 않는 자들은 하나님이 세상 나라를 이기시고 세세토록 왕 노릇 하시는 일에 분노한다(시 2:1, 5, 행 4:25 참고). 이는 하나님 나라가 사탄과 그를 따르는 자들의 저항을 받을 것이라는 뜻이다. 심판은 성서의 핵심 주제(창조, 타락, 구원, 심판) 중 하나로 죄인은 결코 하나님의 심판을 피할 수 없다. '죽은 자를 심판하시며'라는 말은 죽은 자들이 심판 받을 때가 왔다는 의미이다.

11:18 주의 이름을 경외하는 자들에게 상 주시며 죄인들이 하나님의 심판을 받는다면 의인들은 하나님의 상($\mu\iota\sigma\theta\sigma\varsigma$, 미스쏘스, reward)을 받는다. 성도들이 천국에서 받는 상에는 모든 성도들이 다 받는 '생명의 면류관'(딤후 4:8, 약 1:12, 계 3:11)과 일한 대로 주시는 상급이 있는데(마 10:40~42, 막 9:41, 고전 3:11-15, 히 2:2, 10:35, 11:26), 여기서는 작은 자든지 큰 자든지

모든 성도들이 받는 생명의 면류관을 말한다. 그러나 22:12의 "보라 내가 속히 오리니 내가 줄 상이 내게 있어 각 사람에게 그가 행한 대로 갚아 주리라"는 말씀은 사람이 그 행한 대로 받는 상급으로 보아야 한다.

11:18 땅을 망하게 하는 자들을 멸망시킬 때로소이다 성도들이 상을 받을 때 '땅을 망하게 하는 자들'은 멸망당한다. 여기서 땅을 망하게 하는 자들은 사탄과 짐승과 바벨론과 그들을 따르는 자들이다.

11:19 하늘에 있는 하나님의 성전이 열리니 요한은 하늘에 있는 하나님의 성전을 본다. 하늘에 있는 하나님 성전이 '성전의 원형이자 참 것'이며, 지상의 성전은 그 '모형이자 그림자'이다(히 9:23~24). 요한은 성전의 원형을 본 것이다.

11:19 성전 안에 하나님의 언약궤가 보이며 지상의 성전 지성소에 언약궤가 있었듯이 하늘 성전에도 하나님의 언약궤가 있다. 언약궤는 하나님의 현존하심에 대한 상징이다(정확하게는 언약궤를 덮는 속죄소. 출 25:22, 30:6, 민 7:89). 하늘 성전 안에 언약궤가 보인다는 말씀은 하나님께서 부활한 성도들 가운데 분명히 존재하신다는 의미이다.

11:19 번개와 음성들과 우레와 지진과 큰 우박이 있더라 이 역시 하나님의 현존하심에 대한 상징들이다. 4:5에 '보좌로부터 번개와 음성과 우렛소리가 나고'라는 말씀이 있다. 출애굽기 19:16에 의하면 하나님이 시내 산에 나타나실 때 우레와 번개와 구름과 나팔 소리가 있었다.

▶ 11장의 핵심 및 교훈

11장의 핵심은 고난을 인내하고 최후 승리에 대한 소망을 잃지 말라는 것이다. 마지막 때에 세상은 하나님 백성에 적대적이어서 기회만 있으면 교회를 무너뜨리려고 한다. 세상은 교회를 싫어하고 박해하며, 교회는 적대적인 세력 가운데 존재한다. 그것이 교회가 처한 상황으로, 그래서 교회는 어려움을 견뎌야 하며 때로는 순교까지 각오해야 한다. 한편,

세상은 미혹의 손길로 교회를 어려움에 빠트리기도 한다. 인간의 지혜와 세상의 가치관을 교회에 침투시켜 믿는 자들이 구별하지 못할 정도로 교묘한 형태로 우상을 숭배하게 한다. 교회 안에 세속적인 문화를 섞어 믿는 자들을 유혹하는 것이다. 초대 교회 때부터 그런 박해와 유혹이 있었으므로 교회는 항상 고난의 파도를 겪고 있는 것이다.

교회는 두 증인이 굵은 베옷을 입고 슬퍼하듯이 슬픔의 때를 보내야 할 때가 있고(계 11:3), 두 증인이 비참한 죽음을 당하듯이 순교를 경험할 때가 있다(계 11:7). 그러므로 교회는 인내를 배워야 한다. 인내는 하나님의 백성에게 항상 필요한 덕목이지만, 마지막 때를 보내는 교회의 경우 더더욱 필수적이다. 교회는 세상의 박해와 유혹을 이기기 위해서 반드시 인내를 배워야 한다.

교회는 히브리서 11:35~38에서 보듯이 '심한 고문을 받고, 조롱과 채찍질뿐 아니라 결박과 옥에 갇히는 시련을 받고, 돌로 치는 것과 톱으로 켜는 것과 시험과 칼로 죽임을 당하고, 양과 염소의 가죽을 입고 유리하여 궁핍과 환난과 학대를 받고, 광야와 산과 동굴과 토굴에서 유리해야 할 때'가 있다. 로마 제국에 살던 1세기 기독교인들만 그런 일을 당하는 것이 아니다. 마지막 때의 모든 기독교인이 그런 일을 당할 수 있다. 그러므로 교회는 인내를 배워 어떤 박해와 유혹에도 흔들리지 않는 굳센 믿음을 가져야 한다. 그들이 바로 히브리서 11:38이 말하는 '세상이 감당할 수 없는 사람들'이다.

그러나 인내가 전부는 아니며 소망이 필요하다. 소망이 있어야 인내할 수 있기 때문이다. 사람은 의지로 인내하는 것이 아니라 소망으로 인내한다. 소망이 없으면 끝까지 인내할 수 없다는 것이 11장의 교훈이다. 믿는 자의 궁극적 소망은 최후 승리에 대한 믿음이다. 아무리 고통스럽고 힘들어도 결국은 승리할 것을 믿기 때문에, 온갖 박해와 유혹을 견딜 수 있는 것이다. 현실이 극도로 어려워 마치 죽은 자처럼 된 상황에서도 교회는 다시 살아날 것을 소망하면서 인내해야 한다. 교회는 세상이 죽인 두 증인이 삼일 반 후에 살아난 것처럼 반드시 다시 살아난다.(계 11:11)

하나님 백성은 최후 승리를 소망하는데, 그 소망의 목표는 영원한 생명과 상급이다. 히브리서 11:35~38에 언급된 성도들도 부활을 얻기 위해 고난을 인내하고 죽음까지 감수했다(히 11:35). 그들이 받는 보상은 이 세상에서의 부귀영화가 아니라, 하늘에서 받을 영원한 상급이다. 교회의 승리는 이 세상에 속한 것이 아니며 그런 승리를 목표로 할 때 교회는 타락하게 된다.

교회는 세상을 이기되 영적으로 이긴다. 하나님의 백성은 하늘과 땅의 모든 권세를 받지만(마 28:18), 그 권세로 부귀영화를 누리는 게 아니라 모든 민족을 예수의 제자로 삼고 그들에게 세례를 베푼다(마 28:19). 순교한 두 증인은 다시 살아난 후, 세상에서 권세를 사용하지 않고 하늘로 올라간다(계 11:12). 이것이 교회가 가지는 소망의 본질을 설명한다. 하나님의 백성은 하늘과 땅의 모든 권세를 가지지만 그 권세로 이 세상의 행복을 누리는 게 아니라는 것이다.

하나님 백성이 최후 승리에 대한 소망으로 현실을 인내할 때, 살아난 두 증인을 하늘로 데려가시는 하나님의 섭리와 은혜를 경험한다. 마지막 때의 고난을 인내하면 반드시 하나님의 섭리와 은혜를 체험한다. 11장은 최후 승리에 대한 소망으로 인내하면서 하나님의 섭리와 은혜를 체험하라고 가르친다. 한편, 최후 승리는 악에 대한 심판을 의미하기도 한다. 세상에서 고난을 겪은 하나님의 백성은 그들을 박해하던 자들이 영원한 형벌에 떨어지는 것을 보게 된다.

붉은 용과 어린 양의 승리

THE KINGDOM OF RESURRECTION

PART 5

1. 붉은 용과 두 짐승_12:1~13:18

● 여자와 용(12:1~6)

1 하늘에 큰 이적이 보이니 해를 옷 입은 한 여자가 있는데 그 발 아래에는 달이 있고 그 머리에는 열두 별의 관을 썼더라

2 이 여자가 아이를 배어 해산하게 되매 아파서 애를 쓰며 부르짖더라

3 하늘에 또 다른 이적이 보이니 보라 한 큰 붉은 용이 있어 머리가 일곱이요 뿔이 열이라 그 여러 머리에 일곱 왕관이 있는데

4 그 꼬리가 하늘의 별 삼분의 일을 끌어다가 땅에 던지더라 용이 해산하려는 여자 앞에서 그가 해산하면 그 아이를 삼키고자 하더니

5 여자가 아들을 낳으니 이는 장차 철장으로 만국을 다스릴 남자라 그 아이를 하나님 앞과 그 보좌 앞으로 올려가더라

6 그 여자가 광야로 도망하매 거기서 천이백육십 일 동안 그를 양육하기 위하여 하나님께서 예비하신 곳이 있더라

12:1 하늘에 큰 이적이 보이니 '큰 이적'(σημειον μεγα, 세메이온 메가, great sign)을 보았다는 말은 중요한 환상을 보았다는 뜻이다. 여자와 아이, 그리고 용에 대한 환상은 중요한 환상이다.

12:1 해를 옷 입은 한 여자가 있는데… 요한은 한 여자를 보았는데 그 여자는 달 위에 서서 해를 옷으로 입고, 열두 별이 달린 면류관을 쓰고 있었다. 아주 영광스러운 모습이라는 뜻이다. 해, 달, 별은 창세기 37:9의 요셉의 꿈에서 유래했을 것이다. 요셉은 해와 달과 열한 개의 별이 자신에

게 절하는 것을 보았는데 해는 야곱, 달은 라헬, 열한 개의 별은 요셉의 형제를 의미한다. 요셉까지 치면 열두 별이므로 달 위에서 서서 해를 옷으로 입고 열두 별이 달린 왕관을 쓴 여자는 이스라엘을 가리킨다. 하나님의 백성을 뜻하는 것이다.

여자는 하나님의 백성에 대한 상징으로 옛 언약과 새 언약의 백성 모두를 포함한다. 이 여자가 예수 그리스도를 낳았기 때문이다(계 12:2, 5). 이는 하나님의 백성이 메시아를 기다리고 준비했다는 의미이다. 그렇지만 하나님의 백성 때문에 그리스도가 존재하게 되었다는 말은 아니다. 예수 그리스도는 아브라함 이전부터 존재하셨으므로(요 8:58), 그리스도께서 하나님 백성을 존재케 하신 것이다. 구약성서는 이스라엘을 여인으로 의인화하는데 특히 예언서에서 그렇다(사 54:5, 렘 3:14, 31:21, 22, 32, 겔 16:7~14, 30~34). 12:1의 여자를 어머니 마리아로 보는 해석도 있지만 여자가 광야로 도망해서 3년 반 동안 머문다는 내용이 어머니 마리아와 어울리지 않는다.(계 12:6)

12:2 이 여자가 아이를 배어 해산하게 되매 아파서 애를 쓰며 부르짖더라 아이는 구세주를 상징하고, 해산의 고통은 구원의 고통을 상징한다. 구원은 하나님의 백성이 웃고 즐기는 가운데 평화롭게 찾아오는 것이 아니다. 마치 해산하는 여인처럼 회개하며 구원을 간구할 때 찾아온다. 이사야 26:16~19, 미가 4:10, 5:2~4에 하나님의 백성이 해산하는 여인처럼 구원을 부르짖는 모습이 있다.

12:3 하늘에 또 다른 이적이 보이니 요한은 해산하는 여인에 대한 이적 외에 또 다른 이적을 보는데, 이번에는 붉은 용에 관한 이적이다. '하늘에 또 다른 이적이 보이니'라는 표현은 이 두 번째 이적이 첫 번째 이적에 상응하는 이적이라는 뜻이다. 그 말은 첫 번째 이적만큼 중요하다는 뜻이기도 하다. 성도는 구원에 대해서도 알아야하지만 사탄의 유혹에 대해서도 알아야 한다.

12:3 붉은 용이 있어 머리가 일곱이요 뿔이 열이라 붉은 용은 하나님의 백성을 대적하는 악의 세력으로 사탄을 상징한다. 용은 구약성서에도 등장하는데 구약성서에서는 라합(사 51:9, 시 89:10, 욥 26:12), 레비아단(사 27:1, 시 74:13~14), 베헤못(욥 40:15~24), 뱀(욥 26:13, 사 27:1), 용 또는 악어(ןינת, 타닌, 사 27:1) 등으로 불린다. 애굽의 왕 바로를 용이라 부른 경우도 있는데(겔 29:3, 32:2), 바로는 하나님의 백성을 억압한 대표적 인물이다. 구약성서의 용은 고대근동 신화의 흔적이며 고대근동 신화에서 용은 혼돈의 세력을 의미한다. 용은 고대근동 문서에서 레비야탄(Leviathan), 로탄(Lotan), 라합(Rahab), 티야마트(Tiamat) 등으로 불린다.

용의 붉은 색은 피를 상징하는데 용이 성도의 피를 흘리게 하는 존재라는 의미다. 머리는 권위를 의미하는데 일곱 머리는 완전한 권위를 상징한다. 뿔은 힘을 의미하는데 열 뿔은 완전한 힘을 상징한다(단 7:7 참고). 10이라는 숫자 역시 7처럼 완전을 뜻하는 숫자이다. 용의 머리가 일곱이요 뿔이 열이라는 말은 사탄이 아주 강한 존재라는 의미이다. 사탄은 하나님의 백성이 얕잡아보거나 함부로 대할 수 있는 존재가 아니다. 그렇다고 해서 사탄의 힘이 하나님의 권능에 필적하는 것은 결코 아니다. 사탄이 아무리 강하다 해도 피조물일 뿐 창조주 하나님의 상대가 될 수는 없다.

12:3 그 여러 머리에 일곱 왕관이 있는데 붉은 용은 머리가 일곱 개인데 머리마다 왕권을 나타내는 왕관을 쓰고 있다. 여기서 왕관은 '디아데마'(δια δημα, diadem)로 하나님의 백성을 상징하는 여자가 쓴 것과는 다르다(계 12:1). 여자가 쓴 관은 '스테파노스'(στεφανος, wreath, crown)로 면류관으로 번역할 수 있다. 12:3은 사탄이 가지는 세상 권세를 일곱 왕관으로 표현한다.

12:4 그 꼬리가 하늘의 별 삼분의 일을 끌어다가 땅에 던지더라 붉은 용은 놀랄 정도로 강한 권세를 가지고 있는데, '꼬리로 하늘의 별 삼분의 일을

휩쓸어 땅에 던진다라는 말이 이를 잘 표현한다. 다니엘 8:8~10에 '숫염소(그리스)의 한 뿔에서 난 작은 뿔(안티오쿠스 에피파네스)이 몇 개의 별을 떨어뜨려 짓밟는다라는 표현이 있다.

12:4 용이 해산하려는 여자 앞에서… 그 아이를 삼키고자 하더니 용은 사탄, 여자는 하나님의 백성, 아이는 구세주를 상징한다. 사탄은 구세주의 오심을 방해하는데, 용이 여자가 해산하면 그 아이를 삼키려고 한다는 말씀이 이 사실을 증명한다. 사탄의 방해는 단지 베들레헴의 어린 아이들을 죽이라는 헤롯의 명령만이 아니다(마 2:16). 아브라함부터 나사렛 예수의 탄생까지 그리스도의 오심을 방해한 모든 행위를 의미한다. 그리고 이스라엘의 헤아릴 수 없는 우상 숭배와 불순종을 포함한다. 그들의 우상 숭배와 불순종의 배후에 사탄의 유혹이 있다.

12:5 여자가 아들을 낳으니 이는 나사렛 예수의 탄생을 의미한다. 오랫동안 하나님의 백성이 구세주의 탄생을 기다린 결과, 결국 예수께서 이 세상에 오신 것이다. 하지만 하나님의 백성이 그리스도를 오시게 한 것은 아니다. 그들은 단지 하나님의 약속을 믿고 기다렸을 뿐이며, 그리스도는 하나님의 뜻을 따라 이 세상에 오신 것이다.

12:5 이는 장차 철장으로 만국을 다스릴 남자라 '철장으로 만국을 다스릴 남자'는 예수 그리스도가 '만왕의 왕, 만주의 주'시라는 뜻이다(계 17:14, 19:16). 이것이 나사렛 예수의 진정한 모습이다. 철장은 쇠 지팡이를 말하는데 시편 2:9에 '하나님의 아들이 철장으로 이방 나라들을 깨뜨리고 질그릇 같이 부실 것'이라는 말씀이 있다. 여기서 철장은 잔혹함의 상징이 아니라 모든 나라를 다스린다는 의미이다. 그리스도가 철장으로 다스린다는 표현이 요한계시록에 세 번 있다.(계 2:27, 12:5, 19:15)

12:5 그 아이를 하나님 앞과 그 보좌 앞으로 올려가더라 이는 예수 그리스도의 부활과 승천을 의미한다. 12:5에는 그리스도의 사역과 십자가 죽음이 생략되어 있다. 아이가 태어나자마자 하나님 앞으로 올려간 것처럼

되어 있는데 뭔가 몹시 긴박한 상황을 연상케 한다. 사용된 동사 역시 그래서 '올려가더라'는 '낚아 채였다'(ἁρπαζω, 하르파조, steal, take away forcefully)라는 의미이다. 아이가 낚아 채이듯이 하나님 보좌로 올려간 것이다. 사탄의 방해가 그만큼 집요했다는 말이며, 하나님의 보호가 그만큼 철저했다는 뜻이다.

12:6 그 여자가 광야로 도망하매 그리스도의 승천 후 하나님의 백성(교회)은 사탄의 집요한 공격을 받는다. 그래서 그 공격을 피할 필요가 있었다. 여자가 광야로 도망했다는 말은 교회가 사탄의 박해와 유혹을 피해야 한다는 말이다. 교회가 사탄의 공격에 늘 노출될 필요는 없으며, 그럴 경우 박해와 유혹에 넘어질 가능성이 크다. 여자가 광야로 도망했다는 말은 박해와 유혹 아래 피신한 교회의 상황을 상징하면서 출애굽 때 이스라엘 백성이 광야에서 생활한 것을 연상시킨다. 광야는 하나님 백성을 위한 양육의 장소이고(호 13:5~6), 단련의 장소이다(신 8:2~5). 호세아는 이스라엘이 새로운 시작을 위해 광야로 인도될 것이라고 예언했는데(호 2:14~15), 호세아의 이 예언이 후대에 깊은 인상을 남겼다. 그래서 이스라엘 백성 가운데 구원의 새 시대는 광야에서 시작된다는 기대가 생겨났다(사 40:3~4, 렘 31:2, 막 1:2~4). 느헤미야는 회개의 기도를 하면서 하나님이 광야에서 이스라엘 백성을 돌보신 것을 언급한다.(느 9:19~21)

12:6 거기서 천이백육십 일 동안 그를 양육하기 위하여 천이백육십 일은 마흔두 달이며, 한 때와 두 때와 반 때이며, 삼년 반이다(계 11:2, 3, 12:14, 13:5). 요한계시록에서 삼년 반은 마지막 때를 상징하는 표현으로(계 11:2 주석 참고), 마지막 때에 교회는 하나님의 양육을 받는다. 그렇게 하나님의 보호 아래 양육된 교회는 고난의 기간을 인내하며 '그리스도의 군사'(빌 2:25, 딤후 2:3~4, 몬 1:2)가 되어 사탄과 싸운다(계 12:17). 고난을 견딜 뿐 아니라 예수의 증인이 되어 사탄의 세력과 싸우는 것이다.

7 하늘에 전쟁이 있으니 미가엘과 그의 사자들이 용과 더불어 싸울새 용과 그의
　사자들도 싸우나

8 이기지 못하여 다시 하늘에서 그들이 있을 곳을 얻지 못한지라

9 큰 용이 내쫓기니 옛 뱀 곧 마귀라고도 하고 사탄이라고도 하며 온 천하를 꾀는
　자라 그가 땅으로 내쫓기니 그의 사자들도 그와 함께 내쫓기니라

10 내가 또 들으니 하늘에 큰 음성이 있어 이르되 이제 우리 하나님의 구원과 능력
　과 나라와 또 그의 그리스도의 권세가 나타났으니 우리 형제들을 참소하던 자
　곧 우리 하나님 앞에서 밤낮 참소하던 자가 쫓겨났고

11 또 우리 형제들이 어린 양의 피와 자기들이 증언하는 말씀으로써 그를 이겼으
　니 그들은 죽기까지 자기들의 생명을 아끼지 아니하였도다

12 그러므로 하늘과 그 가운데에 거하는 자들은 즐거워하라 그러나 땅과 바다는
　화 있을진저 이는 마귀가 자기의 때가 얼마 남지 않은 줄을 알므로 크게 분내어
　너희에게 내려갔음이라 하더라

12:7 미가엘과 그의 사자들이 요한은 여자에 대한 환상에 이어 하늘 전쟁에 관한 환상을 본다. 그것은 '미가엘과 천사들'이 '사탄과 타락한 천사들'과 싸우는 모습이다. 묵시문학의 경우 신은 직접 활동하기보다 대리인을 통해 일하기 때문에 천사의 등장이 아주 자연스럽다. 묵시문학적 성격을 가지는 요한계시록도 마찬가지다. 다니엘서에 천사들이 각 나라를 책임진다는 생각이 있는데 미가엘은 천사들의 대장으로 이스라엘을 책임진다(단 10:13, 12:1). 미가엘은 다니엘서 10:13, 21, 12:1, 유다서 1:9, 요한계시록 12:7에 나오는데 유다서 1:9에서는 천사장으로 나온다. 미가엘은 요한계시록에서 이름이 등장하는 유일한 천사이며, '그의 사자들'은 '미가엘의 천사들'(αγγελος, 앙겔로스, angel)이라는 말이다.

12:7 용과 더불어 싸울새 용과 그의 사자들도 싸우나 미가엘과 그의 사자들은 용과 그의 사자들과 싸운다. 여기서 용은 12:9에서 알 수 있듯이

사탄을 의미하는데, 용의 사자들은 '사탄의 천사들'(αγγελος, 앙겔로스)이라는 말이다. 천사장과 천사들이 타락한 천사장과 타락한 천사들과 싸우는 모습이다. 이는 교회가 처한 영적 현실을 보여 준다. 교회의 영적 현실은 교회를 지키려는 하나님의 군사와 교회를 무너뜨리려는 사탄의 군사가 싸우고 있는 상황이다. 이 말씀은 요한계시록의 성격을 잘 보여 주는데, 요한계시록은 눈에 보이지 않는 영적 세계가 있음을 강조한다.

성서에 타락한 천사들에 대한 말씀이 있다. 베드로후서 2:4에 "하나님이 범죄한 천사들을 용서하지 아니하시고 지옥에 던져 어두운 구덩이에 두어 심판 때까지 지키게 하셨으며"라는 말씀이 있고, 유다서 1:6에 "또 자기 지위를 지키지 아니하고 자기 처소를 떠난 천사들을 큰 날의 심판까지 영원한 결박으로 흑암에 가두셨으며"라는 말씀이 있다.

12:8 이기지 못하여 다시 하늘에서 그들이 있을 곳을 얻지 못한지라 천사들의 싸움에서 '용, 옛 뱀, 마귀, 사탄, 온 천하를 꾀는 자'가 그 부하 천사들과 함께 패배한다. 그러나 이 싸움의 진정한 승리자는 예수 그리스도이시다. 12:11에 '어린 양의 피와 자기들이 증언하는 말씀으로 사탄을 이겼다'라는 말씀이 있는데 천사들의 싸움은 결국 그리스도의 승리를 의미한다. 예수 그리스도의 십자가 죽음과 부활이 사탄의 세력을 이기는 것이다. 그래서 여자(교회)가 아들(그리스도)을 낳은 이야기 다음에 천사들의 영적 싸움이 언급된 것이다. 12:8은 하나님의 백성이 그리스도의 능력을 힘입어 영적 싸움에서 승리한다는 것을 의미한다.

사탄과 그의 부하들이 하늘(heaven)에 있을 곳을 얻지 못하게 되었다는 말은 하나님 나라에는 그들이 있을 곳이 없다는 말이다. 그들은 하나님 나라에서 쫓겨난 존재들이다. 에베소 2:2에서 마귀를 '공중의 권세 잡은 자'라고 하는데, 여기서 '공중'은 헬라어 '아에르'(αηρ, air)를 번역한 것으로 아에르는 땅(earth)과 하늘(heaven) 사이를 의미한다. 당시 유대인들은 이 '공중'을 마귀들의 거주 공간으로 생각했다. 악한 영들이 하늘에서 쫓겨나 공중에 거한다는 생각을 한 것이다.

12:9 큰 용이 내쫓기니 옛 뱀 곧 마귀라고도 하고 사탄이라고도 하며 큰 용은 곧 '옛 뱀'인데, 옛 뱀은 선악과 사건에 등장하는 뱀을 의미한다(창 3:1). 선악과 사건에서 알 수 있듯이 마귀는 인간을 잘못된 길로 인도하는 '거짓의 영'이다(요일 4:6). 큰 용은 사탄이기도 한데 사탄의 원래 의미는 '적, 반대자, 고발자'이다. 그래서 욥기 1:9~11, 2:4~5, 스가랴서 3:1~2에서 사탄이 정관사와 함께 사용되었다. 고유명사가 아니라 일반명사라는 뜻이다. 민수기 22:22, 32에서는 하나님의 천사가 '사탄'으로서 발람의 길을 막아선다. 타락한 천사가 발람의 길을 막았다는 의미가 아니라, 하나님이 보내신 천사가 발람의 적이 되어 발람의 길을 막았다는 의미이다. 발람이 이스라엘을 저주하기 위해 가는 것을 보고 하나님이 노하셨기 때문이다. 신약성서의 경우 사탄은 '마귀, 악마, 악한 영'과 동의어로 사용된다. 사탄이 '타락한 천사들의 우두머리'로서 미가엘에 필적하는 존재라는 것은 요한계시록에서 볼 수 있다.

12:9 온 천하를 꾀는 자라 사탄은 거짓으로 유혹하는 자로 사람을 영원한 죽음으로 인도한다. 이것이 마귀의 본질이다. 사탄은 아담과 하와를 유혹하는 일에는 성공했지만(창 3:1~7), 나사렛 예수를 유혹하는 일은 처음부터 실패했다(마 4:1~11). 그리고 마지막까지 실패했다. 예수께서는 숨을 거두시기 직전 "다 이루었다"(요 19:30)라고 하셨는데 이 말씀에는 '사탄의 유혹을 이겼다'라는 뜻도 포함되어 있을 것이다. 예수께서 사탄의 유혹을 이기신 결과 사탄과 그의 사자들이 하늘에서 땅으로 쫓겨난 것이다.

12:10 하나님의 구원과 능력과 나라와 또 그의 그리스도의 권세가 나타났으니 요한은 천사들의 승리를 찬양하는 음성을 듣는다. 이는 천사들의 승리를 기뻐하는 하나님의 백성의 음성일 것이다. 그 음성은 하늘 전쟁의 승리로 인해서 하나님의 구원 계획이 이루어지고, 인간을 구원할 수

있는 하나님의 능력이 나타나고, 하나님 나라의 완성이 가능해지고, 죄를 사하는 그리스도의 권세가 나타났다고 찬양한다. 이 모두가 그리스도의 죽음과 부활로 인한 것이다.

12:10 우리 하나님 앞에서 밤낮 참소하던 자가 쫓겨나고 참소한다는 말은 없는 죄를 있는 것처럼 꾸며서 고발한다는 뜻으로 사탄의 특성을 잘 드러내는 말이다. 사탄은 성도들을 거짓으로 고발하는데, 이런 모습을 욥기 1~2장에서 잘 볼 수 있다. 사탄은 하나님 앞에서 어떻게든 욥을 헐뜯으려고 했다. 욥기에서 보는 사탄의 이런 특성에 기초한다면, 남의 잘못만 들추던 천사가 악마가 된 것이라고 말할 수 있을 것이다. 스가랴 3:1에 "대제사장 여호수아는 여호와의 천사 앞에 섰고 사탄은 그의 오른쪽에 서서 그를 대적하는 것을 여호와께서 내게 보이시니라"는 말씀이 있다.

12:11 또 우리 형제들이 어린 양의 피와 자기들이 증언하는 말씀으로써 그를 이겼으니 하늘 전쟁에서 미가엘과 그 천사들이 용과 그 부하들을 이긴다는 말은 성도들이 사탄의 유혹을 이긴다는 말이기도 하다. 12:11은 성도들이 사탄의 유혹을 이기는 방법을 설명하는데, 그 핵심은 어린 양의 피와 하나님의 말씀이다. 성도는 그리스도의 십자가 사건을 믿고 하나님 말씀을 의지하면서 그 믿음과 말씀에 죽기까지 순종하여 사탄을 이긴다. 예수께서도 하나님 말씀으로 유혹을 이기셨고 죽기까지 순종해서 사탄을 이기셨다.

12:11 그들은 죽기까지 자기들의 생명을 아끼지 아니하였도다 성도들은 죽음을 감수하면서까지 어린 양의 피를 믿고 하나님 말씀에 순종했다. 이 사실이 중요하다. 성도는 구원의 성취에 있어서 소극적인 관망자가 아니다. 성도는 죽음을 무릅쓴 순종으로 그리스도에 대한 믿음과 하나님의 말씀을 지켜야 한다.

12:12 하늘과 그 가운데 거하는 자들은 즐거워하라 요한계시록은 하나님

의 백성을 이중으로 구별한다. 하나는 옛 언약의 백성과 새 언약의 백성으로 구분하는 것이고, 다른 하나는 하늘의 하나님 백성과 땅의 하나님의 백성으로 구별하는 것이다. 이 중에서 하늘의 하나님 백성과 땅의 하나님 백성은 재림의 날 하나가 된다. 그러므로 그때까지는 분리되어 있을 수밖에 없다. 하늘의 전쟁에서 패배한 용과 그 부하들이 땅으로 내쫓김으로써 하늘의 하나님 백성은 즐거워하게 되었다. 그러나 땅에 있는 하나님의 백성은 그렇지 않다. 12:13~17에서 보듯이 용이 그들을 박해하고 그들과 싸우기 때문이다.

12:12 땅과 바다는 화있을진저 자연계가 사탄의 해를 입는다는 의미가 아니라, 땅에 있는 하나님의 백성이 화를 당한다는 뜻으로 12:13~17의 내용을 말한다.

12:12 이는 마귀가 자기의 때가 얼마 남지 않을 줄을 알고 미가엘과 천사들이 사탄과 그의 사자들과 싸운 것은 최후의 전쟁이 아니다(계 12:7). 한시적이기는 하지만 아직 마귀의 때가 남아 있다. 만약 그 전쟁이 최후의 전쟁이었다면 용과 그 부하들은 불과 유황 못에 던져졌을 것이다(계 20:10). 하늘의 싸움에서 패한 용과 그 부하들은 땅으로 쫓겨 내려가는데 거기서 최후의 패배를 당하기까지 그들의 분노를 푼다. 이는 최후 승리가 있기까지 교회가 사탄의 유혹과 핍박을 받는다는 말이다. 그러므로 믿는 자들은 예수 그리스도의 재림까지 항상 깨어있어 믿음을 지켜야 한다.

● 용의 핍박(12:13~17)

13 용이 자기가 땅으로 내쫓긴 것을 보고 남자를 낳은 여자를 박해하는지라

14 그 여자가 큰 독수리의 두 날개를 받아 광야 자기 곳으로 날아가 거기서 그 뱀의 낯을 피하여 한 때와 두 때와 반 때를 양육 받으매

15 여자의 뒤에서 뱀이 그 입으로 물을 강 같이 토하여 여자를 물에 떠내려 가게 하려 하되

16 땅이 여자를 도와 그 입을 벌려 용의 입에서 토한 강물을 삼키니

17 용이 여자에게 분노하여 돌아가서 그 여자의 남은 자손 곧 하나님의 계명을 지키며 예수의 증거를 가진 자들과 더불어 싸우려고 바다 모래 위에 서 있더라

12:13 **용이… 남자를 낳은 여자를 박해하는지라** 여기서 남자는 예수 그리스도이시며 여자는 하나님의 백성인 교회이다. 사탄이 여자, 즉 메시아의 어머니인 교회를 핍박하기 시작한다. 사탄은 그리스도의 재림 때까지 그의 시간이 얼마 남지 않은 것을 알고 '배고파 으르렁거리는 사자가 먹이를 찾아 돌아다니듯이' 교회를 핍박한다(벧전 5:8). 사탄이 승천하신 예수 그리스도를 직접 괴롭힐 수는 없지만 교회를 핍박하고 성도들을 유혹함으로써 간접적으로 그렇게 할 수는 있다. 그래서 예수 그리스도의 최후 승리가 필요한 것이다.

12:14 **그 여자가 큰 독수리의 두 날개를 받아** 이는 하나님이 교회를 인도하시고 보호하신다는 의미이다. 독수리 날개는 하나님의 인도하심을 상징하는 것으로 출애굽기 19:4과 신명기 32:11~12에서 알 수 있다. 출애굽기 19:4에 '하나님께서 이스라엘 백성들을 독수리 날개에 태워 애굽을 탈출하게 하신 후 광야로 인도하셨다'는 말씀이 있고, 신명기 32:11~12에도 같은 의미의 말씀이 있다.

12:14 **광야 자기 곳으로 날아가** 독수리 날개를 받은 여자는 광야로 날아갔는데, 요한은 광야를 가리켜 '여자의 있을 곳'이라고 한다. 교회는 광야(ερημος, 에레모스)에 있어야 한다는 말이다. 구약성서의 광야는 출애굽 한 이스라엘 백성이 하나님의 인도하심과 보호하심을 받은 곳이며 하나님만 의지하는 일을 배운 곳이다. 겸손을 배운 곳이고 하나님 말씀에 순종하는 것을 배운 곳이다(신 8:2). 하나님께서 먹여 주시고 입혀 주신다는 것을 배운 곳이다(호 13:5~6, 신 8:4). 무엇보다도 사람은 떡으로만 사는 것이 아니라 하나님의 말씀으로 사는 것을 배운 곳이다(신 8:3). 신

약성서의 광야는 예수께서 기도하신 곳이고(막 1:35, 눅 5:16), 마귀의 유혹을 이기신 곳이다(마 4:1~11). 그러므로 교회가 있을 곳은 광야라는 말은 교회가 하나님의 보호 아래 신앙이 성장해서 마귀의 핍박과 유혹을 이겨야 한다는 것을 의미한다. 12:14의 '여자가 광야에서 3년 반 동안 뱀의 낯을 피하여 양육 받는다'는 말씀이 이를 뒷받침한다.

12:14 한 때와 두 때와 반 때를 양육 받으매 '한 때와 두 때와 반 때'는 삼년 반이라는 말로서(계 11:2 주석 참고) 11:2의 마흔두 달, 11:3과 12:6의 천이백육십 일과 같은 기간이다. 12:14는 12:6과 같은 내용으로 '여자가 광야에서 뱀의 낯을 피하여 삼년 반 동안 양육 받는다'는 말씀은 마지막 때에 교회는 고난을 겪지만 하나님께서 고난 받는 교회를 보살피신다는 뜻이다. 교회는 그리스도의 초림에서 재림까지 시시때때 박해를 받지만 그때마다 하나님의 도우심이 있다. 하나님은 자기 백성의 고통을 외면하지 않으시고 고난을 이길 수 있도록 도와주신다. 교회가 겪는 고난에는 반드시 끝이 있는데 '마흔두 달, 천이백육십 일, 한 때와 두 때와 반 때'라는 표현이 이 사실을 강조한다. 다니엘서 7:25에 한 왕이 성도들을 '한 때와 두 때와 반 때' 동안 괴롭힌다는 말씀이 있다.

12:15 여자의 뒤에서 뱀이 그 입으로 물을 강 같이 토하여 뱀은 여자를 해하려고 강 같은 물을 토해내는데 이는 홍수 같은 물을 말한다. 구약성서에서 홍수는 환난, 재앙을 의미한다(시 18:4, 124:4~5, 사 43:2). 뱀의 입에서 나오는 강 같은 물은 교회를 향한 비난, 거짓말, 욕설, 위협의 말들 같은 것이다. 교회를 무너뜨리기 위한 사탄의 술책을 이렇게 표현한 것이다. 뱀이 토해내는 강물은 하나님의 보좌에서 흘러나오는 생명수 강과 대비된다.(계 22:1)

12:15 여자를 물에 떠내려 가게 하려 하되 사탄이 모든 술책을 동원해 교회를 비난하고 욕하는 것은 하나님의 백성을 실족케 하고 교회를 무너뜨리려는 것이다. '여자가 물에 떠내려 간다'는 표현은 교회가 사탄의 유혹

에 넘어가 무너진다는 뜻이다.

12:16 땅이 여자를 도와 그 입을 벌려 뱀이 토해낸 강물을 땅이 삼킨다
는 말은 자연이 그리스도의 편이 되어 교회를 보호한다는 말이다. 이는
자연을 창조하신 창조주 하나님의 도우심을 상징한다. 이스라엘 백성을
쫓던 애굽의 군대가 물에 빠졌을 때 그들은 아무런 도움을 받지 못했다.
아무도 그들을 구원할 수 없었다. 그러나 하나님의 백성이 물에 빠지면
하나님께서 그들을 구원하신다.

12:17 용이 여자에게 분노하여 돌아가서 사탄은 모든 시대, 모든 교회를
유혹하고 핍박하지만 특히 초대 교회에 그랬다. 교회가 세워지고 확장되
는 것을 막으려고 모든 수단을 다 동원하였다. 그러나 창조주 하나님의
보살피심 때문에 결국 그 일에 실패했다. 교회는 모든 악조건을 극복하
고 로마 제국 내에 깊은 뿌리를 내렸던 것이다. 사탄은 이 사실을 확인하
고 크게 분노했지만 어쩔 수가 없었다. 그러나 교회에 대한 유혹과 핍박
을 포기한 것은 아니다. 교회를 세상에서 소멸시킬 수는 없었으나 교회
에 대한 공격은 계속 된다. 그것이 '여자에 대해 분노하면서 그 여자의 남
은 자손과 싸우기 위해 바다 모래 위에 서 있더라'(계 12:17)라는 말씀의
의미이다.

**12:17 그 여자의 남은 자손 곧 하나님의 계명을 지키며 예수의 증거를 가진
자들과** 여자의 남은 자손은 성도들을 가리킨다. 성도들은 '하나님의 계
명을 지키고 예수의 증거를 가진 자들'이다. 여기서 예수의 증거를 가진
자는 예수께서 보여 주신 증거를 지키는 자라는 말로서 그 증거는 십자
가 죽음과 부활이다. 이를 믿는 자가 성도인 것이다. 하나님의 계명을 지
킨다는 것은 성경 말씀을 믿고 실천한다는 뜻이다.

12:17 더불어 싸우려고 바다 모래 위에 서 있더라 용은 여자의 자손과 싸
우려고 바다 모래 위에 서는데, 이는 성도들을 맹렬히 공격하기 위해 준
비한다는 뜻이다. 여기서 사용된 표현은 '전쟁을 한다'라는 것으로 교회

가 일방적으로 공격당하는 것은 아니다. 교회도 그리스도의 군사로서 사탄과 싸운다. '바다 모래 위'에 선다는 말은 13장과 연관이 있는데, 용은 성도들을 공격하기 위해 협력자를 동원한다. 그것은 '바다에서 나오는 짐승'(계 13:1)과 '땅에서 올라오는 짐승'이다(계 13:11). 바다 모래 위는 이 두 짐승을 만날 수 있는 곳이다. 사탄은 성도들을 효과적으로 유혹하고 핍박하기 위해 하수인들을 동원하는데, 용은 바다 모래 위에 서서 그들이 나타날 때를 기다린다. 12:17을 "내가 너로 여자와 원수가 되게 하고 네 후손도 여자의 후손과 원수가 되게 하리니"(창 3:15)라는 말씀과 연결해서 이해할 수 있다.

▶ 12장의 핵심 및 교훈

12장의 핵심은 하나님에 대한 사탄의 도전이다. 사탄은 분명히 존재하며 하나님의 뜻을 거역하고 하나님께 도전한다. 미가엘과 천사들, 그리고 사탄과 그 부하들 사이의 하늘 전쟁이 이를 상징한다. 그러나 사탄의 도전이 하나님께 대한 직접적인 도전은 아니다. 피조물인 사탄이 감히 그럴 수는 없다. 사탄의 도전이란 하나님의 구원 계획에 도전하는 것이며, 결국 하나님의 백성을 해치려는 것이다. 그러므로 교회는 사탄의 위험을 알고 사탄의 유혹과 핍박을 지혜롭게 극복해야 한다.

요한계시록에서 사탄은 타락한 천사들의 우두머리로, 천사장 미가엘에 필적하는 존재를 의미한다(계 12:9). 사탄은 구약성서에서 고유명사가 아니라 일반명사로 사용되었으며(계 12:9 주석 참고), 요한계시록을 제외한 신약성서에서는 '마귀, 악마, 악한 영'과 동의어로 사용되었다. 그러나 요한계시록에서는 마귀의 우두머리로 등장한다(계 12:9, 20:2, 7). 복음서에서 귀신의 왕은 바알세불이다(마 12:24, 막 3:22, 눅 11:15). 고린도후서 6:15에 "그리스도와 벨리알이 어찌 조화되며"라는 말씀이 있는데 벨리알은 쿰란 사본에서 어둠의 천사 중 가장 높은 지위를 가진 존재로 나타

난다.[1]

성서에 사탄과 마귀의 기원에 대한 설명이 없지만 그들을 타락한 천사로 설명하는 이유는 성서에 천사의 타락에 대한 말씀이 있기 때문이다(벧후 2:4, 유 1:6). 그러나 천사들이 언제, 어떻게, 왜 타락했는지에 대한 설명은 없다. 다만 사탄, 악마, 마귀, 악한 영들이 분명히 존재하며, 그들이 거짓의 영으로서 인간을 죄와 죽음의 길로 유혹한다는 것을 강조한다. 창세기에서 창조 이야기가 끝나자마자 선악과 사건이 언급된 것이 그 증거이다. 선악과 사건의 뱀은 명백히 사탄에 대한 상징이다(창 3:1). 그래서 요한계시록 12:9는 옛 뱀을 가리켜 '곧 마귀라고도 하고 사탄이라고도 하며 온 천하를 꾀는 자'라고 한다. 성서의 처음과 마지막 부분이 사탄의 존재를 강조하는 것은 우연이 아니다. 교회는 태초에 인간을 타락시킨 존재가 마지막 날까지 인간을 유혹하기 위해 애쓴다는 사실을 알아야 한다.

사탄이 하나님의 구원 계획에 맞서는 이유는 사람의 영생을 원치 않기 때문이다. 그래서 사탄은 그리스도의 탄생부터 방해한다. "용이 해산하려는 여자 앞에서 그가 해산하면 그 아이를 삼키고자 하더니"(계 12:4)라는 말씀은 사탄이 그리스도의 탄생을 필사적으로 저지하려 했던 모습을 묘사한다. 인간이 볼 수 없는 영적 차원에서 분명히 그랬을 것이다. 그 일이 실패하자 사탄은 그리스도를 유혹한다(마 4:1~11). 그리스도를 타락시켜 하나님의 구원 계획을 물거품으로 만들기 위해 유혹한 것이다. 사탄은 그리스도를 한 번만 유혹한 것이 아니라 기회가 있을 때마다 유혹했을 것이다.(눅 4:13, 마 16:23)

사탄은 그리스도에 대한 모든 계략이 실패로 돌아가자 이번에는 하나님의 백성을 공격한다. 교회를 유혹하고 핍박하는 것인데 그 목적은 하나님을 배반하고 그리스도를 떠나게 하는 것이다. 하나님의 백성을 영원한 죽음의 길로 유혹하는 것이다. 사탄은 이 목적을 한순간도 잊은 적이 없다. 수단과 방법을 가리지 않고 인간을 영원한 죽음의 길로 끌고 가려고 하며 마지막 날이 멀지 않은 때일수록 그 활동이 더욱 극렬해진다. 마지막 때야 말로 사탄이 준동하는 때이다.

그러므로 하나님의 백성은 늘 깨어 있어야 한다. 그리스도의 재림을 기다리며 종말론적 가치관을 가져야 한다. 영원한 생명과 상급을 소망하면서 하루를 거룩하게 살아야 한다. 교회는 진리의 말씀으로 사탄의 유혹과 핍박을 이겨야 한다. 그리고 하나님의 도우심을 믿고 의지하면서 사탄의 유혹과 핍박이 한시적이라는 사실을 알고 인내해야 한다. 요한계시록에서 거듭 반복되는 삼년 반(마흔두 달, 천이백육십 일, 한 때와 두 때와 반 때)이라는 기간은 사탄이 공격이 한시적이라는 사실을 강조하는 것이다.

사탄이 하나님께 도전한다는 것이 사탄이 하나님과 대등한 존재라는 말은 아니다. 하나님이 창조주이시나 사탄은 피조물에 불과하다. 피조물인 주제에 창조주의 계획에 악착 같이 도전하는 이유는 사탄이 그만큼 악하고 교만하기 때문이다. 하나님의 백성은 사탄을 두려워할 필요가 없는데 하나님의 능력과 예수 그리스도의 권세로 사탄을 이기기 때문이다(계 12:10). 그러나 사탄을 경계할 필요는 있다. 사탄을 늘 경계하면서 하나님의 말씀과 그리스도의 피로 이겨야 한다(계 12:11). 사탄에 대해 방심하는 것은 원수에게 자기 자신을 맡기는 것과 같다.

● 바다에서 나온 짐승(13:1~10)

1 내가 보니 바다에서 한 짐승이 나오는데 뿔이 열이요 머리가 일곱이라 그 뿔에는 열 왕관이 있고 그 머리들에는 신성 모독 하는 이름들이 있더라
2 내가 본 짐승은 표범과 비슷하고 그 발은 곰의 발 같고 그 입은 사자의 입 같은데 용이 자기의 능력과 보좌와 큰 권세를 그에게 주었더라

3 그의 머리 하나가 상하여 죽게 된 것 같더니 그 죽게 되었던 상처가 나으매 온 땅이 놀랍게 여겨 짐승을 따르고

4 용이 짐승에게 권세를 주므로 용에게 경배하며 짐승에게 경배하여 이르되 누가 이 짐승과 같으냐 누가 능히 이와 더불어 싸우리요 하더라

5 또 짐승이 과장되고 신성 모독을 말하는 입을 받고 또 마흔 두 달 동안 일할 권세를 받으니라

6 짐승이 입을 벌려 하나님을 향하여 비방하되 그의 이름과 그의 장막 곧 하늘에 사는 자들을 비방하더라

7 또 권세를 받아 성도들과 싸워 이기게 되고 각 족속과 백성과 방언과 나라를 다스리는 권세를 받으니

8 죽임을 당한 어린 양의 생명책에 창세 이후로 이름이 기록되지 못하고 이 땅에 사는 자들은 다 그 짐승에게 경배하리라

9 누구든지 귀가 있거든 들을지어다

10 사로잡힐 자는 사로잡혀 갈 것이요 칼에 죽을 자는 마땅히 자기도 칼에 죽을 것이니 성도들의 인내와 믿음이 여기 있느니라

13:1 바다에서 한 짐승이 나오는데 13장은 두 짐승에 관한 환상이다. 두 짐승은 사탄의 하수인 또는 협력자를 의미하며, 하나는 바다에서 나오고 다른 하나는 땅에서 올라온다. 바다에서 나오는 짐승은 정치적 세력을 말하며(계 13:1) 땅에서 올라오는 짐승은 종교적 세력을 의미하는데(계 13:11), 사탄은 정치와 종교를 이용해 교회를 핍박하고 유혹한다. 용은 교회를 말살하는데 실패한 후 하나님의 백성 개인을 핍박한다. 이를 위해 협력자를 구하는데 그 협력자가 바로 정치 세력과 종교 권력이다. 요한계시록을 편지로 받은 아시아 일곱 교회는 두 짐승을 로마 제국으로 이해했을 것이다. 13장은 분명히 요한계시록 기록 당시의 역사적 상황을 반영하고 있지만, 그렇다고 역사적 해석만 할 수는 없다. 요한계시록은 마지막 날을 기다리는 모든 시대, 모든 교회를 향해 주신 말씀이기

때문이다.

다니엘서 7장에서 짐승이 바다에서 올라오는 환상을 볼 수 있다. 다니엘은 벨사살 원년에 커다란 짐승 네 마리가 바다에서 올라오는 환상을 보았다. 여기서 바다는 하나님의 뜻을 거스르는 혼돈의 세력을 상징하고 네 짐승은 바빌로니아(사자), 메데(곰), 페르시아(표범), 그리스(열개의 뿔이 난 짐승)를 상징한다. 이와 마찬가지로 13:1의 '바다에서 나오는 한 짐승'은 로마 제국을 의미하며 나아가서 사탄의 세력에 동조하는 모든 정치 권력을 상징한다.

13:1 뿔이 열이요 머리가 일곱이라 바다에서 나오는 짐승은 열 개의 뿔과 일곱 개의 머리를 가지고 있는데 이것은 용과 같다. 용 역시 열 개의 뿔과 일곱 머리를 가지고 있는데(계 12:3), 숫자 십(10)과 칠(7)은 완전을 의미한다. 뿔은 힘의 상징으로 열 개의 뿔은 완전한 힘을 상징한다. 머리는 권위의 상징으로 일곱 머리는 완전한 권위를 의미한다. 바다에서 나오는 짐승 역시 용처럼 놀라운 힘과 권위를 가진 세력이라는 뜻이다.

일곱 머리가 요한계시록 17:9~11에서 보는 로마의 일곱 언덕과 일곱 황제를 가리킨다는 설명이 있는데 역사적 측면에서 볼 때는 가능한 설명이다. 그러나 바다에서 나오는 짐승을 그렇게 로마 제국에 한정해서 이해할 것은 아니다. 종말(초림에서 재림까지)에 하나님의 신성을 모독하고 하나님의 백성을 핍박하고 유혹하는 모든 정치권력이 이 짐승에 속한다. 시편 75:4~5에 '교만의 뿔'을 높이 들지 말라고 악인들에게 경고하는 말씀이 있다.

13:1 그 뿔에는 열 왕관이 있고 용과 바다에서 나오는 짐승이 열 뿔과 일곱 머리를 가진 것은 같지만 한 가지 다른 점이 있다. 용은 일곱 머리에 왕관이 있으나 바다에서 나오는 짐승은 열 뿔에 왕관이 있다. 짐승이 쓴 열 개의 왕관은 12:1의 여자가 쓴 '스테파노스'(στεφανος, wreath, crown)가 아니라, 12:3의 용이 쓴 '디아데마'(διαδημα, diadem)이다.

13:1 그 머리들에는 신성 모독 하는 이름들이 있더라 용의 일곱 머리에는 왕관이 있었지만, 바다에서 나온 짐승의 일곱 머리에는 하나님을 모독하는 이름들이 쓰여 있었다. 그 이름이 구체적으로 언급되지는 않았으나 악하고 교만하고 거짓된 이름들일 것이다. 바다에서 올라오는 짐승의 정체를 밝히려는 노력은 무의미하다. 역사적 인물 중에 이 사람이 바로 바다에서 올라오는 짐승이라는 설명은 옳지 않다. 사탄의 하수인 노릇을 하는 모든 정치 지도자들, 그래서 하나님의 신성을 모독하는 모든 정치 지도자들이 바다에서 나오는 짐승인 것이다. 초대 교회 때부터 현대에 이르기까지 그런 자들이 존재했고, 지금도 있으며, 앞으로도 있을 것이다.

13:2 내가 본 짐승은 표범과 비슷하고… 바다에서 나온 짐승은 표범과 비슷하지만, 발은 곰과 같고 입은 사자와 같다. 현실적으로 존재하지 않는 상징적인 동물로, 표범과 곰과 사자를 합쳐 놓은 것 같은 무섭고 위협적인 동물 모습이라는 뜻이다(호 13:7~8 참고). 바다에서 나오는 짐승은 그만큼 하나님의 백성에게 위험한 존재이다. 공산주의 국가나 회교 국가에서 하나님의 백성은 무서운 고통을 겪고 있다. 요한이 본 짐승은 다니엘이 본 환상과 비슷하다. 다니엘이 본 네 마리 짐승 중 세 마리가 표범, 곰, 사자처럼 생겼다.(단 7:4~6)

13:2 용이 자기의 능력과 보좌와 큰 권세를 그에게 주었더라 용이 바다에서 나오는 짐승에게 자신의 '능력과 보좌와 권세'를 준다. 이는 짐승이 사탄의 능력과 권세를 가졌다는 말로 그만큼 악하고 강하다는 뜻이다. '능력과 보좌와 권세'는 모두 같은 의미로(계 12:10, 17:13, 20:4 참고), 그것이 반복된 것은 그만큼 큰 능력과 권세를 받았다는 뜻이다.

13:3 그의 머리 하나가 상하여 죽게 된 것 같더니 여기서 머리는 왕을 의미하는데 머리 하나가 상처를 입었으나 나았다는 말은 나라의 위기와 회복을 의미한다. 이는 짐승이 용이 주는 '능력과 보좌와 권세'를 가졌기 때문에 가능한 일이다. 하나님만 교회를 보호하시는 것이 아니라 사탄

도 자기 세력을 돕는다.

요한계시록 13장은 17~18장과 더불어 로마 제국을 상기시킨다. 이 세 장을 로마 제국에 국한시켜 이해할 수는 없으나, 그 배경이 로마 제국인 것은 분명하다. 요한계시록의 저자와 독자, 그리고 아시아 일곱 교회가 로마 제국에 속해 있었으니 당연한 일이다. 그래서 '상처 입은 머리'를 네로 황제(AD 54~68)라고 해석하기도 한다. 네로가 죽었을 때 로마 제국에 위기가 있었기 때문이다. 네로는 이복형제(브리타니쿠스), 아내(사비나), 어머니(아그리피나), 두 정치적 고문(세네카, 부루스)을 죽였고, '죽은 네로가 다시 살아온다'(Nero redivivus)라는 '네로 전설'이 오래 동안 계속 되었다.[2] 그만큼 정치적 혼란이 컸다는 말이다. 하지만 요한계시록을 그렇게 해석하는 것은 옳지 않다. 요한계시록은 모든 시대, 모든 민족에게 해당되는 말씀이기 때문이다.

13:3 상처가 나으매 온 땅이 놀랍게 여겨 짐승을 따르고 사람들은 짐승이 위기에서 회복되는 모습을 보고 짐승을 칭송하며 그런 모습을 보고 짐승을 따른다. 이는 11:11에서 죽었던 두 증인이 다시 일어서는 일을 연상시킨다. 용을 돕는 짐승도 하나님의 두 증인처럼 죽음의 위기를 극복하는 것이다.

13장에 등장하는 용과 두 짐승을 '사탄의 삼두체제'(Satanic Triumvirate)라고 하면서 삼위일체 하나님의 흉내를 내는 '가짜 삼위일체, 악마적 삼위일체'라고 설명하기도 한다.[3] 그러면서 짐승의 상처가 나은 것을 어린 양의 죽음에 비교한다(계 5:6). 사탄이 하나님의 흉내를 낸다는 설명은 가능하다. 사탄의 본질 자체가 거짓이기 때문이다. 그러나 사탄과 두 짐승이 삼위일체 하나님의 대적이 될 수는 없다. 창조주 하나님과 피조물이 동등하게 비교될 수는 없기 때문이다. 그러므로 '용과 두 짐승'은 '미가엘과 두 증인'의 대응 세력으로 보아야 한다.

13:4 누가 이 짐승과 같으냐 누가 능히 이와 더불어 싸우리요 로마 제국이

하나님을 모독하고 교회를 핍박하는데 사람들은 그런 로마의 힘을 칭송하면서 하나님 대신 로마를 섬긴다. 아무도 그 힘에 필적할 수 없다고 생각한다. 요한의 환상은 정치적 세력, 즉 국가의 진실을 알리고 있다. 하나님 아래 있기를 거부하는 국가는 하나님을 모독하고 교회를 박해하는데(계 13:5~7) 사람들은 그런 국가를 기뻐하고 칭송한다. 이것이 하나님의 권세를 인정하지 않는 국가의 모습으로 현재에도 그런 국가들이 많이 있다.

13:5 또 짐승이 과장되고 신성 모독을 말하는 입을 받고 '과장된 말'을 한다는 것은 교만한 말을 한다는 것이다. 사탄의 권세를 받은 짐승은 하나님을 모독하는 말을 한다. 이는 그 일곱 머리에 신성을 모독하는 이름을 가졌다는 것과 일맥상통한다(계 13:1). 짐승은 사탄의 하수인이므로 당연히 하나님을 모독한다.

13:5 마흔두 달 동안 일할 권세를 받으니라 짐승은 용으로부터 마흔두 달 동안 일할 권세를 받는다. 마지막 때를 상징하는 마흔두 달(삼년 반)이 다시 한 번 사용된 것으로 이는 한시적 기간을 의미한다. 비록 짐승이 강한 권세를 가졌지만 그것이 영원하지는 않다. 하나님을 거부하는 국가의 핍박은 반드시 끝이 있다. 이 사실은 성도들로 하여금 국가의 핍박을 인내할 수 있는 소망을 준다.

13:6 그의 이름과 그의 장막 곧 하늘에 사는 자들을 비방하더라 짐승은 교만한 입을 벌려 하나님을 모독하고 하늘나라 백성을 비방한다. 몇몇 사본의 경우 13:6이 '그의 장막 곧 하늘에 사는 자들'이 아니라 '그의 장막 그리고 하늘에 사는 자들'이라고 되어 있다.[4] 후자의 경우 '그의 장막'은 성전을 의미하는데 이런 식으로 번역하는 성서도 있다. 그러나 개역성서처럼 '그의 장막 곧 하늘에 사는 자들'이라고 후반부를 관계절로 이해해도 의미상 문제는 없다. 이 경우 '그의 장막'은 하늘나라를 의미한다.

13:7 또 권세를 받아 성도들과 싸워 이기게 되고 나라가 교회를 핍박할

경우 한시적이지만 나라가 교회를 이길 수밖에 없다. 국가 권력을 쉽게 이길 수 있는 교회나 개인은 없다. 그러나 짐승이 그 권세로 성도들을 이기는 기간은 분명히 한시적이며(계 13:5), 최후 승리는 하나님의 백성에 게 있다.

13:7 각 족속과 백성과 방언과 나라를 다스리는 권세를 받으니 이는 온 세 상을 의미하는 표현으로 5:9, 7:9, 11:9에 등장한다. 사탄의 하수인 역할 을 하는 정치 세력은 온 세상에 그 권세를 떨친다.

13:8 어린 양의 생명책에 창세 이후로 이름이 기록되지 못하고 이 땅에 사 는 자들은 13:8은 '어린 양의 생명책에 이름이 기록되지 못한 자들이 짐 승을 경배한다'라는 의미로 '짐승을 경배하는 자는 어린 양의 생명책에 이름이 기록되지 못한다'라는 말과 같은 뜻이다. 많은 사람들이 사탄의 유혹에 넘어가 하나님을 모독하는 세력에 동조하는데, 그 결과 그들은 그리스도가 주시는 영생을 얻지 못한다.

13:9 누구든지 귀가 있거든 들을지어다 명심해 들으라는 뜻으로 아주 중 요하다는 의미이다. 이는 일곱 교회에 보내는 말씀에서 일곱 번 반복된 표현이며(계 2~3장), 예수께서도 자주 이 말씀을 하셨다.(마 11:15, 막 4:9, 23, 눅 8:8, 14:35)

13:10 사로잡힐 자는 사로잡혀 갈 것이요 정치권력의 핍박으로 감옥에 갇 히는 성도들이 생겨난다. 이는 마지막 때에 성도들이 나라로부터 핍박을 받을 것이라는 말씀이다. 그 핍박은 하나님의 섭리 안에 있다. 그렇다면 이 말씀 안에 '환난에 인내할 뿐 저항하지 말라'는 의미가 들어 있다고 볼 수도 있다. 예레미야 15:2에 "죽을 자는 죽음으로 나아가고 칼을 받을 자는 칼로 나아가고 기근을 당할 자는 기근으로 나아가고 포로 될 자는 포로 됨으로 나아갈지니라 하셨다 하라"는 말씀이 있다.

13:10 칼에 죽을 자는 마땅히 자기도 칼에 죽을 것이니 성도들의 고난은 단순히 감옥에 갇히는 것으로 끝나지 않고 게 중에는 순교를 당하는 사

람도 있다. 성도의 순교 역시 하나님의 섭리 안에 있다.

13:10 성도들의 인내와 믿음이 여기 있느니라 짐승이 하나님을 모독하고 교회를 박해할 때 성도들은 인내하며 굳센 믿음을 지켜야 한다. 인내와 믿음은 요한계시록의 핵심 메시지로 마지막 때를 사는 성도들이 가져야 할 중요한 덕목이다(계 3:10, 14:12). 사탄과 그 세력의 핍박이 크기 때문이다.

• 땅에서 올라온 짐승(13:11~18)

11 내가 보매 또 다른 짐승이 땅에서 올라오니 어린 양 같이 두 뿔이 있고 용처럼 말을 하더라

12 그가 먼저 나온 짐승의 모든 권세를 그 앞에서 행하고 땅과 땅에 사는 자들을 처음 짐승에게 경배하게 하니 곧 죽게 되었던 상처가 나은 자니라

13 큰 이적을 행하되 심지어 사람들 앞에서 불이 하늘로부터 땅에 내려오게 하고

14 짐승 앞에서 받은 바 이적을 행함으로 땅에 거하는 자들을 미혹하며 땅에 거하는 자들에게 이르기를 칼에 상하였다가 살아난 짐승을 위하여 우상을 만들라 하더라

15 그가 권세를 받아 그 짐승의 우상에게 생기를 주어 그 짐승의 우상으로 말하게 하고 또 짐승의 우상에게 경배하지 아니하는 자는 몇이든지 다 죽이게 하더라

16 그가 모든 자 곧 작은 자나 큰 자나 부자나 가난한 자나 자유인이나 종들에게 그 오른손에나 이마에 표를 받게 하고

17 누구든지 이 표를 가진 자 외에는 매매를 못하게 하니 이 표는 곧 짐승의 이름이나 그 이름의 수라

18 지혜가 여기 있으니 총명한 자는 그 짐승의 수를 세어 보라 그것은 사람의 수니 그의 수는 육백육십육이니라

13:11 또 다른 짐승이 땅에서 올라오니 바다에서 나온 짐승이 사탄을 돕는 정치 세력이라면, 땅에서 올라오는 짐승은 사탄을 돕는 종교 세력이다. 이를 13:12~15에서 확인할 수 있다. 이 두 번째 짐승이 16:13, 19:20, 20:10의 거짓 선지자이다. 두 번째 짐승은 사람들이 첫 번째 짐승을 경

배하도록 한다(계 13:12). 그래서 첫째 짐승의 우상을 만드는데(계 13:14), 이는 종교를 이용해 정치권력을 믿도록 하는 것이다. 예를 들면, 로마가 제국 내 모든 속주에게 황제 숭배를 강요한 것이다. 본문의 역사적 의미가 바로 황제 숭배이다. 예수께서도 마지막 환난 때에 있을 거짓 선지자에 대해 경고하셨다(마 24:5, 11, 24). 그때에 "거짓 그리스도들과 거짓 선지자들이 일어나 큰 표적과 기사를 보여 할 수만 있으면 택하신 자들도 미혹하리라"(마 24:24)고 말씀하셨다.

바울은 로마서 13:4에서 로마를 하나님의 사역자로 부른다. 바울은 클라우디우스 황제(41~54) 때 로마서를 썼는데 클라우디우스는 황제 숭배를 원치 않았다. 본격적인 황제 숭배는 네로(54~68)부터 시작되었으며, 요한계시록이 기록된 도미티아누스(81~96) 시대는 황제 숭배가 심했던 기간이다. 사후에 원로원에 의해 '신으로 선포된 황제들'(아우구스투스, 클라우디우스, 베스파시아누스, 티투스)과 달리, 도미티아누스는 생전에 자신을 신으로 부르도록 했다. 땅에서 올라오는 짐승은 네로, 도미티아누스와 같은 인물들을 경배하라고 부추기는 세력을 상징한다. 그런 세력이 21세기에도 있으며 그리스도께서 재림하시는 날까지 계속될 것이다. 둘째 짐승은 "거짓 선지자들을 삼가라 양의 옷을 입고 너희에게 나아오나 속에는 노략질하는 이리라"(마 7:15)와 같은 말씀을 상기시킨다. 현재 회교 국가나 공산주의 국가가 이런 일을 하고 있다.

13:11 어린 양 같이 두 뿔이 있고 용처럼 말을 하더라 13:11에서 중요한 것은 땅에서 올라오는 짐승이 어린 양처럼 생겼으나 용처럼 말한다는 것이다. 이 짐승이 어린 양에 속한 것처럼 보이지만 실은 용에 속한 짐승이라는 뜻이다. 거짓 선지자는 그리스도의 말을 흉내 내지만 실은 사탄의 말을 하는 것이다. 두 번째 짐승이 용처럼 말을 한다는 것은 거짓 선지자는 성도들을 유혹해서 사탄의 길로 인도한다는 뜻이다.

땅에서 올라오는 짐승은 두 뿔을 가졌는데 이는 바다 짐승이 가진 열 뿔에 비해 적은 숫자이다. 뿔은 힘과 능력을 상징하므로, 땅에서 올라온 짐승의 권세가 바다 짐승의 그것에 미치지 못한다는 뜻이다. 보통 정치가 종교를 이용한다. 정치권력이 종교권력보다 강한 것이다. 13:12에서 보듯이 둘째 짐승은 사람들로 하여금 처음 짐승을 경배케 한다. 그러나 두 번째 짐승 역시 두 뿔을 가지고 어린 양처럼 기적을 행한다. 거짓 선지자가 그리스도의 권능을 흉내 내는 것이다. 두 뿔은 11장에서 보는 두 증인, 두 감람나무, 두 촛대에 대한 흉내일 수도 있다. 참고로 어린 양은 일곱 뿔을 가지셨다.(계 5:6)

13:12 땅과 땅에 사는 자들을 처음 짐승에게 경배하게 하니 부패한 종교 권력이 하는 일은 악한 정치 세력을 섬기도록 하는 것이다. 악한 정치 세력이 부패한 종교 권력을 이용한다고 말할 수도 있다. 역사적으로 이런 일이 수없이 있었고 지금도 그렇다. 나치 정권 아래 독일 교회의 모습이 대표적인 예이다.

13:12 곧 죽게 되었던 상처가 나은 자니라 13:12는 바다에서 나온 처음 짐승을 '죽게 되었던 상처가 나은 자'라고 한다. 이는 13:3에서 언급된 것으로 역사적으로 볼 때 이 짐승은 로마 제국을 말하는 것이 분명하다. 그러나 이 로마 제국은 하나님의 백성을 핍박하는 모든 정치 세력을 상징하는 것이다. 죽게 되었던 상처가 나았다는 말은 네로의 죽음으로 인한 제국의 혼란을 잘 극복했다는 뜻이다. 요한계시록의 모든 인물이 그렇듯이 13장의 두 짐승 역시 구체적이고 역사적인 인물이 아니다. 첫째 짐승은 역사적으로 로마 제국을 말하지만 모든 악한 정치권력을 상징하며, 둘째 짐승은 역사적으로 황제 숭배를 말하지만 모든 부패한 종교 권력을 상징한다.

13:13 큰 이적을 행하되 두 번째 짐승은 이적을 행하는데, 이는 종교 권력이 사람들을 유혹하는 방법을 말한다. 종교는 기적 같은 것으로 사람들을 유혹한다. 예수께서도 거짓 그리스도들과 거짓 선지자들이 이적과

기사로 하나님의 백성을 미혹할 것이라고 경고하셨다.(막 13:22)

13:13 불이 하늘로부터 땅에 내려오게 하고 두 번째 짐승이 행하는 큰 이적은 불을 하늘로부터 내려오게 하는 것이다. 이것은 갈멜 산에서 있었던 엘리야의 이적을 생각나게 한다(왕상 18:37~39). 두 번째 짐승은 이런 이적으로 사람들을 속여 첫째 짐승을 섬기도록 한다.

13:14 짐승을 위하여 우상을 만들라 하더라 두 번째 짐승은 이적으로 사람들을 미혹해서 첫 번째 짐승을 위한 우상을 만들게 한다. 이는 종교의 정치화 작업이다. 느부갓네살이 두라 평지에 금으로 된 신상을 만들어 백성들과 나라들과 각 언어로 말하는 자들로 하여금 신상에 절하도록 했다.(단 3:1~5)

13:15 그 짐승의 우상에 생기를 주어 우상에게 생기를 주는 것은 두 번째 짐승이 행하는 이적 중에 하나다. 이는 거짓 표적으로 사람들을 미혹하고 진리를 혼란케 하는 행위로서 하나님이 하시는 일을 흉내 내는 것이다. 에스겔이 하나님의 명령에 따라 마른 뼈에 생기가 들어가도록 예언했다(겔 37:9~10). 거짓 선지자 역시 참 예언자와 비슷한 일을 하는데 이는 사탄이 거짓의 영, 미혹의 영이기 때문이다.(요일 4:6)

13:15 그 짐승의 우상으로 말하게 하고 이것은 사람들이 첫 번째 짐승을 섬기도록 하는 두 번째 짐승의 술수를 의미한다. 두 번째 짐승은 우상이 말을 하게 함으로써 사람들이 경외심을 가지고 첫 번째 짐승을 경배하도록 한다. 몇몇 고대 자료를 보면 '말하는 우상'에 대한 언급이 있는데,[5] '짐승의 우상으로 말하게 한다'는 것은 이런 속임수를 염두에 둔 내용일 것이다. 13:15은 정치 세력이 종교권력을 어떻게 이용하며, 종교권력이 정치 세력에게 어떻게 봉사하는지를 보여 준다.

13:15 짐승의 우상에게 경배하지 아니하는 자는 몇이든지 다 죽이게 하더라 두 번째 짐승은 첫 번째 짐승을 경배하지 않는 자들에게 고통을 준다. 경제적으로 고통스럽게 하고 심지어 죽이기까지 한다. 역사적으로

볼 때 수많은 성도들이 순교자의 길을 걸었는데(히 11:37), 그 일은 현대에도 계속되고 있으며 주님이 재림하실 때까지 계속될 것이다.

13:16 그 오른손에나 이마에 표를 받게 하고 두 번째 짐승이 하는 일 중 가장 가증스러운 것이 사람들의 오른손이나 이마에 표를 찍는 것이다. 이 표가 없으면 경제 활동을 할 수 없는데, 짐승의 표는 성도의 이마에 찍힌 '하나님의 인침'(7:3~4, 14:1)을 흉내 낸 것이다. 요한계시록은 사람이 하나님의 인침 아니면 짐승의 표 중 하나를 받는다고 한다.

13:17 누구든지 이 표를 가진 자 외에는 매매를 못하게 하니 짐승의 표를 가진 자만 경제 활동을 할 수 있다. 이것은 짐승의 표가 없는 사람들의 사회적 매장이나 추방을 의미한다. 로마 황제 숭배를 거절한 사람들은 사회로부터 추방당했는데, 장기적으로 보면 이 방법이 투옥과 사형보다 더 효과적이다. 사람을 죽이는 것은 한계가 있기 때문이다. 두 번째 짐승은 경제적 고통이나 사회적 매장으로 첫 번째 짐승을 경배토록 한다. 회교도들이 기독교 국가를 점령했을 때, 회교로 개종하지 않는 자들에게 많은 세금을 물려 생활을 아주 힘들게 했다. 그 결과 대부분의 기독교인들이 회교로 개종해서 기독교 국가가 자연스럽게 회교 국가가 되었다. 경제적 압박은 배교에 매우 효과적인 수단인 것이다.

13:17 곧 짐승의 이름이나 그 이름의 수라 사람들이 받은 짐승의 표는 짐승의 이름을 나타내는 숫자이다. 히브리어나 헬라어 글자는 숫자를 의미한다. 알레프(ℵ)나 알파(α)는 1, 베이트(ב)나 베타(β)는 2, 김멜(ג)이나 감마(γ)는 3과 같은 식이다. 이렇게 어떤 상징을 숫자로 표현하는 것을 '게마트리아'(gematria)라고 한다. 짐승의 표는 짐승의 이름이며, 그 이름은 곧 숫자로 표기되었다.

13:18 그것은 사람의 수니 그의 수는 육백육십육이니라 요한계시록에서 가장 논란이 되는 구절로 666의 정체 때문이다. 요한계시록을 편지로 받은 아시아 일곱 교회는 666을 엄청난 수수께끼로 여기지 않았을 것이다. 오

히려 그 의미를 쉽게 이해했을 것이다. 그러나 초대 교회는 2세기 이레네우스 때 이미 666의 의미를 풀 수 있는 실마리를 잃어버렸다. 그래서 오늘날 수많은 이론에도 불구하고 666의 의미는 여전히 설명하기 어렵다.

일단 666이 용의 숫자가 아니라 짐승의 숫자라는 사실을 기억할 필요가 있다. 666은 사탄의 숫자가 아니라 거짓 선지자의 숫자인 것이다. 그러므로 666의 정체를 밝히면 사탄의 비밀을 알게 되는 것처럼 생각할 이유는 없다. 666은 사람들을 미혹해서 사탄의 세력을 섬기게 하는 자들을 의미한다.

666에 대한 전통적 설명 중 하나는 이를 네로 황제로 보는 것이다. 네로 황제를 히브리어로 읽고(נרון קסר, 케사르 네론) 이를 숫자로 치환하면 666이 된다. 네로는 처음으로 기독교를 박해했으며, 그가 완전히 죽지 않고 다시 환생할 것이라는 민간전승이 있었다. 그러나 네로 황제에 대한 정확한 히브리어 표기는 '케사르 네론'이 아니라 '케이사르 네로'(קסר נרו) 이며, 그럴 경우 626이 된다(네론은 헬라식 표기). 이 설명의 단점은 헬라어를 쓰는 요한계시록에서 갑자기 히브리어가 언급된다는 것이다. 그것도 변형된 형태로 말이다. 케사르 네로를 라틴어로 표기하면 616이 되는데 666을 616으로 표기한 사본들이 실제로 있다.[6]

666에 대한 많은 설명이 있지만 666을 불완전과 거짓의 상징으로 보는 것이 제일 바람직하다. 7은 완전을 의미하는 숫자로 요한계시록에서 하나님의 숫자로 사용된다. 이를 '하나님의 일곱 영'(계 1:4, 3:1, 4:5, 5:6)과 '어린 양의 일곱 뿔과 일곱 눈'(계 5:6)에서 알 수 있다. 이 7이 세 번 반복되는 것은 완벽하게 완전한 것이다. 그렇게 볼 때 삼위일체 하나님의 숫자를 777로 생각할 수 있다. 삼위일체 하나님을 숫자로 상징하면 777이 되는 것이다. 6은 7에 제일 가깝지만 완전치 않다. 완전에 가장 근접한 불완전이다. 마치 두 번째 짐승이 어린 양처럼 생겼으나 말은 용처럼 하는 것처럼 말이다(계 13:11). 이런 6이 세 번 반복되는 것은 완벽하게 불완전한 것이다. 그래서 666은 777에 대비되는 불완전의 상징이다. 토렌스(T. F. Torrance)는 "이 악의 삼위일체 666은 거룩한 삼위일체 777을 흉내 내지만, 항상 부족하고 실패한다"고 말한다.[7]

666에 대한 설명 중 나쁜 예는 이를 히틀러 같은 현대의 인물과 동일시하는 것이다. 666은 어떤 역사적 폭군을 말하는 것이 아니라 교리적 오류와 윤리적 타협을 가져오는 모든 종류의 권력을 말하는 것이다.[8] 그리고 또 다른 나쁜 예는 666을 바코드(Barcode)나 베리칩(VeriChip) 같은 현대의 발명품으로 설명하는 것이다. 베리칩은 몸 안에 이식이 가능한 전자 칩(chip)으로 신분증 역할을 한다. 이런 식의 설명이 666에 대한 나쁜 설명인 이유는, 만약 그렇다면 그리스도의 초림 후 바코드나 베리칩이 발명되기까지 짐승의 표를 받은 자가 아무도 없기 때문이다. '하나님의 인침'(계 8:3~4)이 영적인 것처럼 '짐승의 표'(666)도 영적인 것이다. 하나님의 인침을 받은 자가 그리스도 이후 지금까지 계속 있었던 것처럼 짐승의 표를 받은 자 역시 그리스도 이후 지금까지 계속 있었다.

▶ 13장의 핵심 및 교훈

13장의 핵심은 사탄의 세력이 세상에 존재한다는 것이다. 그들은 사탄의 하수인들로서 사탄과 함께 하나님을 모독하며 정치적, 종교적, 경제적 권력으로 세상을 지배한다. 그리고 그 권력을 이용해 하나님의 백성을 핍박하고 죽인다. 철저하게 사탄을 돕는 것이다. 마지막 때를 보내는 하나님의 백성은 사탄의 세력이 있고 그들이 세상을 다스린다는 사실을 알아야 한다. 굳센 믿음으로 그들과 싸워 선한 싸움에서 승리해야 한다.

13장은 12장과 내용적으로 연결되어 있다. 12장에서 보는 하나님께 대한 사탄의 도전이 13장에서 이어진다. 큰 흐름은 같지만 세부적인 차이가 있는데 12장에서는 싸움의 무대가 하늘이었지만 13장에서는 지상이다. 12장에서는 천사와 사탄이 싸우는 영적 싸움이었지만, 13장에서는 하나님의 백성과 사탄의 세력이 싸우는 현실적 싸움이다. 하지만 13장은 12장에서 보는 싸움의 연장으로, 이 역시 하나님께 대한 사탄의 도전을 의미한다. 진리와 거짓, 선과 악은 영적 세계에서 뿐만 아니라 현실 세계에서도 대립한다. 그러므로 하나님의 백성은 그리스도의 군사라는 자의식을 가지고 악한 세력과 싸워야 한다.

이 세상은 사탄과 그를 따르는 세력이 준동하는 곳으로 하나님의 백성은 평화롭게 하나님만 경배하며 살 수 없다. 세상에는 믿는 자를 끊임없이 유혹하고 핍박하는 세력이 있기 때문에 하나님의 백성은 영적으로 늘 긴장하고 민감해야 한다. 세상에 존재하는 사탄의 세력으로 인해 하나님의 백성은 반드시 하나님의 전신갑주를 입어야 한다(엡 6:10~17). 진리의 허리띠를 띠고 의의 호심경을 붙이고 구원의 투구를 쓰고 성령의 검을 가져야 한다. 성도의 씨름은 혈과 육을 상대하는 것이 아니라 통치자들과 권세들과 어둠의 세상을 주관하는 자들과 하늘에 있는 악의 영들을 상대하는 것이기 때문이다.(엡 6:12)

강하고 놀라운 권세를 가진 사탄의 하수인들이 정치적, 종교적, 경제적 힘으로 하나님의 백성을 핍박한다. 그들은 하나님을 멀리하고 사탄을 따르며 우상을 섬기라고 한다. 그러면 세상에서 풍족하게 살 수 있다고 유혹하고, 그렇지 않으면 죽음을 각오해야 한다고 협박한다. 마지막 때를 사는 하나님의 백성은 이런 유혹과 협박을 피할 수 없다. 세상이 이렇게 하나님의 백성을 대적하기 때문에 이 땅의 성도들은 어쩔 수 없이 고난과 핍박을 경험하게 된다.

그러나 그 고난이 끝나는 날이 있다. 사탄에 동조하는 자들의 위협과 핍박은 반드시 끝이 있다. 그 후에 있을 하나님의 위로가 영원하다. 성도의 고난은 그리스도 재림의 날에 끝나는데 그날은 위로의 날이자 영광의 날이다. 그날에 인침 받은 성도들은 영원한 기쁨을 얻지만, 짐승의 표를 받은 자들은 영원한 절망을 얻게 된다. 그날에 사람들은 참과 거짓을 알고, 영원한 생명과 영원한 형벌을 알게 된다.

하나님의 백성은 인내와 믿음으로 그날을 기다려야 한다(계 13:10). 끝까지 박해를 견디기 위해서 인내가 필요하고, 끝까지 짐승의 표를 거부하기 위해서 믿음이 필요하다. 힘들고 어려울 때 낙심하지 않기 위해서 인내가 필요하고, 죽음 앞에서 배교하지 않기 위해서 믿음이 필요하다. 마지막 날을 소망하며 모든 유혹을 이기기 위해서 하나님의 백성은 인내와 믿음을 필히 가져야 한다. 믿음과 인내로 최후 승리를 얻는 것이다. 사탄의 세력이 권세와 이적으로 잠시 하나님의 백성을 굴복시키는 것처럼 보이지만 그리스도의 재림과 함께 마지막 승리의 날이 온다.

2. 어린 양과 추수_14:1~20

● **십사만사천 명의 노래(14:1~5)**

1 또 내가 보니 보라 어린 양이 시온 산에 섰고 그와 함께 십사만 사천이 서 있는
데 그들의 이마에는 어린 양의 이름과 그 아버지의 이름을 쓴 것이 있더라

2 내가 하늘에서 나는 소리를 들으니 많은 물 소리와도 같고 큰 우렛소리와도 같
은데 내가 들은 소리는 거문고 타는 자들이 그 거문고를 타는 것 같더라

3 그들이 보좌 앞과 네 생물과 장로들 앞에서 새 노래를 부르니 땅에서 속량함을
받은 십사만 사천 밖에는 능히 이 노래를 배울 자가 없더라

4 이 사람들은 여자와 더불어 더럽히지 아니하고 순결한 자라 어린 양이 어디로
인도하든지 따라가는 자며 사람 가운데에서 속량함을 받아 처음 익은 열매로
하나님과 어린 양에게 속한 자들이니

5 그 입에 거짓말이 없고 흠이 없는 자들이더라

14:1 어린 양이 시온 산에 섰고 시온 산은 본래 예루살렘을 말한다(삼하
5:7, 왕상 8:1, 슥 9:9). 그리고 거룩한 성을 의미하는데 이는 예루살렘 안에
성전이 있었기 때문이다. 유대인들은 성전 안 지성소에 하나님이 계신다
고 생각했으며(합 2:20), 특히 법궤를 덮은 속죄소를 하나님의 보좌라고
생각했다(출 25:22, 30:6). 그러므로 '어린 양이 시온 산에 섰다'는 표현은
예수께서 새 예루살렘의 하나님 보좌 곁에 서셨다는 뜻이 된다. 스가랴
8:3에 "여호와가 이같이 말하노라 내가 시온에 돌아와 예루살렘 가운데
에 거하리니 예루살렘은 진리의 성읍이라 일컫겠고 만군의 여호와의 산

은 성산(聖山)이라 일컫게 되리라"는 말씀이 있다.

14:1 그와 함께 십사만 사천이 서 있는데 7장에서 십사만 사천 명은 지상의 하나님 백성을 상징하는 숫자로 소개된다(계 7:4 주석 참고). 하지만 여기서 십사만 사천 명은 천상의 하나님 백성을 의미한다. 물론 십사만 사천 명은 하나님 백성 전체를 의미하는 상징적인 숫자이다. 이들은 7:9에서 '흰 옷을 입고 종려 가지를 든 셀 수 없는 큰 무리'로 나타나는데, 7:9의 셀 수 없는 큰 무리가 14:1에서는 십사만 사천 명이 된 것이다.

요한계시록의 언어는 논리적, 사실적이 아니라 상징적, 암시적이기 때문에 그런 차이를 환상의 오류로 생각할 필요는 없다. 십사만 사천이라는 숫자 자체가 실제 숫자가 아니라 전체를 상징하는 숫자이기 때문이다. 오히려 7장에서 다소 모호했던 숫자가 14장에서 명확해진 것이라고 이해해야 한다. 7장에 의하면 지상의 하나님 백성은 십사만 사천 명이고(계 7:4), 하늘의 하나님 백성은 셀 수 없는 큰 무리이다(계 7:9). 그것이 14장에서 서로 일치되어 하늘의 하나님 백성도 십사만 사천 명이 된 것이다. 하늘의 십사만 사천 명은 구원받은 하나님의 백성을 말하는데, 14:3은 이들을 '땅에서 속량함을 받은 자'라고 표현한다. 구원받은 자들이 예수 그리스도와 함께 선다는 것은 아주 자연스러운 일이다. 요한은 구원받은 하나님의 백성이 예수 그리스도와 함께 있는 모습을 보고 있다.(계 14:1~5)

14:1 그들의 이마에는 어린 양의 이름과 그 아버지의 이름을 하나님의 백성 이마에는 성자와 성부의 이름이 쓰여 있다. 이는 13:16~18에서 보는 짐승의 표(짐승의 이름과 수)와 대비되는 것으로 모든 사람은 하나님의 이름이나 짐승의 표 중 하나를 가진다. 하나님께 속한 사람이 되거나 사탄에 속한 사람이 되는 것이며 그 중간은 없다.

14:2 내가 들은 소리는 거문고를 타는 자들이 그 거문고를 타는 것 같더라 요한은 환상을 보며 소리를 듣는데, 그 소리는 거문고 소리와 하늘의 십

사만 사천 명이 부르는 새 노래 소리였다. 그 소리는 '많은 물소리'(계 1:15, 14:2, 19:6) 같았고 '큰 우렛소리'(계 4:5, 6:1, 14:2, 16:18, 19:6) 같았는데, 이는 그 소리가 천상의 소리라는 뜻이다. 거문고는 수금(하프)을 의미한다.(계 5:8 주석 참고)

14:3 십사만 사천 밖에는 능히 이 노래를 배울 자가 없더라 어린 양과 함께 선 십사만 사천 명은 하나님의 보좌 앞에서 새 노래를 부른다. 이 노래는 오직 '땅에서 속량함을 받은 자들'만 부를 수 있으며 그들 외에는 이 노래를 배울 수 없다. 예수 그리스도를 믿는 자만이 영원한 생명을 얻을 수 있다는 뜻이다. '어린 양을 따르는 자들'(계 14:4)만이 하나님 보좌 앞에서 구원의 노래를 부를 수 있다.

14:4 이 사람들은 여자와 더불어 더럽히지 아니하고 순결한 자라 14:4~5는 십사만 사천 명의 특성을 설명하는데 그 첫째가 순결한 사람이다. 여기서 순결한 자는 육체적 의미가 아니라 영적 의미로, 영적으로 순결한 것을 말하며 우상을 숭배하지 않은 사람이라는 뜻이다. 성서는 우상 숭배를 음란한 죄로 묘사한다. 이는 하나님의 백성에게 동정(童貞)을 요구하거나, 결혼을 부정하거나, 여자를 폄훼하는 말씀이 아니다. '순결한 자'는 문자적으로 '숫총각, 숫처녀'(παρθενος, 파르쩨노스)를 말하지만 본문에서는 그리스도만 사랑하고 그리스도의 사랑만 아는 성도를 의미한다. '여자와 더불어 더럽히지 아니하고'라는 말은 우상을 숭배한 적이 없는 사람이라는 뜻이다.

14:4 어린 양이 어디로 인도하든지 따라가는 자며 십사만 사천 명은 어린 양이 가는 곳은 어디든지 따라다닌다. 그들은 하나님과 어린 양께 속한 자들로 거짓이 없고 흠잡을 데가 없는 자들이다(계 14:5). '어린 양이 어디로 인도하든지 따라간다'라는 말은 그리스도를 온전히 신뢰한다는 뜻이다. 그래서 그리스도의 영광은 물론 고난도 함께한다. '처음 익은 열매'라는 말은 그들이 처음부터 하나님께 속한 자들이라는 말이다. 성서에 '처

음 태어난 자는 다 내 것이라'라는 말씀이 있다.(민 3:13, 8:16~18)

14:5 그 입에 거짓말이 없고 하나님께 속한 자는 그 입에 거짓말이 없는데, 이것이 하나님께 속한 자의 전형적인 모습이다. 거짓은 철저하게 사탄에 속한 것이므로 하나님의 백성은 거짓을 행할 수 없다. 거짓말 중에 가장 큰 거짓말은 예수님이 그리스도가 아니며 하나님의 아들이 아니라고 하는 것이다(요일 2:22, 4:2~3, 요이 1:7). 하늘의 십사만 사천 명은 이 거짓말을 하지 않은 사람들이다.

● 세 천사의 말(14:6~13)

6 또 보니 다른 천사가 공중에 날아가는데 땅에 거주하는 자들 곧 모든 민족과 종족과 방언과 백성에게 전할 영원한 복음을 가졌더라

7 그가 큰 음성으로 이르되 하나님을 두려워하며 그에게 영광을 돌리라 이는 그의 심판의 시간이 이르렀음이니 하늘과 땅과 바다와 물들의 근원을 만드신 이를 경배하라 하더라

8 또 다른 천사 곧 둘째가 그 뒤를 따라 말하되 무너졌도다 무너졌도다 큰 성 바벨론이여 모든 나라에게 그의 음행으로 말미암아 진노의 포도주를 먹이던 자로다 하더라

9 또 다른 천사 곧 셋째가 그 뒤를 따라 큰 음성으로 이르되 만일 누구든지 짐승과 그의 우상에게 경배하고 이마에나 손에 표를 받으면

10 그도 하나님의 진노의 포도주를 마시리니 그 진노의 잔에 섞인 것이 없이 부은 포도주라 거룩한 천사들 앞과 어린 양 앞에서 불과 유황으로 고난을 받으리니

11 그 고난의 연기가 세세토록 올라가리로다 짐승과 그의 우상에게 경배하고 그의 이름 표를 받는 자는 누구든지 밤낮 쉼을 얻지 못하리라 하더라

12 성도들의 인내가 여기 있나니 그들은 하나님의 계명과 예수에 대한 믿음을 지키는 자니라

13 또 내가 들으니 하늘에서 음성이 나서 이르되 기록하라 지금 이후로 주 안에서 죽는 자들은 복이 있도다 하시매 성령이 이르시되 그러하다 그들이 수고를 그치고 쉬리니 이는 그들의 행한 일이 따름이라 하시더라

14:6 또 보니 다른 천사가 공중에 날아가는데 십사만 사천 명이 새 노래로 하나님과 어린 양을 찬양하는 환상을 본 후, 요한은 또 다른 환상을 보는데 그것은 세 천사가 온 세상에 복음을 전하는 환상이다(계 14:6~13). 세 천사는 심판과 구원을 전하는데 짐승의 표를 받은 자들은 유황불로 고통을 받으며 쉼을 얻지 못한다(계 14:10~11). 그러나 성도들은 모든 수고를 그치고 쉬게 된다(계 14:13). 첫째 천사는 심판의 시간이 이르렀으니 창조주 하나님을 경배하라고 하며, 둘째 천사는 큰 성 바벨론의 멸망을 외치고, 셋째 천사는 짐승의 표를 받은 자들이 겪을 고난을 전한다.

14:7 그의 심판의 시간이 이르렀음이니 첫째 천사가 외치는 말의 핵심은 이제 심판의 시간이 이르렀다는 것이다. 심판의 때가 다가왔으므로 창조주 하나님을 경배하라고 한다. 그래야 심판을 면할 수 있기 때문이다. 첫째 천사는 창조주 하나님이 심판하신다는 사실을 강조한다. 하늘과 땅과 바다와 물의 근원을 만드신 분이 세상을 심판하시는데, 이것은 알파와 오메가이신 하나님과 관계가 있다. 신약성서는 긴박한 종말과 심판을 강조한다. 예수 그리스도의 오심으로 인해 마지막 때가 시작되었기 때문이다. 교회는 '심판의 시간이 가까운 시점'에 존재하고 있다.

14:8 무너졌도다 무너졌도다 큰 성 바벨론이여 둘째 천사는 바벨론의 멸망을 선포한다. 여기서 바벨론은 하나님 나라에 대적하는 악한 세력의 대명사이다. 둘째 천사는 하나님 백성을 괴롭히던 제국의 멸망을 선포하는 것이다. 주전 587년 바빌로니아 군대는 예루살렘을 점령한 후, 성전을 불태우고 성벽을 허물고 많은 유대인들을 포로로 잡아갔다. 그 바빌로니아의 수도가 바벨론인데 이 이름이 로마에 투영되었다. 주후 70년 로마 군대가 예루살렘을 점령했을 때 똑 같은 일을 행했기 때문이다. 요한의 편지를 받은 아시아 일곱 교회는 바벨론이라는 이름을 듣고 분명히 로마를 연상했을 것이다. 그러나 요한계시록의 바벨론이 로마만 의미하는 것은 아니다. 바벨론은 사탄의 세력에 속해 하나님의 백성을 괴롭히는

모든 국가를 의미한다. 바빌로니아나 로마와 같은 나라를 의미하는 것이다. 요한계시록이 모든 시대, 모든 교회를 위한 예언이기 때문이다.

14:8 진노의 포도주를 먹이던 자로다 둘째 천사는 바벨론을 가리켜 '모든 나라로 음행케 한 자이며, 그래서 진노의 포도주를 먹이던 자'라고 한다. 로마 제국의 모습이 바벨론에 투영된 것은 확실하다. 여기서 음행은 우상 숭배를 말하는데, 짐승의 우상에게 경배하고 짐승의 표를 받는 것이 음행이다(계 13:15~16). 진노의 포도주는 하나님의 심판을 의미하는데, 불과 유황의 고난이 진노의 포도주이다(계 14:10). 바벨론이 모든 나라로 하여금 우상을 숭배케 해서 하나님의 무서운 심판을 받게 만들었다는 뜻이다. 예레미야 51:7에 바벨론을 가리켜 '뭇 민족에게 음행의 포도주를 먹이는 자'라는 말씀이 있다. 요한계시록 14:8, 10, 19 16:19, 18:3, 19:15에 '진노의 포도주'라는 표현이 나오는데, 이사야 63:3~6과 예레미야 25:15~29에서 그 구체적 내용을 볼 수 있다.

14:9 만일 누구든지 짐승과 그의 우상에게 경배하고 셋째 천사는 짐승의 우상에게 경배하거나 짐승의 표를 받은 자들 역시 진노의 포도주를 마실 것이라고 말한다. 둘째 천사가 '바벨론의 멸망'을 선포했다면, 셋째 천사는 '바벨론 백성의 멸망'을 선포하는 것이다. 사람은 어느 한 쪽에 속할 수밖에 없다. 어린 양의 백성이 되어 하나님의 이름을 받든지, 아니면 짐승의 백성이 되어 짐승의 표(666)를 받는다.

14:10 그 진노의 잔에 섞인 것이 없이 부은 포도주라 진노의 포도주에 물을 섞지 않았다는 말로 하나님의 자비를 전혀 기대할 수 없다는 뜻이다. 마지막 심판에 있을 하나님의 진노가 그만큼 크다는 말로서 하나님께서 인내하실 만큼 인내하셨기 때문이다.

14:10 불과 유황으로 고난을 받으리니 진노의 포도주는 '불과 유황의 고난'을 말한다 불과 유황은 소돔과 고모라가 멸망할 때 하늘에서 비같이 내렸던 것이며(창 19:24), 최후의 심판을 상징한다.(계 19:20, 20:10, 21:8)

14:11 고난의 연기가 세세토록 올라가리로다 불과 유황의 고난이 영원히 계속된다는 의미로, 짐승의 표를 받은 자들은 영원한 형벌을 받는다. 기독교인들 중에 사랑의 하나님을 지나치게 강조하면서 지옥의 존재를 거부하는 사람들이 있다. 그러나 그들은 성서에 없는 말을 하고 있는 것이다. 성서는 분명히 지옥이 있어서 짐승의 표를 가진 자들이 불과 유황의 고난을 세세토록 받을 것이라고 한다. 세세토록은 '에이스 아이오나스 아이오논'(εις αιωνας αιωνων, unto ages of ages)을 번역한 것으로 '영원히'(forever and ever)라는 뜻이다.

14:11 누구든지 밤낮 쉼을 얻지 못하리라 하더라 셋째 천사는 짐승의 표를 받은 자들이 밤낮없이 영원히 쉼을 얻지 못할 것이라고 한다. 불과 유황의 고통이 한 순간도 그치지 않을 것이라는 말이다. 하지만 하나님의 인침을 받고 주 안에서 죽은 자들은 수고를 그치고 쉼을 얻는다.(계 14:13)

14:12 성도들의 인내가 여기 있나니 문맥상의 의미가 다소 불분명하나 인내를 권면하는 말씀으로 볼 수 있다. 끝까지 인내하며 믿음을 지켜 영원한 고통을 피하라는 말씀이다. 짐승의 핍박을 믿음으로 견뎌 짐승의 표를 받지 말아야 한다.

14:12 예수에 대한 믿음을 지키는 자니라 개역성서는 '예수에 대한 믿음을'이라고 번역했으나, 헬라어로는 '예수의 믿음을'(πιστιν Ιησου, 피스틴 이에수)이라고 되어 있다. 요한계시록에서 이 표현은 단 한 번 등장한다. 보통 이 구절을 '예수의 믿음을, 예수 안에서의 믿음을, 예수에 대한 믿음을' 등 세 방향으로 번역한다.[9] 개역성서처럼 '예수에 대한 믿음을 지키는 자'라고 번역할 수도 있으나, '예수의 믿음을 지키는 자'라는 번역도 가능하다. 후자의 경우 선과 악의 우주적 갈등의 정점에서 예수께서 이 세상에 계실 때 보여 주신 믿음을 지키라는 뜻이다. 톤스타드(S. K. Tonstad)는 예수의 신실함(faithfulness of Jesus)이 가장 좋다고 한다.[10]

14:13 지금 이후로 주 안에서 죽는 자들은 복이 있도다 예수에 대한 믿음을 가지고 죽는 자들은 복이 있다. 그들은 주님과 함께 영원한 안식을 얻는다. 14:12~13에서 요한계시록의 핵심 교훈을 볼 수 있는데, 그것은 '사탄의 유혹과 짐승의 핍박을 참고 견뎌라, 예수에 대한 믿음을 끝까지 지켜라, 믿음을 지킨 채 죽는 자들은 복이 있다'라는 것이다. 이것이 요한계시록을 통해 주시는 그리스도의 교훈이다. 하나님의 백성이 핍박을 받는 근본적인 이유는 짐승의 우상을 경배하지 않기 때문이다(계 13:15). 짐승의 핍박으로 순교를 당한다 해도 주 안에서 죽는 자는 복이 있다. 죽도록 충성하는 자는 생명의 면류관을 받기 때문이다. 성령께서 이 사실을 확인하신다.

● 마지막 추수(14:14~20)

14 또 내가 보니 흰 구름이 있고 구름 위에 인자와 같은 이가 앉으셨는데 그 머리에는 금 면류관이 있고 그 손에는 예리한 낫을 가졌더라

15 또 다른 천사가 성전으로부터 나와 구름 위에 앉은 이를 향하여 큰 음성으로 외쳐 이르되 당신의 낫을 휘둘러 거두소서 땅의 곡식이 다 익어 거둘 때가 이르렀음이니이다 하니

16 구름 위에 앉으신 이가 낫을 땅에 휘두르매 땅의 곡식이 거두어지니라

17 또 다른 천사가 하늘에 있는 성전에서 나오는데 역시 예리한 낫을 가졌더라

18 또 불을 다스리는 다른 천사가 제단으로부터 나와 예리한 낫 가진 자를 향하여 큰 음성으로 불러 이르되 네 예리한 낫을 휘둘러 땅의 포도송이를 거두라 그 포도가 익었느니라 하더라

19 천사가 낫을 땅에 휘둘러 땅의 포도를 거두어 하나님의 진노의 큰 포도주 틀에 던지매

20 성 밖에서 그 틀이 밟히니 틀에서 피가 나서 말 굴레에까지 닿았고 천육백 스다디온에 퍼졌더라

14:14 구름 위에 인자와 같은 이가 앉으셨는데 요한은 '세 천사에 관한 환상' (계 14:6~13)을 본 후에, 예수께서 흰 구름 위에 앉아 계신 모습을 보았다. '인자와 같은 이'는 예수 그리스도를 말하는데, 이는 그리스도의 재림에 관한 환상이다. 구름은 구약성서에서 하나님의 현현과 관계가 있으며(출 13:21, 14:24, 16:10, 19:9, 시 99:7, 104:3), 신약성서에서는 그리스도의 재림과 관계가 있다.(마 24:30, 26:64, 계 1:7)

14:14 머리에는 금 면류관이 있고 그 손에는 예리한 낫을 가졌더라 금 면류관은 만왕의 왕을 상징하고 예리한 낫은 철저한 심판을 상징한다. 예수 그리스도는 '만왕의 왕이요 만주의 주'(딤전 6:15, 계 19:16)로 이 세상에 다시 오셔서 세상을 철저하게 심판하신다.

14:15 당신의 낫을 휘둘러 거두소서 하늘 성전에서 나온 천사는 그리스도를 향해, '당신의 낫을 휘둘러 거두소서'라고 외친다. 마지막 심판을 행하라는 하나님의 명령을 천사가 전하는 것이다. 최후 심판의 때는 철저히 하나님의 권한에 속한 것으로 예수께서도 모르신다.(마 24:36, 막 13:32)

14:15 땅의 곡식이 다 익어 거둘 때가 이르렀음이니이다 이는 낫으로 곡식을 베어 알곡을 거두라는 말로서 그리스도의 낫은 성도의 구원을 의미한다. 반면에 심판의 낫은 천사가 쥐고 있다(계 14:17). 구약성서에 심판을 곡식 추수에 비유한 말씀이 있다. 예레미야 51:33의 "딸 바벨론은 때가 이른 타작 마당과 같은지라 멀지 않아 추수 때가 이르리라"는 말씀과, 요엘 3:13의 "너희는 낫을 쓰라 곡식이 익었도다"라는 말씀이다. 예수께서도 구원과 심판을 추수에 비유하셨으며(마 9:37~38, 막 4:29, 요 4:35~36), '알곡과 가라지 비유'(마 13:36~43)를 말씀하셨다. 이 비유에 비추어 볼 때 예수께서 거두신 땅의 곡식은 알곡을 의미하며(계 14:14~16), 천사가 거둔 땅의 포도송이는 가라지를 의미한다.(계 14:17~20)

14:16 구름 위에 앉으신 이가 낫을 땅에 휘두르매 마지막 심판의 때는 하

나님이 정하시지만 그 심판의 주체는 예수 그리스도이시다. 14:16은 신약
성서가 계속 강조하는 예수님의 재림과 심판에 대한 말씀이다. '구름 위
에 앉으신 이가 낫을 휘두르신다'는 것은 재림하신 예수께서 마지막 심
판을 주관하신다는 말이다.

14:17 또 다른 천사가… 역시 예리한 낫을 가졌더라 요한은 그리스도에
대한 환상 후에 예리한 낫을 가진 천사가 하늘 성전에서 나오는 것을 보
았는데 천사는 낫을 휘둘러 '땅의 포도송이'를 거두었다. 그리스도는 '땅
의 곡식'을 거두셨다. 천사는 낫으로 거둔 포도를 하나님의 진노의 포도
주 틀에 던졌다(계 14:19). '땅의 곡식'은 하나님의 인침을 받은 자를 의미
하고, '땅의 포도송이'는 짐승의 표를 받은 자를 의미한다.

14:18 불을 다스리는 다른 천사가 제단으로부터 나와 '제단에서' 불을 다
스리는 천사가 나와 낫을 든 천사에게 추수를 시작하라고 외쳤다. '성전
에서' 나온 한 천사는 그리스도에게 추수의 시작을 알렸다. 양쪽 다 천
사가 추수의 시작을 알리는 것은 같다. 불은 심판의 불을 의미하는데(계
14:10), 성서는 지옥을 지극히 목마르고 뜨거운 곳으로 묘사한다.(마 5:22,
18:9, 눅 16:24)

14:18 네 예리한 낫을 휘둘러 땅의 포도송이를 거두라 낫을 든 천사는 곡
식이 아니라 무르익은 포도송이를 거둔다. 여기서 포도송이는 짐승의 표
를 받은 자를 의미한다. 포도송이는 포도주 틀에서 발에 밟혀 으깨어진
다. 구원받을 자와 심판받을 자는 이렇게 뚜렷이 구별된다. 예언서에 하
나님께서 좋은 포도나무를 심었지만 나쁜 포도가 열렸다는 표현이 있
다.(사 5:2, 렘 2:21)

14:19 하나님의 진노의 큰 포도주 틀에 던지매 포도를 추수해 포도주 틀
에 던지는 것은 심판을 의미한다. 사람들이 포도주 틀에서 포도를 밟아
포도즙을 짜내는 모습을 마지막 심판에 비유한 것이다. 하나님의 진노
의 큰 포도주 틀은 지옥을 상징한다. 구약성서에 하나님의 진노를 포도

주나 잔, 포도주 틀에 비유한 말씀들이 있다.(시 60:3, 사 51:17, 22, 63:3~6, 렘 25:15~26, 애 1:15, 겔 23:32~33, 욜 3:13)

14:20 성 밖에서 그 틀이 밟히니 틀에서 피가 나서 포도송이가 성 밖의 포도주 틀에서 밟혀 피가 난다는 말은 골고다의 십자가 사건과 비교된다. 골고다가 성 밖에 있었고 거기서 예수 그리스도의 피가 흘렀다. 포도송이가 포도주 틀에서 밟혀 피가 난다는 것은 짐승의 표를 받은 자들에 대한 심판이 아주 두렵다는 뜻이다.

14:20 말 굴레에까지 닿았고 굴레는 말이나 소를 부리기 위해 목에서 고삐에 걸쳐 얽어매는 줄이다. 피가 말 굴레에까지 닿았다는 것은 말(馬)의 얼굴 높이까지 피가 흘렀다는 뜻이다. 하나님의 진노의 포도주 틀에서 흐른 피가 강처럼 흘렀다는 말로 하나님의 무서운 진노를 의미하는 표현이다.

14:20 천육백 스다디온에 퍼졌더라 지역마다 조금 달랐지만 1스다디온(σταδιον, 스타디온)은 약 190m이다. 그러므로 천육백 스다디온은 약 300km이다. 심판 받은 자들의 피가 300km를 흘러간다는 말로 하나님의 징벌이 그만큼 혹독하다는 의미이다. 스다디온에서 스타디움(stadium, 경기장)이 파생되었다.

▶ 14장의 핵심 및 교훈

14장의 핵심은 하나님의 백성과 사탄의 백성이 가는 길이 다르다는 것이다. 모든 사람 앞에 두 개의 길이 있어서 누구나 그 중 하나를 걷는다. 하나는 구원의 좁은 길이고 다른 하나는 멸망의 넓은 길이다. 사람이 보기에 구원의 길은 좁고 힘들어 보여 가고 싶지 않은 길이다. 반면 멸망의 길은 넓고 편안해 보여 가고 싶은 길이다. 그러나 마지막은 정반대이다. 구원의 좁은 길은 새 노래를 부르며 안식할 수 있는 영원한 생명이 기다리고, 멸망의 넓은 길은 불과 유황으로 고통 받는 영원한 죽음이 기다린다. 14장은 이 두 개의 길을 대비시키면서 구원의 좁은 길을 걸어가라고 한다. 사탄의 백성이 아니라 하나님의 백성이 되라는 것이다.

하늘의 시온 산에 서서 구원의 새 노래를 부르는 자들이 있다(계 14:1~3). 구원받은 하나님의 백성으로 순결하고 거룩하며 거짓말과 흠이 없는 사람들이다(계 14:4~5). 그들은 하나님의 영광에 사로잡혀 하나님의 은혜를 찬양하고, 구원의 감격을 노래하며 영원한 안식을 취한다. 이것이 세상에서 창조주 하나님을 경배하고 짐승의 표를 거부한 자들이 받는 보상이다. 복음을 듣고 믿음을 지킨 자들이 누리는 복이다.

반면에 불과 유황 구덩이 속에서 극심한 고통으로 울부짖는 자들이 있다(계 14:10). 사탄의 무리로 하나님의 진노의 포도주를 마신 자들이다. 짐승의 표를 받고 사탄을 경배한 자들로 하나님의 심판을 받은 사람들이다. 그들은 영원한 고통 가운데 결코 안식을 얻지 못하는데 지옥의 불은 꺼지는 법이 없기 때문이다. 이것이 세상에서 창조주 하나님을 거부하고 짐승의 표를 기뻐한 자들이 받을 형벌이다.

사람은 구원의 길을 가거나 멸망의 길을 가며 제 3의 길은 없다. 마태복음 25:31~46의 '양과 염소 비유'는 마지막 날에 대한 비유인데 예수께서 다시 오시는 날 '양과 염소'만 있을 뿐 다른 짐승이 없음을 알려 준다. 예수께서는 그날 목자가 양과 염소를 구분하듯이 구원받을 자와 멸망당할 자를 구분하신 후 구원받은 자들에게 새 예루살렘을 허락하신다. 이 나라는 창세로부터 예비 된 나라로(마 25:34), 부활의 자녀들이 들어가는 나라다(눅 20:36). 그러나 멸망당할 자들은 영원한 불에 던지시는데(마 25:41) 그 불은 사탄과 그 무리를 위해 예비 된 것이다. 그리스도는 이렇게 의인에게는 영생을, 죄인에게는 영벌을 주신다. 이것이 14장의 핵심이자, 예수께서 말씀하신 '양과 염소 비유'의 내용이다.

영원한 생명과 영원한 형벌은 분명히 있다. 하나님께서 사람의 일생을 낱낱이 기억하셔서 심판의 날에 영원한 생명으로 보상하시거나 영원한 형벌로 심판하신다(마 25:37~39, 44). 이제 예수께서 낫을 휘둘러 땅의 곡식을 추수하실 때가 가까이 왔다. 그리고 천사가 낫을 휘둘러 땅의 포도송이를 추수할 때가 가까이 왔다. 예수께서 추수하신 알곡은 천국 곳간에 쌓이지만, 천사가 거둔 포도송이는 하나님의 진노의 틀에서 밟히게 된다. 하나님 백성과 사탄의 무리는 이렇게 다른 결과를 얻는다. 그 결과를 영원히 바꿀 수 없으므로 사람은 이 세상에서 짐승의 표를 거부하고 하나님의 인침을 받아야 한다.

일곱 대접의 재앙

THE KINGDOM OF RESURRECTION

PART 6

1. 마지막 재앙의 준비_15:1~8

● 승리자들의 노래(15:1~4)

1 또 하늘에 크고 이상한 다른 이적을 보매 일곱 천사가 일곱 재앙을 가졌으니 곧 마지막 재앙이라 하나님의 진노가 이것으로 마치리로다

2 또 내가 보니 불이 섞인 유리 바다 같은 것이 있고 짐승과 그의 우상과 그의 이름의 수를 이기고 벗어난 자들이 유리 바다 가에 서서 하나님의 거문고를 가지고

3 하나님의 종 모세의 노래, 어린 양의 노래를 불러 이르되 주 하나님 곧 전능하신 이시여 하시는 일이 크고 놀라우시도다 만국의 왕이시여 주의 길이 의롭고 참되시도다

4 주여 누가 주의 이름을 두려워하지 아니하며 영화롭게 하지 아니하오리이까 오직 주만 거룩하시니이다 주의 의로우신 일이 나타났으매 만국이 와서 주께 경배하리이다 하더라

15:1 또 하늘에 크고 이상한 다른 이적을 보매 요한은 12:1에서 큰 이적을 보았는데, 이제 또 다른 '크고 이상한 이적'을 본다. 여기서 '이상한'은 원어로 '놀라운'(θαυμαστος, 싸우마스토스, wonderful)이라는 뜻이다. 요한은 아주 중요하고 놀라운 환상을 보았던 것이다. 싸우마스토스는 헬라어 성서 「70인경」(Septuagint)에서 하나님의 놀라운 역사를 표현하는데 자주 사용되었다.[1]

15:1 일곱 천사가 일곱 재앙을 가졌으니 곧 마지막 재앙이라 하나님의 진노

가 이것으로 마치리로다 요한이 본 크고 이상한 이적은 마지막 재앙에 대한 환상으로 마지막 재앙은 일곱 대접의 재앙이다. 세상에 대한 하나님의 진노는 일곱 인 재앙으로 시작해서 일곱 나팔 재앙을 거쳐 일곱 대접 재앙으로 끝이 난다. 일곱 재앙이 세 번 반복됨으로써 악에 대한 하나님의 심판이 완성되는데 일곱 대접 재앙으로 하나님의 진노가 그치게 된다. 15:1은 마지막 때가 끝나 가면서 마지막 날이 가까이 왔음을 의미한다.

15:2 불이 섞인 유리 바다 같은 것이 있고 '불이 섞인 유리 바다'는 4:6에 언급된 '수정과 같은 유리 바다'와 동일한 것이다(계 4:6 주석 참고). 4:6에서 수정과 같다고 표현된 유리 바다가 15:2에서 불이 섞인 유리 바다로 표현된 이유는 15:1에서 보는 '하나님의 진노'와 관계가 있다. 수정 같은 유리 바다가 불이 섞인 유리 바다가 될 정도로 하나님께서 진노하신 것이다. 그 무서운 진노로 인해 마지막 일곱 재앙이 시작된다. 불은 하나님의 '심판의 도구'(계 14:10, 20:9~10, 14)인 동시에 재앙의 내용이다.(계 8:7, 8, 10, 16:8, 18:8, 18)

15:2 짐승과 그의 우상과 그의 이름의 수를 이기고 벗어난 자들이 '짐승'과 '그의 우상'과 '그의 이름의 수'는 13장의 주요 내용이다. 이를 '이기고 벗어난 자들'이란 신앙의 승리자를 의미한다. 그들은 짐승의 표를 거부하고 하나님의 인침을 받은 자들이다.(계 7:2~4)

15:2 유리 바다 가에 서서 하나님의 거문고를 가지고 '유리 바다 가에 서서'라는 말은 '하늘에 있는 하나님의 성전에 서서'라는 뜻이다. 구원받은 자들이 하나님 앞에 서 있음을 이렇게 표현한 것이다. 거문고는 하나님과 그리스도를 경배하기 위한 도구로 네 생물과 이십사 장로들, 그리고 십사만 사천 명이 사용한다.(계 5:8 주석 참고, 14:2)

15:3 하나님의 종 모세의 노래, 어린 양의 노래를 불러 이르되 모세는 하나님의 종이라 불렸으며(출 14:31, 민 12:7, 8, 신 34:5), 모세의 노래는 구원의 노래, 승리의 노래를 의미한다. 이스라엘 백성이 홍해를 건너는 기적을

경험한 후 모세와 이스라엘 백성은 하나님께 구원의 노래를 불렀다(출 15:1~18). 신명기 32:143에 또 다른 모세의 노래가 있는데, 이는 하나님이 행하신 구원의 역사를 잊지 말라는 내용이다. 어린 양의 노래 역시 모세의 노래처럼 구원의 노래이므로 같은 말을 반복한 것이다. 하지만 예수께서 실제로 구원의 노래를 부르신 경우는 복음서에 없다.

15:3~4에서 보는 찬양의 배경은 출애굽기 15장에서 보는 모세의 노래가 분명하다. 바다라는 표상과 모세의 노래에 대한 언급이 이 환상의 배경에 출애굽 사건이 있음을 암시한다. 출애굽 한 이스라엘 백성들이 홍해 건너편 언덕에서 하나님의 구원을 찬양했듯이, 새 이스라엘에 속한 하나님의 백성들이 하나님 앞에서 어린 양의 노래를 부르는 것이다. 그러나 하나님 백성의 승리가 천상에서는 이루어졌지만 지상에서는 아직 이루어지지 않았다.

15:3 주 하나님 곧 전능하신 이여… 믿음의 승리자들은 유리 바다 가에서 주 하나님, 전능하신 분, 만국의 왕이신 분을 찬양한다. 그가 행하신 '크고 놀라운 일'과 그의 '의롭고 참된 길'을 찬양한다. 하나님께서 주신 영원한 생명을 찬양하는 것이다.

15:4 주여 누가 주의 이름을 두려워하지 아니하며… 하나님의 진노 앞에서 모든 사람들이 하나님의 이름을 두려워한다. 창조주 하나님의 절대적 주권을 보았기 때문이다. 사람들이 하나님의 거룩하심과 의로우심을 찬양하면서 하나님께 경배한다.

● 일곱 대접의 준비(15:5~8)

5 또 이 일 후에 내가 보니 하늘에 증거 장막의 성전이 열리며
6 일곱 재앙을 가진 일곱 천사가 성전으로부터 나와 맑고 빛난 세마포 옷을 입고 가슴에 금 띠를 띠고
7 네 생물 중의 하나가 영원토록 살아 계신 하나님의 진노를 가득히 담은 금 대접

일곱을 그 일곱 천사들에게 주니
8 하나님의 영광과 능력으로 말미암아 성전에 연기가 가득 차매 일곱 천사의 일곱 재앙이 마치기까지는 성전에 능히 들어갈 자가 없더라

15:5 하늘에 증거 장막의 성전이 열리며 15:5~8은 '진노의 일곱 대접'을 준비하는 내용이다. 앞에 일곱 인과 일곱 나팔의 재앙이 있었는데 일곱 대접의 재앙이 최후의 재앙이다(계 16장). 앞에서는 세상의 '사분의 일'(계 6:8)과 '삼분의 일'(계 8:7~12)이 재앙을 받았으나 이번에는 눈에 보이는 세상 전체가 영향을 받는다. 이 일곱 대접의 재앙 후에 바벨론이 점령되고 (계 17~18장), 최후 승리에 대한 찬송이 있으며(계 19장), 사탄이 결박되고 천년왕국이 있다(계 20장). 그리고 새 하늘과 새 땅, 새 예루살렘이 도래한다(계 21~22장). 일곱 대접은 지금까지 계속된 재앙의 정점이다.

'증거 장막의 성전'이란 증거 장막 곧 성전이라는 말로서 같은 말을 반복한 것이다. 증거 장막은 증거궤(언약궤)가 있는 장막이라는 말로 출애굽 당시 모세가 세운 성막을 말한다. 민수기 17:7, 8, 18:2에서 성막을 증거의 장막이라고 한다(행 7:44 참고). 성막은 시내 광야에서의 성전으로 모든 이스라엘 성전의 시작이다. 성막은 솔로몬에 의해 성전이 되었는데 그 성막이 천상의 성전과 연결된다. 이를 통해 성서는 한 분 하나님의 말씀으로 구약과 신약은 한 권의 책이며, 처음과 끝이 일치함을 볼 수 있다. 하늘 성전이 열린다는 말은 구원의 때, 즉 마지막 날이 가까워졌음을 말한다.

15:6 맑고 빛난 세마포 옷을 입고 가슴에 금 띠를 띠고 요한은 하늘 성전에서 일곱 천사가 나오는 것을 보았는데 그들은 맑고 빛난 세마포 옷을 입고 가슴에 금 띠를 띠고 있었다. 세마포 옷은 제사장의 옷으로 순결을 상징하며(출 39:28, 레 6:10, 16:4), 가슴의 금 띠는 왕의 옷차림으로 권위를 상징한다. 다니엘이 세마포 옷을 입고 허리에 순금 띠를 한 천사를 보았다(단 10:5). 요한계시록에서 세마포 옷은 어린 양의 신부가 입는 옷이며

(계 19:8), 하늘의 군대들이 입는 옷이다(계 19:14). 다윗이 하나님의 궤를 예루살렘으로 옮길 때 다윗과 레위 사람과 노래하는 자들이 세마포 겉옷을 입었다.(대상 15:27)

15:7 네 생물 중 하나가… 금 대접 일곱을 그 일곱 천사들에게 주니 하늘 성전에서 나온 일곱 천사는 네 생물 중 하나로부터 각각 금 대접을 받는다. 네 생물은 어린 양이 일곱 인을 떼실 때 '오라!' 하고 외쳤으며(계 6:1~8), 일곱 대접은 하나님의 진노를 가득히 담은 대접이다.

15:8 성전에 연기가 가득 차매 '성전에 가득 찬 연기'는 하나님의 임재와 충만한 영광을 상징한다.(출 19:18, 20:18, 사 6:4)

15:8 성전에 능히 들어갈 자가 없더라 일곱 재앙이 끝날 때까지 아무도 하늘 성전에 들어갈 수가 없다. 하나님의 영광과 능력이 하늘 성전에 충만했기 때문이다. 이는 마지막 일곱 재앙이 그만큼 중요하다는 뜻이다. 하나님의 영광 때문에 성막과 성전에 들어가지 못하는 일이 땅에서도 있었다. 성막을 봉헌할 때 모세는 여호와의 영광 때문에 성막에 들어갈 수 없었고(출 40:35), 성전 낙성식 때 제사장들은 성전에 가득한 여호와의 영광 때문에 성전에 들어갈 수가 없었다.(대하 7:2, 왕상 8:11 참고)

▶ 15장의 핵심 및 교훈

15장의 핵심은 마지막 재앙에 대한 확인이다. 마지막 재앙이란 예수께서 재림하시기 직전의 재앙을 말하는데, 그 마지막 재앙이 분명히 있다는 것이다. 일곱 인과 일곱 나팔의 재앙을 경험한 사람들은 그리스도의 재림에 대한 기대가 약해질 수 있다. 일곱 인의 재앙이 끝나도 세상의 종말이 오지 않고, 일곱 나팔의 재앙이 끝나도 마지막 날이 오지 않기 때문이다. 그래서 사람은 재앙만 계속될 뿐 재림의 날은 오지 않는다는 생각을 할 수 있다. 주후 1세기 말에 이미 이런 생각을 한 사람들이 있었다.(벧후 3:9)

초대 교회 교인들은 긴박한 재림을 기대했기 때문에, 자신들의 생전에 마지막 날이 올 것이라고 믿었다. 그러나 그 기대는 이천 년이 지난 지금까지도 이루어지지 않았다. 재앙은 계속 되지만 재림의 날은 오지 않은 것이다. 그러면서 마지막 날에 대한 기대가 약해질 수 있다. 은영 중에 마지막 날이 지금까지 오지 않았으므로 앞으로도 오지 않을 것이라는 생각을 할 수 있다. 15장은 그렇지 않다는 것이다. 하나님의 최후의 진노를 담은 마지막 재앙이 있을 것이라고 한다(계 15:1). 하늘이 큰 소리로 떠나가고 물질이 뜨거운 불에 풀어지며, 땅과 그 중에 있는 모든 일이 드러나는 마지막 재앙이 분명히 있다.(벧후 3:10)

마지막 때가 길어지면 재림에 대한 기대가 약해지면서 최후의 심판은 없을 것이라는 생각을 하게 되지만, 하나님의 인내하심이 끝없이 지속되는 것은 아니다. 마지막 재앙이 있으며 최후의 심판이 뒤를 잇는다. 그리스도가 다시 오시는 날 하나님의 백성은 구원의 노래, 즉 모세의 노래와 어린 양의 노래를 부른다.(계 15:3~4)

이단과 사이비는 재림의 날짜를 정하기 위해 마지막 재앙을 강조한다. 사람이 재림의 날짜를 안다는 것은 결코 용납될 수 없는 일이지만 그런 거짓말에 미혹되어 멸망의 길을 가는 사람들이 있다. 반면 정통교회는 마지막 재앙에 무관심한 경향이 있다. 마지막 재앙의 때를 분별하려 하지 않고 재앙의 반복으로만 생각하는 것이다. 그런 생각은 최후 심판에 대한 무관심으로 이어지는데 이는 옳지 않다. 교회는 영적으로 깨어 있어 마지막 재앙을 분별하면서 재림에 대한 소망을 더욱 강하게 가져야 한다.

여섯째 대접과 일곱째 대접 재앙 사이에 "보라 내가 도둑 같이 오리니 누구든지 깨어 자기 옷을 지켜 벌거벗고 다니지 아니하며 자기의 부끄러움을 보이지 아니하는 자는 복이 있도다"(계 16:15)라는 말씀이 삽입되어 있다. 이는 마지막 재앙을 잘 분별하라는 말씀이다. 사데 교회는 '내가 도둑 같이 이를 것'이라는 예수님 말씀을 받았는데(계 3:3), 그날이 언제 인지는 알 수 없지만 그날은 반드시 온다. 15장은 재림 직전의 마지막 재 앙이 분명히 있을 것임을 강조한다.

2. 진노의 일곱 대접_16:1~21

16:1 성전에서 큰 음성이 나서 요한은 하늘 성전에서 나는 큰 음성을 들었는데, 그 음성은 일곱 천사에게 일곱 대접을 땅에 쏟으라고 한다. 이

음성은 천사의 음성일 수도 있는데 '하나님의 진노의 일곱 대접'을 땅에 쏟으라고 하기 때문이다. 하나님의 음성이라면 '나의 진노의 일곱 대접'을 쏟으라고 하는 것이 자연스럽다. 그러나 하나님의 영광과 능력으로 인해 성전에 능히 들어갈 자가 없기 때문에(계 15:8) 이를 하나님의 음성으로 보는 것이 옳다. 하나님께서 자신의 일곱 대접을 3인칭으로 표현하신 것이다. 하나님은 성전에 계시며(시 68:35) 성전에서 말씀하신다(사 66:6). 16:1에서 중요한 것은 일곱 대접을 쏟으라는 음성이 성전에서 들려왔다는 사실로 이것은 하나님께서 마지막 일곱 재앙을 명령하셨다는 뜻이다. 하나님께서 역사의 종말을 결정하신다.

하나님은 주로 예언자들을 통해 말씀하시지만 때로는 직접 말씀하신다. 아브라함과 모세에게 직접 말씀하셨고 어린 사무엘에게 그리 하셨다(삼상 3:11~14). 예수께서 세례를 받고 물에서 올라오실 때 "이는 내 사랑하는 아들이요 내 기뻐하는 자라"는 음성이 들렸다(마 3:17). 그리고 예수께서 높은 산에서 모세와 엘리야를 만났을 때도 같은 음성이 들렸다(마 17:5, 벧후 1:17~18). 시편 29:3~9는 하나님의 음성이 가지는 능력에 대한 말씀이다.

16:1 하나님의 진노의 일곱 대접을 땅에 쏟으라 하더라 하나님은 천사들에게 마지막 일곱 재앙을 행하라고 말씀하신다. 일곱 대접의 재앙은 출애굽 당시의 재앙을 연상시키는 우주적 재앙이다. 일곱 봉인이나 일곱 나팔이 세상의 '사분의 일'(계 6:8)과 '삼분의 일'(계 8:7~12)이 재앙을 받는 부분적 재앙이라면, 일곱 대접은 세상 전체가 영향을 받는 재앙이다. 재앙의 이유는 성도들에 대한 박해 때문이다(계 16:6). 그러므로 일곱 대접의 재앙은 하나님의 정의로운 심판이다(계 16:5, 7). 하지만 이 무서운 재앙에도 불구하고 사람들은 회개하지 않고 하나님께 영광을 돌리지 않는다.(계 16:9)

16:2 악하고 독한 종기가 나더라 첫째 대접은 종기 재앙이다. 첫째 천사

가 대접을 땅에 쏟자 짐승의 표를 받은 자들, 그 우상에게 경배하는 자들에게 악하고 독한 종기가 났다. 출애굽 때 여섯째 재앙이 종기 재앙이었다.(출 9:8~11)

16:3 바다가 곧 죽은 자의 피 같이 되니 둘째 대접은 피 재앙이다. 둘째 천사가 대접을 바다에 쏟았을 때 바다가 피 같이 되어 모든 바다 생물이 죽었다. 애굽의 첫째 재앙 때 나일 강과 애굽의 모든 강, 운하, 못, 호수가 피가 되었다.(출 7:17~21)

16:4 강과 물 근원에 쏟으매 피가 되더라 셋째 대접 역시 피 재앙인데 다만 둘째 재앙과 대상이 다르다. 둘째 재앙에서는 바다가 피가 되었지만 셋째 재앙에서는 세상의 모든 강과 물의 근원, 즉 샘이나 호수 등이 피가 되었다. 둘째 대접과 셋째 대접은 끔찍한 재앙이 틀림없다. 사람들은 피를 두려워하고 피 냄새를 싫어하는데 온 세상이 피 천지가 된 것이다. 바다가 그렇게 되었다는 말은 세상이 피로 가득 찼다는 말이며, 강과 물의 근원이 그렇게 되었다는 말은 사람들이 그 끔찍한 피를 마시게 되었다는 말이다.

이런 끔찍한 재앙 가운데서도 하나님은 하나님의 인침을 받은 자들을 보살피신다는 사실이 16:2에 암시되어 있다. 짐승의 표를 받은 자들과 그 우상에게 경배하는 자들에게만 악하고 독한 종기가 났던 것이다. 명백히 언급된 것은 아니지만 이를 통해 마지막 일곱 재앙 중에도 성도들에 대한 하나님의 보호가 있음을 알 수 있다.

16:5 내가 들으니 물을 차지한 천사가 이르되 셋째 재앙 후에 요한은 물을 관할하는 천사가 말하는 것을 듣는다. 유대 문학에 바다의 천사, 물의 천사, 비의 천사, 불의 천사 등 자연을 담당하는 천사들이 나오는데, 물을 관리하는 천사들에 대한 이야기가 위경인 '에녹 1서' 66:2에 있다.[2]

16:5 이렇게 심판하시니 의로우시도다 물을 차지한 천사는 세상의 모든 물이 피가 되는 끔찍한 재앙을 보면서 영원하신 하나님, 거룩하신 하나

님의 심판이 의롭다고 외친다. 그 이유는 세상이 성도들과 선지자들의 피를 흘렸기 때문이다(계 16:6). 하나님은 공의로우시며, 공의로 다스리시고, 공의로 심판하신다.(신 32:4, 삼하 23:3, 시 35:24, 50:6, 72:1, 사 5:16, 슥 8:8, 살후 1:5, 7)

16:6 그들이 성도들과 선지자들의 피를 흘렸으므로 바다와 세상의 모든 물이 피로 변하는 끔찍한 재앙이 하나님의 공의로운 심판인 이유는 짐승의 표를 받고 그 우상에 절하는 자들이 성도들과 예언자들의 피를 흘렸기 때문이다. 눈은 눈, 이는 이로 갚은 율법의 원칙대로 피를 피로 벌하신 것이다.(출 21:24)

16:7 또 내가 들으니 제단이 말하기를 그러하다 하나님의 심판이 의롭다는 천사의 말을 하늘의 제단이 확인한다. 제단 역시 하나님의 심판이 참되고 의롭다고 하는데 이를 6:9~10을 통해 이해할 수 있다. 순교한 자들의 영혼이 제단 아래에서 '언제 우리가 흘린 피를 갚아 주시겠습니까?'라고 외치고 있기 때문이다. 제단이 그들의 탄원을 대변한 것이다.

16:8 해가 권세를 받아 불로 사람들을 태우니 넷째 재앙은 해 재앙이다. 천사가 대접을 해에 쏟아 부으니 해는 불로 사람들을 태우는 힘을 받았다. 사람들이 태양의 열에 데고 타는 재앙을 당한 것이다. 이는 출애굽 때 없었던 재앙으로 이를 오존층의 훼손으로 설명할 필요는 없다. 그런 식의 설명은 16:8이 20세기까지는 무의미한 본문이었다고 말하는 셈이 되기 때문이다.

16:9 사람들이 크게 태움에 태워진지라 문자적으로는 '큰 열'(great heat)에 탔다는 말로 '격렬하고 지독한 열에 탔다'라는 뜻이다.

16:9 하나님의 이름을 비방하고… 사람들은 넷째 재앙까지 당하면서도 회개하지 않는다. 성도들과 예언자들의 피를 흘리게 한 죄, 짐승의 표를 받고 우상을 숭배한 죄를 회개치 않고 오히려 하나님의 이름을 비방한다. 그만큼 완악하다는 뜻으로 애굽의 파라오가 그랬다. 파라오는 아홉

번의 무서운 재앙을 당하면서도 하나님의 뜻에 순종하지 않았다. 사탄과 그의 세력들 역시 파라오 못지않게 완악하다. 신명기 28:58은 하나님의 이름을 가리켜 '영화롭고 두려운 이름'이라고 한다.

재앙의 비교

	일곱 나팔(8장)	일곱 대접(16장)	출애굽기
첫째	피 섞인 우박과 불	지독한 종기	종기(여섯째 재앙)
둘째	바다 1/3이 피가 됨	바다가 피 같이 변함	물이 피가 됨(첫째)
셋째	강과 샘이 쓴 물이 됨	강과 샘이 피로 변함	
넷째	해달별이 어두워짐	태양의 뜨거운 열기	
다섯째	메뚜기 떼	어둠과 고통	어둠(아홉째)
여섯째	말을 탄 네 천사	개구리 같은 영	개구리(둘째)
일곱째	번개, 천둥, 지진, 우박	번개, 천둥, 우박, 지진	우박(일곱째)

● 다섯째에서 일곱째 대접(16:10~21)

10 또 다섯째 천사가 그 대접을 짐승의 왕좌에 쏟으니 그 나라가 곧 어두워지며 사람들이 아파서 자기 혀를 깨물고

11 아픈 것과 종기로 말미암아 하늘의 하나님을 비방하고 그들의 행위를 회개하지 아니하더라

12 또 여섯째 천사가 그 대접을 큰 강 유브라데에 쏟으매 강물이 말라서 동방에서 오는 왕들의 길이 예비되었더라

13 또 내가 보매 개구리 같은 세 더러운 영이 용의 입과 짐승의 입과 거짓 선지자의 입에서 나오니

14 그들은 귀신의 영이라 이적을 행하여 온 천하 왕들에게 가서 하나님 곧 전능하신 이의 큰 날에 있을 전쟁을 위하여 그들을 모으더라

15 보라 내가 도둑 같이 오리니 누구든지 깨어 자기 옷을 지켜 벌거벗고 다니지
　아니하며 자기의 부끄러움을 보이지 아니하는 자는 복이 있도다
16 세 영이 히브리어로 아마겟돈이라 하는 곳으로 왕들을 모으더라
17 일곱째 천사가 그 대접을 공중에 쏟으매 큰 음성이 성전에서 보좌로부터 나서
　이르되 되었다 하시니
18 번개와 음성들과 우렛소리가 있고 또 큰 지진이 있어 얼마나 큰지 사람이 땅에
　있어 온 이래로 이같이 큰 지진이 없었더라
19 큰 성이 세 갈래로 갈라지고 만국의 성들도 무너지니 큰 성 바벨론이 하나님
　앞에 기억하신 바 되어 그의 맹렬한 진노의 포도주 잔을 받으매
20 각 섬도 없어지고 산악도 간 데 없더라
21 또 무게가 한 달란트나 되는 큰 우박이 하늘로부터 사람들에게 내리매 사람들
　이 그 우박의 재앙 때문에 하나님을 비방하니 그 재앙이 심히 큼이러라

16:10 그 대접을 짐승의 왕좌에 쏟으니 그 나라가 어두워지며 다섯째 재앙
은 어둠의 재앙이다. 천사가 대접을 짐승의 왕좌에 쏟자 어둠의 재앙이
시작되고 사람들은 고통에 자기 혀를 깨물었다. 여기서 짐승의 왕좌는
세상 왕국을 의미한다. 요한계시록을 편지로 받은 아시아의 교인들은 로
마 제국의 수도인 로마를 연상했을 것이다. 어둠의 재앙은 애굽에 내렸
던 아홉째 재앙이다(출 10:21~23). 다섯째 재앙으로 사람들은 혀를 깨물
정도로 고통스러워하는데 이는 극심한 고통을 의미한다. 하지만 고통의
원인이 명확하지는 않다. 어둠이 직접 신체적 고통을 주는 것은 아니기
때문이다. 여기서의 고통은 종기, 피, 해, 어둠 등 지금까지 있었던 다섯
재앙으로 인한 고통일 것이다. 어둠이 하나님의 심판의 수단임은 분명하
다.(사 8:22, 욜 2:2, 10, 31, 암 5:20)

16:11 아픈 것과 종기로 말미암아 하늘의 하나님을 비방하고 혀를 깨물 정
도의 고통 속에서도 사람들은 회개하지 않고 오히려 하나님을 비방한다.
사람들은 일곱 나팔 재앙 때도 회개하지 않았다(계 9:20~21). 짐승의 표

를 받은 자들이 얼마나 완악한 지를 보여 주는 말씀으로 종기는 첫째 대접으로 인한 재앙이다.(계 16:2)

16:12 또 여섯째 천사가 그 대접을 큰 강 유브라데에 쏟으매 여섯째 천사는 그 대접을 유브라데 강에 쏟았는데 유브라데는 오늘날 이라크를 흐르는 유브라데 강을 말한다. 일곱 대접의 재앙은 '일곱 나팔의 재앙'과 유사한 점이 많다.

	일곱 나팔(8장)	일곱 대접(16장)
1	땅에 영향	땅에 영향
2	바다에 영향	바다에 영향
3	강들에 영향	강들에 영향
4	태양에 영향	태양에 영향
5	악의 구덩이와 관계	악의 보좌와 관계
6	유브라데와 관계	유브라데와 관계

16:12 강물이 말라서 동방에서 오는 왕들의 길이 예비되었더라 여섯째 천사가 대접을 유브라데 강에 쏟자 강이 말라서 동방의 왕들이 군대를 이끌고 유브라데 강을 건널 수 있게 되었다. 여기서 동방의 왕들을 보통 파르티아(Parthia) 제국으로 해석한다. 파르티아는 주전 250년경 이란 지역에 건립되어 약 500년간 존속한 나라로 로마 제국의 강력한 라이벌이었다. 로마인들은 파르티아를 무서운 적으로 간주했으며, 로마와 파르티아의 동쪽 국경이 유브라데 강이었다. 파르티아의 수도는 테헤란에서 남서쪽으로 약 280km 떨어진 엑바타나(Ecbatana)였다. 엑바타나는 에스라 6:2의 악메다 궁성으로, 다리오(주전 522~486) 시대에 고레스(주전 539~530)의 칙령을 발견한 곳이다.(스 6:2~3)

그러나 동방의 왕들이 로마 제국과 싸우기 위해 유브라데 강을 건너는 것은 아니다. 동방의 군대는 사탄과 두 짐승이 모은 군대로 하나님의 군대와 대적하기 위한 것이다(계 16:14). 파르티아 제국이 '동방의 왕들'이라는 표현의 배경일 수는 있지만 16:12에서의 의미는 역사적 사실과 다르다. 파르티아는 역사적으로 로마의 적이었지만 16:12의 동방의 왕들은 로마 제국을 상징하는 바벨론의 우군이다. 동방의 왕들은 바벨론과 힘을 합쳐서 하나님의 군대와 싸운다.

16:12~16은 하나님의 군대와 최후의 전쟁을 하는 악마적 군대를 말한다. 여기에 유브라데 강을 건너는 동방의 군대가 등장하는 것은 로마 문명을 공격하는 파르티아 군대에 대한 로마 사람들의 공포와 두려움이 배경이 되었을 것이다. 하지만 파르티아 군대는 배경에 불과할 뿐 본문에서 실질적인 의미는 없다. 동방의 군대는 사탄과 두 짐승을 돕는 악마적 군대에 대한 상징일 뿐 실제 파르티아 제국의 군대가 아니다. 뿐만 아니라 그 어떤 역사적 나라의 군대도 아니다.

16:13 개구리 같은 세 더러운 영이 요한은 용과 짐승과 거짓 선지자의 입에서 개구리 같이 더러운 영 셋이 튀어나오는 것을 보았다. 구약성서에서 개구리는 재앙과 관련이 있으며(출 8:1~7, 시 78:45, 105:30) 부정한 짐승이다(레 11:10). 더러운 영 셋은 삼위일체 하나님에 대한 흉내에 불과하며 삼위일체 하나님의 상대는 될 수 없다. 창조주 하나님과 피조물 사탄은 본질적으로 다른 존재이다.

16:14 그들은 귀신의 영이라 이적을 행하여 더러운 영 셋이 하는 일은 천하의 왕들을 미혹해 하나님께 대적하도록 하는 것이다. 그들은 이적으로 천하의 왕들을 미혹하는데, 기적은 사탄이 사람들을 유혹하는 중요한 수단임을 아는 것이 중요하다. 예수께서도 마지막 때에 "거짓 그리스도들과 거짓 선지자들이 일어나 큰 표적과 기사를 보여 할 수만 있으면 택하신 자들도 미혹하리라"(마 24:24, 막 13:22)고 말씀하셨다.

16:14 전능하신 이의 큰 날에 있을 전쟁을 위하여 용과 짐승과 거짓 선지자는 마지막까지 순종하지 않고 하나님의 백성을 유혹한다. 악한 세력은

최후의 전쟁을 준비하는데 사탄의 군대는 하나님의 군대와 싸우기 위해 모든 세력을 모은다. 그러나 사탄의 군대가 여호와의 군대에 박빙의 세력이 될 수는 없다. 이는 그들이 그리스도의 재림 때까지 하나님께 불순종하고, 최후의 심판 때까지 우상을 숭배한다는 사실을 의미한다. '전능하신 이의 큰 날'은 구약성서의 '여호와의 날' 개념에서 온 것으로 '마지막 날들에 있을 만군의 여호와의 날'(사 2:2, 12)은 심판의 날인 동시에 구원의 날이다. 하나님을 대적하는 자들은 심판을 받지만 하나님의 백성은 구원을 받는다.

16:15 보라 내가 도둑 같이 오리니 16:15는 환상의 자연스러운 흐름을 방해하는데 이는 권면의 말씀으로 삽입된 것이다. '내가 도둑 같이 올 것'이라는 말씀은 그리스도 재림의 때를 아무도 알지 못한다는 뜻으로, 사데 교회를 향한 말씀인 3:3에서 볼 수 있다. 이는 복음서에서 강조된 내용으로(마 24:42~43, 25:13), 데살로니가전서 5:2와 베드로후서 3:10에 '주의 날이 도둑 같이 올 것'이라는 말씀이 있다.

16:15 누구든지 깨어 자기 옷을 지켜 벌거벗고 다니지 아니하며 그리스도가 재림하실 때 사람은 '성도의 흰 옷'(계 3:4, 5, 18, 4:4, 7:9, 13)을 입고 있어야 한다. 이는 믿음을 지키고 말씀에 순종하는 자가 되어서 그리스도가 도둑 같이 재림하시는 날 구원받는 자가 되라는 말씀이다.

16:16 세 영이 히브리어로 아마겟돈이라 하는 곳으로 왕들을 모으더라 여섯째 천사가 대접을 쏟은 후 유브라데 강이 말라 동방의 군대가 유브라데 강을 건널 수 있게 되었다. 그리고 개구리 같은 세 영들이 이적으로 왕들을 미혹해 군대를 움직이게 하는데 여호와의 날에 있을 전쟁을 위해서이다. 그렇게 사탄의 군대가 집결한 곳이 아마겟돈이다.

아마겟돈에 대해서는 여러 설명이 있지만 가장 보편적인 설명은 아마겟돈을 이스라엘의 므깃도로 보는 것이다. 므깃도는 고대로부터 군사 요충지였으며 이곳에서 중요한 전쟁들이 많이 있었다(왕하 9:27, 23:29). 그러나 아마겟돈을 므깃도로 보기에는 언어적 문제가 있다. 아마겟돈의 정확한 헬라어 발음은 '하르마게돈'으로 이는 히브리어를 헬라어로 표기한 것이다(계 16:16). 히브리어 '하르(הר)'는 산(山)을 말하며 마게돈은 므깃도이다. 히브리어 '므깃도(מגדון)'가 헬라어 '마게돈'(μαγεδων)으로 표기된 것은 전혀 문제가 되지 않는다. 그렇게 본다면 아마겟돈(하르마게돈)은 '므깃도산'이 된다.

므깃도가 교통의 요지로 전쟁이 많았던 곳은 분명하다. 므깃도는 솔로몬의 병거성이었으며(왕상 9:15, 19), 요시야가 바로 느고와 싸우다 죽은 곳이 므깃도이다(왕하 23:29). 그러므로 유대인에게 있어 최후의 전쟁과 므깃도는 자연스럽게 연결될 수 있다. 문제는 므깃도가 산이 아니며, 고대로부터 현대에 이르기까지 므깃도 산이라는 지명이 없다는 것이다. 신약시대의 므깃도는 겨우 21m 정도 높이의 언덕이었을 뿐이며, 구약성서에 '므깃도 물가'(삿 5:19)나 '므깃도 골짜기'(대하 35:22)라는 표현은 있으나 므깃도 산이라는 표현은 없다.[3]

아마겟돈은 역사적 므깃도에 '하르'(山)가 붙어 추상적 지명이 된 경우로 보아야 한다. 아마겟돈은 지상의 구체적 지명이 아니라 추상적 지명인 것이다. 시편 48:1~2에 "여호와는 위대하시니 우리 하나님의 성, 거룩한 산에서 극진히 찬양 받으시리로다 터가 높고 아름다워 온 세계가 즐거워함이여 큰 왕의 성 곧 북방에 있는 시온 산이 그러하도다"라는 말씀이 있다. 북방에 있는 시온 산이 추상적인 산인 것처럼 아마겟돈도 그런 산이다. 그리고 그 의미는 '전쟁의 산'이다. 므깃도가 전쟁을 연상시키기 때문이다.

아마겟돈은 어린 양과 십사만 사천 명이 함께 서 있는 '시온 산'(계 14:1)에 대응하는 상징적인 산이다. 사탄과 그 무리가 함께 서 있는 산, 하나님을 반대하는 산, 우상의 산을 의미하는 이름이다. 하나님의 군대는 영광스런 시온 산에 있는데, 사탄의 군대는 참혹한 '전쟁의 산'(하르마게돈)에 모여 있는 것이다. 그러므로 소위 '아마겟돈 전쟁'은 구체적 장소, 구체적 시간에서 일어나는 역사적 전쟁이 아니라 12:7에서 보는 것과 같은 영적 전쟁이다. 16:16 이후에 '아마겟돈 전쟁'에 대한 사실적인 묘사가 전혀 없으며, 19:19~21에 짐승의 군대가 패한다는 간단한 언급이 있을 뿐이다.

16:17 일곱째 천사가 그 대접을 공중에 쏟으매 일곱째 천사는 대접을 공중에 쏟았다. '땅, 바다, 강과 물의 근원, 해, 짐승의 왕좌, 유브라데 강'에 이어 공중에 대접을 쏟은 것이다. 그러자 하늘 성전의 보좌로부터 "되었다"라는 음성이 들렸는데 '완성되었다'라는 의미로 심판이 끝나고 구원이 이루어졌다는 것이다. 이는 최후 승리와 더불어 하나님이 등장하신다는 뜻으로 17~22장이 그 구체적 내용이다.

16:18 번개와 음성들과 우렛소리가 있고 이는 하나님의 현존하심을 의미한다.(계 4:5 주석 참고)

16:18 사람이 땅에 있어 온 이래로 이같이 큰 지진이 없었더라 하늘 성전의 보좌에서 들린 "되었다"라는 음성과 함께, 창세 이래 사람들이 경험하지 못한 큰 지진이 일어났다. 이 지진은 6:12이나 11:13에서 보는 지진보다 훨씬 더 큰 지진이다. 성서에서 지진은 재앙의 징조이자 하나님이 행하시는 심판의 도구이다.(계 6:12, 11:13 주석 참고)

16:19 큰 성이 세 갈래로 갈라지고 만국의 성들로 무너지니 여기서 큰 성은 바벨론을 의미한다. 세 번이나 반복된 일곱 재앙의 마지막 재앙으로 사탄을 추종하던 세력이 멸망하는데, 그 세력의 상징적 이름이 바벨론이다. 이는 바빌로니아 군대가 최초로 하나님의 성전을 무너뜨렸기 때문인데 바빌로니아의 수도가 바벨론이다. 요한계시록에서 바벨론은 로마를 암시한다. 그래서 17장의 '큰 음녀'와 18장의 '바벨론'에 대한 환상은 로마 제국이 그 배경이다. 그러나 17~18장의 환상을 로마 제국에 국한에서 이해할 수는 없다. 큰 지진으로 바벨론과 만국의 성들이 무너진다는 것은 일곱째 대접으로 인해 사탄을 추종하던 모든 세력이 함께 멸망한다는

말이다. 일곱째 대접으로 모든 심판이 완성된다.

16:19 그의 맹렬한 진노의 포도주 잔을 받으매 요한계시록에서 하나님의 진노는 포도주 틀이나 포도주 잔에 비유된다.(계 14:18~20 주석 참고)

16:20 각 섬도 없어지고 산악도 간 데 없더라 16:18에서 언급된 지진 때문에 섬과 산들이 없어진다. 그만큼 강한 지진이라는 뜻으로 하나님의 심판이 그만큼 무섭다는 말이다. 이는 '새 하늘과 새 땅이 이루어지기 전에 처음 하늘과 처음 땅이 없어진다'(계 21:1)라는 말씀과 연관이 있다.

16:21 또 무게가 한 달란트나 되는 큰 우박이 사람이 일찍이 경험하지 못한 지진과 함께 사람이 경험하지 못한 우박이 떨어진다. 한 달란트는 대략 30~40kg으로 사람이 맞으면 즉사하는 우박이다. 우박은 출애굽 당시 일곱째 재앙이었다(출 9:23~25). 그러나 사람들은 우박 재앙을 이유로 하나님을 비방한다. 16:11에서 언급되었듯이 사람들은 끝까지 회개하지 않고 오히려 하나님을 비방하는데, 이것이 짐승의 표를 받은 자들의 모습이다.

▶ 16장의 핵심 및 교훈

16장의 핵심은 악인들의 회개 거부와 하나님께 대한 저항이다. 사탄의 무리는 마지막 재앙을 겪으면서도 회개하지 않고 오히려 하나님을 비방한다(계 16:9, 21). 그들은 철저하게 악하기 때문에 마지막 순간까지 자신들의 죄를 인정하지 않고 오히려 하나님이 옳지 않다고 한다. 창세로부터 존재한 악마, 아담과 하와를 유혹한 마귀는 세상 끝 날까지 인간을 유혹한다. 그 유혹에 넘어간 자들은 마지막 재앙의 순간에도 회개를 거부하는데 이것이 선악과의 무서움이다. 사람들이 마지막 재앙을 겪으며 하나님께 저항하는 이유는 원죄의 뿌리가 그만큼 강력하기 때문이다.

사탄의 무리는 모든 악한 세력을 모아 하나님께 대적한다. 용의 입과 짐승의 입과 거짓 선지자의 입에서 나온 더러운 영이 동방에서 오는 왕들을 아마겟돈에 모았다는 말씀이 이 사실을 상징한다(계 16:13~16). 이 말은 영적 전쟁이 있다는 뜻으로 사람 눈에는 보이지 않는 전쟁이 있다. 그 전쟁이 사람의 영원을 결정하는데, 그 전쟁에서 승리하는 쪽에 서라는 것이 16장의 교훈이다.

사탄의 무리가 온 힘을 다해 하나님께 대적하지만 최후 승리는 하나님께 있다. 창조주 하나님의 권세는 피조물이 제 아무리 힘을 모아도 흔들리지 않는다. 사탄의 무리는 자신들의 악한 본성 때문에 마지막까지 발악하는 것이다. 이 세상에서는 하나님의 백성이 지는 것처럼 보이는 순간도 있고, 사탄의 세력으로 인해 믿는 자가 피를 흘리는 경우도 있다. 그러나 그런 순간에도 결코 하나님의 백성이 진 것이 아니다. 믿는 자가 헛된 피를 흘린 것이 아니다. 그리스도께서 다시 오시는 날, 성도들은 그 흘린 피로 인해 자기 옷을 지키고 벌거벗은 부끄러움을 보이지 않게 된다(계 16:15). 하나님의 승리는 곧 하나님 백성의 승리로서 그날 하나님의 백성은 영원한 안식을 얻는다.

최후 승리에 대한 확신이 세상의 고달픔과 고난을 견디게 한다. 최후 승리를 믿는 자는 유혹과 박해를 이기며 믿음을 지킨다. 영적 싸움에서 승리하는 것이다. 비록 세상에 재앙이 계속되고 악한 자들이 승리하는 것처럼 보여도 성도들은 최후 승리를 믿고 그날의 영광을 소망해야 한다. 사탄의 무리가 회개치 않고 하나님께 대적할 때, 하나님의 전능하신 권세를 의심하지 말아야 한다. '공의와 정의의 하나님'(시 89:14, 호 2:19, 10:12), '역사를 주관하시는 창조주 하나님'(사 41:1~4, 44:24~28, 45:1~13)께서 반드시 승리하신다.

최후 승리와
새 예루살렘의 도래

THE KINGDOM OF
RESURRECTION

PART 7

1. 바벨론의 멸망과 하나님 찬양_17:1~19:10

1 또 일곱 대접을 가진 일곱 천사 중 하나가 와서 내게 말하여 이르되 이리로 오라 많은 물 위에 앉은 큰 음녀가 받을 심판을 네게 보이리라
2 땅의 임금들도 그와 더불어 음행하였고 땅에 사는 자들도 그 음행의 포도주에 취하였다 하고
3 곧 성령으로 나를 데리고 광야로 가니라 내가 보니 여자가 붉은 빛 짐승을 탔는데 그 짐승의 몸에 하나님을 모독하는 이름들이 가득하고 일곱 머리와 열 뿔이 있으며
4 그 여자는 자주 빛과 붉은 빛 옷을 입고 금과 보석과 진주로 꾸미고 손에 금 잔을 가졌는데 가증한 물건과 그의 음행의 더러운 것들이 가득하더라
5 그의 이마에 이름이 기록되었으니 비밀이라, 큰 바벨론이라, 땅의 음녀들과 가증한 것들의 어미라 하였더라
6 또 내가 보매 이 여자가 성도들의 피와 예수의 증인들의 피에 취한지라 내가 그 여자를 보고 놀랍게 여기고 크게 놀랍게 여기니

17:1 많은 물 위에 앉은 큰 음녀가 받을 심판을 네게 보이리라 17장부터 요한계시록의 결론부가 시작된다. 16장에서 마지막 때에 대한 환상이 끝나고 이제 마지막 날에 대한 환상이 시작되는데, 그 내용은 최후 승리와 그리스도의 재림, 심판과 새 예루살렘의 도래다. 17~22장은 하나님의 구원 계획이 이루어지는 마지막 날에 대한 환상인데 마지막 날이라고 해

서 마지막 24시간이라는 뜻은 아니다. 하나님이 정하신 기간 동안 마지막 날에 필요한 사건들이 일어날 것이다. 그 중에서 17~18장은 바벨론의 멸망에 대한 환상이다.

요한은 많은 물 위에 앉은 큰 음녀가 심판을 받는 환상을 보는데 사탄의 무리에 대한 최후의 심판이 드디어 시작된다는 뜻이다. 여기서 많은 물은 17:15에 의하면 '백성과 무리와 열국과 방언들'을 의미한다. 그러므로 많은 물 위에 앉았다는 것은 많은 나라와 민족을 정복하고 다스린다는 말이다. 큰 음녀는 14:8에서 언급된 '큰 성 바벨론'을 말한다. 여기서 바벨론은 로마 제국과 같이 하나님의 백성을 핍박하는 세상 나라를 상징한다. 환상의 배경은 분명히 로마 제국이지만 바벨론은 로마 제국만이 아니라 하나님께 대적하는 모든 정치 세력을 상징한다. 결국 '많은 물 위에 앉은 큰 음녀'라는 말은 '많은 나라를 정복하고 다스리는 사탄의 나라'라는 뜻이고, 이 표현의 배후에 로마 제국이 있다.

원래 '많은 물 위에 앉은 여자'는 바벨론에 적용된 표현이다. 예레미야 51:13에 "많은 물가에 살면서 재물이 많은 자여 네 재물의 한계 곧 네 끝이 왔도다"라는 말씀이 있다. 이는 바벨론의 멸망에 대한 예언이다. 바벨론은 유브라데 강 가에 위치한 도시였다. 그러나 로마는 바벨론처럼 강이 많지도 않았고 또 항구 도시도 아니다. 그러므로 17:1의 많은 물은 실제적 강이나 바다를 의미하는 것이 아니라 로마가 많은 나라와 민족을 정복한 것을 그렇게 표현한 것이다. 바빌로니아도 많은 나라와 민족을 정복했다.

도시를 여자에 비유하는 것은 예언문학의 보편적 현상이다. 예루살렘을 '숫처녀'(사 37:22, 애 2:13), '신실한 부인'(사 66:7~14), '정숙치 못한 여인'에 비유하고(겔 16장), 니느웨(훔 3:1~7)와 두로를 창녀에 비유한다(사 23:15~16). 로마를 음녀라고 한 것은 여신 로마(Roma)와 관계가 있는데 로마가 숭배한 여신을 위대한 어머니가 아니라 음녀, 창녀라고 부른 것이다. 요한계시록의 음녀는 다양한 측면을 가지는데 로마 제국, 도시 로마, 여신 로마, 황제와 황제 숭배 등이 음녀로 표현되었다. 17장의 음녀는 21장의 어린 양의 신부와 대비되는 존재이다. 그래서 17:1과 21:9, 17:3과 21:10은 문장 구조가 동일하다.

17:2 땅의 임금들도 그와 더불어 음행하였고 큰 음녀는 자기 혼자만 사탄을 따르고 우상을 섬기는 것이 아니라 '많은 물'로 하여금 같은 죄를 짓게 한다. 땅의 임금들이 음녀와 음행했다는 말은 많은 나라와 민족들이 사탄의 유혹에 넘어가 우상을 숭배하게 된다는 뜻이다. 예를 들면, 로마의 속국들이 로마 황제를 숭배한 것이다. 성서에서 음행은 윤리적 타락 외에 우상 숭배를 의미하는데, 17:2는 사람들이 행한 우상 숭배를 '음행의 포도주'라고 한다. 14:8에 "무너졌도다 큰 성 바벨론이여 모든 나라에게 그의 음행으로 말미암아 진노의 포도주를 먹이던 자로다"라는 말씀이 있다.

17:3 곧 성령으로 나를 데리고 광야로 가니라 성령께서 요한의 영을 사로잡아 광야로 데려가셨는데, 요한계시록에서 성령은 1:10, 4:2, 14:13, 17:3, 21:10에 등장한다. 에스겔 8:3에 하나님의 영이 에스겔의 영을 들어 올려 예루살렘으로 데려가셨다는 말씀이 있는데 이는 에스겔이 환상을 보았다는 말이다.

17:3 여자가 붉은 빛 짐승을 탔는데 요한은 성령에 붙들려 광야로 가서 거기서 붉은 빛 짐승을 탄 여자를 본다. 여기서 짐승은 사탄의 무리에 속하는 나라를 의미하고 여자는 그 나라의 수도를 의미한다. 예를 들면 로마와 로마 제국, 바벨론과 바빌로니아 같은 것이다. 짐승을 탄 음녀는 어린 양의 신부와 대칭되는 개념으로 요한계시록은 짐승과 어린 양, 음녀와 순결한 신부(계 19:7, 21:2, 9), 바벨론과 새 예루살렘의 대칭 구도를 보여 준다. 여자가 탄 붉은 짐승은 일곱 머리와 열 뿔을 가졌는데, 바로 13:1에서 등장하는 바다에서 올라온 짐승이다. 머리는 권위, 뿔은 힘을 상징하므로 일곱 머리와 열 뿔은 완전한 권위와 완전한 힘을 뜻한다. 이는 요한계시록 기록 당시의 로마 제국에 잘 어울리는 표현이다. 짐승의

몸에는 하나님을 모독하는 이름이 가득했는데, 땅의 임금들과 그 백성을 음행의 포도주에 취하게 하는 음녀에 잘 어울리는 모습이다.

17:4 그 여자는 자주 빛과 붉은 빛 옷을 입고 보라색과 붉은 색 옷은 사치스런 옷을 말하며 넓은 의미로 로마제국의 힘과 위용을 뜻한다. 로마 황제의 옷 색깔이 보라색이었다. 붉은 색은 사탄의 무리가 공통적으로 지닌 색으로 사탄을 상징하는 용이 붉은 색이다(계 12:3). 사탄에 속한 나라를 뜻하는 짐승이 붉은 색이고(계 17:3), 그 나라의 수도를 뜻하는 여자가 붉은 색 옷을 입었다. 붉은 색은 그리스도와 하나님의 백성의 색인 흰 색과 대조되는 것으로(계 1:14, 2:17, 3:5, 7:13, 14, 19:11, 14), 죄의 색이라고 할 수 있다. 이사야 1:18에 "여호와께서 말씀하시되 오라 우리가 서로 변론하자 너희의 죄가 주홍 같을지라도 눈과 같이 희어질 것이요 진홍 같이 붉을지라도 양털 같이 희게 되리라"라는 말씀이 있다.

17:4 손에 금잔을 가졌는데 예레미야 51:7에 "바벨론은 여호와의 손에 잡혀 있어 온 세계가 취하게 하는 금잔이라 뭇 민족이 그 포도주를 마심으로 미쳤도다"라는 말씀이 있다. 금잔은 이 말씀에서 온 것 같으며 여자가 든 금잔에는 가증한 물건과 음행의 더러운 것들이 가득하다. 사탄의 무리는 이렇게 겉은 아름다우나 속은 더러운 회칠한 무덤과 같다(마 23:27). 진리인 것처럼 겉을 포장하지만 속은 철저한 거짓일 뿐이다.

17:4 그의 음행의 더러운 것들이 가득하더라 요한이 본 음녀는 비싼 옷을 입고 보석으로 치장했으며 손에 금잔을 가졌다. 부귀영화와 세상 권력에 빠진 모습인데 이를 음행의 더러운 것이라고 한다. 우상을 숭배하는 자의 전형적인 모습이라는 뜻이다. 이사야는 무역으로 유명했던 두로를 가리켜 "잊어버린 바 되었던 너 음녀여"(사 23:26)라고 하고, 나훔은 강한 군사력을 가졌던 니느웨를 가리켜 "마술에 능숙한 미모의 음녀가 많은 음행을 함이라"(나 3:4)라고 한다. 부귀영화와 세상 권력에 취해 우상을 숭배하는 나라라는 뜻이다.

17:5 그의 이마에 이름이 기록되었으니 비밀이라… 붉은 짐승을 탄 여자의 이름은 '비밀, 큰 바벨론, 땅의 음녀들과 가증한 것들의 어미'이다. 여기서 비밀은 비밀스러운 이름이라는 뜻으로, 그 비밀스러운 이름이 바로 '큰 바벨론, 땅의 음녀들과 가증한 것들의 어미'이다. 그 이름을 비밀이라고 하는 이유는 이름의 의미가 숨겨져 있다가 때가 되어 드러난다는 뜻인데 그때가 바로 마지막 때이다. 바벨론은 하나님의 백성에 대한 원수를 상징한다. '땅의 음녀들과 가증한 것들의 어미'라는 이름은, 바벨론이 우상숭배와 사치와 음란의 대명사라는 뜻이다. 바벨론으로부터 반(反)기독교적인 것들이 나온다.

17:6 이 여자가 성도들의 피와 예수의 증인들의 피에 취한지라 음녀 바벨론은 음행의 포도주에 취하고(계 17:2), 하나님 백성의 피에 취한다. 그 피는 음녀와 짐승의 핍박 때문에 성도들과 예수의 증인들이 흘린 것이다. 하나님의 백성은 음녀가 취할 정도로 많은 피를 흘리는데 역사적으로 수많은 성도들과 예수의 증인들이 피를 흘렸다. 지금도 흘리고 있고 재림의 그날까지 앞으로도 그럴 것이다. 요한은 피에 취한 음녀의 모습을 보고 크게 놀랐는데 피에 취한 음녀의 모습이 너무나 추악하고 기괴해서 그랬을 것이다. 여자가 피에 취한 모습은 성만찬의 포도주에 대한 패러디(parody)로 볼 수 있다.

● 음녀의 정체(17:7~18)

7 천사가 이르되 왜 놀랍게 여기느냐 내가 여자와 그가 탄 일곱 머리와 열 뿔 가진 짐승의 비밀을 네게 이르리라

8 네가 본 짐승은 전에 있었다가 지금은 없으나 장차 무저갱으로부터 올라와 멸망으로 들어갈 자니 땅에 사는 자들로서 창세 이후로 그 이름이 생명책에 기록되지 못한 자들이 이전에 있었다가 지금은 없으나 장차 나올 짐승을 보고 놀랍게 여기리라

9 지혜 있는 뜻이 여기 있으니 그 일곱 머리는 여자가 앉은 일곱 산이요

10 또 일곱 왕이라 다섯은 망하였고 하나는 있고 다른 하나는 아직 이르지 아니하
   였으나 이르면 반드시 잠시 동안 머무르리라

11 전에 있었다가 지금 없어진 짐승은 여덟째 왕이니 일곱 중에 속한 자라 그가 멸
   망으로 들어가리라

12 네가 보던 열 뿔은 열 왕이니 아직 나라를 얻지 못하였으나 다만 짐승과 더불어
   임금처럼 한동안 권세를 받으리라

13 그들이 한 뜻을 가지고 자기의 능력과 권세를 짐승에게 주더라

14 그들이 어린 양과 더불어 싸우려니와 어린 양은 만주의 주시요 만왕의 왕이시
   므로 그들을 이기실 터이요 또 그와 함께 있는 자들 곧 부르심을 받고 택하심을
   받은 진실한 자들도 이기리로다

15 또 천사가 내게 말하되 네가 본 바 음녀가 앉아 있는 물은 백성과 무리와 열국
   과 방언들이니라

16 네가 본 바 이 열 뿔과 짐승은 음녀를 미워하여 망하게 하고 벌거벗게 하고 그의
   살을 먹고 불로 아주 사르리라

17 이는 하나님이 자기 뜻대로 할 마음을 그들에게 주사 한 뜻을 이루게 하시고 그
   들의 나라를 그 짐승에게 주게 하시되 하나님의 말씀이 응하기까지 하심이라

18 또 네가 본 그 여자는 땅의 왕들을 다스리는 큰 성이라 하더라

17:7 내가 여자와… 짐승의 비밀을 네게 이르리라 일곱 대접을 가졌던 천
사 중 하나가 요한에게 음녀와 짐승의 비밀을 밝힌다. 다니엘서에도 천사
가 환상의 의미를 설명해 주는 경우가 있다.(단 7:16, 23, 8:16~26, 10:1)

**17:8 네가 본 짐승은 전에 있었다가 지금은 없으나 장차 무저갱으로부터 올
라와** 요한이 본 짐승은 전에 있었고, 지금은 없으며, 장차 무저갱으로부터
올라와 멸망한다. 이는 '이제도 계시고 전에도 계셨고 장차 오실 분'(계 1:4,
8, 4:8)이신 하나님(그리스도)에 대한 흉내이다. 하지만 짐승이 하나님처럼
완전할 수는 없으며, 그래서 '지금은 없는' 것이다. 짐승이 하나님의 흉내를
낼 수는 있지만 완전히 같을 수는 없다. 비록 짐승이 일곱 머리와 열 뿔을

가지고 있기는 하지만 하나님의 권세와 능력에 비할 바는 아니다.

17:8 그 이름이 생명책에 기록되지 못한 자들이 짐승은 하나님의 흉내를 내는 것일 뿐 결코 완전한 존재가 아니다. 그러나 어리석은 자들은 그런 짐승의 권세와 능력에 놀라 짐승에 미혹되는데, 그들의 이름은 어린 양의 생명책에 기록되지 못한다.

17:9 그 일곱 머리는 여자가 앉은 일곱 산이요 음녀와 짐승에 대한 천사의 설명은 사람들에게 잘 알려진 그리스-로마 전통에 기초한 것이다. 17장의 음녀와 짐승은 그 당시 로마와 로마 제국을 상징하는 환상이 분명하다. 일곱 산은 로마를 가리키는 은유적 표현인데 전설에 의하면 로마를 세운 로물루스(Romulus)는 일곱 언덕 위에 로마를 세웠다.[1] 1세기 요한계시록 독자들은 일곱 산의 의미를 쉽게 로마로 알아들었을 것이다. 베스파시아누스가 통치하던 71년에 아시아에서 주조된 동전을 보면 여신 로마(Roma)가 로마의 일곱 언덕 위에 앉아 있는 모습이 있다.[2]

17:10 또 일곱 왕이라 짐승의 일곱 머리는 여자가 앉은 일곱 산이며 또 일곱 왕이다. 일곱 왕은 일곱 산에 대한 부연 설명으로 역시 로마 제국에 대한 은유적 표현이다. '일곱 산'이 종교적 측면에서 로마 제국을 말한다면, '일곱 왕'은 정치적 측면에서 로마 제국을 말한다. 일곱 왕은 역사적으로 로마 황제 일곱 명을 말하는 것이다.[3]

17:10 다섯은 망하였고 하나는 있고 일곱 왕 중에서 다섯은 망하였고 하나는 있다는 말은, 요한계시록 기록 시기가 여섯째 황제 때라는 말이다. 그렇게 본다면 지금 살아 있는 여섯 번째 왕은 도미티아누스이고, 아직 오지 않은 일곱 번째 왕에 대한 언급은 지금이 역사의 마지막은 아니라는 뜻이며, 17:11의 여덟 번째 왕은 네로의 환생을 의미하는 것으로 그때가 최후의 때라는 말일 것이다. 그러나 요한계시록 해석은 역사적 해석에 머무를 수 없으며 종말론적 해석까지 나아가야 한다. 그러므로 17:10의 일곱 왕을 구체적으로 확인하는 것이 중요하지 않다. 요한계시록은

바벨론이라는 이름을 통해 로마 제국을 암시하지만, 환상의 목적은 '로마 제국의 음란과 가증한 일'이 아니다. 로마 제국을 통해 초림에서 재림까지의 '모든 시대, 모든 나라의 음란과 가증한 일'을 밝히는 것이다. 이것이 환상의 진정한 목적이다.

짐승은 하나님 나라에 저항하는 나라, 하나님의 백성을 대적하는 나라를 상징한다. 일곱 왕이라는 의미는 짐승의 나라가 마지막까지 계속된다는 의미다. 하나님 나라에 저항하는 사탄의 동조 세력은 세상 끝 날까지 계속된다. 다섯 왕이 망하였다는 것은 이제 종말이 꽤 가까웠음을 의미한다. 일곱 봉인과 일곱 나팔, 일곱 대접의 재앙이 모두 끝났기 때문에 지금이 여섯째 왕이 다스리는 때라는 말은 환상의 흐름상 적합하다. 하지만 아직 진정한 마지막 날은 아니다. 다섯이 '망하였다'는 표현에 주목할 필요가 있는데 넘어졌다는 말로 짐승의 일곱 머리는 권세가 있는 것 같지만 실은 아니라는 뜻이다. 하나님께 대적하는 나라는 망할 수밖에 없다.

17:10 다른 하나는 아직 이르지 아니하였으나 이르면 반드시 잠시 동안 머무르리라 천사의 설명 중 이 부분이 중요하다. 짐승의 나라가 최종적으로 망할 때가 오는데 그때가 길지 않을 것이라는 뜻이다. 이는 짐승에게 핍박받는 성도들에게 소망을 주는 말씀이다.

17:11 전에 있었다가 지금 없어진 짐승은 여덟째 왕이니 일곱 중에 속한 자라 '전에 있었다가 지금 없어진 짐승'은 17:8에서 언급된 내용이다(17:8 주석 참고). 천사는 그를 여덟째라고 하면서 그를 일곱에 속한 자라고 한다. 헬라어 성서에 '왕'이라는 단어는 없다. 여기서 여덟째 왕은 적그리스도를 상징하며 네로 환생설이 그 배경이다. 유대 문헌에도 네로를 하나님의 종말론적 적으로 언급한 곳이 있다. 그러나 중요한 것은 여덟째가 무저갱으로부터 다시 올라오는 것이 아니라(계 17:8), 그가 곧 멸망으로 들어간다는 것이다(계 17:8, 11). 짐승은 일곱 머리나 가졌지만 결국 멸망하

는 존재로 하나님께 대적하는 세상 권세는 반드시 그렇게 된다. 적그리스도인 여덟째 왕은 최후의 때가 도래했음을 의미한다.

17:12 네가 보던 열 뿔은 열 왕이니 열 뿔의 정확한 의미는 다소 알기 어려운데 이를 아직 나라를 얻지 못한 열 왕으로 설명할 수 있다. 그들은 한마음으로 자신들의 능력과 권세를 짐승에게 주는데(계 17:13), 이들은 17:10의 일곱 왕과 구별되며 16:14에서 보는 천하의 왕들과도 구별된다. 열 뿔은 로마 총독과 같은 존재를 의미할 것이다. 그들은 점령지에서 로마 황제의 권한을 대행했다. 로마 황제의 허락 아래 왕은 아니었지만 왕 같은 권세를 가졌다. 이런 모습이 17:12의 "아직 나라를 얻지 못하였으나 다만 짐승과 더불어 임금처럼 한동안 권세를 받으리라"는 표현과 잘 어울린다. 그렇게 볼 때 짐승의 세력은 황제들(일곱 머리)과 속국의 왕들(계 16:14)과 총독들(열 뿔)이다. 이들이 어린 양과 더불어 싸운다(계 17:14). 인간의 권력은 하나님의 권위에 대적하고 세상 권세는 하나님 나라에 대적하는데 이는 교만해진 인간이 느부갓네살처럼 스스로를 높이고 스스로를 우상화하기 때문이다.(단 4:30)

17:12 임금처럼 한동안 권세를 받으리라 열 왕은 짧은 기간 동안 다스리는 권세를 받는다. 여기서 '한동안'은 문자적으로 '한 시간'(ὥρα, 호라)으로 아주 짧은 시간이라는 뜻이다. '한 시간'은 요한계시록에서 '심판의 시간'을 의미하는데(계 14:7), 바벨론에 대한 심판 역시 '한 시간'이다.(계 18:10, 17, 19)

17:13 자기의 능력과 권세를 짐승에게 주더라 열 왕은 자신들이 금세 멸망할 것을 모르고 짐승을 돕는다. 그들은 자신의 능력과 권세를 짐승에게 주면서 짐승과 하나가 되어 어린 양과 싸운다(계 17:14). 이것이 사탄의 무리에 속하는 세상 권력의 속성이다. 눈앞에 닥친 자신의 멸망을 모르고 하나님께 대적하는 것이다.

17:14 어린 양은 만주의 주시요 만왕의 왕이시므로 그들을 이기실 터이요 일곱 머리와 열 뿔을 가진 짐승이 어린 양과 싸우지만, 만주의 주요, 만

왕의 왕이신 어린 양이 승리하신다. 피조물이 창조주를 이길 수는 없다. '만왕의 왕, 만주의 주'라는 표현은 구약성서에서 하나님께 적용된 칭호로(신 10:17, 단 2:47) 신약성서 디모데전서 6:15와 요한계시록 19:16에서 볼 수 있다. 17:14에서는 미래 시제가 사용되었다. 짐승이 어린 양과 '싸울' 것이고, 어린 양이 '이기실' 것이다. '짐승과의 마지막 싸움'(계 19:19~20)과 '사탄의 마지막 결박'(계 20:10)은 후에 일어난다.

17:14 부르심을 받고 택하심을 받은 진실한 자들도 이기리로다 17:14는 하나님의 백성을 '부르심을 받은 자, 택하심을 받은 자, 진실한 자'라고 한다. 이는 하나님의 택하심과 믿는 자들의 신실함을 강조하는 표현이다. 하나님의 백성은 어린 양과 함께 짐승의 세력을 이기는데 하나님이 택하신 자들이고 하나님께 신실한 자들이기 때문이다. 이 말씀은 핍박 받는 하나님의 백성에게 위로와 소망을 준다. 요한계시록은 이렇게 하나님의 백성에 깊은 관심을 기울이면서 그들을 위로하고 그들에게 소망을 준다.

17:15 음녀가 앉아 있는 물은 백성과 무리와 열국과 방언들이니라 17:15는 17:1에 대한 해설로 음녀가 앉은 '많은 물'의 의미를 설명한다. 많은 물은 곧 백성과 무리와 열국과 방언이라는 것이다. 음녀 바벨론은 로마 제국을 상징하는데 로마 제국은 수많은 나라와 땅을 정복하고 많은 민족을 다스렸다. 음녀가 많은 물 위에 앉아 있다는 것은 이 사실을 의미한다.

17:16 이 열 뿔과 짐승은 음녀를 미워하여 망하게 하고 17:15~17은 음녀와 짐승의 멸망을 예언한다. 종말에 하나님을 대적하는 모든 세력이 심판으로 멸망하고 모든 악이 극복된다는 의미이다. 사탄의 무리는 어린 양과의 싸움에서 패배하기도 하지만 스스로 파멸되기도 한다. 17:16의 짐승이 음녀를 미워하고 망하게 한다는 것은 악의 세력이 자기들끼리 싸우면서 스스로 멸망한다는 뜻이다. 사탄의 무리는 하나님의 심판에 의해 멸망하기도 하지만 자기들끼리 싸우며 스스로 파멸한다. 그들이 악하기 때문에 진정한 동료가 될 수 없기도 하지만, 하나님께서 그들의 내분을 계

획하셨기 때문이다.(계 17:17)

17:16 벌거벗게 하고 그의 살을 먹고 불로 아주 사르리라 열 뿔과 짐승은 음녀를 망하게 한 후, 음녀를 벌거벗기고 음녀의 살을 먹고 음녀를 불사른다. 이는 행음한 자를 벌주는 방법이기도 하고 강한 적개심을 드러내는 방법이기도 하다. 벌거벗게 한다는 것은 음란한 자임을 세상에 폭로한다는 뜻으로, 하나님께서 음녀 예루살렘을 벌거벗게 하신다(겔 16:37, 39, 23:29, 호 2:3). 살을 먹는다는 것은 강한 적개심을 드러내는 것으로 복수를 의미한다(왕상 21:23~24, 왕하 9:35~36). 불사른다는 것은 완전한 파멸을 뜻하는 것으로 음행한 자들이 이런 벌을 받았다. 레위기 21:9에 제사장의 딸이 행음하면 불사르라는 말씀이 있고, 에스겔 23:25에 하나님이 음녀 예루살렘의 남은 자를 불사르신다는 말씀이 있다.

17:17 이는 하나님이 자기 뜻대로 할 마음을 그들에게 주사 열 뿔과 짐승이 음녀를 망하게 하고 벌거벗기고 살을 먹고 불사르게 되는 이유는 하나님께서 그런 마음을 그들에게 주셨기 때문이다. 사탄의 무리가 자기들끼리 싸우며 스스로 멸망하는 이유는 하나님께서 그렇게 계획하셨기 때문이다. 17:17은 열 뿔과 짐승이 하나님의 뜻을 따라 움직였다는 뜻이다. 그들은 하나님이 주신 마음을 가지고 하나님의 뜻을 실행한 것이다.

17:17 한 뜻을 이루게 하시고 그들의 나라를 그 짐승에게 주게 하시되 17:13이 실은 하나님의 계획이었다는 뜻이다. 열 뿔과 짐승은 연합해서 권세를 얻지만 그 기간은 하나님의 말씀이 이루어질 때까지다. 하나님께서 모든 일을 주관하시며 만사가 하나님의 섭리를 따라 이루어진다. 하나님을 대적하는 짐승의 세력도 마찬가지다. 비록 그들이 강한 권세를 가진 것처럼 보여도 하나님 앞에서 그들은 피조물일 뿐이다.

17:18 또 네가 본 그 여자는 땅의 왕들을 다스리는 큰 성이라 하더라 17:1에서 시작된 천사의 말은 음녀의 정체를 다시 한 번 밝히는 것으로 끝난다. 요한이 본 여자는 왕들을 다스리는 제국의 수도로, 바벨론이고 로마이

며 세상의 모든 악한 나라의 수도이다.

▶ 17장의 핵심 및 교훈

17장의 핵심은 사탄에 속한 자들의 멸망이다. 음녀의 비극적 최후가 이를 말한다. 세상에는 사탄의 말을 따르는 사탄의 종들이 있다. 그들은 이 세상에서 편안히 잘 사는 것처럼 보인다. 비싸고 사치스런 옷을 입고, 금과 보석으로 치장하며 손에 금잔을 들고 산다(계 17:4). 그들은 세상 권세를 손에 쥐고 경제적 능력을 자랑하는데, 그 권세와 능력이 끝없이 지속될 것처럼 보인다.

그러나 하나님께서 그들의 악행을 심판하시는 멸망의 때가 온다. 그들의 겉모습은 화려하고 부유하지만, 속은 온갖 가증하고 더러운 것으로 가득 차서 하나님의 무서운 진노를 피할 수 없다. 하나님께서 그들의 악행과 하나님을 모독한 죄, 성도들의 피를 흘리게 한 죄, 우상을 숭배한 죄, 다른 사람들을 우상 숭배의 길로 빠지게 한 죄, 성도의 고난과 눈물을 기뻐한 죄 등을 심판하신다. 하나님께서 사탄에 속한 자들을 심판하시는 것이 최후 심판의 시작이다. 그 다음에 악의 세력 전체를 심판하시며, 그 다음은 사탄의 결박이다.(계 20:10)

사탄은 창세로부터 존재하면서 하나님과 사람의 관계를 단절시키고 사람들끼리 서로 다투게 한다. 사람들로 하여금 아예 죄에 젖어 살게 하는데, 선악과 사건이 이에 대한 상징이다. 그러나 사탄이 다시는 사람을 유혹할 수 없는 때가 오는데 바로 최후 심판의 때이다. 사탄이 불과 유황 못에 던져지는 것이다. 그 최후 심판의 시작이 사탄에 속한 자들의 멸망이다. 하나님의 백성은 그때를 분별할 줄 알아야 한다.

사탄에 속한 자들은 때로 자기들끼리 싸우며 스스로 파멸한다. 본질적으로 악하고 교만하기 때문에 서로 헐뜯고 싸우는 것이다. 사랑이 없으면 용서할 수 없고, 용서를 모르면 싸울 수밖에 없다. 사탄에 속한 자들이 그런 자들이기 때문에 서로 미워하고 파괴하는 것이다. 그들이 마지막 재앙을 경험할 때 이런 모습이 극대화 된다. 이 모든 것이 하나님의 계획이다. 하나님께서 사탄의 세력을 심판하시고 그들 사이의 내분을 일으키신다. 사탄에 속한 자들 또한 하나님의 권세를 피할 수 없는 것이다.

전능하신 하나님께서 결국 승리하신다. 사탄과 그 무리들 모두를 이기신다. 이 사실이 고난 중에 있는 하나님의 백성에게 위로와 소망이 된다. 하나님의 승리가 곧 그들의 승리이기 때문이다. 사탄의 세력은 영적 개념이 아니라 이 세상에 실제로 존재하는 것이기 때문에, 그들에 대해 경각심을 가지고 그들의 영향을 받지 말아야 한다. 사탄의 세력이 반드시 멸망한다는 것을 믿고 유혹을 이기며 소망을 붙들고 인내해야 한다. 17장의 교훈은 그런 지혜로운 자가 되라는 것이다.

● 바벨론의 멸망(18:1~8)

1 이 일 후에 다른 천사가 하늘에서 내려오는 것을 보니 큰 권세를 가졌는데 그의 영광으로 땅이 환하여지더라

2 힘찬 음성으로 외쳐 이르되 무너졌도다 무너졌도다 큰 성 바벨론이여 귀신의 처소와 각종 더러운 영이 모이는 곳과 각종 더럽고 가증한 새들이 모이는 곳이 되었도다

3 그 음행의 진노의 포도주로 말미암아 만국이 무너졌으며 또 땅의 왕들이 그와 더불어 음행하였으며 땅의 상인들도 그 사치의 세력으로 치부하였도다 하더라

4 또 내가 들으니 하늘로부터 다른 음성이 나서 이르되 내 백성아, 거기서 나와 그의 죄에 참여하지 말고 그가 받을 재앙들을 받지 말라

5 그의 죄는 하늘에 사무쳤으며 하나님은 그의 불의한 일을 기억하신지라

6 그가 준 그대로 그에게 주고 그의 행위대로 갑절을 갚아 주고 그가 섞은 잔에도 갑절이나 섞어 그에게 주라

7 그가 얼마나 자기를 영화롭게 하였으며 사치하였든지 그만큼 고통과 애통함으로 갚아 주라 그가 마음에 말하기를 나는 여왕으로 있은 자요 과부가 아니라 결

18:1 이 일 후에 다른 천사가 하늘에서 내려오는 것을 보니 요한은 또 다른
천사가 하늘에서 내려오는 것을 보았다. 이 천사 역시 17:1에서 보는 것처
럼 일곱 대접을 가진 천사들 중 하나일 것이다. 새로운 천사가 등장한다
는 것은 새로운 환상이 시작된다는 의미다. 천사가 하늘에서 내려올 때
그의 영광으로 인해 땅이 환해졌는데 그 권세가 그만큼 컸다는 뜻이다.

18:2 무너졌도다 무너졌도다 큰 성 바벨론이여 하늘에서 내려온 천사는
바벨론의 멸망을 선포한다. 바벨론의 멸망은 14:8에서 이미 예언된 것으
로 이제 그 예언이 이루어지는 것이다. 18장은 요한계시록에서 가장 통
쾌한 환상 중 하나로 요한계시록을 편지로 받은 일곱 교회 성도들은 로
마의 멸망으로 이해했을 것이다. 그러나 요한계시록의 해석이 그런 역사
적 이해에만 국한될 수는 없다. 요한계시록의 환상은 초림에서 재림까지
의 모든 시대를 위한 예언이기 때문이다. 18장의 통쾌한 환상에도 불구
하고 로마는 1세기 말에 여전히 강력한 제국이었다. 그리고 서로마 제국
이 476년에 멸망하고 동로마 제국이 1453년에 멸망했지만, 그리스도의
재림은 여전히 이루어지지 않았다. 그러므로 18장의 환상이 로마 제국
의 역사적 멸망을 의미할 수는 없는 것이다.

18장은 사탄에 동조하는 모든 나라의 멸망을 말한다. 바벨론은 그런
나라에 대한 상징이다. 바벨론이 아직 무너지기 전인데 '무너졌도다'라고
과거 시제로 표현한 것은 바벨론의 멸망이 그만큼 확실하다는 뜻이다.
바벨론은 '이스라엘의 원수'(렘 20:4, 25:9)로 하나님의 백성에 대한 원수를
상징한다. 이사야 13~14장, 47장에 바벨론에 대한 심판의 말씀이 있고,
예레미야 25:12~14, 50~51장, 하박국 2:15~17에 바벨론의 멸망에 대한 예

언이 있다.

18:2 귀신의 처소와 각종 더러운 영이 모이는 곳과… 바벨론이 멸망한 증거는 바벨론이 '귀신의 초소, 각종 더러운 영이 모이는 곳, 더럽고 가증한 새들이 모이는 곳'이 되었다는 것이다. 여기서 더럽고 가증한 새는 부정한 새를 의미한다(신 14:12~18). 예언서에 바벨론이 멸망해서 짐승들과 새들이 사는 곳이 된다는 말씀이 있다(사 13:21~22, 렘 50:39, 51:37. 사 34:11~15 참고). 18:2은 바벨론이 악령이 살고 흉조가 날아다니는 음산하고 황폐한 곳이 된다는 뜻으로 '귀신과 더러운 영, 부정한 새들'이 멸망의 상징으로 사용되었다.

18:3 그 음행의 진노의 포도주로 말미암아 만국이 무너졌으며… 진노의 포도주는 14:8에 언급되며 음행의 포도주는 17:2에 나타난다. '음행의 진노의 포도주'는 이 둘이 합쳐진 것이다. 이는 바벨론이 자신의 음행, 즉 우상 숭배로 하나님의 진노를 샀다는 뜻이다. 바벨론은 자신만 음행한 것이 아니라 땅의 왕들과 함께 음행함으로써 만국을 무너뜨렸다.

18:3 땅의 상인들도 그 사치의 세력으로 치부하였도다 하더라 우상 숭배가 바벨론의 가장 큰 죄이지만 사치도 바벨론의 죄이다(계 18:7, 9). 이사야 3:18~26에 예루살렘 여인들의 사치를 경고한 말씀이 있고, 에스겔 37장에 두로의 사치를 경고한 말씀이 있다. 사치가 죄인 이유는 그것이 세상을 사랑하는 것이기 때문이다. 아모스 8:5~6에 상인들의 죄에 대한 말씀이 있으며, 시편 49:6~8, 52:7에 재물을 의지하고 부를 자랑하는 자는 구원을 얻지 못한다는 말씀이 있다. 그리고 전도서 5:13에 "내가 해 아래에서 큰 폐단 되는 일이 있는 것을 보았나니 곧 소유주가 재물을 자기에게 해가 되도록 소유하는 것이라"라는 말씀이 있다. 예수께서는 '낙타가 바늘귀로 들어가는 것이 부자가 하나님 나라에 들어가는 것보다 쉬울 것'이라고 말씀하셨고(마 19:24), '삼가 모든 탐심을 물리치라 사람의 생명이 그 소유의 넉넉한 데 있지 않다'라고 말씀하셨다.(눅 12:15)

18:3은 바벨론의 죄를 세 가지로 설명하는데, 음행의 포도주로 만국이 무너진 것과 땅의 왕들과 음행한 것과 땅의 상인들과 치부한 것이다. 이것이 바벨론이 멸망당한 이유로 여기서 '땅의'라는 말은 사탄에 속한 자를 의미한다.

18:4 하늘로부터 다른 음성이 나서 이르되 내 백성아… 요한은 천사의 말이 아닌 다른 음성을 듣는데, 그 음성은 16:1처럼 하늘 성전에서 나는 주님의 음성이다. "내 백성아"라는 부르심에서 이를 알 수 있다. 주님의 음성은 '바벨론의 죄에 참여하지 말고 그가 받을 재앙을 받지 말라'고 말씀하신다. 죄의 소굴의 벗어나라는 말씀이고 멸망의 도시를 빠져나오라는 말씀이다. 바벨론의 우상 숭배와 사치를 따르지 말고 바벨론과 함께 심판받지 말라는 말씀이다. 예레미야 51:45에 "나의 백성아 너희는 그 중(바벨론)에서 나와 각기 여호와의 진노를 피하라"는 말씀이 있다. 예수께서도 큰 환난을 피하라고 권고하셨다.(마 24:16~18)

18:5 그의 죄는 하늘에 사무쳤으며 바벨론의 죄가 말할 수 없이 크다는 표현이다. 에스라 9:6에 "이는 우리 죄악이 많아 정수리에 넘치고 우리 허물이 커서 하늘에 미침이니이다"라는 말씀이 있다.

18:6 그의 행위대로 갚아 주고 하나님은 바벨론이 죄 값을 갑절로 치르게 하신다. 율법에 의하면 물건을 훔친 도둑이 죄 있다는 판결을 받으면 갑절로 배상해야 한다.(출 22:4, 7, 9)

18:7 그가 마음에 말하기를 나는 여왕으로 앉은 자요 과부가 아니라… 바벨론의 교만을 지적하는 말씀이다. 이사야의 예언에 의하면 바벨론은 자신을 여왕으로 생각하면서 과부가 되지 않을 것이라고 믿었다(사 47:5, 8). 영화를 누리고 사치스러웠으며 결코 애통함을 당하지 않으리라 믿었다. 하나님께서는 그런 바벨론을 심판하신다. 바벨론은 결국 자신의 믿음과 달리 애통함을 당하게 된다.

18:8 그러므로 하루 동안에 그 재앙들이 이르리니 하루 동안에 그 재앙

들이 이른다는 것은 바벨론이 갑작스럽고 철저한 재앙을 당한다는 뜻이다. 바벨론은 교만으로 인해 단 하루 만에 더러운 귀신과 악령과 가증한 새들이 사는 곳이 된다. 소돔과 고모라 역시 하루 만에 멸망했다(창 19:23~25). 바벨론이 경험할 재앙은 사망과 애통함과 흉년과 불사름이다. 이사야는 바벨론에 대해 죽음과 불사름이 있을 것이라고 예언했다.(사 47:9, 14)

● 세 개의 슬픈 노래(18:9~19)

9 그와 함께 음행하고 사치하던 땅의 왕들이 그가 불타는 연기를 보고 위하여 울고 가슴을 치며

10 그의 고통을 무서워하여 멀리 서서 이르되 화 있도다 화 있도다 큰 성, 견고한 성 바벨론이여 한 시간에 네 심판이 이르렀다 하리로다

11 땅의 상인들이 그를 위하여 울고 애통하는 것은 다시 그들의 상품을 사는 자가 없음이라

12 그 상품은 금과 은과 보석과 진주와 세마포와 자주 옷감과 비단과 붉은 옷감이요 각종 항목과 각종 상아 그릇이요 값진 나무와 구리와 철과 대리석으로 만든 각종 그릇이요

13 계피와 향료와 향과 향유와 유향과 포도주와 감람유와 고운 밀가루와 밀이요 소와 양과 말과 수레와 종들과 사람의 영혼들이라

14 바벨론아 네 영혼이 탐하던 과일이 네게서 떠났으며 맛있는 것들과 빛난 것들이 다 없어졌으니 사람들이 결코 이것들을 다시 보지 못하리로다

15 바벨론으로 말미암아 치부한 이 상품의 상인들이 그의 고통을 무서워하여 멀리 서서 울고 애통하여

16 이르되 화 있도다 화 있도다 큰 성이여 세마포 옷과 자주 옷과 붉은 옷을 입고 금과 보석과 진주로 꾸민 것인데

17 그러한 부가 한 시간에 망하였도다 모든 선장과 각처를 다니는 선객들과 선원들과 바다에서 일하는 자들이 멀리 서서

18 그가 불타는 연기를 보고 외쳐 이르되 이 큰 성과 같은 성이 어디 있느냐 하며

18:9 그와 함께 음행하고 사치하던 땅의 왕들이 18:9~19는 세 개의 슬픈 노래로 이루어져 있는데 18:8~9는 왕들의 애가이고, 18:11~17a는 상인들의 애가이며, 18:17b~19는 선원들의 애가이다. 이는 바벨론과 관계있는 자들이 모두 바벨론의 멸망을 슬퍼한다는 뜻이다. 세 개의 슬픈 노래는 에스겔 26~28장의 '두로에 대한 애가'에서 영향을 받은 것 같다. 예를 들면, 18:9~10은 에스겔 26:16~18과 비슷하다. 왕들은 바벨론이 불타는 모습을 보고 슬퍼하고 두려워한다.

18:10 큰 성, 견고한 성 바벨론이여 한 시간에 네 심판이 이르렀다 하리로다 왕들이 무서워하며 부른 슬픈 노래는 바벨론이 한 시간에 멸망당했다는 것이다. 18:8에서 '하루'로 표현된 재앙의 시간은 18:10에서 '한 시간'으로 나타난다. 하나님의 심판이 그만큼 격렬하게 이루어졌다는 의미이다. 바벨론은 분명히 '크고 견고한 성'이었지만, 하나님의 무서운 심판으로 한 시간 만에 멸망한다. 성도들을 핍박하고 죽이는 국가 권력이 대단한 것처럼 보여도 하나님 앞에서는 지푸라기와 같다. 그것이 세상 권력의 실제 모습이다.

18:11 땅의 상인들이 그를 위하여 울고 애통하는 것은 두 번째 애가는 상인들의 애가이다(18:11~17a). 그들도 왕들처럼 바벨론의 멸망을 슬퍼하며 애통해 하는데, 그 이유는 더 이상 바벨론에 상품을 팔 수 없기 때문이다. 바벨론을 통해 부를 쌓던 자들은 그들의 부의 원천이 사라진 것을 슬퍼한다. 죄와 부(富)는 관계가 있다.(시 49:6~9, 마 6:24, 딤전 6:10, 히 13:5, 약 5:1~6)

18:12 그 상품은 금과 은과 보석과 진주와⋯ 18:12~13은 상인들이 바벨론

에게 판 물건들의 목록이다. 이는 실제로 로마가 수입한 물품들일 것이다. 18:12는 비싼 보석류(금, 은, 보석, 진주)와 고급 의류(세마포, 자주 옷감, 비단, 붉은 옷감), 고급 가구나 그를 만들기 위한 재료를 말한다.(향목, 상아 그릇, 값진 나무와 구리와 철과 대리석으로 만든 그릇)

18:13 계피와 향료와 향과 향유와 유향과… 18:13 역시 바벨론이 사들인 물품들이다. 바벨론은 고급 향료(계피, 향료, 향, 향유, 유향)와 식료품(포도주, 감람유, 고운 밀가루, 밀), 가축(소, 양, 말)과 수레, 그리고 노예와 사람들을 매매했다.

18:13 사람의 영혼들이라 바벨론이 상인들과 매매한 것 중에 '사람의 영혼들'이 있다. 헬라어로 '사람들의 몸들과 혼들'이라고 표현되어 있는데, 이는 사람이라는 뜻으로 노예나 전쟁 포로, 그리고 채무자들을 사고파는 것을 말한다.

18:14 바벨론아 네 영혼이 탐하던 과일이 네게서 떠났으며… 바벨론이 탐하던 과일이 떠났다는 말은 바벨론이 간절히 원하던 것들을 더 이상 취할 수 없게 되었다는 뜻이다. 18:14의 '탐하던 과일'과 '맛있는 것들'과 '빛난 것들'은 18:12~13에 언급된 것으로 바벨론이 상인들로부터 사들인 것이다.

18:15 상인들이 그의 고통을 무서워하여 멀리 서서 울고 애통하여 왕들이 멀리 서서 바벨론의 멸망을 슬퍼했던 것처럼 상인들 역시 멀리 서서 바벨론의 멸망을 슬퍼한다. 바벨론이 겪는 고통을 보기가 두려웠기 때문이다.

18:16 세마포 옷과 자주 옷과 붉은 옷을 입고… 상인들은 바벨론이 세마포 옷과 자주 옷과 붉은 옷을 입고 금과 보석과 진주로 꾸민 성이었다고 말한다. 고급 의류에 보석 장신구로 치장한 화려한 모습이었다는 말인데 그런 바벨론이 하나님의 심판을 받았다.

18:17 모든 선장과 각처를 다니는 선객들과 선원들과 바다에서 일하는 자

들이 세 번째 애가는 선원들의 애가이다(18:17b~19). 배로 바벨론과 무역하며 생활한 자들 모두가 바벨론의 멸망을 슬퍼한다. 그들은 배를 소유한 선주나 선장뿐만 아니라 해상 무역에 종사한 모든 사람들이다. 로마는 지중해를 지배하면서 해적을 소탕하고 많은 해로를 개척했는데, 그 당시 지중해 여행의 단 한 가지 애로점이 있었다면 겨울철 폭풍이었다.(행 27:14)

18:18 그가 불타는 연기를 보고 여기서 '그'는 바벨론을 의미하는데 헬라어로는 여성형 '그녀'로 되어 있다. 선원들이 그녀, 즉 바벨론이 불타는 연기를 본다는 뜻이다. 바벨론은 불로 하나님의 심판을 받았다.(계 18:8)

18:19 너의 보배로운 상품으로 치부하였더니 한 시간에 망하였도다 선원들의 애가 역시 앞에서 본 왕들의 애가나 상인들의 애가와 내용이 같다. 바벨론이 보배로운 상품으로 치부한 사실을 언급하면서(계 18:12~14), 바벨론이 한 시간에 망한 사실을 애통해 한다.(계 18:10, 17)

● 바벨론 심판의 완성(18:20~24)

20 하늘과 성도들과 사도들과 선지자들아, 그로 말미암아 즐거워하라 하나님이 너희를 위하여 그에게 심판을 행하셨음이라 하더라
21 이에 한 힘 센 천사가 큰 맷돌 같은 돌을 들어 바다에 던져 이르되 큰 성 바벨론이 이같이 비참하게 던져져 결코 다시 보이지 아니하리로다
22 또 거문고 타는 자와 풍류하는 자와 퉁소 부는 자와 나팔 부는 자들의 소리가 결코 다시 네 안에서 들리지 아니하고 어떠한 세공업자든지 결코 다시 네 안에서 보이지 아니하고 또 맷돌 소리가 결코 다시 네 안에서 들리지 아니하고
23 등불 빛이 결코 다시 네 안에서 비치지 아니하고 신랑과 신부의 음성이 결코 다시 네 안에서 들리지 아니하리로다 너의 상인들은 땅의 왕족들이라 네 복술로 말미암아 만국이 미혹되었도다
24 선지자들과 성도들과 및 땅 위에서 죽임을 당한 모든 자의 피가 그 성 중에서 발견되었느니라 하더라

18:20 하늘과 성도들과 사도들과 선지자들아, 그로 말미암아 즐거워하라 18:20~24는 바벨론에 대한 심판이 끝났음을 선언하는 내용이다. 하늘은 하늘에 있는 성도를 의미하고 성도들은 땅에 있는 성도들을 의미할 것이다. 사도들은 신약시대의 지도자들을 의미하고 선지자들은 구약시대의 지도자들을 의미할 것이다. 18:20은 모든 하나님의 백성들로 하여금 즐거워하라는 말이다. 하나님의 백성을 괴롭히고 유혹하던 바벨론이 멸망했기 때문이다. 우상 숭배와 사치로 죄를 일삼던 바벨론이 드디어 하나님의 심판을 받았다.

18:21 큰 맷돌 같은 돌을 들어 바다에 던져 요한은 힘 센 천사가 맷돌 같은 큰 돌을 바다에 던지는 것을 보았다. 그 천사는 '바벨론이 이같이 비참하게 던져져 다시는 보이지 않을 것'이라고 말한다. 천사가 바다에 돌을 던진 것은 바벨론의 운명을 보여 주는 상징적인 행위이다. 바다에 던져진 돌은 다시는 볼 수 없는데 바벨론이 그렇게 되었다는 말이다. 예레미야 51:63~64에 "너는 이 책 읽기를 다한 후에 책에 돌을 매어 유브라데 강 속에 던지며 말하기를 바벨론이 나의 재난 때문에 이같이 몰락하여 다시 일어서지 못하리니 그들이 피폐하리라 하라"라는 말씀이 있다. 18:21은 예레미야의 예언이 그대로 사용된 것이나 마찬가지다. 이사야 13:19~22, 14:4~23에도 바벨론의 멸망에 대한 말씀이 있다.

18:22 또 거문고 타는 자와 풍류하는 자와… 18:22~23은 황량하고 음산한 바벨론의 모습을 묘사한 것으로 바벨론에서 다시는 악기 소리와 일하는 소리와 음식 만드는 소리가 들리지 않을 것이다. 바벨론에 다시 사람이 사는 일이 없을 것이라는 뜻이다. 죄의 결과가 그만큼 무서우며 하나님의 심판이 그만큼 철저하다는 말씀이다. 18:22~23은 유다의 황폐한 모습을 말한 예레미야의 예언과 아주 비슷하다. 예레미야 25:10에 "내가 그들 중에서 기뻐하는 소리와 즐거워하는 소리와 신랑의 소리와 신부의 소리와 맷돌 소리와 등불 빛이 끊어지게 하리니"라는 말씀이 있다.

18:23 등불 빛이 결코 다시 네 안에서 비치지 아니하고… 바벨론에는 결코 다시 등불 빛이 비치지 않고 신랑과 신부의 음성이 들리지 않는다. 이는 사람이 살지 않을 것이라는 말을 이중으로 표현한 것이다. 신랑과 신부는 미래의 가족을 뜻하는 것으로 신랑과 신부의 음성이 들리지 않은 것이라는 말은 미래에도 사람이 없을 것이라는 말이다. 18:23은 바벨론의 철저한 황폐를 말하는데, 이 사실을 강조하기 위해 18:21~23에 '결코 다시'라는 표현이 여섯 번이나 사용되었다. 바벨론의 멸망은 참혹하기 그지없다.

18:23 너의 상인들은 땅의 왕족들이라 큰 맷돌 같은 돌을 바다에 던진 힘 센 천사는 바벨론이 철저히 멸망당한 이유를 세 가지로 설명한다. 첫째는 바벨론의 상인들이 땅의 왕족처럼 되었기 때문이다. 문자적으로는 '너의 상인들이 땅의 큰 자들이 되었기 때문'이다. 바벨론이 스스로 '나는 여왕으로 앉은 자요'라고 칭한 것처럼(계 18:7) 바벨론의 상인들 역시 스스로를 높이고 스스로 영광을 차지했다. 이사야 23:8에 '두로의 상인들은 고관들이요 그 무역상들은 세상에 존귀한 자들이었다'라는 표현이 있다.

18:23 네 복술로 말미암아 만국이 미혹되었도다 바벨론이 철저히 망한 두 번째 이유는 바벨론의 마술에 만국이 속았기 때문이다. 바벨론의 우상 숭배와 사치에 만국이 속아서 같은 죄를 지었다는 뜻이다.

18:24 모든 자의 피가 그 성 중에서 발견되었느니라 하더라 바벨론이 파괴된 세 번째 이유는 바벨론 성 안에서 선지자들과 성도들과 땅에서 순교한 자들의 피가 발견되었기 때문이다. 이 말씀은 예루살렘을 가리켜 '피를 흘린 성읍'(겔 24:6)이라고 한 에스겔의 예언을 연상시키는데 바벨론은 거룩한 자들의 피를 흘리게 한 대가를 치른 것이다. 예수께서도 "그러므로 의인 아벨의 피로부터 성전과 제단 사이에서 너희가 죽인 바라갸의 아들 사가랴의 피까지 땅 위에서 흘린 의로운 피가 다 너희에게 돌아가

리라"(마 23:35)라고 말씀하셨다. 바벨론의 죄는 사치를 즐기고 스스로 영광에 취한 것이며 하나님을 섬기지 않고 우상을 숭배한 것이다. 그리고 하나님의 백성을 박해한 것이다. 이는 바벨론이 '사탄과 세상과 자신'을 사랑했기 때문이다.

▶ 18장의 핵심 및 교훈

18장의 핵심은 세상 권세와 세상 가치의 철저한 몰락이다. 요한계시록에서 바벨론은 세상 권세와 세상 가치의 대명사이다. 바벨론은 많은 나라를 통치하면서 세상의 온갖 좋은 것을 즐긴다. 화려하고 사치스러운 것을 즐기며, 교만에 빠져 스스로 우상을 만들어 섬긴다. 바벨론은 거대한 권력으로 하나님의 백성을 핍박하고 죽이며, 그 권세가 영원히 지속될 것이라 믿는다.

그러나 바벨론을 향한 심판의 날이 온다. 그날이 오면 절대 무너지지 않을 것 같았던 바벨론이 멸망한다. 그와 함께 세상 권세와 세상 가치도 철저히 무너진다. 하나님의 심판이 지극히 무섭기 때문이다. 18장은 세상 권세와 가치가 철저히 멸망한다는 사실을 강조한다. 18장에 바벨론의 권세와 부가 한 시간에 망한다는 표현이 세 번 나오는데(계 18:10, 17, 19), 이는 바벨론이 믿을 수 없을 정도로 빠르게 망한다는 뜻이다. 그리고 바벨론의 멸망을 보고 왕들과 상인들과 선원들이 운다고 한다. 이는 모든 사람들이 슬퍼할 정도로 처절하게 망한다는 뜻이다. 그리고 18:21~23 사이에 바벨론이 '결코 다시' 보이지 않고 들리지 않고 비치지 않을 것이라는 표현이 여섯 번 나온다. 바벨론이 회복될 가능성이 결코 없다는 뜻이다.

사람들은 세상 권세를 두려워하면서 때로 절대시 하는 모습을 보인다. 각종 음모론이 그 증거이다. 음모론은 세상 권세가 원하기만 하면 개인의 내면을 조종할 수 있고, 기후 무기로 감쪽같이 사람을 죽일 수 있고, 전쟁을 일으키고 역사를 변화시킬 수 있다고 한다. 인간을 조종하고 자연을 조종하는 거의 전지전능한 수준이다. 사람 눈에는 이처럼 세상 권세가 대단한 것처럼 보일 수 있지만 하나님이 보시기에는 바람에 날리는 티끌과 같을 뿐이다. 바벨론의 권세는 피조물의 권세에 불과하기 때문이다.

하나님은 정하신 때에 세상 권세를 심판하신다. '결코 다시' 회복될 수 없을 정도로 철저히 심판하시는데, 그때 세상의 가치도 함께 무너진다. 지금까지 사람들이 가지고 싶어 하고 누리고 싶어 하고 이루고 싶어 하던 권력, 성공, 부, 사치 같은 것들이 모두 무너진다. 마지막 날이 오기까지 사람들은 그런 것들을 원하지만, 심판의 날이 닥치면 그런 것들은 후회와 통곡의 이유가 될 뿐이다. 재림하신 예수께서 그런 것을 즐긴 자들을 무섭게 심판하실 것이기 때문이다.

오늘날 교회 안에 세상 가치가 스며들고 있다. 그래서 교회 안에서 돈을 사랑하는 태도와 성공과 부를 추구하는 모습을 볼 수 있다. 세상 문화의 영향도 볼 수 있다. 거룩한 생활을 방해는 것들이 교회 안에 들어와 있고, 하나님 말씀에 반대 되는 것들이 들어와 있다. 예수께서 분명히 '하나님과 재물을 함께 섬길 수 없다'(마 6:24)라고 말씀하셨지만, 하나님과 재물을 함께 섬기고 싶어 하는 태도가 교회 안에 존재한다. 이는 교회가 특별히 경계해야 될 일이다. 교회는 박해를 견디는 인내도 배워야 하지만, 세상 가치를 분별할 줄 아는 지혜도 가져야 한다.

마지막 날에 있을 하나님의 심판은 몹시 준엄하다. 세상 권세와 가치는 바다에 던져진 돌처럼 되어 아무도 그 흔적을 찾을 수 없고 다시는 볼 수 없게 된다. 세상 권세는 한 때 부귀와 영화와 사치를 누리지만 하나님께서 그들의 죄를 기억하시기 때문에 반드시 끝이 있다. 그들을 향한 준엄한 심판의 날이 도둑과 같이 닥쳐서, 짐승의 표를 받은 자들이 처절히 통곡하는 날이 온다. 그들이 믿었던 것들이 모두 거짓이고, 귀하다고 생각한 것들이 모두 허무한 것이었음을 아는 날이 온다. 그러므로 하나님의 백성은 세상 권세와 가치를 멀리 해야 한다(계 18:4). 아름답고 달

콤한 듯 보이지만, 그 마지막은 사망과 애통함과 흉년과 불사름이다.(계 18:8)

●하나님 찬양과 어린 양의 혼인 잔치(19:1~10)

1 이 일 후에 내가 들으니 하늘에 허다한 무리의 큰 음성 같은 것이 있어 이르되 할렐루야 구원과 영광과 능력이 우리 하나님께 있도다

2 그의 심판은 참되고 의로운지라 음행으로 땅을 더럽게 한 큰 음녀를 심판하사 자기 종들의 피를 그 음녀의 손에 갚으셨도다 하고

3 두 번째로 할렐루야 하니 그 연기가 세세토록 올라가더라

4 또 이십사 장로와 네 생물이 엎드려 보좌에 앉으신 하나님께 경배하여 이르되 아멘 할렐루야 하니

5 보좌에서 음성이 나서 이르시되 하나님의 종들 곧 그를 경외하는 너희들아 작은 자나 큰 자나 다 우리 하나님께 찬송하라 하더라

6 또 내가 들으니 허다한 무리의 음성과도 같고 많은 물 소리와도 같고 큰 우렛소리와도 같은 소리로 이르되 할렐루야 주 우리 하나님 곧 전능하신 이가 통치하시도다

7 우리가 즐거워하고 크게 기뻐하며 그에게 영광을 돌리세 어린 양의 혼인 기약이 이르렀고 그의 아내가 자신을 준비하였으므로

8 그에게 빛나고 깨끗한 세마포 옷을 입도록 허락하셨으니 이 세마포 옷은 성도들의 옳은 행실이로다 하더라

9 천사가 내게 말하기를 기록하라 어린 양의 혼인 잔치에 청함을 받은 자들은 복이 있도다 하고 또 내게 말하되 이것은 하나님의 참되신 말씀이라 하기로

10 내가 그 발 앞에 엎드려 경배하려 하니 그가 나에게 말하기를 나는 너와 및 예수의 증언을 받은 네 형제들과 같이 된 종이니 삼가 그리하지 말고 오직 하나님께 경배하라 예수의 증언은 예언의 영이라 하더라

19:1 하늘에 허다한 무리의 큰 음성 같은 것이 있어 19~22장은 요한계시록의 결론 부분으로 어린 양의 혼인잔치와 최후 승리, 그리고 새 창조에 대한 내용이다. 하나님께서 모든 악한 세력을 극복하시고 새 하늘과 새

땅, 새 예루살렘을 창조하시는데 이는 창세로부터 시작된 하나님의 구원 계획이 드디어 이루어진 것이다. 요한은 바벨론이 멸망하는 환상을 본 후에 하늘에서 나는 음성들을 듣는다. 그 음성들은 '허다한 무리의 큰 음성'(계 19:1), '이십사 장로와 네 생물의 음성'(계 19:4), '보좌에서 나는 음성'이다(계 19:5). 19:1의 허다한 무리는 7:9에서 언급된 '각 나라와 족속과 백성과 방언에서 나온 능히 셀 수 없는 큰 무리'이다.

19:1 할렐루야 구원과 영광과 능력이 우리 하나님께 있도다 허다한 무리는 할렐루야로 하나님을 찬양한다. 할렐루야는 '야웨(여호와)를 찬양하라'는 뜻으로 시편에서 할렐루야로 시작하거나 끝나는 찬양을 많이 볼 수 있다. 그러나 신약성서에서는 요한계시록 19:1~6에만 등장한다(계 19:1, 3, 4, 6). 허다한 무리가 하나님을 찬양한 이유는 하나님께서 '큰 음녀 바벨론'을 심판하셨기 때문이다.

19:2 자기 종들의 피를 그 음녀의 손에 갚으셨도다 음녀 바벨론의 죄는 우상 숭배와 사치만이 아니다. 더 무서운 죄가 있는데 그것은 성도들의 피와 예수의 증인들의 피에 취한 것이다(계 16:6, 17:6, 18:24). 바벨론은 성도들을 핍박하고 그들을 순교의 길로 끌고 갔다. 그러나 이제 성도들이 승리의 노래를 부를 때가 되었다. 그들은 이전에 "거룩하고 참되신 대주재여 땅에 거하는 자들을 심판하여 우리 피를 갚아 주지 아니하시기를 어느 때까지 하시려 하나이까"(계 6:10)라고 부르짖었는데 이제 하나님께서 그들의 피 흘림을 갚아 주신 것이다.

19:3 그 연기가 세세토록 올라가더라 여기서 '그 연기'는 바벨론이 타는 연기로 바벨론은 불로 심판을 받는다(계 18:8~9). 헬라어로는 '그녀의 연기'로 되어 있다. 바벨론이 불타는 연기는 영원토록 피어오르는데 이는 사탄의 무리가 영원히 벌을 받는다는 의미이다.

19:4 이십사 장로와 네 생물이 엎드려 하나님의 보좌 가까이에 있는 이십사 장로와 네 생물은 엎드려서 하나님의 구원의 영광과 심판의 능력을

찬양한다. 가장 겸손한 자세로 하나님을 경배한다는 의미이다(계 5:8, 14, 7:11). 그들은 "아멘 할렐루야"로 찬양하는데, 이는 19:1의 허다한 무리의 찬양이 '정말 그렇다'라고 인정하는 것이다. 하나님을 찬양하는 일에 허다한 무리, 이십사 장로, 네 생물 등 낯익은 인물들이 등장한다. 19:1~10에서는 하나님께 대한 경배가 강조되어 있다.

19:5 작은 자나 큰 자나 다 우리 하나님께 찬송하라 하더라 요한은 또 다른 음성을 듣는다. 이 음성의 주인공을 밝히기는 어렵지만 그 의도는 분명한데 찬양을 북 돋우는 것이다. 이 음성이 작은 자와 큰 자를 구별한 것에 주목할 필요가 있다. 영원한 생명을 얻는 사람들 가운데 작은 자와 큰 자가 있다는 의미로 사람마다 영원한 상급이 다르다는 사실을 말한다. '금, 은, 보석'과 같이 불타지 않는 것으로 집을 세우는 성도들이 있고, '나무, 풀, 짚'과 같이 불타는 것으로 집을 세우는 성도들이 있다(고전 3:12~15). 후자의 경우 구원은 받지만 상급이 없다.(고전 3:15)

19:6 허다한 무리의 음성과도 같고⋯ 19:6~8은 "작은 자나 큰 자나 다 우리 하나님께 찬송하라"라는 요청에 대한 즉각적인 응답이다. 구원받은 성도들이 허다한 무리의 음성, 많은 물소리, 큰 우렛소리 같은 소리로 하나님을 찬양한다. 이는 보좌에서 나는 음성의 권위를 알 수 있는 대목이다. '허다한 무리의 음성, 많은 물소리, 큰 우렛소리'가 함께 사용된 것은, 요한계시록은 물론 성서 전체를 통틀어 여기가 유일하다. 그만큼 장엄하고 큰 소리였다는 뜻이다. 이는 천상과 지상에 있는 모든 피조물의 찬양이라는 의미일 것이다.

19:6 할렐루야 할렐루야는 신약성서 전체를 통틀어 요한계시록 19:1~6에만 네 번 등장하는데 19:6의 할렐루야는 신약성서의 마지막 할렐루야이다.

19:7 어린 양의 혼인 기약이 이르렀고⋯ 예수 그리스도와 그의 신부인 교회와의 결혼식이 임박했다는 말로서, 그리스도와 교회의 완전한 연합을 의미한다. 성서는 하나님과 이스라엘, 그리스도와 교회의 관계를 신

랑과 신부로 표현한다(호 2:14~20, 사 62:5, 렘 2:2, 막 2:19, 요 3:29, 고후 11:2, 엡 5:25~32). 그리고 구원받은 백성은 그 혼인 잔치의 손님이다(마 22:1~4, 25:1~13). 19:7은 어린 양의 혼인 잔치를 선포하는 것으로 진정한 혼인 잔치는 21:9~12에서 이루어진다.

19:8 그에게 빛나고 깨끗한 세마포 옷을 입도록 허락하셨으니 그리스도의 신부는 빛나고 깨끗한 세마포(모시) 옷을 입는다. 그리스도 신부의 옷은 음녀의 옷과 대조된다. 음녀는 화려하고 사치스러운 옷에 온갖 보석으로 치장한 옷을 입었지만(계 17:4), 그리스도의 신부는 희고 순결하며 단순한 옷을 입었을 뿐이다. 그러나 참된 아름다움은 그리스도의 신부에게 있다. 이사야 61:10에 "내가 여호와로 말미암아 크게 기뻐하며 내 영혼이 나의 하나님으로 말미암아 즐거워하리니 이는 그가 구원의 옷을 내게 입히시며 공의의 겉옷을 내게 더하심이 신랑이 사모를 쓰며 신부가 자기 보석으로 단장함 같게 하셨음이라"는 말씀이 있다.

만왕의 왕을 신랑으로 맞는 신부에게 가장 중요한 것은 올바른 의복을 갖추고 신랑을 맞이하는 것이다. 신부의 의복을 갖추어야 신랑을 맞이할 수 있는 법이다. 그것을 가르쳐 주는 것이 19:8이다. 여기서의 핵심은 실제적인 거룩함으로 하나님의 말씀에 기쁨으로 순종하는 삶이다.[4]

19:8 이 세마포 옷은 성도들의 옳은 행실이로다 신부가 입는 고운 세마포 옷은 성도들의 옳은 행실이다. 여기서 옳은 행실은 사람의 바른 행동을 말하는 것이 아니라 '굳센 믿음과 말씀에 대한 순종'을 의미한다. 사람은 바른 행동으로 구원받을 수 없으며 오직 '굳센 믿음과 말씀에 대한 순종'으로 영원한 생명을 얻는다. 그런 사람만이 주께서 주시는 세마포 옷을 입는다.

19:9 천사가 내게 말하기를 기록하라… 천사는 요한에게 "어린 양의 혼인 잔치에 청함을 받은 자들은 복이 있도다"라고 기록하라고 명령한다. 기록하라고 하는 것은 중요하다는 뜻이다. 요한계시록에는 모두 일곱 번 '복이 있다'라는 말씀이 있는데(계 1:3, 14:13, 16:15, 19:9, 20:6, 22:7, 14), 천사

는 그 중에서 '네 번째 말씀'(계 19:9)을 기록하라고 한다. 굳센 믿음 가지고 말씀에 순종하는 자들이 어린 양의 혼인 잔치에 초대받는다. 그들이 복 있는 사람들이다.

19:10 나는 너와 및 예수의 증언을 받은 네 형제들과 같이 된 종이니… 천사의 말을 들은 요한은 천사의 발 앞에 엎드려 천사를 경배하려고 했다. 천사에 대한 경외심 때문이다. 그러나 천사는 이를 말리면서 오직 하나님만 경배하라고 한다. 자신도 요한이나 다른 성도들 같이 하나님의 종일 뿐이라고 한다. 천사는 경이로운 존재가 분명하지만 하나님의 종으로 계시를 전달할 뿐 계시의 주체가 아니다. 경배의 대상이 아니라는 말이며 오직 하나님만이 경배의 대상이시다.

19:10 예수의 증언은 예언의 영이라 하더라 이 말씀은 다소 이해하기 어려운데, 바로 앞에서 언급한 '예수의 증언을 받은 네 형제들'을 염두에 둔 표현으로 '믿는 자들의 증언'과 '예수님 자신의 증언'이 같다는 뜻이다. 두 증언이 다 같은 '예언의 영'을 가지고 있기 때문이다. 예수님의 말씀과 예수를 전하는 자들의 말은 그 내용이 일치한다. 예언의 영이 같기 때문이다. 그 예언의 영은 오직 하나님 한 분만이 영광을 받을 수 있다고 증언한다.

2. 최후 승리와 천년왕국_19:11~20:15

● 흰말을 탄 자(19:11~16)

11 또 내가 하늘이 열린 것을 보니 보라 백마와 그것을 탄 자가 있으니 그 이름은 충신과 진실이라 그가 공의로 심판하며 싸우더라

12 그 눈은 불꽃 같고 그 머리에는 많은 관들이 있고 또 이름 쓴 것 하나가 있으니 자기밖에 아는 자가 없고

13 또 그가 피 뿌린 옷을 입었는데 그 이름은 하나님의 말씀이라 칭하더라

14 하늘에 있는 군대들이 희고 깨끗한 세마포 옷을 입고 백마를 타고 그를 따르더라

15 그의 입에서 예리한 검이 나오니 그것으로 만국을 치겠고 친히 그들을 철장으로 다스리며 또 친히 하나님 곧 전능하신 이의 맹렬한 진노의 포도주 틀을 밟겠고

16 그 옷과 그 다리에 이름을 쓴 것이 있으니 만왕의 왕이요 만주의 주라 하였더라

19:11 보라 백마와 그것을 탄 자가 있으니 19:11~22:5는 최후 승리에 대한 장면이다. 그 내용은 '백마를 탄자(19:11~16), 짐승과 거짓 선지자의 최후(19:17~21), 천년왕국(20:1~6), 사탄의 패망(20:7~10), 최후 심판(20:11~15), 새 예루살렘(21:1~22:5)'이다. 그리고 마지막으로 '재림에 대한 약속'(22:6~21)이 있다.

백마를 탄 기수는 예수 그리스도로 19:11~16은 그리스도의 재림(παρουσια, 파루시아)을 비유적으로 말하는 것이다. 그리스도는 '신실하시고

참되신 분'으로서 이 세상에 '통치자, 심판자, 만왕의 왕, 만주의 주'로 오신다. 보통 흰색을 승리의 상징으로 설명하는데 하나님과 천사들의 옷이 흰색이기 때문이다. 다니엘 7:9에 의하면 하늘 보좌에 앉으신 이의 옷이 눈 같이 희고 그 머리털은 깨끗한 양털과 같았다. 그리고 예수님의 부활을 알린 천사들 역시 눈 같이 흰 옷을 입었다.(마 28:3, 막 16:5)

19:11 그 이름은 충신과 진실이라 요한은 예수 그리스도의 이름을 '충신과 진실'로 소개한다. '신실하고 진실하신(faithful and true) 분'이라는 뜻이다. 그리스도는 하나님께 신실하셨고 오직 진실을 말씀하셨다. 이는 하나님의 백성이 배워야 할 덕목이다.

19:11 그가 공의로 심판하며 싸우더라 요한은 그리스도께서 공의로 심판하며 싸우시는 환상을 보는데 이는 구원이 심판과 연결되어 있음을 말한다. 구원은 심판과 관계가 있다. 심판을 통해 구원받을 자와 아닌 자가 구별되기 때문이다. 구원을 받으면 심판이 없고 심판을 받으면 구원이 없다. 어린 양의 혼인 잔치에 참여하거나 심판의 불못에 던져지는 것이다. 사람은 그 둘 가운데 하나에 속하며 제 3의 길은 없다. 요한계시록이 말하는 전쟁은 물리적인 전쟁이 아니다. 어린 양과 그를 따르는 자들은 의로운 행위로 승리하는 것이지 물리적 전쟁에서의 전투 기술로 이기는 것이 아니다.[5] 여기서 의로운 행위란 말씀에 대한 믿음과 말씀에 대한 순종을 의미한다.(계 19:13 참고)

19:12 그 눈은 불꽃 같고 그 머리에는 많은 관들이 있고 불꽃 같은 눈은 1:14에서 언급 되었으며 그리스도의 전지하심을 의미한다. 머리의 관은 14:14에서 언급된 것으로 그리스도의 영광을 의미한다. 많은 관은 아주 영광스러운 모습으로 만왕의 왕, 만주의 주에 어울리는 표현이다.

19:12 또 이름 쓴 것 하나가 있으니 자기밖에 아는 자가 없고 예수 그리스도는 '주, 구세주, 하나님의 아들, 인자, 생명의 빵, 세상의 빛, 신실하시고 참된 분, 어린 양' 등 많은 이름으로 계시되었지만 아직도 숨겨진 이름이

있다. 이는 예수 그리스도의 신성(神性)과 초월성이 마지막 순간까지 유지됨을 의미한다. 재림과 관련된 그리스도 칭호는 19:16의 '만왕의 왕, 만주의 주'와 22:13의 '알파와 오메가, 처음과 마지막, 시작과 마침'이 있다.

19:13 또 그가 피 뿌린 옷을 입었는데 그리스도는 마지막 싸움에서 피 뿌린 옷을 입으셨는데 피 뿌린 옷은 피에 젖은 옷이라는 의미이다. 여기에 사용된 헬라어 '밥토'(βαπτω)는 '담그다, 적시다'(dip, immerse)라는 뜻으로 예수께서 피에 흠뻑 젖은 옷을 입고 계신다는 뜻이다. 여기서의 피는 예수님 자신의 피일 수도 있고(십자가 사건), 성도들의 피일 수도 있고(계 6:10, 16:6, 17:6, 18:24, 19:2), 그리스도를 대적하는 자들의 피일 수도 있다.(계 14:19~20)

이 중에서 피 뿌린 옷을 그리스도 자신의 피로 젖은 옷으로 설명하기도 한다. 예수께서 십자가의 피로 원수들을 이기시기 때문이다. 이는 예수께서 거룩한 보혈로 사탄에 대해 승리하신다는 설명이다. 그러나 보통은 그리스도의 적들이 흘린 피라고 설명한다. 예수께서 사탄의 세력과 싸우시는 상황이기 때문이다. 19:13의 뒤를 이어 하늘 군대가 백마를 타고 그리스도의 뒤를 따르며, 예수께서 입에서 나오는 예리한 검으로 만국을 치시고, 철장으로 다스리시며, 맹렬한 진노의 포도주 틀을 밟으신다는 말씀이 나온다(계 19:14~15). 이사야 63:3에 "만민 가운데 나와 함께한 자가 없이 내가 홀로 포도즙 틀을 밟았는데 내가 노함으로 말미암아 무리를 밟았고 분함으로 말미암아 짓밟았으므로 그들의 선혈이 내 옷에 튀어 내 의복을 다 더럽혔음이니"라는 말씀이 있다. 이는 하나님의 심판에 관한 말씀으로 하나님의 의복이 원수들의 피로 붉게 물들었다는 말씀이다. 이 말씀이 19:13의 배경이 되었을 것이다. 그리스도의 옷이 사탄의 무리가 흘린 피로 젖었다는 말은 하나님의 심판이 그만큼 철저하다는 상징이다.

19:13 그 이름은 하나님의 말씀이라 칭하더라 예수 그리스도는 태초부

터 존재하셨던 말씀이고(요 1:1), 육신이 되신 말씀이다(요 1:14). 그 말씀
은 살아서 활력이 있으며 사람의 혼과 영을 쪼개고 사람의 결산을 받는
다(히 4:12~13). 이는 예수께서 사람을 심판하신다는 뜻이다. 이 말씀은
그리스도의 유일한 무기가 그의 입에서 나오는 검이라는 사실과 관계있
다.(계 1:16, 2:12, 19:15)

19:14 하늘에 있는 군대들이 하늘에 있는 군대들은 천사들의 군대를 말
한다. 아람 군대가 엘리사를 잡기 위해 왔을 때 엘리사의 사환은 불 말
과 불 병거가 산에 가득한 모습을 보았다(왕하 6:16~17). 예수께서는 하
나님께서 열두 군단도 더 되는 천사를 보내실 수 있다고 말씀하셨다(마
26:53). 그 외에도 이사야 45:12, 다니엘 4:35, 시편 148:2 등에 하늘 군대
가 등장하는데, 하늘 군대는 세마포 옷을 입고 백마를 타고 그리스도의
뒤를 따른다.

19:15 그의 입에서 예리한 검이 나오니 그리스도의 입에서 예리한 검이
나온다는 것은 그리스도의 말씀이 예리한 검처럼 놀라운 능력을 가진다
는 뜻이다(계 1:16 주석 참고). 예수께서는 말씀으로 만국을 이기신다.

19:15 철장으로 다스리며 철장은 쇠막대기를 말하며 아주 강한 권세를
의미한다. 예수께서 철장으로 다스리신다는 말씀이 2:27, 12:5에 나온
다.(계 2:27, 12:5 주석 참고)

19:15 맹렬한 진노의 포도주 틀을 밟겠고 진노의 포도주 틀은 14:19~20
에 나오며 하나님의 심판을 의미한다.(계 14:19~20 주석 참고)

19:16 그 옷과 그 다리에 이름을 쓴 것이 있으니 백마를 타신 그리스도의
다리에 '만왕의 왕, 만주의 주'라는 이름이 기록되어 있는데 이 이름은
17:14에 나온다(계 17:14 주석 참고). 에베소에 황제가 말을 탄 동상이 있었
는데 그 허벅다리에 황제의 이름이 기록되었다고 한다.[6]

17 또 내가 보니 한 천사가 태양 안에 서서 공중에 나는 모든 새를 향하여 큰 음성
으로 외쳐 이르되 와서 하나님의 큰 잔치에 모여

18 왕들의 살과 장군들의 살과 장사들의 살과 말들과 그것을 탄 자들의 살과 자유
인들이나 종들이나 작은 자나 큰 자나 모든 자의 살을 먹으라 하더라

19 또 내가 보매 그 짐승과 땅의 임금들과 그들의 군대들이 모여 그 말 탄 자와 그
의 군대와 더불어 전쟁을 일으키다가

20 짐승이 잡히고 그 앞에서 표적을 행하던 거짓 선지자도 함께 잡혔으니 이는 짐
승의 표를 받고 그의 우상에게 경배하던 자들을 표적으로 미혹하던 자라 이 둘
이 산 채로 유황불 붙는 못에 던져지고

21 그 나머지는 말 탄 자의 입으로부터 나오는 검에 죽으매 모든 새가 그들의 살로
배불리더라

19:17 한 천사가 태양 안에 서서 공중에 나는 모든 새를 향하여 백마를 타
신 예수께서 검과 철장을 가지시며 하늘 군대가 그 뒤를 따름으로써, 드
디어 악한 세력과의 최후의 싸움이 시작된다. 그 싸움은 두 단계로 진행
되는데 첫 번째 단계는 예수께서 사탄을 추종하는 인간들의 세력을 이
기시는 것이다(계 19:17~21). 그 인간들은 다양한 계급과 계층의 사람들로
서, 왕, 장군, 장사, 말 탄 자, 자유인, 종들, 작은 자, 큰 자, 그리고 짐승과
거짓 선지자들이다(계 19:18~20). 두 번째 단계는 사탄 자체를 이기시는
것이다(계 20:7~10). 최후의 싸움은 그리스도의 재림과 연결되어 있다.

19:17~21은 마지막 싸움의 첫 번째 단계로 예수께서 사탄을 따르는 인
간들에게 승리를 거두시는 내용이다. 요한은 한 천사가 태양 안에 서서
외치는 장면을 보는데 그 천사는 모든 새들에게 하나님의 큰 잔치에 모
이라고 외친다. 천사가 태양 안에 서는 것은 천사의 권능을 말하는 것으
로 장엄한 광경을 의미한다. 천사가 세상의 모든 새들을 불러 모으는 것
은 전쟁과 죽음을 의미한다. 마지막 싸움으로 인해 죽은 자들의 시체를

새들이 먹으라는 것이다. 천사는 이를 '하나님의 큰 잔치'라고 표현하는데, 이는 '어린 양의 혼인 잔치'와 대비되는 표현이다. 구원 받는 자들을 위해서는 어린 양의 혼인 잔치가 준비되지만 심판 받는 자들을 위해서는 '하나님의 큰 잔치'가 준비된다. 그 잔치는 새들이 시체를 배불리 먹는 잔치이다. 에스겔 39:17에 각종 새가 하나님의 심판에 사용된다는 내용이 있다.

하나님의 큰 잔치는 '여호와의 날' 개념과 연관이 있다. 여호와의 날은 구원의 날인 동시에 심판의 날이다. 스바냐 1:14~17에 "여호와의 큰 날이 가깝도다 가깝고도 빠르도다 여호와의 날의 소리로다 용사가 거기서 심히 슬피 우는도다 그날은 분노의 날이요 환난과 고통의 날이요 황폐와 패망의 날이요 캄캄하고 어두운 날이요 구름과 흑암의 날이요 나팔을 불어 경고하며 견고한 성읍들을 치며 높은 망대를 치는 날이로다 내가 사람들에게 고난을 내려 맹인 같이 행하게 하리니 이는 그들이 나 여호와께 범죄하였음이라 또 그들의 피는 쏟아져서 티끌 같이 되며 그들의 살은 분토 같이 될지라"라는 말씀이 있다.

19:18 왕들의 살과 장군들의 살과… 천사는 모든 새들을 불러 '왕, 장군, 장사, 말 탄 자, 자유인, 종들, 작은 자, 큰 자'의 살들을 먹으라고 한다. 이는 사탄을 추종하는 모든 인간의 철저한 멸망을 의미한다.

19:19 그 짐승과 땅의 임금들과 그들의 군대들이 모여… 이는 16:14~16의 아마겟돈 전쟁과 관계있는 말씀이다. 사탄에 속은 왕들이 아마겟돈에 '하나님의 큰 날'에 있을 전쟁을 위해 군대를 집결시켰다(계 16:14~16 주석 참고). 이들이 그리스도의 군대와 싸우는 것이다.

19:20 이 둘이 산 채로 유황불 붙는 못에 던져지고 하지만 짐승이 이끄는 군대는 그리스도가 이끄시는 하늘 군대에 적수가 되지 못한다. 하나님께서 그리스도의 재림 때까지 그들의 세력을 허용하신 것일 뿐 그들의 힘이 그리스도의 능력과 비교될 수는 없다. 사탄의 세력은 예견된 대로.

철저히 패배한다. 짐승이 잡히고 거짓 선지자도 잡혀서 이 둘은 산 채로 유황불 붙는 못에 던져진다. 가장 무서운 고통을 당한다는 표현으로 '불 못'은 지옥 불을 의미한다.(마 5:22, 18:9, 25:41, 막 9:43)

19:21 그 나머지는 말 탄 자의 입으로부터 나오는 검에 죽으매 짐승을 따르던 왕들과 그들의 군대는 말 탄 자의 입으로부터 나오는 칼에 죽는다. 이는 그리스도의 말씀이 모든 거짓을 이기며 모든 자를 심판한다는 뜻이다.

19:21 모든 새가 그들의 살로 배불리더라 천사의 부름을 받은 새들은 짐승을 따르던 자들의 살을 배불리 먹는다. 이는 사탄을 따르는 자들이 겪을 무서운 심판과 처참한 결과를 상징적으로 표현한 것이다. 짐승과 그에 미혹된 왕들이 오래 동안 그리스도와 싸울 준비를 하지만(계 16:14~16, 19:19), 그들은 즉시 패배하여 짐승과 거짓 선지자는 사로잡히고 왕들과 군대는 전멸한다(계 19:20~21). 여기에는 실제 전쟁에 대한 묘사가 전혀 없는데, 이는 그리스도의 승리가 이미 오래 전에 결정되었기 때문일 것이다. 더군다나 싸움의 대상이 사탄이 아니라 인간들이다. 쉬운 대상이라는 뜻이다.

▶ 19장의 핵심 및 교훈

19장의 핵심은 구원의 기쁨과 심판의 철저함이다. 마지막 날 구원받는 자와 심판받는 자가 있다는 것이 성서의 결론이자 요한계시록의 핵심이다. 예수께서는 이 사실을 '양과 염소 비유'(마 25:31~46)로 가르치셨다. 19장은 구원 받는 자의 말할 수 없는 기쁨을 어린 양의 혼인 잔치에 비유하고, 사탄의 무리에 대한 철저한 심판을 하늘 군대의 마지막 싸움으로 설명한다.

바벨론은 무너질 것 같지 않은 권세를 가졌지만, 하나님의 심판으로 순식간에 멸망하고 철저하게 멸망한다. 마치 큰 맷돌 같은 돌이 바다에 빠지는 것 같은, 다시는 회복이 불가능한 멸망이다. 마지막 날에 악한 나라는 그렇게 멸망한다. 그러나 큰 음녀 바벨론만 그렇게 멸망하는 것이 아니다. 바벨론을 돕던 나라들도 멸망하고, 표적을 행하던 거짓 선지자도 멸망하고, 짐승의 표를 받은 자들도 함께 멸망한다. 사탄을 추종하던 모든 무리들이 철저하게 멸망한다. 그리스도께서 이끄시는 하늘 군대가 그들과 싸워 최후의 승리를 거두기 때문이다. 사탄의 무리에 대한 하나님의 진노는 매우 강렬하고, 그들에 대한 하나님의 심판은 매우 철저해서 그 진노와 심판을 피할 수 있는 사탄의 무리는 없다.

바로 여기에 성도들이 누리는 구원의 기쁨이 있다. 사탄의 무리가 멸망당한다는 말은 곧 성도들이 구원받는다는 말이다. 바벨론과 같은 사탄의 무리는 하나님의 백성을 핍박하고 살해한다. 지금도 그런 나라들이 있다. 그런 나라들이 철저하게 망하는 것은 곧 성도들의 구원을 의미한다. 그래서 성도들은 구원의 기쁨과 하나님의 능력을 찬양한다.

그 기쁨은 혼인 잔치에 참석한 신부의 기쁨으로(계 19:7~9), 이는 사람이 경험할 수 있는 가장 큰 기쁨에 비유한 것이다. 사실 구원의 기쁨은 신부의 기쁨에 비할 바가 아니다. 다시는 죽음과 슬픔과 아픔이 없는 광명한 천국에서 '하나님의 얼굴을 보며 영원히 사는 기쁨'(계 22:4)은 신부의 기쁨보다 훨씬 더 크다. 하지만 사람이 생각할 수 있는 가장 큰 기쁨이 신부의 기쁨이기 때문에 구원의 기쁨을 그렇게 비유한 것이다.

악한 나라의 멸망과 함께 하나님의 통치가 시작된다(계 19:6). "세상 나라가 우리 주와 그의 그리스도의 나라가 되어 그가 세세토록 왕 노릇 하시리로다"(계 11:15)라는 말씀이 이루어지는 것이다. 이것이 성도들이 하나님의 영광과 능력을 찬양하는 또 다른 이유이다. 사람들이 보기에 하나님 나라는 더디 오는 것 같다. 너무 느려서 아예 안 올 것 같다는 생각이 들 정도다. 그 이유는 하나님께서 한 사람이라도 더 구원하기를 원하시기 때문이다. 그러나 하나님의 인내하심이 영원히 계속되는 것은 아니며 끝이 있다. 요한계시록은 이 사실을 강조하는 책이다. 부활의 나라는 반드시 온다.

1 또 내가 보매 천사가 무저갱의 열쇠와 큰 쇠사슬을 그의 손에 가지고 하늘로부터 내려와서

2 용을 잡으니 곧 옛 뱀이요 마귀요 사탄이라 잡아서 천 년 동안 결박하여

3 무저갱에 던져 넣어 잠그고 그 위에 인봉하여 천 년이 차도록 다시는 만국을 미혹하지 못하게 하였는데 그 후에는 반드시 잠깐 놓이리라

4 또 내가 보좌들을 보니 거기에 앉은 자들이 있어 심판하는 권세를 받았더라 또 내가 보니 예수를 증언함과 하나님의 말씀 때문에 목 베임을 당한 자들의 영혼들과 또 짐승과 그의 우상에게 경배하지 아니하고 그들의 이마와 손에 그의 표를 받지 아니한 자들이 살아서 그리스도와 더불어 천 년 동안 왕 노릇 하니

5 (그 나머지 죽은 자들은 그 천 년이 차기까지 살지 못하더라) 이는 첫째 부활이라

6 이 첫째 부활에 참여하는 자들은 복이 있고 거룩하도다 둘째 사망이 그들을 다스리는 권세가 없고 도리어 그들이 하나님과 그리스도의 제사장이 되어 천 년 동안 그리스도와 더불어 왕 노릇 하리라

20:1 또 내가 보매 천사가 무저갱의 열쇠와 큰 쇠사슬을 그의 손에 가지고 요한은 무저갱의 열쇠와 큰 쇠사슬을 가진 천사를 환상으로 보았는데, 무저갱의 열쇠는 사탄을 무저갱에 가두기 위한 것이고 쇠사슬은 사탄을 결박하기 위한 것이다. 무저갱(無底坑)이란 바닥이 없는 구덩이라는 뜻으로 헬라어 '아비소스'(αβυσσος, abyss, underworld)를 번역한 것이다. 하나님은 짐승과 거짓 선지자를 불못에 던지시고 그들의 군대를 새들의 먹이로 삼으신 후(계 19:20~21), 그들의 배후에 있는 사탄을 심판하신다. 싸움터에서 장수와 군사를 이기신 후 그들을 보낸 후방의 지휘관을 잡으시는 것이다. 그런데 이 일을 천사가 수행한다는 사실이 중요하다. 사탄의

상대는 하나님이 아니라 천사이다. 피조물은 창조주의 상대가 될 수 없는 것이다. 무저갱의 열쇠는 9:1에도 나오는데 하늘에서 떨어진 별이 열쇠로 무저갱을 열어 황충들이 올라오도록 했다.

20:2 용을 잡으니 곧 옛 뱀이요 마귀요 사탄이라 잡아서 천 년 동안 결박하여 무저갱의 열쇠를 가진 천사는 사탄을 잡아 쇠사슬로 결박한 후, 무저갱에 던져 넣어 잠그고 무저갱을 봉인한다(계 20:3). 사탄은 무저갱에 천 년 동안 갇히는데 이 천 년은 실제 천 년이 아니라 상징적인 기간이다. 그 천 년을 예수 그리스도의 초림에서 재림까지의 기간으로 보는 것이 옳다. 이 기간은 성령께서 교회를 통해 활동하시는 기간이기도 한데, 사탄은 그 기간 동안 무저갱에 결박되어 있다.

무저갱은 일시적인 처벌 장소일 뿐 사탄이 영원한 벌을 받는 곳은 '불과 유황 못'이다.(계 20:10) 불과 유황 못에 '짐승과 거짓 선지자'(계 20:10)와 모든 믿지 않는 자들과 우상 숭배자들이 던져진다(계 21:8). 사탄이 불과 유황 못에 던져진 후에 비로소 사탄의 활동이 중단된다. 사탄이 무저갱에 결박된다는 말은 사탄의 활동이 제한적이라는 것을 상징하며 사탄이 전혀 활동하지 않는다는 뜻이 아니다. 사탄은 그리스도의 초림과 재림 기간 동안 사람들을 미혹한다. 광명의 천사로 가장하고(고후 11:14), 우는 사자 같이 두루 다니며 삼킬 자를 찾는다(벧전 5:8). 그래서 성서에는 사탄의 유혹을 경계하라는 말씀들이 있다(마 4:1~11, 고후 4:3~4, 엡 2:2, 6:11~12, 딤후 2:26). 그러나 사탄의 활동은 분명히 제한적이다. 하나님께서 사람의 구원을 위해 쉬지 않고 일하시기 때문이다.(요 5:17, 고후 11:2, 빌 1:6)

20:3 천년이 차도록 다시는 만국을 미혹하지 못하게 하였는데 사탄은 무저갱에 천 년 동안 갇혀 만국을 미혹하지 못한다. 사탄은 개인만 미혹하는 것이 아니라 나라도 미혹하므로 사탄의 유혹에 넘어간 나라들이 있다. 그래서 믿는 자는 기독교적 역사관을 가져야 한다. 20:3에서 '만국'은 이

방 나라들을 의미하며, 사탄이 이들을 유혹하지 못한다는 말은 그들이 구원받을 기회를 얻는다는 뜻이다. 사탄이 천년 동안 무저갱에 갇혀 있는 동안 이방 나라들도 구원을 받아 하나님의 백성으로 인정받는 기회를 얻는다(계 21:24, 22:2). 사탄의 활동이 제한적이기 때문인데 실제로 많은 이방 나라들이 기독교 국가가 되었다.

20:3 그 후에는 반드시 잠깐 놓이리라 무저갱에 갇힌 사탄은 천 년 후에 '반드시' 잠깐 놓이게 된다. 무저갱에서 일시적으로 풀려나는 것이다. 헬라어로는 풀려나는 것이 '필요하다'(δει, 데이, it is necessary)라고 표현되어 있는데, 사탄이 풀려나는 일이 하나님의 계획에 의한 것이라는 뜻이다. 사탄이 무저갱에서 풀려나는 이유는 그리스도의 최후 승리를 위해서이다. 하늘 군대를 이끄시는 그리스도께서 풀려난 사탄과 사탄의 무리를 완전히 물리치신다. 사탄은 불과 유황 못에 던져지고 사탄의 무리는 하늘에서 쏟아진 불에 태워진다.(계 20:7~10)

20:4 거기에 앉은 자들이 있어 심판하는 권세를 받았더라 요한은 보좌에 앉아 심판하는 권세를 받은 자들을 보았는데, 이는 예수께서 열두 제자들에게 하신 말씀을 상기시킨다. 베드로가 "우리가 모든 것을 버리고 주를 따랐사온대 그런즉 우리가 무엇을 얻으리이까"라고 물었을 때, 예수께서는 "내가 진실로 너희에게 이르노니 세상이 새롭게 되어 인자가 자기 영광의 보좌에 앉을 때에 나를 따르는 너희도 열두 보좌에 앉아 이스라엘 열두 지파를 심판하리라"라고 대답하셨다.(마 19:27~28, 눅 22:28~30 참고)

20:4 예수를 증언함과 하나님의 말씀 때문에… 그리스도와 더불어 천 년 동안 왕 노릇 하니 요한은 심판하는 권세를 받은 자들에 이어서 순교한 자들과 짐승의 표를 받지 않은 자들이 살아서 천 년 동안 왕 노릇 하는 모습을 본다. 소위 '천년왕국'에 대한 환상이다. 이 천년왕국에 대한 지나친 관심과 오해로 인해 20:4~6은 많은 해석상의 어려움을 초래했다. 그

러나 천년왕국에 대한 말씀은 그리 어려운 내용이 아니며 요한계시록에서 중요한 주제도 아니다. 6:1~18:24에서 종말론적 재앙이 계속 강조된 것에 비해 천년왕국은 단 3절만 언급되었을 뿐이다.

천년왕국은 20:5~6에서 보는 것처럼 첫째 부활과 연관된 개념으로 천년왕국을 이해하기 위해서는 첫째 부활을 이해해야 한다. 첫째 부활은 20:4에서 보는 것처럼 '예수를 증언하다가 죽은 사람들, 하나님 말씀 때문에 죽은 사람들, 짐승과 그 우상에 경배하지 않고 죽은 사람들, 짐승의 표를 받지 않고 죽은 사람들'이 경험하는 것이다. 그들은 죽은 채로 있지 않고 영혼이 다시 살아나서 재림 때까지 부활의 몸 없이 사는데 이것이 첫째 부활이다. 첫째 부활은 성도들이 부활의 몸 없이 재림 때까지 살아 있는 것을 말한다. 요한계시록에 둘째 부활이라는 말은 없으나, 20:5에 비추어 볼 때 첫째 부활을 경험한 자들이 그리스도의 재림 때 부활의 몸을 입는 것이 둘째 부활이다. 악한 자들은 첫째 부활을 경험하지 못하며 구원 받은 자들만 첫째 부활을 경험한다.

천년왕국은 마지막 때에 첫째 부활을 경험한 자들이 둘째 부활 때까지, 즉 부활의 몸을 입기까지 '하나님과 그리스도의 제사장이 되어 그리스도와 함께 왕 노릇' 한다는 것이다. 그러므로 천년왕국은 지상에 이루어지는 나라가 아니며 그 기간은 그리스도의 초림 때부터 재림 때까지를 의미한다. 여기서 '천년'은 문자적 천년이 아니라, 그리스도의 초림에서 재림까지를 말하는 상징적인 숫자이다. 그리고 '왕국'은 세상 나라가 아니라 하늘나라를 말하는 것이다. 천년왕국은 첫째 부활을 경험한 자들이 왕 노릇 하며 사는 하나님 나라로서, 지상이 아니라 하늘에 있으며, 그 기간은 그리스도의 초림에서 재림까지를 의미한다. 예수님과 함께 십자가형을 받았던 두 행악자 중 한 명이 "예수여 당신의 나라에 임하실 때 나를 기억하소서"(눅 23:42)라고 말했을 때, 예수께서는 "내가 진실로 네게 이르노니 오늘 네가 나와 함께 낙원에 있으리라"(눅 23:43)고 말씀하셨다. 여기서 예수께서 말씀하신 낙원이 천년왕국이며, 그 행악자는 지금 천년왕국에 있다. 천년왕국은 '부활'을 기다리는 하나님 나라에서 특별히 그리스도의 초림과 재림 사이의 기간을 의미하는 개념이다.

천년왕국은 하나님의 백성에게 소망을 주는 개념이다. 특히 믿음 때문에 박해를 받고 순교한 자들에게 소망이 된다. 그들은 생명을 잃은 그 순간 다시 살아나서 그리스도와 함께 왕 노릇한다. 그리고 그리스도가 재림하시는 날 부활의 몸을 입고 하나님과 함께 영원히 산다. 이것이 천년왕국의 내용이다. 천년왕국은 믿음을 지킨 자들에게 가장 좋은 시대가 올 것이라는 하나님의 약속이다.

천년왕국에 대한 일반적인 설명으로 전 천년왕국설, 후 천년왕국설, 무 천년왕국설 등이 있다. '전 천년왕국설'(premillennialism)은 천년왕국 전에 예수님이 재림하신다는 입장이다. 예수님의 재림이 있고 믿는 자들이 부활해서 천년 동안 왕처럼 다스린다는 설명이다. '후 천년왕국설'(postmillennialism)은 천년왕국 후에 예수님이 재림하신다는 입장이다. 그리스도의 재림 이전에 사람들이 복음을 받아들여 세상이 낙원처럼 된다는 것이다. '무 천년왕국설'(amillennialism)은 문자적 천년을 부정하고 천년을 예수 그리스도의 초림에서 재림까지로 보는 입장이다. 무 천년왕국설의 입장에서 본다면 지금 세상도 천년왕국 시대에 속한다.

20:5 이는 첫째 부활이라 앞 절에서 설명한 것처럼 첫째 부활은 그리스도의 재림 전에 죽은 하나님의 백성이 부활의 몸을 입지 않고 다시 살아나는 것을 말한다. 이들은 부활의 몸 없이 그리스도의 재림 때까지 살아 있다가 그리스도의 재림과 더불어 부활의 몸을 입는다. 이것이 둘째 부활이며 완전한 부활이다.

이 사실을 신약성서 여러 곳에서 확인할 수 있다. 아브라함과 이삭과 야곱과 모든 선지자는 지금 하나님 나라에 살아 있다(눅 13:28). 그래서 하나님은 죽은 자의 하나님이 아니라 살아 있는 자의 하나님이시다(눅

20:37~38). 그리스도는 이미 죽은 자들을 마지막 날에 다시 살리시는데 (요 6:39, 40, 44, 54), 그날은 믿는 자들이 부활의 몸을 받는 날이다. 빌립보서 3:20~21에 "그러나 우리의 시민권은 하늘에 있는지라 거기로부터 구원하는 자 곧 주 예수 그리스도를 기다리노니 그는 만물을 자기에게 복종하게 하실 수 있는 자의 역사로 우리의 낮은 몸을 자기 영광의 몸의 형체와 같이 변하게 하시리라"라는 말씀이 있다.

20:6 둘째 사망이 그들을 다스리는 권세가 없고 둘째 사망은 그리스도의 심판 후에 영원한 형벌을 받는 것을 의미한다. 그리스도의 재림 전에 사람이 죽어 땅에 묻히는 것이 첫째 사망이고, 그들이 마지막 심판을 받고 영원한 형벌을 받는 것이 둘째 사망이다. 2:11은 이것을 '둘째 사망의 해(害)'라고 표현한다. 그런데 첫째 부활을 얻은 자들은 그 둘째 사망이 없다. 왜냐하면 첫째 부활을 얻은 자들은 구원 받은 자들로 마지막 심판 때 부활의 몸을 얻고 영원히 살기 때문이다. 예수께서는 이 사실을 '심판에 이르지 않고 사망에서 생명으로 옮기게 된다'(요 5:24)라고 말씀하신다.

첫째 사망을 얻은 자들 중에 첫째 부활을 얻은 자는(계 20:5) 둘째 사망이 없고 둘째 부활만 있을 뿐이다. 둘째 부활은 부활의 몸을 얻는 부활로 이것이 진정한 의미의 부활이다. 하지만 첫째 사망을 얻은 자들 중에 첫째 부활을 얻지 못한 자들은(계 20:5) 둘째 부활이 없고 오직 둘째 사망만 있을 뿐이다. 이 둘째 사망은 영원히 고통 받는 진정한 의미의 죽음으로 영원히 죽지 않는 몸으로 지옥의 유황이 타는 불못에 던져지는 것이다(계 20:14, 21:8). 요한복음 5:28~29에 "이를 놀랍게 여기지 말라 무덤 속에 있는 자가 다 그의 음성을 들을 때가 오나니 선한 일을 행한 자는 생명의 부활로, 악한 일을 행한 자는 심판의 부활로 나오리라"라는 말씀이 있다. 요한계시록에 둘째 부활과 첫째 사망이라는 표현은 없다.

20:6 도리어 그들이 하나님과 그리스도의 제사장이 되어 천년 동안 그리스도와 더불어 왕 노릇 하리라 20:6은 구원받은 자들이 받는 복에 대한 설명

이다. 그들은 첫째 부활을 얻으며, 둘째 사망이 없으며 하나님과 그리스도의 제사장이 되어 천 년 동안 그리스도와 더불어 왕 노릇 한다. 여기서 천 년은 첫째 부활을 얻은 때부터 그리스도의 재림 때까지를 말하는 상징적인 숫자이다. 하지만 부활의 몸을 얻은 후에는 영원토록 왕 노릇하게 된다(계 22:5). 제사장이 된다는 것은 하나님과 그리스도를 직접 섬기는 거룩한 자가 된다는 뜻이며(계 22:3~4), 왕 노릇 한다는 것은 영광스럽게 된다는 뜻이다. 성도들의 거룩함과 영광을 '제사장과 왕 노릇'으로 표현한 것인데 이는 제사장이 제일 거룩하고 왕이 제일 영광스럽기 때문이다. 성도들이 왕 같은 제사장이 되어 하나님과 그리스도를 섬기는 것은 지상이 아니라 하늘에서 일어나는 일로서 첫째 부활에 참여한 자들이 누리는 특권이다.

●마지막 싸움과 사탄의 패망(20:7~10)

7 천 년이 차매 사탄이 그 옥에서 놓여

8 나와서 땅의 사방 백성 곧 곡과 마곡을 미혹하고 모아 싸움을 붙이리니 그 수가 바다의 모래 같으리라

9 그들이 지면에 널리 퍼져 성도들의 진과 사랑하시는 성을 두르매 하늘에서 불이 내려와 그들을 태워버리고

10 또 그들을 미혹하는 마귀가 불과 유황 못에 던져지니 거기는 그 짐승과 거짓 선지자도 있어 세세토록 밤낮 괴로움을 받으리라

20:7 천 년이 차매 사탄이 그 옥에서 놓여 20:7~10은 마지막 싸움에 대한 내용인데 20:7은 20:3의 연속이다. 사탄은 무저갱에 천 년 동안 갇히게 되었는데 그 천 년이 차서 사탄이 풀려난다. 사탄이 자기 힘으로 옥을 벗어난 것이 아니라 하나님에 의해 풀려나는데 여기서 옥은 무저갱을 말한다.

20:8 땅의 사방 백성 곧 곡과 마곡을 미혹하고 싸움을 붙이리니 '땅의 사방 백성'은 온 세상 백성을 의미한다. 성서는 온 세상이나 어느 지역의 땅 전

체를 말할 때 '땅의 사방'이라고 표현한다. 곡과 마곡은 에스겔 38~39장에 등장하는 이름으로, 원래는 마곡 땅에 있는 나라 '메섹과 두발'의 왕이름이 곡이었다. 하지만 후대의 유대 전통에서는 곡과 마곡이 분리되어 하나님의 적대 세력의 대명사가 되었다. 에스겔 38~39장은 곡에 대한 예언인데, 이는 이스라엘의 궁극적 회복을 위한 초현실적 예언이다. 실제로 마곡 땅의 메섹과 두발 왕 곡이 이스라엘을 침공한 적은 없다. 마곡은 야벳의 일곱 아들 중 둘째로(창 10:2, 대상 1:5), 마곡과 다른 야벳 자손은 비옥한 반달지대 북쪽에 사는 민족을 대표한다. 왕국 시대에 마곡은 이스라엘에서 아주 먼 북쪽 땅을 의미했다. '곡과 마곡의 전쟁'은 사탄의 완전한 멸망을 상징하는 전쟁이다.

사탄이 잠시 옥에서 놓인 이유는 곡과 마곡, 그리고 지상의 모든 하나님 적대 세력을 모으기 위한 것이다. 하나님께서 이 일을 계획하셨는데, 그 이유는 새 하늘과 새 땅이 시작되기 전에 사탄의 세력을 완전히 멸망시키시기 위해서이다.

20:9 그들이 지면에 널리 퍼져 성도들의 진과 사랑하시는 성을 두르매 원문으로는 '그들이 땅의 벌판으로 올라왔다'라는 뜻이다. 넓은 벌판은 최후의 전면전을 치르기 위해 대규모 군대가 몰려오는 모습을 말한다. '올라왔다'라는 것은 그들의 목표인 시온 성(예루살렘)을 염두에 둔 표현일 것이다. 유대인의 개념 속에서 예루살렘은 반드시 올라가는 도시이다.(시 122:3~4, 사 2:3, 렘 31:6, 미 4:2)

사탄과 사탄의 세력은 '성도들의 진과 하나님이 사랑하시는 성'을 포위한다. 성도들의 진은 광야의 열두 지파 진에서 유래했고(출 33:7, 민 2:1~34), 사랑하시는 성은 시온 성을 의미한다(시 78:68, 87:2, 습 3:17). 이 둘은 구약의 개념을 교회에 적용한 것이다. 20:7~10의 마지막 싸움은 실제 전쟁이 아니라 영적 싸움이며, '성도들의 진과 하나님이 사랑하시는 성'은 교회를 상징한다. 사탄이 교회를 공격하고 미혹해서 하나님의 구원 계획을 방해하고 새 예루살렘의 도래를 저지하는 것이다. 20:9는 선과 악의 마지막 싸움을 묘사한다.

20:9 하늘에서 불이 내려와 그들을 태워버리고 요한은 하늘에서 불이 내려와 사탄의 세력을 모두 태워버리는 것을 보았다. 이것은 성도들이 사탄과의 싸움을 염려할 필요가 없다는 뜻이다. 성도들이 사탄과 싸우는 것이 아니라 하나님께서 싸우신다. 마지막 싸움에 대한 상세한 묘사가 없는 이유는 사탄과의 싸움이 성도들의 몫이 아니기 때문일 것이다. 하나님께서 사탄을 이기신다.

20:10 또 그들을 미혹하는 마귀가 불과 유황 못에 던져지니 사탄을 따르는 세력은 불에 타고 사탄은 불과 유황 못에 던져진다. 유황불은 영원히 꺼지지 않는 불로서 가장 고통스러운 벌을 의미한다. 짐승과 거짓 선지자가 이미 그 곳에서 고통을 받고 있는데(계 19:20), 이로써 마지막 싸움은 그리스도의 완벽한 승리로 끝난다.

● 최후의 심판(20:11~15)

11 또 내가 크고 흰 보좌와 그 위에 앉으신 이를 보니 땅과 하늘이 그 앞에서 피하여 간 데 없더라

12 또 내가 보니 죽은 자들이 큰 자나 작은 자나 그 보좌 앞에 서 있는데 책들이 펴 있고 또 다른 책이 펴졌으니 곧 생명책이라 죽은 자들이 자기 행위를 따라 책들에 기록된 대로 심판을 받으니

13 바다가 그 가운데에서 죽은 자들을 내주고 또 사망과 음부도 그 가운데에서 죽은 자들을 내주매 각 사람이 자기의 행위대로 심판을 받고

14 사망과 음부도 불못에 던져지니 이것은 둘째 사망 곧 불못이라

15 누구든지 생명책에 기록되지 못한 자는 불못에 던져지더라

20:11 또 내가 크고 흰 보좌와 그 위에 앉으신 이를 보니 20:11~15는 '마지막 싸움'(계 20:7~10) 후에 있을 최후의 심판에 대한 내용이다. 일곱 봉인,

일곱 나팔, 일곱 대접의 환상을 거치면서 오래 동안 기다린 최후 심판이 드디어 시작된다. 하지만 최후 심판에 대한 환상 역시 마지막 싸움에 대한 환상처럼 자세하지 않다.

이제 지상은 완전히 정리되었으며 사탄은 짐승, 거짓 선지자와 더불어 영원한 유황불에 던져졌다. 이로써 산 자들에 대한 심판과 지상 나라에 대한 심판이 모두 끝나고, 이제는 이미 죽은 자들에 대한 심판이 남아 있을 뿐이다. 이미 죽은 자들 중에서 생명책에 기록되지 못한 자들, 즉 첫째 부활을 얻지 못한 자들은 불못에 던져진다. 이것이 둘째 사망이다.(계 20:14)

20:11의 '크고 흰 보좌에 앉으신 분'은 하나님으로 보아야 한다. 심판의 주체가 예수 그리스도일 수도 있지만, 요한계시록에서 보좌에 앉으신 분은 하나님이시기 때문이다. 요한계시록에는 '보좌에 앉으신 이와 어린 양'이라는 표현이 여러 번 있다(계 5:7, 13, 6:16, 7:10). 하나님의 보좌가 크다는 말은 하나님의 위엄과 전능하심을 상징하고, 희다는 말은 의롭고 거룩하심과 승리를 상징한다. 전능하시고 의로우신 승리의 하나님이 마지막 심판을 하시는 것이다. 로마서 14:10에 하나님의 심판대라는 표현이 있고, 고린도후서 5:10에 그리스도의 심판대라는 표현이 있다.

20:11 땅과 하늘이 그 앞에서 피하여 간 데 없더라 최후의 심판 때 기존의 하늘과 땅이 흔적도 없이 사라진다. 그 이유는 옛 하늘과 땅이 악한 영과 인간의 죄악으로 오염되었기 때문이다. 죄악으로 오염된 땅과 하늘이 사라져야 새 하늘과 새 땅이 창조될 수 있다.(계 21:1)

20:12 죽은 자들이 큰 자나 작은 자나 그 보좌 앞에 서 있는데 이는 죽은 자들에 대한 심판을 말하며 둘째 부활의 때를 말한다. 20:4에 언급된 의로운 자들만 첫째 부활을 경험하지만 마지막 때는 의로운 자나 불의한 자나 모두 살아나 심판을 받는다. 요한복음 5:29는 이를 '생명의 부활'과 '심판의 부활'로 구별한다. 큰 자는 세상에서 권세를 가졌던 사람을 의미

하고, 작은 자는 그렇지 못했던 사람을 의미한다.

20:12 책들이 펴 있고 또 다른 책이 펴졌으니 처음의 '책들'(복수형)은 각 사람의 삶이 적힌 책들을 말하고, 그 다음의 '책'(단수형)은 하나님의 생명책을 말한다. 죽은 자들은 자기들의 행위가 기록된 책들에 의해 공정하게 심판을 받는다. 각 사람마다 자기의 행위가 기록된 책을 가진다는 말은 하나님의 마지막 심판이 매우 공정하게 이루어진다는 사실을 뜻한다. 다니엘서 7:9~10에 "내가 보니 왕좌가 놓이고 옛적부터 계신 이가 좌정하셨는데… 심판을 베푸는데 책들이 펴 놓였더라"는 말씀이 있다.

20:13 바다가 그 가운데에서 죽은 자들을 내주고… 죽은 자들은 한 사람도 예외 없이 모두 살아나 심판을 받는다. 이것을 '바다와 사망과 음부가 죽은 자들을 내준다'라는 말로 표현한다. 20:13은 20:12를 자세히 언급한 것이다. 바다가 언급된 것은 땅에서 죽은 자는 물론이고 바다에서 죽은 자들도 부활한다는 의미이다. 바다에서 죽은 자들은 보통 시신을 찾기 어렵다. '사망과 음부'는 요한계시록에서 관용구처럼 사용되는데(계 1:18, 6:8, 20:13, 14) 사망은 하나님을 적대하는 세력을 의인화한 것이다. 고린도전서 15:2에 "맨 나중에 멸망 받을 원수는 사망이니라"는 말씀이 있다. 음부는 헬라어 하데스(ᾅδης)를 번역한 것으로 죽은 자들의 세계를 의미하며 '지옥'(γεεννα, 게엔나)과는 다른 개념이다.

20:13 각 사람이 자기의 행위대로 심판을 받고 20:12의 내용이 다시 언급되었다. 사람이 반드시 '자기의 행위를 따라 심판 받는다'는 사실이 강조된 것이다.(마 10:42, 12:36, 계 2:23, 22:12)

20:14 사망과 음부도 불못에 던져지니 이것은 둘째 사망 곧 불못이라 사망과 음부도 불못에 던져진다는 말은 최후의 심판과 더불어 죽음이 극복된다는 말이다. 이제 더 이상 육체적 죽음이 없기 때문에 음부가 더 이상 필요 없다. 둘째 사망이라는 말은 영원한 형벌을 의미하는데, 불의한 자들은 영원히 죽지 않는 몸을 가지고 불못에서 영원히 형벌을 받는다.

불못은 지옥불을 의미한다.(막 9:47~49, 눅 3:17)

20:15 누구든지 생명책에 기록되지 못한 자는 불못에 던져지더라 사람은 최후의 심판 날에 '생명책'(말 3:16, 눅 10:20)에 기록되어 영생을 얻든지, 아니면 기록되지 못해 불못에 던져지든지 두 가지 중 하나에 속할 수밖에 없다.

▶ 20장의 핵심 및 교훈

20장의 핵심은 부활과 최후의 심판이다. 마지막 날에 부활이 있고 이어서 최후의 심판이 있다는 것이다. 신약성서는 부활과 최후의 심판을 누누이 강조한다. 이 두 가지가 하나님이 세우신 구원 계획의 핵심이기 때문이다. 부활과 최후의 심판은 예수 그리스도의 주된 사명이기도 하다. 부활이 있음을 알리기 위해 이 세상에 오셨고, 최후의 심판을 위해 다시 오신다.

기독교를 부활의 종교라고 할 수 있는데 부활을 강조하고 부활을 약속하기 때문이다. 예수께서 '나는 부활이요 생명이니 나를 믿는 자는 죽어도 살겠고 무릇 살아서 나를 믿는 자는 영원히 죽지 아니하리라'(요 11:25~26)라고 말씀하셨고, 부활의 첫 열매가 되셨다(고전 15:20, 23). 성서는 성도의 부활을 약속하고 나아가서 부활의 나라를 약속한다. 사도행전을 보면 사도들이 복음을 전하면서, 부활과 하나님 나라를 핵심으로 전했음을 알 수 있다(행 4:2, 33, 8:12, 17:18, 20:25, 28:23, 31). 제자들은 부활의 증인이었던 것이다.

부활에는 첫째 부활과 둘째 부활이 있다. 요한계시록에 '첫째 부활'(계 20:5, 6)과 '둘째 사망'(계 2:11, 20:6, 14, 21:8)이라는 말이 있고 '둘째 부활'과 '첫째 사망'이라는 말은 없지만, 첫째 부활과 둘째 사망이라는 말에 비추어 둘째 부활과 첫째 사망을 생각할 수 있다. 첫째 부활은 그리스도의 재림 전에 죽은 '하나님의 백성'이 경험하는 것이다. 그들의 육신이 죽었지만 죽은 채로 있지 않고 부활한다. 하지만 '부활의 몸'을 얻은 것은 아니다. 부활의 몸은 그리스도의 재림 때 얻는 것이기 때문이다. 첫째 부활을 경험한 자들이 재림 때 부활의 몸을 얻는 것이 둘째 부활이요 마지막 부활이다. 부활의 몸을 얻은 성도들은 새 예루살렘에서 영원히 산다.

그러나 그리스도의 재림 전에 죽은 '사탄의 백성'은 첫째 부활이 없다. 그들은 육신이 죽은 후 죽은 채로 있다가 그리스도가 재림하실 때 심판을 받기 위해 부활한다. 그들의 부활은 영생을 얻기 위한 생명의 부활이 아니라 영원한 형벌을 받기 위한 심판의 부활이다(요 5:29). 이렇게 최후의 심판 후에 영원한 형벌을 받는 것을 둘째 사망이라고 한다. 그 말은 육신의 죽음이 첫째 사망이라는 뜻이다.

이것을 요약하면 하나님의 백성은 첫째 사망(육신의 죽음)은 있지만 둘째 사망(영원한 형벌)이 없으며, 첫째 부활(영혼의 부활)이 있고 둘째 부활(몸의 부활)이 있다. 하지만 사탄의 백성은 첫째 사망과 둘째 사망이 있으며, 첫째 부활은 없고 둘째 부활만 있다. 그들에게 있어 둘째 부활은 영원한 벌을 받기 위한 심판의 부활이다. 죽지 않는 몸으로 영원한 벌을 받는 것이다.

부활은 그리스도의 재림 및 최후의 심판과 연결되어 있다. 그리스도의 재림 때 부활의 몸을 얻고, 그 몸으로 최후의 심판을 받기 때문이다. 진정한 부활이란 부활의 몸을 얻는 것을 말하는데, 그런 의미에서 그리스도가 재림하실 때가 진정한 부활이 이루어지는 때이다. 하나님의 백성이 그리스도의 재림을 갈망하는 이유가 바로, 그때 진정한 부활이 이루어지기 때문이다. 모든 성도들이 부활의 몸을 얻기까지 예수 그리스도만 부활의 몸으로 계시는데, 그것이 예수께서 부활의 첫 열매가 되시는 이유다(고전 15:20, 23). 예수님 이전에 죽었다 살아난 자들은 부활의 몸을 가진 것이 아니다. 그러므로 그들은 죽었다 살아난 것이지 부활한 것이 아니다.

하나님의 백성에게 최후의 심판은 구원의 때요 영광의 시간이다. 영원한 생명의 면류관을 받는 순간이고, 큰 영광의 보상을 받는 순간이다. 그러나 믿지 않는 자들에게 최후의 심판은 절망의 때요 멸망의 시간이다. 그들은 창조주의 권능을 외면하고 구세주의 음성을 무시한 결과 영원한 형벌을 받게 된다. 거짓의 영인 사탄을 따른 대가로 영원히 꺼지지 않는 불 속에서 고통을 받는다. 가장 큰 절망은 다시는 회개의 기회가 주어지지 않는다는 것이다. 20장은 그날이 오기 전에 회개하고 예수를 믿어 최후의 심판 때 부활의 영광을 누리는 자가 되라고 한다.

3. 새 예루살렘과 재림에 대한 소망_21:1~22:21

● 새 예루살렘의 도래(21:1~8)

1 또 내가 새 하늘과 새 땅을 보니 처음 하늘과 처음 땅이 없어졌고 바다도 다시 있지 않더라

2 또 내가 보매 거룩한 성 새 예루살렘이 하나님께로부터 하늘에서 내려오니 그 준비한 것이 신부가 남편을 위하여 단장한 것 같더라

3 내가 들으니 보좌에서 큰 음성이 나서 이르되 보라 하나님의 장막이 사람들과 함께 있으매 하나님이 그들과 함께 계시리니 그들은 하나님의 백성이 되고 하나님은 친히 그들과 함께 계셔서

4 모든 눈물을 그 눈에서 닦아 주시니 다시는 사망이 없고 애통하는 것이나 곡하는 것이나 아픈 것이 다시 있지 아니하리니 처음 것들이 다 지나갔음이러라

5 보좌에 앉으신 이가 이르시되 보라 내가 만물을 새롭게 하노라 하시고 또 이르시되 이 말은 신실하고 참되니 기록하라 하시고

6 또 내게 말씀하시되 이루었도다 나는 알파와 오메가요 처음과 마지막이라 내가 생명수 샘물을 목마른 자에게 값없이 주리니

7 이기는 자는 이것들을 상속으로 받으리라 나는 그의 하나님이 되고 그는 내 아들이 되리라

8 그러나 두려워하는 자들과 믿지 아니하는 자들과 흉악한 자들과 살인자들과 음행하는 자들과 점술가들과 우상 숭배자들과 거짓말하는 모든 자들은 불과 유황으로 타는 못에 던져지리니 이것이 둘째 사망이라

21:1 또 내가 새 하늘과 새 땅을 보니 최후의 심판 때 기존의 땅과 하늘이 흔적도 없이 사라졌는데(계 20:11), 21:1에서 바다도 사라진다. 옛 하늘과 땅, 바다가 모두 사라진 것이다. 그리고 새 하늘과 새 땅이 창조되었다. 글자 그대로 만물이 새로워진 것이다. 새 하늘과 새 땅은 사탄의 영향을 받았던 옛 질서의 완전한 극복을 의미하며, 하나님이 통치하시는 거룩하고 새로운 세상을 의미한다. 새 하늘과 새 땅의 이런 의미가 21:1~22:5의 환상 전체에 영향을 미친다.[7] 이사야 51:6에 '하늘이 연기 같이 사라지고 땅이 옷 같이 해어진다'라는 말씀이 있다. 그리고 이사야 65:17, 66:22, 시편 102:26, 베드로후서 3:13에 새 하늘과 새 땅이 언급되었다. 한편, 새 하늘과 새 땅은 옛 하늘과 땅이 완전히 사라진 후 새롭게 창조된 것이 아니라 옛 하늘과 땅의 변형(transfiguration)으로 보는 견해도 있다.[8]

21:1 바다도 다시 있지 않더라 새 하늘과 새 땅은 있지만 새 바다는 없다. 바다는 다시 창조되지 않는다. 요한계시록에서 바다는 악한 세력과 관계가 있는데, 사탄의 하수인 역할을 하는 짐승이 바다에서 나온다(계 13:1). 최후의 심판 때 '바다와 사망과 음부'가 그 가운데에서 죽은 자들을 내어준다(계 20:13~14). 20:14에서 사망과 음부가 불못에 던져지는데, 이때 바다도 불못에 던져진다고 볼 수 있다. 고대 근동 문화에서 바다는 혼돈의 상징인데 새로운 창조에서 그 혼돈의 상징이 사라진 것이다. 이는 완전한 새로움을 의미한다.

바다를 통해 새 예루살렘과 바벨론을 비교하는 학자도 있다. 로싱(B. R. Rossing)은 정치-경제적 측면에서 새 예루살렘이 바벨론과 가장 다른 점은, 새 예루살렘에는 바다가 없는 것이라고 한다.[9] 요한계시록에서 바다는 악의 장소이며(계 13:1) 상선이 항해하는 곳인데(계 18:17~19), 새 예루살렘에는 바다가 없어서 해상 무역이 없다는 것이다. 무역이 없다는 말은 부(富)가 없다는 말이며, 부가 없다는 말은 죄가 없다는 말이라고 한다. 성서에서 부(富)는 죄와 관계가 있다.(시 49:6~9, 마 6:24, 딤전 6:10, 히 13:5, 약 5:1~6)

21:2 거룩한 성 새 예루살렘이 하나님께로부터 하늘에서 내려오니 요한은 새 하늘, 새 땅과 더불어 새 예루살렘이 하늘로부터 내려오는 것을 본다. 새 예루살렘은 구원의 완성, 하나님 나라의 완성을 의미하는 부활의 나라다. 부활의 몸을 입은 하나님의 백성들이 하나님의 얼굴을 보며 영원히 사는 곳이다. 21:9~10에 의하면 새 예루살렘은 천상의 교회를 의미한다. 이사야 62:1~12에 예루살렘의 회복에 대한 예언이 있는데, 이런 말씀에서 새 예루살렘에 대한 기대가 싹텄을 것이다. 시편 132:13~16, 137:6, 146:10, 이사야 33:20~22에 예루살렘이 최고의 기쁨이 된다는 말씀이 있다. 새 예루살렘이야말로 최고의 기쁨이다.

21:2 그 준비한 것이 신부가 남편을 위하여 단장한 것 같더라 이는 새 예루살렘의 아름다움을 강조한 표현으로 새 예루살렘이 신부처럼 아름답다는 뜻이다. 신부는 여인의 아름다움을 상징한다. 이사야 61:10은 구원의 기쁨을 신부가 보석으로 단장한 것에 비유하고, 62:4~5는 신랑이 신부를 취하는 기쁨에 비유한다. 이사야 60:1~22에는 예루살렘의 영광을 찬양하는 말씀이 있다. '단장하다'라는 헬라어 '코스메오'(κοσμεω)에서 영어 cosmetics(화장품)가 유래했다.

21:3 보라 하나님의 장막이 사람들과 함께 있으매 하나님의 거처가 사람들 가운데 있다는 말씀으로 하나님이 사람들과 함께 사신다는 뜻이다. 이는 레위기 26:11~12의 "내가 내 성막을 너희 중에 세우리니 내 마음이 너희를 싫어하지 아니할 것이며 나는 너희 중에 행하여 너희의 하나님이 되고 너희는 내 백성이 될 것이니라"라는 말씀이 글자 그대로 이루어진 것이다. 에스겔 37:27에도 "내 처소가 그들 가운데 있을 것이며 나는 그들의 하나님이 되고 그들은 내 백성이 되리라"는 말씀이 있다. 사람은 이 세상에서 하나님을 볼 수도 없었고 가까이 할 수도 없었다(출 19:12, 21,

33:20). 하지만 새 예루살렘에서는 하나님을 가까이에서 섬기며 하나님의 얼굴을 본다(계 22:3~4). 하나님과 그만큼 친밀한 관계가 되는 것이다.

21:3 하나님은 친히 그들과 함께 계셔서 이는 임마누엘의 성취를 의미하는데(사 7:14, 마 1:23, 요 1:14), 하나님이 하나님의 백성과 친히 함께 계신다. 새 예루살렘의 큰 특징이 바로 '임마누엘'이다. 스가랴 8:3에 "여호와가 이같이 말하노라 내가 시온에 돌아와 예루살렘 가운데에 거하리니 예루살렘은 진리의 성읍이라 일컫겠고 만군의 여호와의 산은 성산이라 일컫게 되리라"는 말씀이 있다.

21:4 다시는 사망이 없고 애통하는 것이나 곡하는 것이나… 새 예루살렘에 사는 하나님의 백성은 더 이상 '눈물, 죽음, 슬픔, 울부짖음, 고통'을 경험하지 않는다. 이것이 새 예루살렘의 또 다른 특징이며 새 예루살렘에 사는 자들이 받는 복이다. 바로 이런 말씀이 요한계시록의 핵심 구절이다. 믿는 자에게 요한계시록은 무서운 재앙에 대한 말씀이 아니라 장차누릴 복에 대한 말씀이며 부활의 나라에 대한 하나님의 약속이다.

이사야 25:7~8에 "또 이 산에서 모든 민족의 얼굴을 가린 가리개와 열방 위에 덮인 덮개를 제하시며 사망을 영원히 멸하실 것이라 주 여호와께서 모든 얼굴에서 눈물을 씻기시며 자기 백성의 수치를 온 천하에서 제하시리라"라는 말씀이 있다. 그리고 이사야 29:18~20에 마지막 날이 오면 "그 날에 못 듣는 사람이 책의 말을 들을 것이며 어둡고 캄캄한 데에서 맹인의 눈이 볼 것이며 겸손한 자에게 여호와로 말미암아 기쁨이 더하겠고 사람 중 가난한 자가 이스라엘의 거룩하신 이로 말미암아 즐거워하리니 이는 강포한 자가 소멸되었으며 오만한 자가 그쳤으며 죄악의 기회를 엿보던 자가 다 끊어졌음이라"는 말씀이 있다.

21:4 처음 것들이 다 지나갔음이러라 처음 것들이란 창조부터 그리스도의 재림까지 존재하는 모든 것을 의미한다. 하늘, 땅, 바다, 그 안에 있었던 모든 피조물, 그리고 사람을 의미한다. 그 중에서 없어질 것은 없어지

고, 새로워질 것은 새로워지고, 심판받을 것은 심판받고, 구원받을 것은 구원받는다. 예수 그리스도의 재림과 더불어 기존의 시간이 끝이 나고 새로운 시간, 즉 영원이 시작된다.

21:5 보라 내가 만물을 새롭게 하노라 만물을 새롭게 하신다는 말씀은 만물을 새롭게 창조하신다는 뜻이다. 이는 새 하늘과 새 땅, 그리고 새 예루살렘과 연관된 말씀이다. 사도행전 3:21에 '만물을 회복하실 때까지'라는 말씀이 있고, 로마서 8:18~23에 '모든 피조물이 구원을 고대한다'라는 말씀이 있는데 이제 그 일이 이루어진 것이다.

21:6 이루었도다 나는 알파와 오메가요 처음과 마지막이라 알파(A)와 오메가(Ω)는 그리스 알파벳의 첫 글자와 마지막 글자이다. 이는 이사야 44:6의 "나는 처음이요 나는 마지막이라 나 외에 다른 신이 없느니라"라는 말씀에 유래했다(사 41:4 참고). 히브리어로 '처음'(ןןWא7, 리숀)과 '마지막'(ןן7ππא, 아하론)이 헬라어로 알파와 오메가가 된 것이다. 알파는 시간의 시작과 모든 것의 기원을 의미하며, 오메가는 시간의 끝과 모든 것의 완성을 의미한다. 그리고 알파는 창조주 하나님을 상징하며 오메가가는 심판주 하나님을 상징한다. '이루었도다'라는 말씀은 창조로부터 심판 때까지 하나님의 모든 계획을 이루어졌다는 의미이다. 요한계시록에서 '알파와 오메가'라는 표현은 1:8과 22:13에 등장한다.(계 1:8 주석 참고)

21:6 내가 생명수 샘물을 목마른 자에게 값없이 주리니 하나님은 새 예루살렘의 하나님의 백성에게 값없이 생명수를 주시는데 이것은 하나님의 약속이다. 하나님은 생명수의 근원이시며(렘 2:13, 17:13), 하나님의 성전에서 생명의 물이 흘러나온다(겔 47:1~12, 슥 14:8). 이사야 55:1에 "오호라 너희 모든 목마른 자들아 물로 나아오라 돈 없는 자도 오라 너희는 와서 사 먹되 돈 없이, 값없이 와서 포도주와 젖을 사라"라는 말씀이 있다. 예수께서도 사마리아 여인에게 영원히 목마르지 않는 생명수를 약속하셨는데(요 4:14) 새 예루살렘에서 그 약속이 이루어진다.

21:7 이기는 자는 이것들을 상속으로 받으리라 '이기는 자'는 새 예루살렘에서 살 사람들을 가리킨다. 그리고 상속으로 받을 '이것들'은 21:3~6에서 언급된 것으로 '새 예루살렘에서 하나님과 함께 살고, 하나님의 백성이 되고, 하나님이 눈물을 닦아주시고, 다시는 사망, 애통, 울부짖음, 고통이 없고, 값없이 생명수를 마시는 것'이다.

21:7 나는 그의 하나님이 되고 그는 내 아들이 되리라 하나님의 아들이 된다는 말은 하나님의 자녀가 된다는 말로서 이 역시 하나님의 약속이 이루어지는 것이다. 구약성서에도 사람이 하나님의 자녀가 된다는 말씀이 있지만(삼하 7:14, 시 89:26~27), 신약성서에서 더욱 확실하다. 예수께서는 부활한 자들을 가리켜 "그들은 다시 죽을 수도 없나니 이는 천사와 동등이요 부활의 자녀로서 하나님의 자녀임이라"(눅 20:36)라고 말씀하셨다. 요한복음 1:12에는 "(그리스도를) 영접하는 자 곧 그 이름을 믿는 자들에게는 하나님의 자녀가 되는 권세를 주셨으니"라는 말씀이 있다. 로마서 8:16에 "성령이 친히 우리의 영과 더불어 우리가 하나님의 자녀인 것을 증언하시나니"라는 말씀이 있다.(빌 2:15, 요일 3:1, 2, 10 참고)

21:8 그러나 두려워하는 자들과 믿지 아니하는 자들과… 21:8은 새 예루살렘에서 살지 못하고 불과 유황으로 타는 못에서 영원히 죽을 자들에 대한 말씀이다. 그들은 '두려워하는 자, 믿지 않는 자, 흉악한 자, 살인자, 음행하는 자, 점술가, 우상 숭배자, 거짓말 하는 자'들이다. 여기서 두려워하는 자는 겁쟁이, 비겁자라는 뜻이다. 이들이 둘째 사망을 당할 명단 제일 앞에 나오는 것은 핍박이 있었던 요한계시록 기록 당시의 상황을 반영하기 때문일 것이다. 당시에는 박해와 핍박을 견딜 수 있는 용기가 필요했다. 신명기 13:1~5, 18:10~11, 14, 사도행전 8:9~24, 19:19에 점술가, 거짓 예언자, 마술사에 대한 경고의 말씀이 있다.

21:8 불과 유황으로 타는 못에 던져지리니 이것이 둘째 사망이라 불과 유황으로 인한 벌은 14:10, 19:20, 20:10에서 언급되었고 둘째 사망은 2:11,

20:6, 14에서 언급되었다. 둘째 사망이란 예수를 믿지 않고 죽은 자들이 다시 살아나 심판을 받고, 영원한 형벌에 던져지는 것을 말한다. 그들은 결코 죽지 않는 몸으로 불과 유황 못에서 영원히 고통을 받는다.

● 새 예루살렘의 성벽과 재료(21:9~21)

9 일곱 대접을 가지고 마지막 일곱 재앙을 담은 일곱 천사 중 하나가 나아와서 내게 말하여 이르되 이리 오라 내가 신부 곧 어린 양의 아내를 네게 보이리라 하고

10 성령으로 나를 데리고 크고 높은 산으로 올라가 하나님께로부터 하늘에서 내려오는 거룩한 성 예루살렘을 보이니

11 하나님의 영광이 있어 그 성의 빛이 지극히 귀한 보석 같고 벽옥과 수정 같이 맑더라

12 크고 높은 성곽이 있고 열두 문이 있는데 문에 열두 천사가 있고 그 문들 위에 이름을 썼으니 이스라엘 자손 열두 지파의 이름들이라

13 동쪽에 세 문, 북쪽에 세 문, 남쪽에 세 문, 서쪽에 세 문이니

14 그 성의 성곽에는 열두 기초석이 있고 그 위에는 어린 양의 열두 사도의 열두 이름이 있더라

15 내게 말하는 자가 그 성과 그 문들과 성곽을 측량하려고 금 갈대 자를 가졌더라

16 그 성은 네모가 반듯하여 길이와 너비가 같은지라 그 갈대 자로 그 성을 측량하니 만 이천 스다디온이요 길이와 너비와 높이가 같더라

17 그 성곽을 측량하매 백사십사 규빗이니 사람의 측량 곧 천사의 측량이라

18 그 성곽은 벽옥으로 쌓였고 그 성은 정금인데 맑은 유리 같더라

19 그 성의 성곽의 기초석은 각색 보석으로 꾸몄는데 첫째 기초석은 벽옥이요 둘째는 남보석이요 셋째는 옥수요 넷째는 녹보석이요

20 다섯째는 홍마노요 여섯째는 홍보석이요 일곱째는 황옥이요 여덟째는 녹옥이요 아홉째는 담황옥이요 열째는 비취옥이요 열한째는 청옥이요 열두째는 자수정이라

21 그 열두 문은 열두 진주니 각 문마다 한 개의 진주로 되어 있고 성의 길은 맑은 유리 같은 정금이더라

21:9 내가 신부 곧 어린 양의 아내를 네게 보이리라 하고 요한이 본 마지막 환상은 새 예루살렘에 관한 것이다(계 21:9~22:5). 새 예루살렘은 곧 부활의 나라를 의미하므로 요한은 결국 마지막 환상으로 부활의 나라를 본 것이다. 새 예루살렘이 어린 양의 신부라는 것은 '큰 바벨론, 땅의 음녀들과 가증한 것들의 어미'(계 17:5)에 대비되는 개념이다. 새 예루살렘은 새롭고 아름답고 거룩하고 사랑스러운 성으로 사탄의 음녀가 아니라 어린 양의 신부라는 말이다(계 19:7, 21:2). 여기서 신부는 교회를 의미하므로(계 22:7, 엡 5:24~25, 31~32) 새 예루살렘은 천상의 교회, 우주적 교회를 말한다고 할 수 있다. 교회는 하나님의 백성이자 하나님의 집을 뜻한다. 그러므로 요한계시록의 앞부분이 '하나님의 백성'에 관한 내용이라면 마지막 부분(계 21:9~22:5)은 '하나님의 집'에 대한 설명이라고 볼 수 있다.

21:10 성령으로 나를 데리고 크고 높은 산으로 올라가 새 예루살렘에 대한 환상은 새 성전에 관한 에스겔 40~48장의 환상과 비슷하다. 에스겔은 환상 중에 하나님께 이끌려 이스라엘의 매우 높은 산 위에 내려선 후, 그 산 남쪽으로 성읍 형상 같은 것을 보았다(겔 40:2). 요한 역시 성령의 인도를 받아 크고 높은 산으로 올라가서, 새 예루살렘이 하늘에서 내려오는 모습을 보았다. 21:9~10에 '어린 양, 성령, 하나님'이 언급되어 있는데 삼위일체 하나님이 구원의 주체이시다. 오직 삼위일체 하나님으로 인해 죄 사함과 영생이 가능하며, 삼위일체 하나님이 새 예루살렘의 주가 되신다.

21:10 하늘에서 내려오는 거룩한 성 예루살렘을 보이니 새 예루살렘은 하늘에서 땅으로 내려온다. 여기에 기초해서 새 예루살렘이 실제로 지상에 이루어질 것이라고 주장하는 사람들도 있다(계 11:15 참고). 그러나 이 말씀만으로 그렇게 결정하기는 어렵다. 왜냐하면 하늘에서 내려오는 새 예루살렘이 단지 상징일 수 있기 때문인데 '성벽의 크기'(계 21:16)나 '성벽의 재료'(계 18~21)에 대한 묘사를 보면 그렇다. 새 예루살렘에 관해 확실

한 것은 하나님이 그 백성과 친히 함께 계시는 곳이며, 부활의 몸을 입은 자들이 하나님과 영원히 사는 곳이다. 새 예루살렘에 대한 예언을 이사야 62:1~5, 65:17~25, 스가랴 14:16~19 등에서 볼 수 있다. 히브리서 12:22~23은 새 예루살렘을 가리켜 하늘에 이름이 기록된 장자들의 모임이 열리는 곳이라 표현한다.

21:11 하나님의 영광이 있어 새 예루살렘에는 하나님의 영광이 있는데 이는 하나님의 현존하심을 의미한다. 하나님이 새 예루살렘에 계시기 때문에 하나님의 영광이 있는 것이다. 광야에서 성막을 봉헌할 때 하나님의 영광이 있었고(출 40:34~35), 솔로몬이 성전을 봉헌할 때도 하나님의 영광이 있었다(왕상 8:10~11, 대하 7:1~3). 이사야 60:1~22에 예루살렘이 받을 영광에 대한 말씀이 있는데 그 말씀의 시작은 이렇다. "일어나라 빛을 발하라 이는 네 빛이 이르렀고 여호와의 영광이 네 위에 임하였음이니라." (사 60:1)

21:11 그 성의 빛이 지극히 귀한 보석 같고 새 예루살렘은 귀한 보석 같고 벽옥과 수정 같이 맑다. 이는 새 예루살렘의 아름다움과 완전함을 의미한다. 벽옥은 푸른빛의 보석으로 하나님을 묘사할 때 사용되었으며(계 4:3), 대제사장의 판결 흉패(가슴받이)에도 벽옥이 있었다(출 28:20). 시편 132:13~16, 137:6, 146:10에서 예루살렘의 소중함에 대한 말씀을 볼 수 있다.

21:12 크고 높은 성곽이 있고 열두 문이 있는데 새 예루살렘은 성벽이 높고 열두 성문이 있다. 성문에는 열두 천사가 있고 성문 위에는 열두 지파 이름이 있다. 에스겔이 환상으로 본 예루살렘에도 이스라엘 열두 지파의 이름을 딴 성문들이 있었다(겔 48:31~34). 요한은 새 예루살렘의 성벽, 성문, 성벽의 기초석에 대한 환상을 보았다.(계 21:12~21)

21:13 동쪽에 세 문, 북쪽에 세 문, 남쪽에 세 문, 서쪽에 세 문이니 새 예루살렘은 정육면체 모양인데(계 21:16) 동서남북 네 방향에 각각 세 개의 성

문을 가지고 있다. 에스겔이 환상으로 본 예루살렘도 동서남북 네 방향에 각각 세 개의 성문을 가지고 있었다.(겔 48:31~34, 에스겔은 40~48장의 환상에서 예루살렘이라는 이름을 사용하지는 않는다)

21:14 그 성의 성곽에는 열두 기초석이 있고 에스겔은 환상으로 본 예루살렘에 관해 언급하면서 성벽의 열두 기초석에 대해서는 말하지 않는다. 열왕기상 5:17에 솔로몬이 크고 귀한 돌로 '성전'의 기초석을 놓으라'라고 명령한 기사가 있다.

21:14 그 위에는 어린 양의 열두 사도의 열두 이름이 있더라 새 예루살렘의 '열두 성문'에는 열두 지파의 이름이 있고(계 21:12), 성벽의 '열두 기초석'에는 열두 사도의 이름이 있다. 이는 율법과 복음의 통일성과 연속성을 강조하는 것으로 율법시대 하나님의 백성과 복음시대 하나님의 백성 모두가 부활의 나라 백성이 된다는 뜻이다. 21:12~14를 볼 때 4:4의 이십사 장로는 구약의 열두 지파와 신약의 열두 사도를 상징하는 존재가 분명하다.

21:15 그 성과 그 문들과 성곽을 측정하려고 금 갈대 자를 가졌더라 요한에게 말하던 천사는 금으로 된 갈대 자를 가졌는데, 이는 새 예루살렘을 측량하기 위해서이다(겔 40:3 참고). 성서에서 측량이 심판과 재난을 의미하는 경우도 있으나(애 2:8) 여기서는 완성을 의미한다(계 11:1 주석 참고). 천사는 갈대 자를 통해 새 예루살렘의 완성을 선포하는 것이다. 스가랴 2:1~5에 천사가 예루살렘을 측량하는 기사가 있는데, 하나님께서 그렇게 측량된 예루살렘의 불 성벽이 되어 주시고 영광이 되어 주신다(슥 2:5). 스가랴 2:1~5의 예루살렘 측량은 예루살렘의 회복을 의미한다.

21:16 그 성을 측량하니 만 이천 스다디온이요 길이와 너비와 높이가 같더라 새 예루살렘은 길이, 너비, 높이가 모두 12,000스다디온인 정육면체 모양이다. 고대 이스라엘에서 정육면체는 가장 완벽한 형태로 생각되었다. 그래서 솔로몬이 지은 성전의 지성소의 모습이 정육면체로 길이, 너

비, 높이가 모두 '20규빗'(약 10m)이었다(왕상 6:20). 정사각형, 또는 정육면체가 이상형이라는 사실을 에스겔서에서 확인할 수 있다. 에스겔은 새 성읍과 새 성전에 대한 환상을 보았는데(겔 40~48장), 새 성전은 모든 면에서 완벽한 이상적인 성전이었다. 그 새 성전의 성전 구역이 사방 500척 정사각형이었고(겔 42:15~20, 45:2), 번제단이 정사각형이었고(겔 43:16~17), 거룩한 구역의 땅이 25,000척 정사각형 모양이었다(겔 45:1~8, 48:15~20). 그리고 새 성읍 역시 4,500척 정사각형 모양이었다.(겔 48:30~35)

1스다디온(σταδιον, 스타디온)은 약 192m로 12,000스다디온은 약 2,300km이다. 새 예루살렘은 길이, 너비, 높이가 모두 약 2,300km인 정육면체 모양의 성이다. 이는 새 예루살렘의 모습이 지성소와 일치함을 말하는 것으로 새 예루살렘에 하나님이 거하시기 때문이다(계 21:3). 하나님이 계신 곳이 곧 지성소이기 때문에 새 예루살렘에는 성전이 따로 없다(계 21:22). 12,000스다디온은 신학적 숫자가 분명하다. 완전수 12에 가장 큰 수 1,000이 곱해진 것으로 새 예루살렘의 장대함과 완전함을 의미한다.

21:17 그 성곽을 측량하매 백사십사 규빗이니 규빗은 헬라어 '페퀴스'(πηχυς, cubit)를 번역한 것으로 1규빗은 시대와 장소에 따라 달랐으나 대략 50cm 정도이다. 그러므로 144규빗은 약 72m 정도이다. 그런데 천사가 새 예루살렘 성벽의 무엇을 측량한 것인지 명확하지 않다. 상식적으로는 144규빗을 성벽의 높이로 보는 것이 옳다. 고대 도시의 성을 말할 때 일반적으로 그 높이를 말하기 때문이다. 그러나 21:16에 새 예루살렘은 높이가 12,000스다디온이라는 말이 있다. 그래서 144규빗은 성벽의 높이가 아니라 성벽의 두께라는 설명이 있다. 하지만 72m 두께에 높이 2,300km인 성벽을 상상하기는 어렵다. 새 예루살렘의 길이, 너비, 높이가 모두 12,000스다디온이라는 말은 새 예루살렘이 지성소와 같은 곳, 즉 하나님이 거하시는 성이라는 말을 하기 위한 것으로 성벽의 실제 높

이는 144규빗일 것이다. 그런 의미에서 21:17은 21:16에 대한 보충이다. 144는 완전수 12가 서로 곱해진 상징적인 숫자로 새 예루살렘 성벽의 완전함, 안전함, 장엄함을 의미한다.

21:17 **사람의 측량 곧 천사의 측량이라** 이 말은 144규빗이 사람의 측량 단위이지만 동시에 천사의 측량 단위라는 의미이다. 천사가 사람들이 쓰는 자로 측량했다는 뜻이다.

21:18 **그 성곽은 벽옥으로 쌓였고⋯** 새 예루살렘의 성벽은 벽옥이고 성은 맑은 유리 같은 정금으로 지어졌다(계 21:11 참고). 이는 새 예루살렘의 완벽한 아름다움을 표현하는 동시에 새 예루살렘이 하나님의 자비로 세워졌음을 의미한다. 이사야의 예언에 의하면, 하나님의 자비로 회복될 미래의 예루살렘은 값비싼 보석으로 장식된다. "보라 내가 화려한 채색으로 네 돌 사이에 더하며 청옥으로 네 기초를 쌓으며 홍보석으로 네 성벽을 지으며 석류석으로 네 성문을 만들고 네 지경을 다 보석으로 꾸밀 것이며"(사 54:11~12)

21:19~20 **성곽의 기초석은 각색 보석으로 꾸몄는데 첫째 기초석은 벽옥이요⋯** 새 예루살렘 성벽에는 열두 개의 기초석이 있는데, 각 기초석마다 각기 다른 보석으로 장식되어 있다. 이는 대제사장의 흉패(가슴받이)에 달린 열두 보석에 상응한다고 볼 수 있지만(출 28:15~30, 39:8~21), 보석의 종류가 일치하는 것은 아니다. 대제사장의 흉패에 달린 열두 보석에는 이스라엘 열두 지파의 이름이 새겨져 있었다(출 28:21, 29, 39:14). 그러나 새 예루살렘 성벽 기초석에는 열두 사도의 이름이 있다(계 21:14). 열두 기초석은 각각 많은 보석들로 장식된 것이 아니라 하나의 보석으로 장식되었을 것이다. 대제사장 흉패의 보석이 하나이고, 또 열두 성문이 각각 하나의 진주로 되어 있기 때문이다. 21:19의 '꾸몄는데'(κοσμεω, 코스메오)라는 단어는 21:2의 '단장한 것 같더라'와 같은 단어다.

21:21 **그 열두 문은 열두 진주니⋯** 새 예루살렘의 열두 성문은 각각 한

개 진주로 되어 있는데, 상상할 수 없이 큰 진주로 된 성문이다. 이는 새 예루살렘의 상상할 수 없는 고귀함과 아름다움을 상징한다. '맑은 유리 같은 정금'으로 된 새 예루살렘의 길도 마찬가지다. 21:11~21에서 보는 새 예루살렘에 대한 묘사를 요약하면, 새 예루살렘은 삼위일체 하나님이 거하시는 지성소이며 완벽한 성전이라는 것이다. 그래서 하나님의 백성은 모두 왕 같은 제사장으로 하나님을 섬긴다.(계 20:6, 22:3)

● 새 예루살렘과 하나님의 영광(21:22~27)

22 성 안에서 내가 성전을 보지 못하였으니 이는 주 하나님 곧 전능하신 이와 및 어린 양이 그 성전이심이라

23 그 성은 해나 달의 비침이 쓸 데 없으니 이는 하나님의 영광이 비치고 어린 양이 그 등불이 되심이라

24 만국이 그 빛 가운데로 다니고 땅의 왕들이 자기 영광을 가지고 그리로 들어가리라

25 낮에 성문들을 도무지 닫지 아니하리니 거기에는 밤이 없음이라

26 사람들이 만국의 영광과 존귀를 가지고 그리로 들어가겠고

27 무엇이든지 속된 것이나 가증한 일 또는 거짓말하는 자는 결코 그리로 들어가지 못하되 오직 어린 양의 생명책에 기록된 자들만 들어가리라

21:22 성 안에서 내가 성전을 보지 못하였으니 새 예루살렘에는 성전이 따로 없다. 그 이유는 새 예루살렘 자체가 성전이기 때문이다. 새 예루살렘이 성전인 이유는 하나님과 그리스도께서 늘 현존하시기 때문이다. 하나님은 성전에 계시며(합 2:20), 예수께서는 자신을 성전이라고 말씀하셨다(요 2:21). 새 예루살렘에 성전이 없다는 것은 에스겔의 '이스라엘 회복 환상'(겔 40~48장)과 다른 점으로 에스겔의 환상에서 새 성전은 아주 중요한 의미를 가진다.

21:23 그 성은 해나 달의 비침이 쓸 데 없으니 새 예루살렘에는 빛과 등

불이 필요 없는데, 하나님과 그리스도의 영광이 등불처럼 빛나기 때문이다. 새 예루살렘은 성전이므로 하나님의 영광이 가득하다. 성전에 하나님의 영광이 가득하기 때문이다(출 40:34~35, 왕상 8:10~11, 대하 7:1~3, 겔 43:5, 44:4, 학 2:7). 그 영광이 밝은 빛으로 드러나기 때문에(사 60:1, 겔 43:2, 합 3:3~4) 새 예루살렘에는 해와 달이 필요 없다. 이사야 60:19~20에 "다시는 낮에 해가 네 빛이 되지 아니하며 달도 네게 빛을 비추지 않을 것이요 오직 여호와가 네게 영원한 빛이 되며 네 하나님이 네 영광이 되리니 다시는 네 해가 지지 아니하며 네 달이 물러가지 아니할 것은 여호와가 네 영원한 빛이 되고 네 슬픔의 날이 끝날 것임이라"는 말씀이 있다. 예루살렘이 장차 받을 영광에 대한 말씀이다.

21:24 만국이 그 빛 가운데로 다니고 땅의 왕들이… 만국이 새 예루살렘의 빛을 인정하고, 땅의 왕들이 새 예루살렘의 영광을 인정한다는 뜻이다. 21:23에서 언급된 새 예루살렘의 빛과 영광이 그만큼 찬란하기 때문이다. 새 예루살렘의 빛과 영광은 세상의 빛과 영광을 압도한다.

요한계시록에서 만국은 반드시 사탄에 동조하는 세력은 아니다. 사탄에 미혹당하지 않는 존재이기도 한데(계 20:3), 만국 백성 중에 구원받은 자들이 새 예루살렘에 들어간다. 이사야 60:3~4에 "나라들은 네 빛으로, 왕들은 비치는 네 광명으로 나아오리라 네 눈을 들어 사방을 보라 무리가 다 모여 네게로 오느니라 네 아들들은 먼 곳에서 오겠고 네 딸들은 안기어 올 것이라"라는 말씀이 있다. 시편 96:3~10, 98:1~3, 이사야 12:10~11, 56:3, 스가랴 8:7~8, 22~23, 14:16, 마태복음 8:11, 28:18~20, 사도행전 1:8, 10:44~48, 11:18, 로마서 15:9~12, 16~19, 16:26 등에서 이방 구원에 대한 말씀을 볼 수 있다. 그리고 시편 67:3~5, 86:9, 예레미야 33:9에 만국이 하나님을 찬양한다는 말씀이 있다.

21:25 낮에 성문들은 도무지 닫지 아니하리니 거기에는 밤이 없음이라 고대에는 치안 때문에 밤에 성문을 닫았다(느 7:3). 그러나 새 예루살렘의

성문은 닫히는 법이 없는데 거기에는 밤이 없기 때문이다. 밤이 없는 이유는 하나님과 그리스도의 영광의 빛이 항상 찬란하게 빛나기 때문이다. 이사야 60:11에 "네 성문이 항상 열려 주야로 닫히지 아니하리니"라는 말씀이 있다. 영광의 예루살렘에 대한 말씀이다. 스가랴 14:7에 "여호와께서 아시는 한 날이 있으리니 낮도 아니요 밤도 아니라 어두워 갈 때에 빛이 있으리로다"라는 말씀이 있다. 여호와의 날이 이르면 낮과 밤이 따로 없이 대낮만 이어지며, 저녁이 되어도 빛이 있어 낮처럼 밝을 것이라는 말씀이다.

21:26 사람들이 만국의 영광과 존귀를 가지고 그리로 들어가겠고 새 예루살렘은 하나님과 그리스도의 영광이 가득 찬 곳으로 만국이 하나님과 그리스도의 영광을 경배한다는 뜻이다. 만국 백성이 세상의 모든 영광과 존귀를 가지고 새 예루살렘에 들어가, 그 영광과 존귀로 삼위일체 하나님을 경배한다.

21:27 속된 것이나 가증한 일 또는 거짓말하는 자는 결코 그리로 들어가지 못하되 거룩하신 하나님은 거룩하지 못한 것들과 함께 계실 수 없다. 하나님의 눈은 정결하여서 악을 차마 보지 못하시며 패역을 차마 보지 못하신다(합 1:13). 그래서 부정한 것과 죄 있는 자는 새 예루살렘에 들어갈 수 없다. 성서에 하나님이 인간의 죄를 '영원히' 묵인하신다는 말씀이 없으며 하나님은 인간의 죄를 언젠가 반드시 심판하신다. 시편 96:13에 "그가 임하시되 땅을 심판하러 임하실 것임이라 그가 의로 세계를 심판하시며 그의 진실하심으로 백성을 심판하시리로다"라는 말씀이 있다.

21:27 오직 어린 양의 생명책에 기록된 자들만 들어가리라 생명책에 이름이 기록된 자들은 구원받은 자들을 의미한다. 어린 양의 생명책이라는 표현은 예수 그리스도를 믿는 자만이 새 예루살렘에 들어갈 수 있다는 뜻이다. 마지막 날에 사람들은 "내가 곧 길이요 진리요 생명이니 나로 말미암지 않고는 아버지께로 올 자가 없느니라"(요 14:6)라는 예수 그리스

도의 말씀이 진실임을 알게 된다. 생명책에 대한 말씀은 구약성서에서
도 발견할 수 있다. 출애굽기 32:33에 "여호와께서 모세에게 이르시되 누
구든지 내게 범죄하면 내가 내 책에서 그를 지워 버리리라"는 말씀이 있
고, 시편 69:28에 "그들을 생명책에서 지우사 의인들과 함께 기록되지 말
게 하소서"라는 말씀이 있다. 신약성서의 경우 빌립보서 4:3, 요한계시록
3:5, 13:8, 17:8, 20:12, 15, 21:27에서 볼 수 있다.

▶ 21장의 핵심 및 교훈

21장의 핵심은 부활의 나라가 반드시 도래한다는 것이다. 그 나라는
하나님의 백성이 모두 부활의 몸을 입고 영원히 사는 나라이다. 모든 시
대 모든 민족에서 구원받은 자들이 시대와 혈통, 언어와 민족, 언제 어디
서 어떻게 죽었는가에 상관없이 영원히 함께 사는 나라이다. 그들은 하
나님의 얼굴을 보며 하나님을 섬기고 하나님의 위로를 받는다.

새 예루살렘이 그 부활의 나라에 대한 상징인데, 그 이유는 예루살렘
이 하나님의 도성이기 때문이다. 유대인들은 예루살렘이 하나님의 도성
이라고 믿었다. 예루살렘 성전의 지성소에 하나님이 계신다고 믿었던 것
이다. 출애굽기 25:21~22에 "속죄소를 궤 위에 얹고 내가 네게 줄 증거판
을 궤 속에 넣으라 거기서 내가 너와 만나고 속죄소 위 곧 증거궤 위에
있는 두 그룹 사이에서 내가 이스라엘 자손을 위하여 네게 명령할 모든
일을 네게 이르리라"라는 말씀이 있다. 하나님께서 언약궤를 덮는 속죄
소에서 모세를 만나고 모세에게 명령하시겠다는 말씀이다.

유대인들은 이 말씀에 기초해서 속죄소가 지상에 있는 하나님의 보좌
라고 생각했다. 그리고 하나님은 예루살렘 성전의 지성소에 계신다고 생
각했다. 이런 생각의 흔적을 요한계시록에서도 발견할 수 있다. 21:22에
'새 예루살렘 안에는 성전이 없는데 하나님과 그리스도가 성전이시기 때
문'이라는 말씀이 있다. 하나님이 계시는 곳이 곧 성전이라는 말이다. 이

렇게 예루살렘이 하나님의 도성이라는 생각에 기초해서 새 예루살렘이 최후의 심판 후 영원히 존재할 하나님 나라라는 생각이 싹튼 것이다.

요한계시록은 한마디로 부활의 나라를 약속하는 책이다. 모든 환상이 궁극적으로 새 예루살렘의 도래를 약속하며, 요한이 본 마지막 환상이 새 예루살렘이다(계 21:9~22:5). 이는 환상의 정점이 부활의 나라라는 뜻이다. 요한계시록이 전하고자 하는 내용은 구원, 심판, 박해, 유혹, 인내, 재앙 등 다양하지만 그 많은 내용은 결국 새 예루살렘을 가리킨다. 박해를 이기고 믿음을 지켜 부활의 나라 백성이 되라는 것이다.

부활의 나라는 거룩한 나라이다(계 21:10). 거룩하신 하나님이 계시는 곳으로 거룩한 자들만 들어갈 수 있다. 속된 자나 가증한 자, 거짓말하는 자는 들어갈 수 없으며 오직 생명책에 이름이 기록된 거룩한 자들만 들어갈 수 있다. 성도들이 새 예루살렘에서 하나님의 얼굴을 볼 수 있는 이유는(계 22:4) 그들이 온전히 거룩한 자들이기 때문이다.

한편, 부활의 나라는 영광의 나라이다. 새 예루살렘의 성벽이 벽옥으로 지어졌고, 도성은 수정 같이 맑은 정금으로 되어 있고, 성벽의 주춧돌에 보석이 박혀 있고, 성문이 진주로 되어 있다는 것은 새 예루살렘의 영광을 나타내는 표현이다. 새 예루살렘은 하나님의 영광이 가득한 나라로서(계 21:11), 햇빛과 달빛이 필요 없다. 하나님의 영광이 가득 차 있기 때문이다. 사람들은 자기 영광을 가지고 그 나라에 들어간다(계 21:24, 26). 이 모든 것이 새 예루살렘의 영광을 나타낸다. 영광스런 나라에 하나님의 영광이 가득하고, 사람들의 영광이 가득하다는 것이다. 새 예루살렘은 겉과 속이 모두 영광이 넘치는 나라이다.

그리고 부활의 나라는 두 번 다시 저주가 없는 나라다(계 22:3). 그 나라에는 더 이상 죽음과 슬픔, 울음과 아픔이 없다. 모든 것이 새롭고 모든 것이 평화로우며 하나님의 위로가 있다. 하나님께서 친히 새 예루살렘 백성의 눈물을 닦아 주신다(계 21:4). 21장은 이렇게 거룩하고 영광스러운 나라, 다시는 저주가 없는 나라를 소망하며 살라고 하며, 그 나라가 반드시 올 것이라고 약속한다.

1 또 그가 수정 같이 맑은 생명수의 강을 내게 보이니 하나님과 및 어린 양의 보좌로부터 나와서
2 길 가운데로 흐르더라 강 좌우에 생명나무가 있어 열두 가지 열매를 맺되 달마다 그 열매를 맺고 그 나무 잎사귀들은 만국을 치료하기 위하여 있더라
3 다시 저주가 없으며 하나님과 그 어린 양의 보좌가 그 가운데에 있으리니 그의 종들이 그를 섬기며
4 그의 얼굴을 볼 터이요 그의 이름도 그들의 이마에 있으리라
5 다시 밤이 없겠고 등불과 햇빛이 쓸 데 없으니 이는 주 하나님이 그들에게 비치심이라 그들이 세세토록 왕 노릇 하리로다

22:1 수정 같이 맑은 생명수의 강을 내게 보이니 앞에서 새 예루살렘의 외부를 본 요한은 22:1~2에서 성의 내부를 본다. 하지만 많은 것을 본 것은 아니고 생명수 강과 생명나무를 보았을 뿐이다. 둘 다 영원한 생명과 관계가 있다. 이 사실에서 두 가지를 알 수 있는데, 첫째, 새 예루살렘은 영원한 생명이 있는 곳이라는 것이다. 이것이 요한계시록의 결론이자 성서의 결론이다. 둘째, 성서는 끝까지 천국에 대한 자세한 묘사를 피한다는 것이다. 성서는 구원과 심판을 강조하면서 천국과 지옥을 가르치지만, 천국과 지옥에 대한 자세한 묘사는 생략한다. 그것이 하나님의 뜻인데 현세에 살면서 천국과 지옥에 대해 상세히 알 필요가 없다는 의미일 것이다. 그 이유는 사도 바울이 말한 것처럼 '말로 표현할 수 없고 사람이 가히 이르지 못할 것들'이기 때문일 것이다.(고후 12:4)

요한은 새 예루살렘에서 하나님과 어린 양의 보좌로부터 흐르는 생명수 강을 보았다. 이 강은 새 예루살렘의 길 가운데로 흐르는데(계 22:2),

이는 새 예루살렘에 거하는 주민들이 영원한 삶을 누리며 산다는 의미이다. 예수께서 사마리아 여인에게 약속하신 말씀이 이루어진 것이고(요 4:14), "나를 믿는 자는 그 배에서 생수의 강이 흘러나오리라"(요 7:38)라는 말씀이 이루어진 것이다.

22:1은 에스겔 47:1~2의 '성전 제단에서 흐르는 물'과 아주 유사하다. 에스겔서에도 제단에서 흐르는 물이 강이 되고(겔 47:5), 강 양쪽에 각종 과실나무가 자라며, 열매는 먹을 만하고 그 잎사귀는 약의 재료가 된다(겔 47:12). 스가랴 14:7~8에 "여호와께서 아시는 한 날이 있으리니 낮도 아니요 밤도 아니라 어두워 갈 때에 빛이 있으리로다 그 날에 생수가 예루살렘에서 솟아나서 절반은 동해로, 절반은 서해로 흐를 것이라 여름에도 겨울에도 그러하리라"라는 말씀이 있다.

22:2 강 좌우에 생명나무가 있어 생명나무 역시 새 예루살렘은 영원한 생명이 있는 곳이라는 의미이다. 새 예루살렘에서는 생명책에 이름이 기록된 자들이, 생명수 강물을 마시며 생명나무 열매를 먹는다. 이것이 부활의 나라의 모습이다. 창세기 2:9와 3:22, 24에 등장하는 생명나무는 인간의 '영원한 생명'을 상징하는데, 선악과 사건 후에 성서에서 모습을 감추었다가 요한계시록 2:7, 22:2, 14에 다시 등장한다.

잠언에 나오는 '생명나무'(잠 3:18, 11:30, 13:12, 15:4)는 '지혜, 의, 소망, 온유' 등에 대한 비유일 뿐 영원한 생명이라는 뜻은 아니다. 창세기 3장 이후 생명나무라는 용어는 성서에서 사라졌지만, 생명나무 자체가 사라진 것은 아니다. 한 번도 사라진 적이 없는데 그 이유는 영원한 생명에 대한 이야기가 계속되었기 때문이다. 하나님이 아브라함을 부르신 이유가 영원한 생명 때문이었고, 예수께서 이 세상에 오신 이유 영원한 생명 때문이었다. 창세기에 언급되었던 생명나무가 요한계시록에 다시 등장하는 것은 알파와 오메가이신 하나님과 관계가 있다.

22:2 열두 가지 열매를 맺되 달마다 그 열매를 맺고 헬라어 성서에서 22:2

의 생명나무는 단수형이지만 문맥상 한 그루라고 볼 수는 없다. 적어도 생명수 강 양쪽에 한 그루 씩 최소한 두 그루는 되어야 한다. 그러나 요한이 실제로 본 것은 생명수 강 양쪽으로 많은 생명나무들이 있는 모습이었을 것이다. 22:2의 생명나무는 집합 명사로 이해하는 것이 옳다. 생명나무는 열두 달 동안 열두 가지 열매를 맺는데 매달 다른 열매를 맺는다는 의미이다. 이는 생명나무의 신비와 풍성함을 강조하는 표현이다. 세상에 달마다 다른 열매를 맺는 나무는 없으며, 열두 달 내내 열매를 맺는 나무도 없다. 새 예루살렘의 생명나무는 그만큼 신비롭고 풍성한 열매를 맺는 나무이다. 아담과 하와의 범죄 이후 인간이 생명나무 열매를 얻는 일은 불가능했다. 하나님은 인간을 에덴동산에서 쫓아내셨고 그룹들과 두루 도는 불 칼로 생명나무 길을 지키게 하셨다(창 3:24). 그런 생명나무 열매를 열두 달 내내 영원토록 먹을 수 있는 곳이 새 예루살렘이다. 사람들이 되찾은 파라다이스 새 예루살렘은 잃었던 파라다이스 에덴 동산보다 훨씬 더 복된 곳이다.

22:2 그 나무 잎사귀들은 만국을 치료하기 위하여 있더라 생명나무 잎사귀는 치료에 사용된다. 이 말은 21:4의 '다시는 사망이 없고 아픈 것이 없다'는 말과 같다. 새 예루살렘에는 사망과 질병이 없다는 말을, 생명나무 열매를 먹고 생명나무 잎사귀로 치료한다고 표현하는 것이다. 생명나무 열매와 잎사귀 때문에 사망과 질병이 없다고 말할 수도 있다. 에스겔의 환상에 의하면 성전 제단에서 시작된 강 양쪽에 있는 각종 과실나무 잎사귀가 약의 재료가 된다.(겔 47:12)

22:3 다시 저주가 없으며 새 예루살렘에는 없는 것이 많은데, '눈물, 죽음, 슬픔, 울음, 아픔'이 없고(계 21:4), '비겁한 자, 믿지 않는 자, 흉악한 자, 살인자, 음란한 자, 점술가, 우상숭배 하는 자, 거짓말 하는 자가 없고(계 21:8), '밤과 닫힌 문'이 없다(계 21:25). 그리고 저주도 없다. 이 말은 하나님이 저주하실 것이 없다는 뜻으로 새 예루살렘에는 죄를 심판하실 일이

없다는 말이다. 새 예루살렘은 아담의 원죄가 완전히 극복된 곳이다. 그리스도의 초림으로 죄의 극복이 시작되어 그리스도의 재림으로 죄의 극복이 완성된다.

22:3 하나님과 그 어린 양의 보좌가 그 가운데에 있으리니 이는 하나님의 임재하심을 말하는데, 하나님과 그리스도가 새 예루살렘에 항상 계신다는 말이다(계 21:3). 22:3은 죄의 부재와 하나님의 임재를 말한다. 하나님이 항상 계시는 곳에 죄가 있을 수 없다. 하나님의 보좌가 새 예루살렘 가운데 있다는 말은 새 예루살렘에 죄가 없다는 뜻이다.

22:3 그의 종들이 그를 섬기며 그의 종들은 구원 받은 자를 의미하며, 섬긴다는 말은 경배한다는 뜻이다. 새 예루살렘에 거하는 자들은 하나님을 경배한다.

22:4 그의 얼굴을 볼 터이요 하나님의 종들이 하나님의 얼굴을 본다는 말은 죄의 완전한 극복을 의미한다. 아담이 범죄 한 후 하나님의 낯을 피하였으며(창 3:8), 하나님의 얼굴을 본 자는 죽을 수밖에 없었다(출 33:20, 23). 그러나 새 예루살렘에는 더 이상 죄가 없으므로, 구원받은 자들은 하나님의 얼굴을 볼 수 있다. 그들은 하나님의 얼굴을 볼 수 있을 만큼 충분히 거룩하다. 요한일서 3:2에 "사랑하는 자들아 우리가 지금은 하나님의 자녀라 장래에 어떻게 될지는 아직 나타나지 아니하였으나 그가 나타나시면 우리가 그와 같을 줄을 아는 것은 그의 참모습 그대로 볼 것이기 때문이니"라는 말씀이 있다.

이사야 6:2에 의하면 스랍들은 두 날개로 자기의 얼굴을 가리었는데 이는 하나님을 볼 수 없다는 의미일 것이다. 그러나 마태복음 18:10에는 "그들의 천사들이 하늘에서 하늘에 계신 내 아버지의 얼굴을 항상 뵈옵느니라"라는 말씀이 있다. 유대인의 전통에 의하면 천사들은 하나님을 볼 수 있다.[10]

22:4 그의 이름도 그들의 이마에 있으리라 아무나 하나님을 섬기고 하나

님의 얼굴을 볼 수 있는 것은 아니다. 하나님의 이름이 이마에 있는 자들만 그럴 수 있다. 예수께서는 "내가 하나님의 이름과 하나님의 성 곧 하늘에서 내 하나님께로부터 내려오는 새 예루살렘의 이름과 나의 새 이름을 그이 위에 기록하리라"(계 3:12)라고 말씀하셨다. 여기서 그는 승리하는 자로 하나님의 인침을 받은 자이다(계 7:3~4). 하나님의 이름이 이마에 있다는 것은 '하나님을 섬기는 일'(계 22:3)과 관계있는데, 출애굽기 28:36~38에 의하면 대제사장은 '여호와께 성결'이라는 순금패를 만들어 이마에 붙였다. 하나님의 이름이 이마에 있다는 것은 새 예루살렘에 거하는 자들이 하나님을 제사장으로 섬긴다는 의미이다.(계 5:10, 20:6)

22:5 그들이 세세토록 왕 노릇 하리로다 예수께서 만왕의 왕으로서 세세토록 왕 노릇 하시는 것처럼(계 11:15, 17), 구원받은 성도들도 예수 그리스도와 함께 세세토록 왕 노릇 한다(계 5:10, 20:4, 6, 22:5). 베드로전서 2:9에 "너희는 택하신 족속이요 왕 같은 제사장들이요 거룩한 나라요 그의 소유가 된 백성이니"라는 말씀이 있다. 새 예루살렘은 모든 성도들이 '왕 같은 제사장이 되어 하나님을 섬기는 곳'이다(계 22:3~5). 이사야 61:6에 "오직 너희는 여호와의 제사장이라 일컬음을 받을 것이라 사람들이 너희를 우리 하나님의 봉사자라 할 것이며 너희가 이방 나라들의 재물을 먹으며 그들의 영광을 얻어 자랑할 것이니라"라는 말씀이 있다.

● 환상의 종결(22:6~11)

6 또 그가 내게 말하기를 이 말은 신실하고 참된지라 주 곧 선지자들의 영의 하나님이 그의 종들에게 반드시 속히 되어질 일을 보이시려고 그의 천사를 보내셨도다

7 보라 내가 속히 오리니 이 두루마리의 예언의 말씀을 지키는 자는 복이 있으리라 하더라

8 이것들을 보고 들은 자는 나 요한이니 내가 듣고 볼 때에 이 일을 내게 보이던

천사의 발 앞에 경배하려고 엎드렸더니

9 그가 내게 말하기를 나는 너와 네 형제 선지자들과 또 이 두루마리의 말을 지키
는 자들과 함께 된 종이니 그리하지 말고 하나님께 경배하라 하더라

10 또 내게 말하되 이 두루마리의 예언의 말씀을 인봉하지 말라 때가 가까우니라

11 불의를 행하는 자는 그대로 불의를 행하고 더러운 자는 그대로 더럽고 의로운
자는 그대로 의를 행하고 거룩한 자는 그대로 거룩하게 하라

22:6 또 그가 내게 말하기를 이 말은 신실하고 참된지라 여기서 그는 일곱
대접을 가진 천사 중 하나일 것이다(계 21:9). 22:6~11은 환상의 결론이 아
니라 환상의 종결로서, 이제 환상이 끝나고 이제 현실로 돌아갈 것을 촉
구한다. 환상에서 현실로, 미래에서 현재로, 최후 승리에서 현재의 박해
로, 하늘나라에서 밧모 섬으로 돌아가라는 것이다. 22:6은 요한이 본 모
든 환상이 반드시 이루어질 것이라고 한다. 요한이 보고 들은 것은 모두
신실하고 참된 것이다.(계 19:9, 21:5)

22:6 그의 종들에게 반드시 속히 되어질 일을 보이시려고 요한만 재림과 심
판에 대한 계시의 말씀을 받은 것이 아니다. 많은 선지자들이 전한 예언들
이 결국 그리스도의 재림과 심판을 위한 것이었다. 천사는 요한에게 그런
일들이 '반드시 속히' 이루어질 것이라고 하는데 1:1에 같은 말씀이 있다.

22:7 보라 내가 속히 오리니 22:7은 그리스도의 말씀으로 예수께서 직접
긴박한 재림을 약속하신다. 이 약속은 2:16과 3:11에서 언급된 것으로 요
한계시록 끝에서 거듭 강조된다(계 22:7, 12, 20). 22:6의 '반드시 속히 되어
질 일'과 22:7의 '내가 속히 오리니'는 일종의 병행구절로 보아야 한다.[11]
같은 말을 반복한 것으로 요한이 본 환상이 반드시 이루어질 것을 강조
한다.

22:7 이 두루마리의 예언의 말씀을 지키는 자는 복이 있으리라 요한계시록
끝에서 요한계시록이 '예언의 말씀'이라는 사실이 집중적으로 강조된다

(계 22:7, 10, 18, 19). 이 사실은 1:3에서도 언급된 것으로 요한계시록은 예언으로 시작해서 예언으로 끝나는 책이라고 할 수 있다. 요한계시록은 요한의 창작이 아니라 하나님의 말씀이며, 단순한 환상이 아니라 계시의 말씀이며, 묵시문학이 아니라 예언이다. 요한계시록은 해석이 어렵다는 이유로 소홀히 대할 수 있는 책이 아니며, 이 계시의 말씀을 믿고 지키는 자에게 복이 있다.

22:8 이 일을 내게 보이던 천사의 발 앞에 경배하려고 엎드렸더니 요한은 앞에서도 한 번 천사의 발 앞에 엎드려 천사를 경배하려고 했다(계 19:10). 너무나 신비로운 환상과 경이로운 말씀으로 인해 그랬을 것이다.

22:9 그리하지 말고 하나님께 경배하라 하더라 19:10에서 요한의 경배를 거부한 천사처럼 22:9의 천사 역시 요한의 경배를 거부한다. 천사가 아무리 신비로운 환상을 보여 주고 경이로운 말씀을 전한다 해도, 천사는 하나님의 사자(使者)일 뿐 경배의 대상이 아니다. 오직 하나님만이 경배의 대상이시다.

22:10 이 두루마리의 예언의 말씀을 인봉하지 말라 때가 가까우니라 천사는 두루마리를 인봉하지 말라고 하는데 두루마리의 말씀을 비밀로 하지 말라는 뜻이다. 이는 두루마리의 내용을 교회에 전하고 사람들에게 알리라는 뜻이다. 그것은 곧 이루어질 일들로 교회가 반드시 알아야 할 내용이다. 다니엘 12:4, 9에서 천사는 다니엘에게 '이 말을 마지막 때까지 간수하고 봉인하라'고 말한다. 예수 그리스도와 더불어 그 마지막 때가 시작되었으므로(히 1:2), 이제는 말씀을 봉인할 때가 아니라 오히려 선포할 때이다. 이것이 비밀을 감추는 묵시문학과 요한계시록이 다른 점이다. 마태복음 10:26에 "감추인 것이 드러나지 않을 것이 없고 숨은 것이 알려지지 않을 것이 없느니라"는 말씀이 있다.

22:11 불의를 행하는 자는 그대로 불의를 행하고… 천사는 요한에게 "불의를 행하는 자는 그대로 불의를 행하고 더러운 자는 그대로 더럽고 의

로운 자는 그대로 의를 행하고 거룩한 자는 그대로 거룩하게 하라"고 말한다. 이는 22:10과 연관된 말씀이다. 요한이 두루마리의 내용을 전한다고 해서 모두가 의롭고 거룩한 자가 되는 것은 아니다. 불의한 자와 더러운 자가 여전히 있을 것이다. 그러나 그와 상관없이 하나님이 주신 예언의 말씀은 이루어진다. 천사의 말이 명령형으로 되어 있는 것은 하나님의 말씀이 반드시 이루어진다는 의미이다. 그리고 불의한 자와 더러운 자, 의로운 자와 거룩한 자가 언급된 것은 심판과 구원이 있을 것이라는 뜻이다(말 3:18). 다니엘 12:10에 "많은 사람이 연단을 받아 스스로 정결하게 하며 희게 할 것이나 악한 사람은 악을 행하리니 악한 자는 아무것도 깨닫지 못하되 오직 지혜 있는 자는 깨달으리라"는 말씀이 있다. 22:11은 심판과 구원에 대한 두루마리의 말씀이 반드시 이루어진다는 의미이다.

● 예수 그리스도의 말씀(22:12~16)

12 보라 내가 속히 오리니 내가 줄 상이 내게 있어 각 사람에게 그가 행한 대로 갚아 주리라

13 나는 알파와 오메가요 처음과 마지막이요 시작과 마침이라

14 자기 두루마기를 빠는 자들은 복이 있으니 이는 그들이 생명나무에 나아가며 문들을 통하여 성에 들어갈 권세를 받으려 함이로다

15 개들과 점술가들과 음행하는 자들과 살인자들과 우상 숭배자들과 및 거짓말을 좋아하며 지어내는 자는 다 성 밖에 있으리라

16 나 예수는 교회들을 위하여 내 사자를 보내어 이것들을 너희에게 증언하게 하였노라 나는 다윗의 뿌리요 자손이니 곧 광명한 새벽 별이라 하시더라

22:12 내가 줄 상이 내게 있어 각 사람에게 그가 행한 대로 갚아 주리라 이 세상에 다시 오실 그리스도는 각 사람마다 그 행한 대로 갚아 주신다(계 2:23, 20:12~13, 시 28:4, 62:12, 렘, 32:19, 마 16:27, 요 5:29, 롬 2:6, 고후 5:10). 이

말씀은 22:7에서 천사가 한 말을 예수께서 보증하시는 것이다. 22:12은 단순히 영원한 생명을 주시겠다는 의미가 아니라, 영원한 생명과 더불어 영원한 상급을 주시겠다는 약속이다(계 19:5 주석 참고). 사람들은 그가 행한 대로 영원한 상급을 받는다. 마가복음 9:41에 "누구든지 너희가 그리스도에게 속한 자라 하여 물 한 그릇이라도 주면 내가 진실로 너희에게 이르노니 그가 결코 상을 잃지 않으리라"는 말씀이 있다.

22:13 나는 알파와 오메가요 처음과 마지막이요 시작과 마침이라 1:8, 17, 2:8, 21:6에서 주어진 말씀이 마지막에서 다시 언급되었다(계 1:8, 21:6 주석 참고). 이는 하나님이 행하신 일 중에 세상 창조와 최후의 심판이 그만큼 중요하다는 뜻이다. 고대 이방 문명의 전통적 지혜에 따르면 세상은 끝없이 윤회한다.[12] 태어나고 죽고 다시 태어난다. 니체는 이를 '동일체의 영원한 회귀'(the eternal return of the same)라고 불렀다. 그러나 성서는 세상의 시작과 중간과 끝이 있다고 한다. 이사야 41:4에 "이 일을 누가 행하였느냐 누가 이루었느냐 누가 처음부터 만대를 불러내었느냐 나 여호와라 처음에도 나요 나중 있을 자에게도 내가 곧 그니라"라는 말씀이 있다.(사 44:6 참고)

22:14 자기 두루마기를 빠는 자들은 복이 있나니 요한계시록에는 모두 일곱 번 '복에 대한 약속'이 있다(계 1:3, 14:13, 16:15, 19:9, 20:6, 22:7, 22:14). '자기 두루마기를 빠는 자들은 복이 있다'라는 말씀은 일곱 번째에 해당되는 복의 약속이다. 두루마기를 빤다는 것은 어린 양의 피에 옷을 씻는다는 말로 그리스도의 십자가 보혈로 죄 사함을 받는다는 뜻이다.(계 7:14 주석 참고)

22:14 그들이 생명나무에 나아가며… 그리스도의 피에 자기 옷을 희게 씻은 자들은 새 예루살렘 성에 들어갈 수 있는 권세를 받는다(계 21:24, 27). 그리고 생명나무에 나아가 그 열매를 먹는다(계 2:7, 22:2). 아담의 범죄로 인해 인간이 접근할 수 없게 된 생명나무에 인간이 다시 접근할 수 있게 되는 것이다. 이 역시 알파와 오메기 되시는 하나님께서 하시는 일이다.

22:15 개들과 점술가들과 음행하는 자들과… 22:15는 새 예루살렘에 들어갈 수 없는 자들, 즉 생명나무에 나아갈 수 없는 자들의 명단으로 21:8에서도 볼 수 있다(계 21:8 주석 참고). '개들'은 생물학적 개가 아니라 부정한 자를 말하는 것으로, 이교도, 배교자, 이단을 가리킨다. 성서에서 개는 더러운 것을 먹는 대표적인 동물인데, 개는 그 토한 것을 도로 먹고(잠 26:11, 벧후 2:22) 시체까지도 먹는다(왕상 14:11, 16:4, 21:24, 왕하 9:10, 36). 22:15는 구원받지 못하는 사람들이 분명히 있다고 한다.

22:16 나는 다윗의 뿌리요 자손이니 곧 광명한 새벽 별이라 하시더라 '나는 다윗의 뿌리요 자손이라'는 말씀은 '나는 메시아, 즉 그리스도라'라는 뜻이다(계 5:5, 사 11:1, 10). '새벽 별' 역시 메시아를 지칭하는 표현으로 민수기 24:17에 "한 별이 야곱에게서 나오며"는 말씀이 있다. 이는 발람의 예언으로 메시아적 인물을 가리킨다. 유대인들이 로마에 두 번째 반란(132-135년)을 일으켰을 때, 사람들은 반란 지도자 시몬(Simon bar Kosiba)을 '별의 아들'(Bar Kokhba, Son of a Star)이라고 불렀다. 그를 메시아로 생각했다는 말이다.

● 재림에 대한 소망(22:17~21)

17 성령과 신부가 말씀하시기를 오라 하시는도다 듣는 자도 오라 할 것이요 목마른 자도 올 것이요 또 원하는 자는 값없이 생명수를 받으라 하시더라

18 내가 이 두루마리의 예언의 말씀을 듣는 모든 사람에게 증언하노니 만일 누구든지 이것들 외에 더하면 하나님이 이 두루마리에 기록된 재앙들을 그에게 더하실 것이요

19 만일 누구든지 이 두루마리의 예언의 말씀에서 제하여 버리면 하나님이 이 두루마리에 기록된 생명나무와 및 거룩한 성에 참여함을 제하여 버리시리라

20 이것들을 증언하신 이가 이르시되 내가 진실로 속히 오리라 하시거늘 아멘 주 예수여 오시옵소서

21 주 예수의 은혜가 모든 자들에게 있을지어다 아멘

22:17 성령과 신부가 말씀하시기를 오라 하시는도다 22:17~22는 요한계시록의 마지막 부분으로 요한계시록의 권위를 확인하고 재림에 대한 소망을 강조한다. '성령과 신부가 말씀하신다'라는 말은 성령께서 교회를 통해 말씀하신다는 뜻이다. 성령께서 교회를 통해 하시는 말씀은 '그리스도여, 오소서!'라는 말씀이다. 이는 22:12의 "보라 내가 속히 오리니"라는 그리스도의 말씀에 대한 응답이다. 성령께서는 모든 교회가 예수 그리스도의 재림을 소망하기를 원하시므로 교회를 통해 '그리스도여, 오소서!'라고 말씀하신다. 이는 모든 교회가 항상 외쳐야 할 성령님의 말씀이다.

22:17 듣는 자도 오라 할 것이요 성령과 교회가 '그리스도여, 오소서!'라고 외치는 소리를 듣는 자들도 '그리스도여, 오소서!'라고 외쳐야 한다. 성령께서 그렇게 하기를 원하신다. 이 말씀을 직역하면 '듣는 자가 "오소서!"라고 말하게 하라'는 것이다.

22:17 목마른 자도 올 것이요 또 원하는 자는 값없이 생명수를 받으라 성령과 신부가 '그리스도여, 오소서!'라고 외치는 소리를 듣고 목마른 자는 와서 생명수를 마시라는 것이다. 이는 구원으로 초대하는 말씀이다. 목마른 자는 구원 받기 원하는 자를 의미한다. 이사야 55:1에 "너희 모든 목마른 자들아 물로 나아오라 돈 없는 자도 오라 너희는 와서 사 먹되 돈 없이, 값 없이 와서 포도주와 젖을 사라"는 말씀이 있다. 예수께서도 예루살렘에서 "누구든지 목마르거든 내게로 와서 마시라 나를 믿는 자는 성경에 이름과 같이 그 배에서 생수의 강이 흘러나오리라"(요 7:37~38)라고 말씀하셨다. 요한은 성도들에게 용기를 주면서 자신의 책을 마무리한다.

22:18 만일 누구든지 이것들 외에 더하면 요한계시록에 기록된 예언에 아무것도 더하지 말라는 경고의 말씀이다. 22:19는 아무것도 빼지 말라는 경고의 말씀이다. 이는 요한이 자신이 본 환상을 하나님의 계시, 진정한 예언으로 확신했기 때문이다. 요한계시록에 어떤 내용을 첨가하는

자는 하나님이 요한계시록에 기록된 재앙을 더하시는 저주를 받는다. 22:18-19는 말씀의 권위를 확인하는 내용으로 거짓 선지자, 이단, 사이비, 혼합주의를 경계하는 말씀이다. 일찍이 모세가 이스라엘 백성에게 '하나님의 말씀을 가감하지 말고 주신 그대로 지키라'라고 명령했다(신 4:2, 12:32). 바울은 자신이 전한 복음 외에 다른 복음을 전하는 자들은 저주를 받을 것이라고 경고했다(갈 1:7~9). 잠언 30:5~6에 "하나님의 말씀은 다 순전하며 하나님은 그를 의지하는 자의 방패시니라 너는 그의 말씀에 더하지 말라 그가 너를 책망하시겠고 너는 거짓말하는 자가 될까 두려우니라"는 말씀이 있다.

22:19 만일 누구든지 이 두루마리의 예언의 말씀에서 제하여 버리면 요한계시록이 예언의 말씀이라는 사실이 마지막 부분에서 두 번이나 강조되었다(계 22:18, 19). 예언의 말씀은 더할 수도 없지만 뺄 수도 없다. 하나님의 말씀을 가감하는 자는 두루마기를 빠는 자가 될 수 없으며 새 예루살렘에 들어갈 수 없다(계 22:14). 생명나무에 나아갈 수 없고 생명수를 마실 수 없다.(계 22:17)

22:20 이것들을 증언하신 이가 이르시되 내가 진실로 속히 오리라 하시거늘 요한은 자신이 쓴 두루마리가 예수 그리스도의 말씀임을 강조하면서 "내가 진실로 속히 오리라"는 예수 그리스도의 말씀을 또 다시 소개한다 (계 22:12). 예수께서 반드시, 그리고 속히 재림하실 것을 강조한 것이다.

22:20 아멘 주 예수여 오시옵소서 재림에 대한 소망을 고백하는 말씀이다. 성서는 창조 이야기로 시작해서 그리스도의 재림에 대한 소망으로 끝나는데 창조와 재림이 중요하기 때문이다. "주 예수여, 오시옵소서"는 아람어 '마라나 타'(אתא אנרמ, Our Lord, Come!)를 번역한 것으로 고린도전서 16:22에도 나온다.[13] '마라나 타'는 기독교인들이 가장 오래 전부터 사용한 기도문 중 하나이다. 이는 교회가 처음부터 강한 종말론적 소망을 가졌다는 증거이다. 한편, 고린도전서 16:22의 아람어 '마라나 타'를 '마란

아타'(אתא מרן)로 읽으면 '우리 주님이 오신다'라는 뜻이 된다.

　　22:21 주 예수의 은혜가 모든 자들에게 있을지어다 아멘 이는 마지막 인사 말로 그리스도의 은혜를 축원하는 것이다. 여기서 모든 자들은 모든 시대, 모든 하나님의 백성을 의미한다. 아멘은 요한 자신의 축원이 진실하다는 의미로서 '아멘'이 없는 사본들도 있다(아멘에 관해 1:6 주석 참고). 요한계시록은 편지 어투로 시작해서(계 1:4) 편지 어투로 끝나는데(계 22:21) 묵시문학은 이렇게 끝나는 법이 없다. 그러므로 22:21은 요한계시록이 묵시문학에 속하는 작품이 아니라는 또 하나의 내적 증거가 된다. 요한은 요한계시록이 '사도의 편지'와 같은 권위를 인정받기 원했을 것이다.

▶ 22장의 핵심 및 교훈

　　22장의 핵심은 예수께서 자신의 재림을 약속하셨다는 것이다(계 22:7, 12). 이는 그리스도의 재림에 대한 가장 강하고 확실한 약속이다. 신약성서는 그리스도의 재림을 강조한다. 예수께서 제자들에게 세상 끝 날에 대해 가르치시면서, "인자가 구름을 타고 능력과 큰 영광으로 오는 것을 보리라"(마 24:30)라고 말씀하셨고, 천사가 하늘을 쳐다보고 있는 제자들에게, "너희 가운데서 하늘로 올려지신 이 예수는 하늘로 가심을 본 그대로 오시리라"라고 말했다(행 1:11). 이 외에도 그리스도의 재림을 언급하는 말씀들이 신약성서에 많이 있다.(고전 15:23, 살전 1:10, 2:19, 3:13, 4:15, 16, 살후 1:10, 2:1, 8, 약 5:7, 8, 벧후 1:16, 3:4, 요일 2:28, 계 1:7, 14:14~16)

　　22장은 성서에서 그리스도의 재림을 가장 확실하게 가르친다. 예수께서 자신의 재림을 약속하셨기 때문이다. 이는 하나님이 재림을 맹세하셨다는 뜻으로 하나님은 맹세하실 때 자기보다 더 큰 이가 없으므로 자기를 가리켜 맹세하신다(히 6:13). 하나님의 맹세는 반드시 이루어진다(히 6:17~18). 재림에 대한 그리스도의 약속은 재림을 확증하는 가장 확실한 방법으로 22장은 단순히 재림을 반복해서 가르친 것이 아니다. 재림에 대한 하나님의 맹세를 소개한 것이다. 그러므로 그리스도는 분명히 이 세상에 다시 오신다.

하나님의 약속이 때로 믿기 어려운 이유는 사람이 감히 상상할 수 없는 일을 약속하시기 때문이다. 단 한 명의 자식이 없던 아브라함에게 하늘의 별, 땅의 티끌만큼 많은 자식을 약속하신 경우가 그렇다(창 13:16, 15:5). 하나님께서 그런 약속을 하실 당시, 아브라함은 75세였고 사라는 66세였지만 자식은 한 명도 없었다(창 12:4, 17:1, 17). 하나님의 약속 후에도 아브라함은 25년 동안 자식을 얻지 못했다. 25년 후에야 비로소 첫 아들 이삭을 얻었다. 하나님의 약속은 애초부터 불가능한 것처럼 보였지만 그 약속은 결국 이루어졌다. 아브라함을 믿음의 조상으로 여기는 자들이 하늘의 별, 땅의 티끌처럼 많기 때문이다.

그리스도의 재림에 대한 약속은 아브라함에게 많은 자손을 약속하신 것보다 더 믿기 어렵다. 그것이 사람이 전혀 경험해 보지 못한 일이기 때문이다. 사람은 사라 같은 불임 여성의 출산이나 자손의 번성은 이해할 수 있고 상상할 수 있다. 그런 일들을 경험하기 때문이다. 그러나 그리스도의 재림은 사람이 알 수 없다. 그런 일을 경험한 적이 없기 때문이다. 기독교인조차 재림과 부활, 심판이 있다는 정도 알고 있을 뿐 재림의 때와 과정을 알 수 없다. 사람의 영생도 믿기 어려운 것이 사실이다. 고작 백 년 정도 사는 인간이 천 년, 이천 년도 아니고 영원히 산다는 것이 믿기 어려운 것이다.

그러나 재림에 대한 그리스도 자신의 약속을 믿어야 한다. 그것이 하나님의 약속이기 때문이다. 아브라함은 노년에 단 한 명의 자식도 없는 상황에서 하나님의 약속을 믿었다. 아브라함이 하나님의 약속을 믿지 못해 책망 받은 적은 없다. 자기 자손이 하늘의 별, 땅의 티끌처럼 많아질 것이라는 하나님의 약속을 믿고 기대했던 것이다. 마지막 때를 사는 하나님의 백성에게 그런 믿음이 필요하다. 그리스도의 재림을 굳게 믿고 그날을 소망해야 한다.

아브라함은 하나님의 약속을 믿고 복을 받았다. 아브라함에게 하신 하나님의 약속은 지금도 이루어지고 있다. 마찬가지로 그리스도의 재림을 믿는 자는 복을 받는다. 부활과 영생을 믿는 자는 생명의 면류관을 받고, 새 예루살렘에서 영원히 사는 복을 받는다. 그리고 믿음과 순종의 분량에 따라 영원한 상급을 받는다. 그리스도께서 "내가 속히 가겠다"라고 약속하신다. 이 약속을 믿는 자들은 "아멘 주 예수여 속히 오시옵소서"라고 기도해야 한다. 그리스도의 재림을 믿고 그 때를 준비하는 자들이, 삼위일체 하나님이 베푸시는 구원의 은혜를 체험하는 것이다.

하나님의 구원 계획

THE KINGDOM OF
RESURRECTION

PART 8

1. 하나님 나라와 부활의 나라

하나님 나라의 완성

지금까지 요한계시록 본문을 해석하며 본문의 내용을 상세히 살펴보았지만, 본문의 내용을 아는 것이 전부는 아니다. 이와 함께 요한계시록이 말하고자 하는 것을 아는 게 중요하다. 요한계시록이 담고 있는 계시의 궁극적 초점을 알아야 한다는 말인데 그것은 하나님 나라의 완성이다. 하나님이 세우신 구원 계획의 마지막 목표는 하나님 나라의 완성이며 새 예루살렘이 이를 상징한다. 요한계시록은 하나님 나라의 완성을 약속하는 책이다. 요한계시록은 세상 종말에 예수 그리스도의 재림과 하나님 나라의 완성이 있으니 이 약속을 믿고 끝까지 소망을 가지라고 한다. 그러므로 요한계시록을 바로 알기 위해서는 하나님 나라 개념 이해가 필수적이다.

하나님 나라는 복음의 핵심이다. 천사 가브리엘이 마리아에게 예수의 나심을 예고할 때, "보라 네가 잉태하여 아들을 낳으리니 그 이름을 예수라 하라 그가 큰 자가 되고 지극히 높으신 이의 아들이라 일컬어질 것이요 주 하나님께서 그 조상 다윗의 왕위를 그에게 주시리니 영원히 야곱의 집을 왕으로 다스리실 것이며 그 나라가 무궁하리라"(눅 1:31~33)고 한다. 예수께서 영원히 다스리실 하나님 나라에 대해 말한 것이다. 세례 요한은 "회개하라 천국이 가까이 왔느니라"(마 3:1)라고 선포하면서 사역을 시작했고, 예수께서도 같은 말씀으로 사역을 시작하셨다(마 4:17). 세례 요한은 하나님 나라를 선포하면서 구세주의 길을 예비했고, 예수께서는 하나님 나라를 선포하시면서 구세주의 사명을 시작하신 것이다. 바울 역시 하나님 나라를 전파하였다.(행 20:25, 28:23, 31)

요한계시록은 복음의 핵심인 하나님 나라가 완성되는 모습을 계시한다. 하나님 나라의 모형이라 할 수 있는 교회에 대한 말씀으로 시작해서(계 1~3장), 하나님 나라가 완성되어 가는 과정과(계 4~16장), 마지막 완성된 모습을 보여 준다(계 17~22장). 21:9~22:5에서 보는 새 예루살렘이 바로 하나님 나라가 완성된 모습이다.

하나님은 요한계시록을 통해 세상의 종말과 그리스도의 재림, 마지막 심판, 하나님 나라의 완성을 계시하신다. 요한계시록의 교훈은 오늘을 인내하며 그날을 준비하라는 것이다. 요한계시록을 역사적 차원에서만 이해하면 새 예루살렘에 대한 계시를 놓치게 된다. 그것은 영원한 나라에 대한 중요한 비밀을 밝히지 못하는 일이다. 하나님은 교회가 그 덮개를 벗겨 하나님 나라의 완성에 대한 비밀을 밝히 드러내기를 원하신다. 그것이 요한계시록을 주신 이유다.

하나님 나라는 지금도 존재하고 있다(마 25:34). 그러나 아직 완성된 모습은 아니며 하나님의 백성이 부활의 몸을 가지는 때 완성된다. 바로 예수께서 재림하시는 때이다. 하나님은 부활의 몸을 얻은 거룩한 자들에게 영원한 생명을 주시는데 그들이 하나님과 함께 사는 나라가 새 예루살렘, 즉 완성된 하나님의 나라이다.

구약성서의 하나님 나라

하나님 나라는 복음의 핵심이 분명하지만 성서신학에서 어려운 주제에 속한다. 학자들은 여전히 하나님 나라에 대한 의문점을 가지고 있다. '구약성서에 하나님 나라 개념이 있는가? 구약성서와 신약성서의 하나님의 나라 개념은 어떻게 다른가? 복음서와 바울 서신의 하나님 나라는 어떤 차이가 있는가? 하나님 나라는 현존하는가 아니면 미래에 올 나라인가? 그 나라는 영적인가 아니면 현실적인가? 하나님 나라는 사람의 마음속에 일어나는 하나님의 현재적 통치인가 아니면 장차 이 땅에서 이루어질 미래적 통치인가?' 등과 같은 의문점들이다. 먼저 구약성서의 하나님 나라에 대해 살펴보자.

구약성서에는 '하나님 나라'(מלכות אלהים, 말쿠트 엘로힘) 또는 '하늘나라'(מלכות שמים, 말쿠트 샤마임)라는 말이 없다. 그러나 신구약 중간기 시대(주전 2세기~주후 1세기) 유대 문헌에서는 이를 볼 수 있다. 히브리어 구약성서를 다른 언어로 번역한 것을 '타르굼'(תרגום, translation)이라고 하는데, 타르굼은 주로 아람어로 번역된 것을 의미한다. 그 아람어 타르굼 중에 「타르굼 요나단」(Targum Jonathan)이 있는데, 거기에 '하나님 나라' 또는 '야웨의 나라'라는 말이 등장한다.[1] 예언서를 아람어로 번역하면서 그런 용어를 사용한 것이다. 한편, 구약성서 위경인 「솔로몬의 시편」(Psalms of Solomon) 17:3에 단 한번이지만 '하나님 나라'가 정확히 언급되어 있다.[2]

그러나 구약성서에 하나님이 왕이신 나라, 하나님이 다스리시는 나라에 대한 언급은 많은데 하나님이 왕이신 나라, 하나님이 다스리시는 나라는 하나님 나라일 수밖에 없다. 그러므로 구약성서에는 분명히 하나님 나라 개념이 있다. 하나님 나라는 분명히 성서 전체를 관통하는 개념인 것이다. 구약성서의 하나님 나라 개념은, 하나님이 하늘 보좌에 앉으신 왕이시라는 생각에 기초한다. 여기에 기초해서 하나님께서 넓게는 세상 전체를, 좁게는 이스라엘을 다스리신다는 생각이 나왔다. 전자의 경우 대표적인 구절이 "여호와께서 그의 보좌를 하늘에 세우시고 그의 왕권으로 만유를 다스리시도다"(시 103:19)라는 말씀이고, 후자는 "이는 만군의 여호와께서 시온 산과 예루살렘에서 왕이 되시고 그 장로들 앞에서 영광을 나타내실 것임이라"(사 24:23)는 말씀이다. 하나님이 하늘 보좌에 앉으신 왕으로서 온 세상과 이스라엘을 다스리시는데(시 145:11~13, 사 6:1~5, 단 4:3, 47, 욥 1:21), 그 나라는 멸망하지 않고 영원히 계속된다.(단 6:26, 7:18)

하나님은 왕 구약성서에 하나님 나라 사상이 존재한다는 사실은 하나님은 왕이시라는 용어에서 잘 알 수 있다. 왕은 나라가 있음을 전제하므로, 하나님이 왕이시라는 말은 하나님이 다스리시는 나라가 있다는 뜻이다. 구약성서에는 하나님을 왕으로 표현하는 구절들이 많은데, 사무엘상 8:7이 대표적인 구절이다. 사사시대 이스라엘 백성이 왕을 요구했을 때 사무엘이 망설였다. 그때 하나님께서 사무엘에게, "백성이 네게 한 말을 다 들으라 이는 그들이 너를 버림이 아니요 나를 버려 자기들의 왕이 되지 못하게 함이니라"고 말씀하신다. 하나님께서 자신을 왕이라 칭하신 것이다. 구약학자 아이스펠트(O. Eissfeldt)는 구약성서에서 모두 41번 하나님이 왕으로 지칭되었다고 한다.[3]

시편에서 하나님을 왕으로 찬양하는 내용을 많이 볼 수 있다. "찬송하라 하나님을 찬송하라 찬송하라 우리 왕을 찬송하라 하나님은 온 땅의 왕이심이라"(시 47:6~7)는 말씀이 있고, "온 땅이여 여호와께 즐거이 소리칠지어다… 나팔과 호각 소리로 왕이신 여호와 앞에 즐겁게 소리칠지어다"(시 98:4~6)라는 말씀이 있다. 그 외에도 시편 89:8~14, 99편, 100편 등에서 같은 내용을 볼 수 있다. 그리고 145편을 대표적인 시로 들 수 있다.

하나님은 이스라엘의 왕이신 동시에 온 세상을 다스리는 왕이시다. 시편 47:2, 스가랴 2:11, 말라기 1:14 등에서 하나님이 이방 나라의 왕이 되신다는 내용을 볼 수 있다. 하나님은 모든 나라를 다스리시면서(사 40:22~24) 하나님의 뜻대로 왕을 세우신다(단 4:17, 25, 32). 아무리 강한 왕도 하나님의 도구일 뿐이며(사 10:5~7), 하나님은 모든 나라를 심판하신다(사 13~21장,

렘 46~51장, 겔 25~32장, 암 1장). 이처럼 구약성서에서 하나님이 하늘 보좌에 앉으신 왕으로서 이스라엘과 온 세상을 다스리신다는 생각을 볼 수 있는데, 이것은 간접적으로 하나님 나라의 존재를 말하는 것이다.

하나님이 왕이시라는 생각은 자연스럽게 하나님이 이스라엘을 다스리신다는 생각으로 연결되었다. 왜냐하면 이스라엘은 하나님의 백성이기 때문이다. 하나님은 야곱에게 복을 주시며 "나는 전능한 하나님이라 생육하며 번성하라 한 백성과 백성들의 총회가 네게서 나오고 왕들이 네 허리에서 나오리라"(창 35:11)고 약속하셨다. 그 말씀은 곧 야곱으로 인한 백성이 하나님의 백성이 될 것이라는 의미였다. 하나님은 호렙 산 떨기나무에서 모세를 부르실 때 이미 이스라엘을 '내 백성'이라 부르셨다(출 3:10). 그리고 이스라엘 백성과 시내 산에서 계약을 맺으신 후, 세상 민족 중에서 이스라엘을 '하나님의 소유, 제사장 나라, 거룩한 백성'으로 삼으셨다(출 19:5~6). 하나님은 이스라엘의 하나님이 되시고, 이스라엘은 하나님의 백성이 된 것이다(레 26:12). 이 사실을 신명기 7:6~11에서 상세하게 확인할 수 있다.

역사서, 시편, 예언서 등에서 이스라엘이 하나님의 백성이라는 사실을 계속 발견할 수 있다(왕상 14:7, 대상 11:2, 스 1:3, 시 95:7, 100:3, 사 40:1, 렘 30:22, 겔 14:11 등). 대표적인 구절이 이사야 5:7의 "무릇 만군의 여호와의 포도원은 이스라엘 족속이요 그가 기뻐하는 나무는 유다 사람이라"는 말씀이다.

만군의 여호와 구약성서의 하나님 나라 사상은 '만군의 여호와'라는 칭호에서도 알 수 있다. 왜냐하면 이 칭호는 하나님이 왕이시라는 개념에서 유래했기 때문이다. 만군의 여호와는 구약성서에 많이 등장하는데, 히브리어 '야웨 쯔바오트'(יהוה צבאות)를 번역한 것이다. 직역하면 '군대들의 야웨'라는 뜻이다. 우선 이 말은 문법적으로 문제가 있다. 히브리어 문법에 고유명사가 일반명사 소유격의 주체가 되는 경우는 없기 때문이다. 야웨는 고유명사이다. '엘로헤이 쯔바오트'(יהוה צבאות)라고 해서 '만군의 하나님'이었다면 문제가 없었을 것이다.[4] 그러나 이 칭호의 진짜 문제는 '군대들'의 의미가 불확실하다는 점이다. '만군'이 어떤 군대를 의미하느냐 하는 의문이다.

일단 이스라엘 군대라는 주장이 가능하다. 하나님이 이스라엘 백성을 위해 싸우신다는 생각이 출애굽 때부터 있었다(출 14:14, 25, 민 10:35, 32:21-22, 신 1:30, 3:22, 20:4, 13, 수 10:14, 42, 23:10, 24:12~13). 그리고 사무엘상 17:45에는 '이스라엘 군대의 하나님'이라는 표현이 있다. 언약궤를 '만군의 여호와의 궤'(삼하 6:2)라고 부른 것 역시 같은 맥락이다. 사무엘 시대에 이스라엘이 블레셋과 싸우면서 언약궤를 메고 나간 이유는 '만군의 여호와'가 이스라엘을 위해 싸워 주시기를 바랐기 때문이다(삼상 4:3). 결과는 언약궤를 빼앗기는 재앙으로 끝났지만 말이다. 이렇게 하나님이 이스라엘을 위해 싸우신다는 생각을 구약성서 여러 곳에서 볼 수 있다 (왕상 20:13, 28, 대하 14:11-12, 20:15-17, 27, 29, 시 68:17, 24).

그러나 만군의 여호와가 말하는 군대는 하늘나라 군대인 천사들로 보는 것이 더 정확하다. 이를 알 수 있는 말씀들이 있다. 예를 들면, 시편 103:20~21의 "여호와의 천사들이여 여호와를 송축하라… 모든 천군이여 여호와를 송축하라"라는 말씀이다. 하지만 가장 확실한 경우를 창세기 32:2에서 볼 수 있다. 밧단아람에서 돌아오던 야곱은 얍복 강 주변에서 하나님의 사자들을 만난 후 그들을 하나님의 군대라고 한다. 개역성서가 하나님의 사자들이라고 번역한 단어는 히브리어로 하나님의 천사들(מלאכי אלהים, 말라케이 엘로힘)이 분명하다. 야곱은 하나님의 천사들을 하나님의 군대라고 말하고 있는 것이다(사 24:21 참고). 여기서 알 수 있듯이 '만군'은 근본적으로 하늘 군대, 즉 천사들의 군대라고 보는 것이 옳다. 만군의 여호와라는 칭호는 '하늘 군대를 거느리시는 하나님'이라는 의미다.

시편 148:2에 "그의 모든 천사여 찬양하며 모든 군대여 그를 찬양할지어다"라는 말씀이 있다. 히브리 시의 특성상 여기서 천사와 군대는 같은 말을 반복한 것으로, 천사를 하나님의 군대라고 말한 것이다. 그 외에도 이사야 45:12, 다니엘 4:35, 8:10, 느헤미야 9:6에 하늘 군대에 대한 언급이 있다(시 78:49, 91:11 참고). 이사야 66:15~16에 하나님이 하늘 군대의 수레를 타시는 모습이 묘사되어 있다. 그리고 열왕기하 6:16~17에서 하늘 군대의 모습을 잘 볼 수 있다. 아람 왕의 군대가 당시 도단에 있던 엘리사를 잡기 위해 성읍을 에워쌌을 때, 엘리사는 겁에 질린 사환의 눈을 열어 하늘 군대를 보게 해 주었다. 엘리사의 사환은 불 말과 불 병거가 산에 가득한 모습을 보았다. 그리고 예수께서 탄생하셨을 때 하늘 군대인 천사들이 등장했으며(눅 2:13), 잡히시던 날 밤 예수께서는 '내가 원하면 하나님이 열두 군단도 더 되는 천사를 보내실 것이다'라고 말씀하셨다.(마 26:53)

만군의 여호와라는 칭호에는 하나님이 전쟁을 잘 하시는 분이라는 의미가 들어 있다. 스가랴 14:3에 "그 때에 여호와께서 나가사 그 이방 나라들을 치시되 이왕의 전쟁 날에 싸운 것 같이 하시리라"는 말씀이 있다. 만군의 여호와가 직접 싸우신다는 말씀이다. 이사야 63:1~6에 이런 생각이 더욱 자세히 표현되어 있다. 그러나 이 칭호는 근본적으로 하나님이 왕으로서 백성을 지키신다는 것을 의미한다(사 31:4~5). 군대는 왕의 명령에 따라 움직이며, 왕의 명령 없이 움직이는 군대는 반란을 의미한다. 그러므로 만군의 여호와라는 칭호는 싸움에서 백전백승하는 장수라는 의미라기보다는, 모든 군대를 총괄하는 왕이라는 의미인 것이다. 이사실을 "그 때에 달이 수치를 당하고 해가 부끄러워하리니 이는 만군의 여호와께서 시온 산과 예루살렘에서 왕이 되시고 그 장로들 앞에서 영광을 나타내실 것임이라"(사 24:23)는 말씀에서 알 수 있다.

그래서 '왕이신 만군의 여호와'라는 표현이 여러 곳에 있다. 시편 24:10에 "영광의 왕이 누구시냐 만군의 여호와께서 곧 영광의 왕이시로다"라는 말씀이 있고, 이사야 6:5에 "나는 입술이 부정한 백성 중에 거주하면서 만군의 여호와이신 왕을 뵈었음이로다"는 말씀이 있다. 예레미야 46:18, 48:15에 "만군의 여호와라 일컫는 왕께서 이와 같이 말하노라"는 말씀이 있고, 스가랴 14:16에 "그 왕 만군의 여호와께 경배하며 초막절을 지킬 것이라"는 말씀이 있다(시 84:3, 사 5:7, 슥 14:17 참고). 만군의 여호와이신 하나님이 왕으로서 이스라엘 백성을 지키신다.(사 51:15~16, 22, 슥 14:16~17, 말 1:14)

열왕기하 22:19에 하나님이 하나님 나라의 왕으로서 하늘 보좌에 앉아 계시고 그 좌우를 하늘 군대가 보좌하고 있는 모습이 잘 나타나 있다. "내가 보니 여호와께서 그의 보좌에 앉으셨고 하늘의 만군이 그의 좌우편에 모시고 서 있는데"라는 말씀이다. 여기서 하늘의 만군은 군대들이라는 복수가 아니라 모든 군대라는 표현이지만 그 의미는 만군의 여호와와 같다. 결국 만군의 여호와라는 칭호는 하나님이 왕이시라는 말로서 이 역시 하나님 나라를 전제로 하는 표현인 것이다.

여호와의 날 구약성서에서 많이 볼 수 있는 '여호와의 날' 개념도 하나님 나라와 관계가 있다. 만군의 여호와가 왕으로서 세상을 다스리신다는 생각에서 '여호와의 날' 개념이 나왔기 때문이다(사 24:21). '마지막 날들'(사 2:2)에 있을 '만군의 여호와의 날'(사 2:12)은 심판의 날인 동시에 회복의 날이다. 그날에 죄 지은 이스라엘 백성이나 하나님의 적들은 심판을 받고, 회개하고 돌아선 하나님의 백성이나 의인들은 회복된다.

하나님이 여호와의 날에 의로운 자는 구원하시고 악한 자는 심판하심으로써 참된 정의를 세운다는 사실을 예언서에서 볼 수 있다. 스바냐 1:14~16에 의하면 여호와의 날은 심판의 날이다. '여호와의 날은 분노의 날이요 환난과 고통의 날이요 황폐와 패망의 날이요 캄캄하고 어두운 날이요 구름과 흑암의 날이요 견고한 성읍과 높은 망대를 치는 날이다' 라는 말씀인데, 같은 내용의 말씀을 예언서 곳곳에서 볼 수 있다.

그러나 이런 재앙은 불의한 자나 하나님의 적에게 해당되는 것으로 의로운 자나 하나님께 돌아온 백성에게는 여호와의 날이 오히려 구원의 날이다. 그날은 하나님이 예루살렘에 '구원을 베푸시는 날이며 시온으로 말미암아 기쁨을 이기지 못하시는 날이다'(습 3:16~17). 이새의 뿌리가 만민을 위한 구원의 깃발로 세워지는 날이며 열방이 돌아오는 날이다(사 11:10). 하나님의 백성들이 기쁘게 노래 부르며 전심으로 즐거워하는 날인 것이다. 이런 말씀 역시 예언서 곳곳에서 볼 수 있다.

여호와의 날은 이렇게 심판과 회복을 말하는데 이는 하나님의 절대적 왕권을 전제로 한다. 이스라엘을 포함해 세상 모든 나라를 다스리는 왕이신 하나님이 그 정의를 실현하는 날이 여호와의 날인 것이다. 여호와의 날이 이스라엘 백성에만 해당되는 것이 아니라 세상 모든 나라에 해당된다는 사실을 이사야 2:1~22에서 알 수 있다. 여호와의 날은 '세상을 다스리시는 하나님이 마지막 날에 참된 정의를 이룬다'라는 개념으로 왕이신 하나님의 통치와 깊은 관계가 있다. 그런 의미에서 여호와의 날은 하나님 나라와 연관된 개념이다(말 3:16~18, 4:1~3). 여호와의 날은 곧 하나님의 통치가 완성되는 날인 것이다. 이는 요한계시록과 깊은 관련이 있다.

여호와의 날이 하나님의 왕권과 깊은 관계가 있다는 사실을 미가 4:6~7의 "그 날에는 내가 저는 자를 모으며 쫓겨난 자와 내가 환난 받게 한 자를 모아 발을 저는 자는 남은 백성이 되게 하며 멀리 쫓겨났던 자들이 강한 나라가 되게 하고 나 여호와가 시온 산에서 이제부터 영원까지 그들을 다스리리라 하셨나니"라는 말씀에서 알 수 있다. 그리고 스가랴 14:9의 "여호와께서 천하의 왕이 되시리니 그 날에는 여호와께서 홀로 한 분이실 것이요 그의 이름이 홀로 하나이실 것이라"라는 말씀에서 알 수 있다. 여기서 '그날'이 여호와의 날이다.

여호와의 날은 구약성서에서 '그날'로 많이 등장하며, 신약성서에서는 '주의 날'(살전 5:2, 살후 2:2), '그리스도의 날'(빌 1:10, 2:16), '우리 주 예수 그리스도의 날'(고전 1:8), '주 예수의 날'(고전 5:5, 고후 1:14)로 나타난다. 신약성서의 경우 모두 예수 그리스도의 재림과 심판에 대한 말씀이다. 이 날은 성도들이 하나님의 영원한 기업(상속)을 물려받는 날이다.(히 9:15)

지금까지 살펴본 것처럼 구약성서에는 하나님 나라가 직접 언급되지는 않았다. 그러나 하나님이 절대적 왕권을 가지고 모든 나라와 백성을 통치하신다는 개념은 확실히 있는데 하나님의 통치는 어떤 시간적, 공간적 제한이 없다. 하나님이 왕으로서 통치하시고 그 통치를 받는 백성들이 있다는 말은 하나님 나라가 있음을 전제로 한다. 왕이 있고 백성이 있으면 나라가 있는 것이다.

그 나라는 '기묘자라, 모사라, 전능하신 하나님이라, 영존하시는 아버지라, 평강의 왕'(사 9:6)으로 일컫는 분이 세우신 나라로 '정사와 평강이 무궁하며 지금 이후로 영원히 정의와 공의로 보존하실 나라이다'(사 9:7). 그 나라는 영원한 나라로서 하나님의 통치는 끝이 없으며(시 145:13, 단 4:34), 영원히 망하지 않는다(단 2:44). 사람이 해야 할 일은 '하늘의 왕을 찬양하며 칭송하며 경배하며 그의 행하심이 다 진실하고 의롭다'(단 4:37)라는 것을 고백하는 것이다.

하나님은 왕으로 하늘 보좌에 앉으셔서 하늘나라와 땅의 모든 나라를 다스리신다. 이 사실을 이사야서 25:21~23의 "그 날에 여호와께서 높은 데에서 높은 군대를 벌하시며 땅에서 땅의 왕들을 벌하시리니… 그 때에 달이 수치를 당하고 해가 부끄러워하리니 이는 만군의 여호와께서 시온 산과 예루살렘에서 왕이 되시고 그 장로들 앞에서 영광을 나타내실 것임이라"라는 말씀에서 알 수 있다. 여호와의 날에 왕이신 만군의 여호와가 하늘과 땅을 정의로 심판시하고 영광을 얻으신다는 뜻이다. 이사야 25:21~23은 구약성서의 하나님 나라 개념이 총결집된 구절로서 '하나님은 왕, 만군의 여호와, 여호와의 날, 하나님의 백성' 모두를 볼 수 있다.

구약성서는 '하나님은 왕, 하나님의 백성, 만군의 여호와, 여호와의 날' 등의 개념으로 왕이신 하나님이 하나님 나라 백성을 통치하시고, 정의를 세우시고, 사랑으로 보살피시고, 적들을 이기시며, 마지막 날의 심판을 통해 온전한 하나님 나라를 세우실 것이라고 한다. 이 중에서 특별히 여호와의 날은 요한계시록의 최후 심판과 연결되는 개념이라고 할 수 있다. 구약성서에 하나님 나라가 직접 언급되지는 않으나 내용적으로 볼 때 하나님 나라는 분명히 구약성서의 중심 사상이다. 신약성서를 보면 하나님 나라에 대한 구체적인 정의가 없다. 그 이유는 그 당시 유대인들이 하나님 나라에 대해 이미 잘 알고 있었기 때문일 것이다. 하나님 나라에 대한 그런 익숙함은 구약성서에서 유래한 것이 분명하다. 시편 95, 96, 97, 98, 99편에서 여호와가 다스리시는 나라의 모습을 볼 수 있다.

신약성서의 하나님 나라

신약성서의 경우 하나님 나라에 대한 이야기가 많다. 세례 요한과 예수님의 "회개하라 천국이 가까이 왔느니라"(마 3:2, 4:17)라는 말씀으로 시작해서, 예수님은 하나님 나라(하늘나라, 천국)에 대해 많은 비유를 가르치셨다. 복음서 이후에는 하나님 나라에 대한 말씀이 그리 많지 않으나(행 1:3, 8:12, 19:8, 고전 15:50, 딤후 4:1, 18), 하나님의 백성에 대한 말씀은 꽤 많이 있다(행 15:14, 롬 11:1, 2, 고후 6:16, 딤후 2:19, 히 4:9, 8:10, 11:25, 벧전 2:10, 계 21:3). 신약성서에서 하나님 나라는 복음의 핵심이 분명하다.

그렇지만 신약성서의 하나님 나라 개념에도 어려움이 있는데, 우선 하나님 나라에 대한 정의가 없다. 예수님은 하나님 나라에 관해 많이 말씀하시면서도 '하나님 나라는 이런 나라다'라고 설명하지 않으신다. 주로 천국을 사모할 것과 천국에 들어갈 자와 아닌 자, 그리고 천국에서 큰 자에 대해 말씀하실 뿐이다. '혼인잔치 비유'(마 22:1~14)와 '열 처녀 비유'(마 25:1~13) 등에서 하나님 나라에 대해 말씀하시지만 그를 통해 하나님 나라의 모습을 파악하기는 어렵다. 그 비유들이 하나님 나라에 들어가기를 권면하는 내용이지 하나님 나라에 대한 묘사가 아니기 때문이다.

　복음서가 아닌 책들도 마찬가지다. 하나님 나라를 정의하면서 그 나라에 들어가기를 권면하는 말씀이 없다. 그 이유는 신약시대 사람들이 하나님 나라에 대해 잘 알고 있었기 때문에 굳이 하나님 나라에 대해 설명할 필요가 없었을 것이다. 그러나 신약성서에 하나님 나라에 대한 정의가 없다는 사실은 현대인에게는 하나님 나라 개념을 이해하는데 어려움을 준다.

　더 큰 어려움은 하나님 나라의 현재성과 미래성 때문이다. 신약성서에는 하나님 나라가 현재 실현되었다는 말씀도 있고, 앞으로 올 것이라는 말씀도 있다. 이런 이중적 내용을 조화시키기가 어려운 것이다. 이는 익히 잘 알려진 문제다.

　예수님은 하나님 나라를 현재 실현된 나라로 말씀하신다. 대표적인 구절이 마태복음 12:28의 "그러나 내가 하나님의 성령을 힘입어 귀신을 쫓아내는 것이면 하나님의 나라가 이미 너희에게 임하였느니라"라는 말씀이다. 하나님의 주권이 실현되는 순간이 하나님 나라가 임한 때라는 것이다. 거의 같은 말씀이 누가복음 11:20에 있는데 "그러나 내가 만일 하나님의 손을 힘입어 귀신을 쫓아낸다면 하나님의 나라가 이미 너희에게 임하였느니라"라는 말씀이다. 바리새인들이 하나님의 나라가 언제 임하느냐고 물었을 때, 예수께서는 "또 여기 있다 저기 있다고도 못하리니 하나님의 나라는 너희 안에 있느니라"(눅 17:21)라고 말씀하셨다. 이 역시 하나님 나라의 현재성을 말한다. 이런 말씀들은 하나님 나라가 이 땅에서 이루어졌다고 말한다. 하나님 나라가 이미 도래한 것이다.

그러나 하나님 나라가 미래에 올 것이라는 말씀도 있다. "회개하라 천국이 가까이 왔느니라"(마 4:17)는 말씀이 있고, "여기 서 있는 사람 중에는 죽기 전에 하나님의 나라가 권능으로 임하는 것을 볼 자들도 있느니라"(막 9:1)는 말씀이 있다. '하나님 나라에서 새 포도주를 마실 때까지는 다시는 포도주를 마시지 않겠다'는 말씀도 있다(마 26:29). 그리고 '장차 인자가 구름을 타고 오는 것을 사람들이 보고 그때에 인자가 천사들을 보내어 그 택하신 자들을 하늘 이 끝에서 저 끝까지 사방에서 모으리라'(마 24:30~31)는 말씀과 '인자가 영광스런 모습으로 재림하여 양과 염소를 구분하듯이 모든 민족을 심판하여 의인들은 영생에, 불의한 자는 영벌에 처하겠다'(마 25:31~46)라는 말씀도 하나님 나라의 미래적 실현을 보여 주는 구절들이다.

이 문제를 해결할 수 있는 길이 있다. 그것은 하나님 나라가 지금 분명히 존재하고 있으나 완성된 모습은 아니며, 하나님 나라는 근본적으로 하늘에 존재하지만 그 모형이 이 세상에 존재한다고 설명하는 것이다.[5] 하나님 나라는 지금도 존재하고 있지만 완성된 모습은 아니다. 그리고 하나님 나라의 원형은 하늘에 있지만 그 모형은 땅에 있다. 장차 하나님 나라가 완성되는 날이 있는데 그때 세상의 모형은 더 이상 필요 없게 된다. 이 사실은 요한계시록 해석에 있어서 중요하다.

하나님은 세상 창조 때부터 하나님 나라를 예비하셨으며(마 25:34), 하나님 나라는 그때부터 지금까지 존재하고 있다.[6] 그 나라는 하나님께서 보좌에 앉아 계시며 그룹들이 보좌 주변에서 하나님의 거룩하심을 찬양한다. 천사들이 그 나라에 속해 있으며 아브라함, 이삭, 야곱 같은 족장들로부터 성서시대의 많은 의인들, 예언자들, 순교자들, 예수님 제자들, 교회 지도자들, 그리고 구원 받은 성도들이 그 나라에 있다. 그러나 그들은 아직 부활의 몸을 입은 것이 아니다. 그들은 그리스도의 재림과 심판 때 부활의 몸을 입는다. 그런 의미에서 현존하는 하나님 나라는 아직 완성된 것이 아니다. 하나님 나라는 그리스도의 재림과 더불어 완성되는 것이다. 그것이 하나님 나라가 지금 있지만 앞으로 올 것이라는 의미이다. 하나님 나라는 현재 존재하고 있으며 앞으로 완성될 것인데, 그것이 미래에 온다는 의미이다.

한편, 하나님 나라의 원형은 하늘나라에 있지만 그 모형은 이 세상에 있다. 히브리서 8:5에 "그들이 섬기는 것은 하늘에 있는 것의 모형과 그림자라"는 말씀이 있다. 히브리서 9:23에도 '하늘에 있는 것들의 모형'이라는 말이 있다. 히브리서의 내용은 하늘에 있는 성소와 지상에 있는 성소를 비교하는 말씀으로 하늘에도 성소가 있고 땅에도 성소가 있다는 뜻이다. 하늘에 성소의 원형이 있고 지상에 그 성소의 모형과 그림자가 있듯이 하늘에 하나님 나라의 원형이 있고 지상에 그 나라의 모형이 있다. 구약시대에는 이스라엘이 그 모형이었고(출 19~20장), 신약시대 이후로는 교회가 그 모형이다. 거기에 속한 사람들이 하나님의 백성이기 때문이다.

요한계시록은 더 이상 하나님 나라의 모형이 필요 없는 날이 온다고 하는데[7] 하나님 나라가 완성되는 날이 오기 때문이다. 그날은 바로 '나라가 임하오시며'(눅 11:2)라는 주기도문의 내용이 이루어지는 날이다. 예수께서 재림하시는 날로서, 이 사실을 가장 확실하게 밝히는 것이 새 예루살렘이라는 상징이다. 고린도전서 15:24~26에 "그 후에는 마지막이니 그가 모든 통치와 모든 권세와 능력을 멸하시고 나라를 아버지 하나님께 바칠 때라 그가 모든 원수를 그 발 아래에 둘 때까지 반드시 왕 노릇하시리니 맨 나중에 멸망 받을 원수는 사망이니라"는 말씀이 있다. 이는 하나님 나라의 완성을 의미하는 말씀이다. 요한계시록은 이 사실을 계시한다.

부활의 나라

예수께서 빌라도에게 말씀하신 것처럼 하나님 나라는 이 세상에 속한 나라가 아니다(요 18:36). 그 나라는 하늘에 있으며 지금도 존재하지만 하나님의 백성이 모두 부활의 몸을 가질 때 완성된다. 하나님은 하나님의 백성이 부활의 몸으로 영원히 사는 나라를 계획하셨는데 그것이 진정한 하나님의 나라이다. 완성된 하나님의 나라는 곧 '부활의 나라'를 의미한다. 부활의 나라는 '부활의 몸을 가진 자들이 영원히 사는 나라'인 것이다.

부활의 몸을 입은 자들은 다시 죽을 수 없고 천사와 같이 되는데(막 12:25, 눅 20:36), 그들이 진정한 의미로 하나님의 자녀들이다(눅 20:36). 이것이 '혈과 육은 하나님 나라를 이어받을 수 없고, 썩는 것은 썩지 않는 것을 유업으로 받을 수 없다'(고전 15:50)는 말씀의 뜻이다. 하나님 나라는 믿는 자들이 썩지 않는 몸을 받을 때 비로소 완성되는데, 그때가 바로 예수께서 '모든 통치와 모든 권세와 능력을 멸하시고 나라를 아버지 하나님께 바치시는 때'이다(고전 15:24). 그 나라는 하나님께서 창세로부터 마련해 놓으신 믿는 자들의 안식처이다.(히 4:1-3)

구원에 대한 하나님의 궁극적 목적은 하나님의 백성이 부활의 몸으로 사는 부활의 나라이다. 요한계시록은 이 부활의 나라를 설명하고 부활의 나라를 약속한다. 요한계시록은 한 마디로 부활의 나라를 계시하는 책인 것이다. 이 사실을 기억할 때 요한계시록에 대한 진정한 이해가 가능하다. 요한계시록은 부활의 나라가 있으니 믿음을 지키고, 부활의 나라가 있으니 회개하라고 한다. 부활의 나라가 오기 전에 하늘에서는 이런 일이 있고, 땅에서는 이런 일이 일어날 것이라고 한다. 부활의 나라라는 기초 위에 설 때 요한계시록에 대한 바른 해석이 가능하다. 요한계시록은 알파와 오메가이신 하나님께서 '오메가의 때'를 위해 준비하신 책으로 부활의 나라를 약속한다. 부활의 나라가 요한계시록이 가리키는 진정한 목표인 것이다.

부활의 나라는 부활한 자들이 하나님과 함께 사는 나라로(계 21:3) 하나님께서 친히 그 나라 백성의 눈물을 닦아 주신다(계 21:4). 그 나라는 창세 때부터 이미 예비 된 나라이지만(마 25:30), 예수 그리스도의 재림과 심판 후에 존재한다. 그 나라 백성은 장가도 아니 가고 시집도 아니 가고 하늘에 있는 천사들과 같이 된다(마 22:30). 그 나라는 예수께서 다스리시는 무궁한 나라이며(눅 1:33), 죽음이 없고(눅 20:36), 무수한 천사들과 장자들의 모임이 있으며(히 12:22~23), 흔들리지 않는 나라이다.(히 12:28)

그 나라에는 하나님을 대적하는 세력이 없고(계 21:1) 눈물, 죽음, 슬픔, 울음, 아픔이 없다(계 21:4). 비겁한 자, 믿지 않는 자, 악을 행하는 자, 살인하고 음란한 자, 마술을 행하고 우상숭배 하는 자, 거짓말 하는 자가 없고(계 21:8) 성전, 해, 달이 없고 성문이 닫히지 않는다(계 21:22~25). 하나님과 예수 그리스도가 곧 성전이시고, 하나님의 영광이 비치고, 밤이 없기 때문이다. 그 나라는 사람들이 만국의 영광과 존귀를 가지고 들어가는 나라로서(계 21:26), 생명수 강과 생명나무가 있으며(계 22:1~2), 다시는 저주가 없다(계 22:3). 그 나라 백성의 이마에는 하나님의 이름이 있으며 그들은 하나님의 얼굴을 본다(계 22:4). 요한계시록은 이런 나라를 약속한다. 부활의 나라가 반드시 올 것이니, 이를 믿고 소망을 잃지 말라는 것이다.

2. 삼위일체 하나님과 구원

구원의 주체: 삼위일체 하나님

"내가 또 보니 보좌와 네 생물과 장로들 사이에 한 어린 양이 서 있는데 일찍이 죽임을 당한 것 같더라 그에게 일곱 뿔과 일곱 눈이 있으니 이 눈들은 온 땅에 보내심을 받은 하나님의 일곱 영이더라 그 어린 양이 나아와서 보좌에 앉으신 이의 오른손에서 두루마리를 취하시니라."(계 5:6~7)

요한계시록 5:6~7은 삼위일체 하나님에 대해 언급하고 있다. 어린 양은 그리스도, 하나님의 일곱 영은 성령, 보좌에 앉으신 이는 성부 하나님을 말한다. 신약성서 곳곳에서 삼위일체 하나님을 확인할 수 있다 (마 28:19, 요 14:16, 26, 15:26, 행 2:33, 5:31~32, 10:38, 롬 15:19, 30, 고후 1:21~22, 3:3~6, 13:13, 갈 3:14, 엡 1:8~14, 딛 3:5~7, 히 9:14, 벧전 1:2, 요일 2:22~27, 5:5~8, 유 1:20~21, 계 2:27~29, 3:5~6, 12~13, 21~22). 이 삼위일체 하나님이 구원의 절대적 주체이시다. 구원은 오직 삼위일체 하나님의 은총과 능력으로 주어지는 것이다. 이 외에 다른 길은 없으며 오직 삼위일체 하나님만이 인간의 죄를 사하시고 영원한 생명을 허락하신다.

이 삼위 중에 한 위격이라도 없으면 구원은 불가능하며 성부, 성자, 성령 세 위격이 반드시 필요하다. 삼위일체 하나님은 기독교 교리를 그럴듯하게 보이려고 신학적으로 노력한 결과물이 아니라, 하나님의 구원 계획을 올바르게 정리한 결과이다. 삼위일체 하나님이시기 때문에 구원이 가능하며, 만약 그렇지 않다면 구원은 불가능하다. 유대교가 기독교의 뿌리임에도 불구하고 유대교인은 영생을 얻을 수 없다. 그 이유는 그들이 삼위일체 하나님을 모르기 때문이다. 그들은 오직 성부 하나님만 안다. 그들이 예수 그리스도를 하나님의 아들로 인정하지 않고 성령님의 존재를 모르기 때문에 그들에게는 구원과 영생이 없는 것이다. 유대교와 기독교는 다른 종교가 분명하다.

성자를 인정하지 않으면 성부까지 잃어버린다(요 14:6, 요일 2:22~23). 성부와 성자는 한 분이시기 때문이다(요 10:30, 14:7). 그리고 성령을 모르면 성자를 거부하게 된다. 성령께서 성자를 증언하시기 때문이다(요 15:26). 사람은 성령을 통해서 예수를 주로 고백한다(고전 12:3). 유대교는 성령을 모름으로써 성자를 모르고, 성자를 모름으로써 성부를 잃어버리게 되었다. 그래서 그들이 기독교의 뿌리임에도 불구하고 구원이 없는 것이다. 만약 그들이 모세를 진정으로 알았더라면, 예수를 하나님의 아들로 받아들였을 것이다(요 5:45~47). 구원과 영생은 삼위일체 하나님을 믿는 자만이 얻을 수 있다.

하나님의 구원은 인간의 타락과 함께 시작되었다. 하나님은 아담과 하와를 에덴동산에서 쫓아내시면서 가죽옷을 지어 입혀 주셨고(창 3:21), 생명나무를 없애지 않고 그룹들과 두루 도는 불 칼로 지키게 하셨으며(창 3:24), 아담과 하와가 자식을 얻도록 도우셨다(창 4:1). 노아 홍수 후에는 또 다시 물로 인간과 생물을 멸하지 않을 것을 약속하시고(창 8:21, 9:11, 15), 땅이 있는 동안 삶이 계속될 것을 약속하시고(창 8:22), 노아의 후손들이 세상에 번성하도록 하셨다(창 8:17, 9:7, 10:1~32). 이 모든 일이 하나님의 구원 활동에 속한다.

하지만 하나님의 본격적인 구원 계획은 아브라함과 함께 시작되었다.

아브라함을 선택해 이스라엘 민족을 이루게 하시고(창 12:2~3), 그들로 '하나님의 백성, 제사장 나라, 거룩한 백성이 되게 하셨다(출 19:6, 레 26:12). 그리고 하나님을 섬기게 하시고 메시아를 기다리게 하셨다. 그렇게 구원의 토대를 마련하신 후에 결정적인 일을 행하시는데 하나님이 직접 이 세상에 오신 것이다. 하나님은 두 번 이 세상에 오셨는데, 한 번은 육신으로 오시고 한 번은 영으로 오셨다. 나사렛 예수와 성령이시다.

하나님께서 이 세상에 두 번 오시지 않았다면, 인간의 구원은 불가능하다. 나사렛 예수가 있어야 죄 사함과 부활이 가능하고, 성령이 있어야 이 사실을 믿을 수 있기 때문이다. 인간의 이성으로는 나사렛 예수가 하나님이시라는 것과, 죄 사함과 부활을 믿을 수 없다(요 8:37, 57~59). 성령의 도움이 있어야 나사렛 예수가 태초부터 존재하신 하나님이시라는 것과(요 1:1, 2, 8:58, 요일 1:1, 2:13, 14), 죄 사함과 부활을 믿을 수 있다. 하나님이 성령으로 이 세상에 오신 이유는 나사렛 예수가 하나님이심을 믿도록 도와주시기 위해서였다. 삼위일체 하나님은 각 위격의 사역을 돕고 보완하심으로써 부활과 영생이라는 구원 계획을 이루시는 것이다. 그런 의미에서 삼위일체론은 하나님의 본질에 대한 신학적 주제가 아니라, 인간의 구원에 관한 신학적 주제이다. 삼위일체론을 그렇게 이해할 때 바르게 이해할 수 있다.

구원을 위해 인간이 해야 할 일이 있다. 삼위일체 하나님을 믿고 그 뜻에 순종하는 것이다. 이를 계시에 대한 믿음과 말씀에 대한 순종이라고 할 수도 있다. 아무리 하나님의 구원 계획이 신비롭다 할지라도 아무나 구원을 받는 것은 아니다. 오직 하나님을 믿고 그 뜻에 순종하는 자가 구원을 받는다. 인간이 할 수 있는 일은 오직 믿음과 순종뿐이다. 스스로 죄를 사할 수 없고, 스스로 부활할 수 없고, 스스로 영원한 생명을 얻을 수 없다. 하나님의 구원 계획을 깨달을 수도 없고 믿을 수도 없다. 이 모든 일이 삼위일체 하나님의 은혜가 있어야 가능하다. 인간은 그저 하나님의 초대에 감사로 응할 뿐이다. 구원에 관한 모든 일을 하나님께서 계획하고 이루시므로 구원의 주체는 철저하게 삼위일체 하나님이시다. 요한계시록 역시 이 사실을 강조한다.

성부의 구원

구원에 있어서 성부 하나님의 역할이 가장 결정적이다. 성부께서 모든 계획을 세우셨기 때문이다. 성부께서 아브라함을 불러 가나안으로 보내시며 땅과 후손을 약속하셨다. 가나안에서 아브라함을 보호하시고 백세인 아브라함에게 이삭을 주셨다. 이삭을 통해 야곱을 나게 하시고, 야곱에게 열두 아들을 주셨다. 야곱의 열두 아들은 이스라엘 열두 지파의 조상이 되었다. 하나님은 그 중 하나인 요셉을 애굽으로 보내서서, 열두 아들이 모두 애굽에 정착케 하시고 거기서 민족을 이루게 하셨다. 모세를 통해 이스라엘 열두 지파를 애굽에서 탈출케 하시고, 시내 산에서 이스라엘과 계약을 맺으셨다. 하나님은 이스라엘의 하나님, 이스라엘은 하나님의 백성이 된 것이다. 하나님은 이스라엘 백성에게 유일신 신앙과 율법과 성막(성전)을 주셔서 오직 하나님만을 섬기게 하셨다. 하나님은 광야에서 이스라엘 백성에 대한 지극한 분노를 세 번이나 참고 그들을 가나안 땅으로 인도하셨고(출 32:10, 민 14:12, 16:45), 이스라엘 백성에게 약속하신 땅을 주셨다.

하나님은 사사들을 보내 열두 지파가 가나안에 뿌리 내리게 하셨으며 다윗을 통해 왕국을 이루게 하셨다. 예루살렘이 신앙의 고향이 되게 하시고, 성서를 기록하게 하셨으며, 메시아를 기다리게 하셨다. 하나님은 때가 되어 하나님의 아들이신 예수 그리스도를 세상에 보내서서, 죄 사함의 길을 여시고 부활과 영원한 생명을 약속하셨다. 예수 그리스도의 십자가 죽음은 하나님께서 계획하신 것이다(행 2:23). 그리고 하나님은 성령님을 보내서서 교회를 세우셨다. 그 교회가 구원의 방주가 되게 하셔서, 성도들로 하여금 마지막 날을 기다리게 하셨다. 역사 속에서 이루어진 이 모든 계획은 성부 하나님이 세우신 것이다. 그리고 그 계획은 지금도 하나님의 섭리를 따라 진행되고 있다. 사탄의 방해와 인간의 죄악에도 불구하고 마지막 날에 대한 하나님의 계획은 계속 진행되고 있다.

구원에 있어서 성부의 역할이 결정적이라는 사실은 오직 성부 하나님만 마지막 날이 언제인지 아신다는 것에서 확인할 수 있다. 그날은 성도들이 부활의 몸을 입는 날인데(요 6:39-40, 44, 54, 요 11:24, 12:48), 이 날은 성자도 모르시고 성령도 모르신다. 온 우주에 오직 한 분, 성부 하나님만 아신다. 그래서 예수께서는 "그 날과 그 때는 아무도 모르나니 하늘의 천사들도, 아들도 모르고 오직 아버지만 아시느니라"(마 24:36, 막 13:32, 행 1:7, 살전 5:2)고 말씀하셨다. 마지막 날은 철저하게 성부의 주관 아래 있는 것이다. 요한계시록에도 그날이 도둑 같이 올 것이라는 표현이 있는데(계 3:3, 6:15), 오직 하나님만 그때를 아신다는 뜻이다. 마지막 날이 언제인가를 안다는 자들은 그 사실만으로 거짓 예언자, 이단, 사이비이다. 그날은 성자와 성령조차도 모르시는 날이기 때문이다.

성부께서 구원을 주관하시는 능력과 권세를 가지고 계신 이유는 성부 하나님이 창조주이시기 때문이다. 토기장이는 토기를 그릇으로 완성할 수도 있고 중간에 깨뜨려 버릴 수도 있다. 토기장이는 자신이 만든 토기에 대해 그럴 수 있는 능력과 권세를 가진다. 마찬가지로 하나님께서 인간을 창조하셨기 때문에 인간을 구원하실 능력과 심판하실 권세를 가지시는 것이다. 창조주만이 구원의 주체가 되실 수 있고, 창조주만이 영원한 생명과 영원한 형벌을 주실 수 있다. 그래서 성서는 하나님이 창조주이심을 강조한다. 성서는 하나님이 세상과 인간을 창조하셨다는 사실로 시작해서, 창조주가 세상과 인간을 주관하시고, 새 하늘과 새 땅을 창조하실 것이라는 약속으로 마무리된다. 창조주가 구원하시고 섭리하시고 심판하신다는 말이다.(삼상 2:6~9, 사 40:26~31, 42:5~7, 43:1~7, 45:12~13,

15~21, 51:13~16, 시 33편, 77편, 104편, 105편, 136편, 암 5:4~8, 행 14:15, 엡 2:10, 3:9, 히 12:10)

물론 삼위일체 하나님이시기 때문에 성부만 창조주시라고 할 수는 없다. 성자도 창조에 참여하셨다(고전 8:6, 골 1:15~17, 히 1:8~12, 벧전 1:20). 성자가 창조에 참여하신 것을 "그가 태초에 하나님과 함께 계셨고 만물이 그로 말미암아 지은 바 되었으니 지은 것이 하나도 그가 없이는 된 것이 없느니라"(요 1:2~3)는 말씀에서 알 수 있다. 하지만 성자는 철저히 성부가 주신 권세에 의존하신다. 그래서 예수께서는 "아버지께서 아들에게 주신 모든 사람에게 영생을 주게 하시려고 만민을 다스리는 권세를 아들에게 주셨음이로소이다"(요 17:2)라고 말씀하신다. 그리고 성부의 뜻을 이루기 위해 이 세상에 오셨으며(요 6:38), 오직 성부가 주신 말씀을 전하시며(요 14:10, 24), 성부 하나님께 기도하고 간구하신다.(요 6:11, 17:15~26) 한편, 성령은 성자를 증언하신다(요 15:26, 고전 12:3, 엡 3:4~6). 그러므로 성부께서 구원에 있어 결정적인 역할을 하신다고 할 수 있다.

창조주이신 성부 하나님은 역사를 주관하시며 구원 계획을 이루신다. 아브라함을 선택하신 일부터 교회를 세우시기까지, 역사를 통해 일하시고 역사 안에서 일하신다(렘 1:10, 51:11, 29, 단 4:17, 25, 32). 초월자로서 인간의 구원과 상관없이 멀리 계신 것이 아니라 인간의 구원에 직접 관여하시고 이루어 가시는 것이다. 하나님은 '아브라함과 이삭과 야곱의 하나님'이 되셨으며 하나님의 백성과 항상 동행하시며 그들을 보살피신다. 이스라엘 백성을 애굽에서 인도해내신 분도 하나님이시며 가나안 땅을 정복해 이스라엘 백성에게 주신 분도 하나님이시다. 이 일은 지금도 계속되고 있으며, 그리스도의 재림 때까지 계속 될 것이다.

성자의 구원

성부 하나님께서 구원 계획을 세우시고 이를 위해 성자 예수를 이 세상에 보내셨다고 해서 구원에 있어 성자의 역할을 가볍게 여길 수는 없다. 성자의 역할이 없었다면 구원이 불가능하기 때문이다. 어떤 남자가 자식 열둘을 낳고 그 자식들을 통해 엄청난 일을 이루는 계획을 세웠다고 해도 아내가 없으면 자식을 낳을 수 없는 것처럼, 하나님께서 아무리 완벽한 구원 계획을 세우셨다고 하더라도 예수 그리스도 없이 그 계획이 이루어질 수는 없다. 구원에 있어 성자의 역할 또한 필수적인 것이다.

예수께서 행하신 역할은 첫째, 메시아 대망의 약속이 이루어진 것이다. 하나님께서 예언자들을 통해 약속하셨고 이스라엘 백성이 오랫동안 기다렸던 구세주가 드디어 오신 것이다. 다만 메시아가 이 세상에 오신 목적에 있어서는 하나님의 뜻과 이스라엘 백성의 기대에 차이가 있다. 이스라엘 백성은 유대 민족의 독립과 부흥 같은 정치적인 메시아를 기대했지만, 하나님의 뜻은 세상 모든 민족의 죄 사함과 영원한 생명이라는 영적인 메시아였다. 이렇게 구원의 내용이 달라지긴 했지만, 나사렛 예수가 하나님이 보내신 메시아라는 사실은 분명하다. 하나님의 약속이 이루어진 것이다. 성자는 성부의 약속을 이루신 분으로서 이 사실이 중요하다.

성자는 메시아로서 구원에 대한 성부의 뜻을 세상에 밝히셨다. 그것은 구원의 목표가 이스라엘 민족의 정치적 승리가 아니라, 세상 모든 민족의 영원한 생명이라는 것이다. 오래 동안 사람들에게 감추어져 있었던 하나님의 진정한 구원 계획을 예수께서 밝히신 것이다. 제자들조차 쉽게 깨닫지는 못했지만 예수께서는 이 사명을 잘 감당하셨다. 물론 성자 홀로 이 일을 행하신 것은 아니라 성부께서 인도하시고 성령께서 도우셨지만, 그 모든 일이 예수께서 이 세상에 오셨기에 가능했다. 제자들은 나사렛 예수의 죽음과 부활을 본 후에 구원의 진정한 의미를 깨달았다.

성자의 두 번째 역할은 십자가 사건이다. 나사렛 예수의 죽음은 인류의 모든 죄를 대속하는 죽음으로, 성자의 죽음을 통해 인간의 죄가 사함을 받을 수 있게 되었다. 그 죄는 원죄, 내면적인 죄, 윤리-도덕적인 죄, 사회-법률적인 죄를 모두 포함한다. 죄 사함이 없으면 영원한 생명이 없기 때문에, 성자의 죽음은 구원에 있어 필수적이다. 십자가 사건이 없었다면 구원이 불가능하다. 성부께서 십자가 사건을 계획하셨다고 하더라도 성자의 순종과 실제 죽음이 없었다면 구원도 없다. 성자의 죽음이 결코 쉬운 일이 아니었다는 것을 예수의 고통스러운 겟세마네 기도를 통해 알 수 있다. 나사렛 예수는 즐거운 마음으로 십자가 죽음을 당하신 것이 아니라 괴롭지만 인간의 구원을 위해 성부의 뜻에 순종하신 것이다.

성자의 순종이 없었으면 십자가 사건과 부활이 없었을 것이고 그랬다면 인간의 부활과 영원한 생명도 없다. 그러므로 구원에 있어 성자의 역할도 필수적이다. 그것은 성령의 경우도 마찬가지다. 인간의 구원은 삼위일체 하나님의 역할이 하나가 되었을 때 비로소 가능하며 어느 한 위격의 역할만 없어도 불가능하다. 삼위일체 하나님은 구원을 위한 하나님의 뜻이 이루어진 결과일 뿐, 하나님의 본질을 밝히기 위한 결과가 아닌 것이다. 그러므로 삼위일체론은 인간 구원의 관점에서 이해해야 한다. 삼위일체론이 유일신의 본질을 인간에게 설명하기 위한 것이 아니기 때문이다.

구원을 위한 성자의 세 번째 역할은 부활이다. 나사렛 예수의 부활로 인해 부활의 몸이 있음이 입증되었고, 인간의 부활 역시 가능하다는 사실이 밝혀졌다. 구원의 목적이 부활과 영원한 생명이라는 사실이 확인된 것이다. 제자들은 부활의 몸으로 다시 사신 예수님을 처음에 잘 알아보지 못했는데, 처음으로 경험하는 일이었기 때문이다. 그러나 예수께서 제자들과 함께 식사하시고, 못자국과 창에 찔린 흔적을 보여 주셨을 때, 제자들은 예수님의 부활을 믿을 수밖에 없었다. 그래서 확고한 부활 신앙을 가지고 부활하신 예수님을 복음의 핵심으로 선포했던 것이다. 그들은 목숨을 걸고 예수의 부활을 증언했다.

성자의 마지막 역할은 재림과 심판이다. 예수께서 부활 후 승천하신 것으로 성자의 역할이 끝난 것이 아니다. 앞으로 하실 역할이 남아 있는데, 만왕의 왕, 만주의 주로 다시 이 세상에 오셔서 산 자와 죽은 자를 심판하시는 일이다. 마지막 날은 성부께서 정하시지만, 심판의 주체는 성자이시다. 성자께서 구원받을 자와 아닌 자를 구별하셔서, 한 쪽에는 영원한 생명을 주시고 다른 한 쪽에는 영원한 형벌을 주신다. 마지막 날에 세상 모든 민족이 경외의 눈으로 성자의 재림을 볼 것이다. 이처럼 성자는 구원에 있어 성부 못지않게 중요한 역할을 하신다. 무엇보다 '예수 그리스도를 말미암지 않고서는 성부 하나님께 나아갈 자가 없다.'(요 14:6, 행 4:12, 엡 2:8~10)

성령의 구원

성자가 이 세상에 육신으로 오신 하나님이시라면, 성령은 영으로 오신 하나님이시다. 성령 또한 구원에 있어 필수적인 역할을 하신다. 그렇지 않다면 하나님께서 영의 모습으로 이 세상에 오실 필요가 없었을 것이다. 구원에 관한 성령의 역할은 첫째, 성자를 믿게 하는 것이다. 성령이 아니고서는 나사렛 예수가 하나님의 아들이시며, 세상을 구원하시는 그리스도이심을 믿을 수 없다. 인간을 신으로 고백할 수 없는 것이다. 바울이 말한 것처럼 성령이 아니고서는 예수를 주(主)로 고백할 수 없다.(고전 12:3)

요한복음 15:26에 "내가 아버지께로부터 너희에게 보낼 보혜사 곧 아버지께로부터 나오시는 진리의 성령이 오실 때에 그가 나를 증언하실 것이요"라는 말씀이 있다. 성령께서 예수 그리스도에 관해 증언하신다는 말씀이다. 에베소서 3:4~5에도 성령께서 그리스도의 신비에 관해 사도들과 선지자들에게 계시하신다는 말씀이 있다. 요한일서 5:5~6에 "예수께서 하나님의 아들이심을 믿는 자가 아니면 세상을 이기는 자가 누구냐 이는 물과 피로 임하신 이시니 곧 예수 그리스도시라 물로만 아니요 물과 피로 임하셨고 증언하는 이는 성령이시니 성령은 진리니라"는 말씀이 있는데, 여기서 물은 세례를 의미하고 피는 십자가 죽음을 의미한다. 진리의 영이신 성령께서 나사렛 예수가 하나님의 아들이시며 구세주이심을 증언한다는 뜻이다.

성령의 두 번째 역할은 성도들로 하여금 모든 진리를 깨닫고 실천케 하시는 것이다. 성령의 도우심이 없다면, 사람은 온전한 진리를 깨달을 수 없고 또 진리를 제대로 실천할 수 없다. 구원받을 자격을 얻을 수도 없고, 그것을 지킬 수도 없는 것이다. 요한복음 14:26에 "보혜사 곧 아버지께서 내 이름으로 보내실 성령 그가 너희에게 모든 것을 가르치고 내가 너희에게 말한 모든 것을 생각나게 하리라"는 말씀이 있다. 이 말씀은 믿음을 이해하는데 매우 중요한데 성령이 이 세상에 오셔야 예수께서 전하신 하나님의 말씀을 온전히 깨달을 수 있다는 뜻이다. 성령님이 아니면 제자들은 예수님의 말씀을 제대로 깨달을 수 없다. 예수님의 말씀을 직접 들은 제자들이 그렇다면, 예수님을 직접 만나지 못한 사람들은 말할 것도 없다. 성령을 통해서만 하나님의 말씀을 제대로 깨달을 수 있는 것이다.(요 16:13 참고)

이것은 진리의 실천에 있어서도 마찬가지다. 사람은 스스로 모든 진리를 깨달을 수도 없지만, 진리를 깨달았다고 해서 실천할 수 있는 것이 아니다. '기도하라, 말을 조심하라, 대접받고자 하는 대로 대접하라' 등의 계명은 실천할 수 있지만 '원수를 사랑하며 너희를 핍박하는 자를 위하여 기도하라(마 5:44), 일곱 번씩 일흔 번까지 용서하라(마 18:22), 박해하는 자를 축복하고 저주하지 말라(롬 12:14), 원수가 주리거든 먹이고 목마르거든 마시게 하라' (롬 12:20) 등의 계명은 제대로 실천할 수 없다. 사람의 본성이 왜곡되어 있기 때문이다. 이런 계명은 성령의 도우심이 있어야 실천할 수 있다. 로마서 8장에서 성령께서 진리의 실천을 도와주시는 모습을 볼 수 있다. 바울은 육신의 생각은 사망이요, 영의 생각은 생명과 평안이라고 하면서(롬 8:6), 성령이 거하시는 사람만이 육신의 생각을 따르지 않는다고 한다.(롬 8:9)

성령의 세 번째 역할은 구원의 방주인 교회를 세우시고 교회를 도우시는 것이다. 예수님의 제자들이 교회의 기초가 된 것은 분명하지만, 교회는 성령 강림과 더불어 시작되었다고 보아야 한다. 그래서 최초의 교회를 가버나움 교회라고 하지 않고 예루살렘 교회라고 하는 것이다. 예수께서 갈릴리 호수 주변에서 제자들을 데리고 다니시던 시절을 교회라고 하지는 않는다. 하지만 오순절 성령 강림이 있은 후 예루살렘 공동체는 분명히 교회였다. 예수께서 놓으신 기초 위에 성령께서 교회를 세우신 것이다. 그리고 그 세우신 교회를 도우신다.

교회는 예배, 교육, 전도 및 선교, 봉사, 교제 등의 사명을 가지고 있는데 성령께서 이런 교회의 사명을 도우신다. 성령께서 예배를 도우실 때 사람의 지혜와 뜻이 아닌 예배, 진리의 영과 함께 드리는 참된 예배를 드릴 수 있다. 교육, 전도, 선교, 봉사, 교제도 마찬가지다. 성령께서 교회의 사명을 도우시는 것과 아닌 것은 그 결과가 아주 다르다. 사람의 지혜와 능력으로 교회의 사명을 실천하면 그 결과는 교만, 자랑, 분열, 시기 등으로 나타난다. 오직 성령의 지혜를 따를 때 그 결과가 사랑, 하나 됨, 겸손, 기쁨으로 나타날 수 있다. 성령께서 교회를 교회답게 하시는 것이다. 교회의 사명은 성령에 의해 시작되고, 성령에 의해 유지되며, 성령에 의해 완성된다. 그러므로 구원에 있어서 성령의 역할 또한 필수적이다. 성령의 역할이 없다면 예수를 하나님의 아들로 믿을 수 없고, 교회가 존재할 수 없고, 교회가 교회답지 못하기 때문이다.

에베소서 4:30에 "하나님의 성령을 근심하게 하지 말라 그 안에서 너희가 구원의 날까지 인치심을 받았느니라"라는 말씀이 있다. 여기서 구원의 날은 재림의 날을 의미하는데, 성령께서 마지막 날까지 성도들의 구원을 도우신다는 뜻이다. 성령의 구원에 대한 말씀을 에베소서 1:13~14, 4:7~12, 데살로니가후서 2:13, 히브리서 2:4, 10:15~16, 베드로전서 1:11~12, 요한일서 2:27, 3:24, 4:13, 5:6~8 등에서 볼 수 있다.

소망의 책

하늘 보좌에 앉으신 하나님, 육신으로 이 세상에 오신 하나님, 영으로 이 세상에 오신 하나님, 이 삼위일체 하나님이 협력하여 인간의 구원을 이루신다. 하나님께서 쉬지 않고 일하신 결과 인간이 구원을 받는 것이다(요 5:17, 고후 11:2, 엡 3:20, 빌 1:6). 하나님께서 그렇게 일하시는 이유는 인간에 대한 지극한 사랑 때문이다(엡 3:18~19). 하나님의 사랑을 믿고 그 뜻에 순종하는 자는 마지막 날에 구원을 받는데 구원은 부활의 몸과, 영원한 생명과, 영원한 상급과, 부활의 나라를 의미한다.

요한계시록은 구원의 소망을 주는 책으로 마지막 날에 대한 소망으로 환난과 박해를 이기라고 한다. 그 소망의 궁극적 실체는 새 예루살렘, 즉 부활의 나라이다. 부활의 나라는 요한계시록의 결론인 동시에 성서 전체의 결론인 것이다. 요한계시록은 구원의 완성을 계시하는 책이며, 하나님의 백성을 위로하는 책이다. 구원이 어떻게 완성되는가를 보여줌으로써, 위기에 처한 하나님의 백성들을 위로한다. 그러므로 요한계시록은 어렵다고 멀리할 책이 아니라, 가까이 두고 항상 읽어야 하는 책이다. 그래서 믿는 자의 궁극적 소망이 무엇인지 늘 확인해야 한다. 특히 개인이나 공동체가 위기에 처했을 때, 요한계시록을 통해 위로 받고 구원에 대한 소망을 가져야 한다. 요한계시록은 해석이 어렵고 읽기 무서운 책이 아니라, 구원의 완성을 계시하는 기쁨의 책이다.

요한계시록은 성서의 마지막 책으로 창조로부터 시작된 하나님의 구원 계획의 결론이다. 그리고 신약의 마지막 책으로 예수께서 전하신 복음의 결론이다. 이 둘은 동일하게 '새 예루살렘'을 가리키는데, 새 예루살렘은 역사의 종말을 의미하므로 요한계시록은 역사의 결론이기도 하다. 기독교인은 요한계시록을 통해 구원의 완성과 역사의 최종 의미를 깨닫는다. 그런 뜻에서 요한계시록은 계시의 완성이다.

요한계시록은 현존하는 하나님 나라가 완성되어 가는 모습을 보여 주는데, 그 나라가 완성되기까지 심각한 유혹과 박해와 어려움이 있다. 그래서 성도들의 눈물과 인내와 기도가 필요하고 굳센 믿음이 필요하다. 하지만 성도들이 버려진 것은 결코 아니다. 삼위일체 하나님께서 보살피시고, 천사들과 하늘의 하나님 백성이 그들을 돕는다. 그래서 결국은 성도들이 승리한다. 하나님 나라가 완성되며 부활의 나라가 이루어지는 것이다. 하나님은 요한계시록을 통해 부활의 나라를 약속하시는데, 이 약속을 믿고 그 나라를 소망하는 자는 천사와 동등한 부활의 자녀가 된다(눅 20:36). 이것이 인간이 얻을 수 있는 최고의 복이다.

만왕의 왕으로 다시 오실 예수께서 이렇게 말씀하신다. "내가 진실로 속히 오리라."

부활의 날을 소망하는 성도들은 이렇게 기도한다. "아멘 주 예수여 오시옵소서."

부활의 증인이 되는 주의 종들은 이렇게 축복한다. "주 예수의 은혜가 모든 자들에게 있을지어다. 아멘."

주

1장 종말을 위한 계시

(1) E. Boring, *Revelation*(Louisville: John Knox, 1989), 10.

(2) 필립 샤프, 「교회사 전집2: 니케아 이전의 기독교」, 이길상 옮김(고양: 크리스챤 다이제스트, 2004), 59.

(3) R. E. Brown, *An Introduction to the New Testament*(New York: Doubleday, 1997), 806. 도미티아누스는 45세 생일을 앞둔 96년 9월에 암살당했다.

(4) Leonard L. Thompson, *The Book of Revelation*(Apocalypse and Empire)(New York: Oxford University Press, 1990), 105.

(5) Leonard L. Thompson, ibid, 15.

(6) A. D. Collins, "Myth and History in the Book of Revelation: The Problem of Its Date," *Traditions in Transformation: Turning Points in Biblical Faith*, eds by B. Halpern, J. D. Levenson, and F. M. Cross(Winona Lake, Ind: Eisenbrauns, 1981), 394-395.

(7) 필립 샤프, 「교회사 전집2: 니케아 이전의 기독교」, 이길상 옮김(고양: 크리스챤 다이제스트, 2004), 60.

(8) B. K. Blount, *Revelation*(Louisville: Westminster John Knox, 2009), 6.

(9) 필립 샤프, 「교회사 전집2: 니케아 이전의 기독교」, 이길상 옮김(고양: 크리스챤 다이제스트, 2004), 59.

(10) Eusebius, *The History of the Church from Christ to Constantine*, tr. by G. A. Williamson(London [etc.]: Penguin Books, 1989), 102.

(11) B. K. Blount, *Revelation*(Louisville: Westminster John Knox, 2009), 8.

(12) '당시 기독교인들은 황제와 그 조상(彫像)에 대한 신적 공경을 거부하고, 국가의 경축 행사 의식에 참여하지 않고, 군대 복무를 꺼리고, 정치와 세상일에 무관심한 반면 영생에 깊은 관심을 가졌기 때문에, 황제와 로마 제국에 적대감을 가지고 있으며 반역을 꾀하는 게 아닌지 의심 받았다. 범신론 사상에 젖어 있던 로마 사람들은 유일신론을 믿는 기독교인들을 무신론자들이자 신들의 원수로 혐오하면서, 예배와 애찬 모임에서 근친상간과 식인(食人)을 자행한다는 소문을 믿었으며 그 시대에 자주 발생한 재난을 기독교인 때문에 신들이 내린 벌로 이해했다' - 필립 샤프, 「교회사 전집 2 : 니케아 이전의 기독교」, 이길상 옮김(고양: 크리스챤 다이제스트, 2004), 58.

(13) 필립 샤프, 같은 책, 60.

(14) 필립 샤프, 같은 책, 60~61. 편지 전문에 관해 E. Boring, *Revelation*(Louisville: John Knox, 1989), 14~15 참고.

(15) 학자들은 묵시문학의 기원을 크게 둘로 본다. 하나는 '이방 종교나 외래 사상의 영향 때문' 이라는 것이고(페르시아의 조로아스터교, 바빌로니아, 그리스 등), 다른 하나는 '이스라엘 전통 신앙의 재해석'이라는 것이다. 후자는 그 뿌리를 지혜 전승에서 찾는 입장과(von Rad), 예

언 전승에서 찾는 입장으로 나눌 수 있다(R. H. Charles, H. H. Rowley, F. M. Cross, P. D. Hanson 등). 이 중에서 묵시문학 연구의 흐름을 주도하는 입장은, 예언문학이 묵시문학의 뿌리라는 것이다. 그들은 묵시문학에 있는 지혜 전승은 이차적일 뿐이라고 설명한다. 묵시문학의 근본 사상인 종말론적 시각이 지혜문학에 없기 때문이다. 묵시문학은 예언 전승을 종말론적 시각으로 재해석한 것으로, 바빌로니아 포로에서 돌아온 귀환 공동체에 의해 시작된 것으로 볼 수 있다. 묵시문학의 뿌리를 이사야 56~66장, 에스겔 40~48장, 스가랴 9~14장, 다니엘서 등에서 볼 수 있다.

(16) Williston Walker, *A History of the Christian Church*, 4th ed.(Edinburgh: T. & T. Clark, 1986), 70.

(17) 이 문제에 관해 E. Boring, *Revelation*(Louisville: John Knox, 1989), 2~3을 참고하라. 이레네우스와 아우구스티누스는 요한계시록에 대해 긍정적인 시각을 가졌다.

(18) 박두환, "요한계시록 어떻게 해석할 것인가?", 「성서마당」 2008년, 여름호, 26~36. 요한계시록 해석사에 관해, 이형의 "초기 교회로부터 근대까지 계시록의 해석사", 「요한계시록의 신학적 이해」 (서울: 기독교서회, 2004), 15~45를 참고하라.

(19) C. M. Pate, *Four Views on the Book of Revelation*(Grand Rapids, Mich: Zondervan Publishing House, 1998), 17~18. 그리고 Steve Gregg, *Revelation, Four Views: A Parallel Commentary*(Nashville, Tenn: T. Nelson Publishers, 1997)를 참고하라.

(20) David L. Barr, *Tales of the End*(Santa Rosa: Polebridge Press, 1998), 152.

2장 일곱 교회에 보내는 편지

(1) B. Witherington, *Revelation*(Cambridge, U.K.: Cambridge University Press, 2003), 27.

(2) 헬라어에서 유래한 영어 apocalyptic은 한 때 '문학 장르, 사회 운동, 묵시 사상' 등 명사적 의미로 사용하였다. 그러나 이것이 개념의 혼돈을 가져온다고 해서 최근에는 apocalyptic을 '묵시적'이라는 형용사로, apocalypse는 '묵시문학'(apocalyptic literature)이라는 문학 장르로, apocalypticism은 '묵시 사상'이라는 사회적 이념으로 사용한다.

(3) A. Y. Collins, "Myth and history in the book of Revelation: the problem of its date," Traditions in Transformation: Turning Points in Biblical Faith, B. Halpern, J. D. Levenson, F. M. Cross eds.(Winona Lake, Ind: Eisenbrauns, 1981), 377.

(4) Horst Balz and Gerhard Schneider, *Exegetical Dictionary of the New Testament*, Vol. 1(Grand Rapids, Mich: Eerdmans, 1990), 172.

(5) E. Boring, *Revelation*(Louisville: John Knox, 1989), 75.

(6) R. H. Mounce, *The Book of Revelation*(Grand Rapids: Eerdmans, 1977), 69~70.

(7) B. K. Blount, *Revelation*(Louisville: Westminster John Knox, 2009), 34.

(8) R. Waddell, *The Spirit in the Book of Revelation*(Dorset: Deo Publishing, 2006), 14.

(9) 히브리어 '에드 네에만'(נאמן עד)은 '충성된 증인, 신실한 증인, 믿을 수 있는 증인'이라는 뜻이다. 개역성서는 이를 '확실한 증인'이라고 번역했다. 히브리 성서로는 시편 89:38이다.

(10) E. Boring, *Revelation*(Louisville: John Knox, 1989), 76.

(11) E. Boring, *Revelation*(Louisville: John Knox, 1989), 76.

(12) B. Witherington, *Revelation*(Cambridge, U.K.: Cambridge University Press, 2003), 79. 그리고 B. K. Blount, *Revelation*(Louisville: Westminster John Knox, 2009), 42.

(13) Scott T. Carroll, "Patmos", *The Anchor Bible Dictionary*, Vol. 5, D. N. Freedman ed.(New York: Doubleday, 1992), 179.

(14) B. K. Blount, *Revelation*(Louisville: Westminster John Knox, 2009), 42.

(15) Scott T. Carroll, *ibid.*, 179.

(16) C. J. Hemer, *The Letters to the Seven Church of Asia in Their Local Setting*(Grand Rapids: Eerdmans Publishing, 2001), 28.

(17) B. K. Blount, *Revelation*(Louisville: Westminster John Knox, 2009), 42.

(18) K. Dix, "Books and Bookmaking in Antiquity", *The Oxford Companion to the Bible*, ed. by Bruce Metzger and Michael Coogan(Oxford: Oxford University Press, 1993), 93.

(19) 권성수, 「요한계시록」 (서울: 선교횃불, 1999), 34.

(20) 예언자들은 이스라엘을 여호와의 신부라고 불렀는데(사 54:1~6, 렘 31:32, 겔 16:8, 호 2:2~20), 여기서 교회가 그리스도의 신부라는 개념이 유래했다. 신약성서 기자들은 교회를 새 이스라엘로 보았기 때문에 자연스럽게 여호와와 이스라엘의 관계를 그리스도와 교회의 관계로 차용했다. 예수 그리스도는 신령한 신랑으로서 사랑스런 신부를 찾으며, 그 신부와 계약 관계를 맺는다.

(21) R. H. Charles, *A Critical and Exegetical Commentary on the Revelation of St. John*(Edinburgh: T. & T. Clark, 1920), 52.

(히브리어) Balaam = bala am(בלע עם) "he has consumed the people"

(헬라어) Nikolaus = nika laon(νικα λαον) "he overcame the people"

(22) 잠언 3:18, 11:30, 13:12, 15:4에 등장하는 생명나무는 '지혜, 의, 소망, 온유' 등에 대한 비유일 뿐 영원한 생명을 뜻하는 것이 아니다.

(23) D. E. Aune, *Revelation 1~5*(Dallas: Word Books, 1997), 160.

(24) T. S. Daniels, *Seven Deadly Spirits*(Grand Rapids: Baker Academic, 2009), 48.

(25) B. K. Blount, *Revelation*(Louisville: Westminster John Knox, 2009), 53. 에베소는 아데미의 신전지기였다.(행 19:35)

(26) T. S. Daniels, *ibid.*, 48.

(27) 이필찬, 「내가 속히 오리라」 (서울: 이레서원, 2006), 134.

(28) P. B. Duff, "The Synagogue of Satan: Crisis Mongering and the Apocalypse of John," *The Reality of Apocalypse*, ed. D. L. Barr(Atlanta: Society of Biblical Literature, 2006), 168.

(29) B. K. Blount, *Revelation*(Louisville: Westminster John Knox, 2009), 57.

(30) Ibid., 57.

(31) C. J. Hemer, *The Letters to the Seven Church of Asia in Their Local Setting*(Grand Rapids: Eerdmans Publishing, 2001), 84.

(32) 권성수, 「요한계시록」 (서울: 햇불, 1999), 69.

(33) O. K. Peters, *The Mandate of the Church in the Apocalypse of John*(New York: Peter Lang Publishing, 2005), 145.

(34) W. Howard-Brook and A. Gwyther, *Unveiling Empire*(Maryknoll: Orbis Books, 1999), 104.

(35) J. Kovacs, C. Rowland, R. Callow, *Revelation: the Apocalypse of Jesus Christ*(Malden, MA: Blackwell, 2004), 54.

(36) G. R. Osborne, *Revelation*(Grand Rapids: Baker Academic, 2002), 153.

(37) E. M. Räpple, *The Metaphor of the City in the Apocalypse of John*(New York: Peter Lang Publishing, 2004), 78.

(38) G. R. Osborne, *Revelation*(Grand Rapids: Baker Academic, 2002), 172.

(39) S. J. Kistemaker, *Revelation*(Grand Rapids: Baker Books, 2001), 152.

(40) W. W. Gasque, "Philadelphia," *The Anchor Bible Dictionary*, Vol. 5, D. N. Freedman ed.(New York: Doubleday, 1992), 304.

3장 일곱 인의 재앙

(1) B. K. Blount, *Revelation*(Louisville: Westminster John Knox, 2009), 90.

(2) D. W. Johnson, *Discipleship on the Edge*(Vancouver: Regent College Publishing, 2004), 136.

(3) B. K. Blount, *Revelation*(Louisville: Westminster John Knox, 2009), 92.

(4) 권성수, 「요한계시록」 (서울: 햇불, 1999), 146.

(5) C. S. Keener, *Revelation*(Grand Rapids: Zondervan, 2000), 173.

(6) W. J. Harrington, *Revelation*(Collegeville: The Liturgical Press, 1993), 80. 그리고 R. S. Morton, *One upon the Throne and the Lame*(New York: Peter Lang Publishing, 2007), 92.

(7) G. Petzke, *Exegetical Dictionary of the New testament*, Vol. II, ed. by H. Balz and G. Schneider(Grand Rapids: Eerdmans, 1991), 110.

(8) J. Roloff, *The Revelation of John*, tr. by J. E. Alsup(Minneapolis: Fortress Press, 1993), 71.

(9) M. E. Boring, *Revelation*(Louisville: John Knox Press, 1989), 105.

(10) M. R. Hoffmann, *The Destroyer and the Lamb*(Tübingen: Mohr Siebeck, 2005), 150.

(11) H. Kraft, *Exegetical Dictionary of the New testament*, Vol. III, ed. by H. Balz and G. Schneider(Grand Rapids: Eerdmans, 1991), 273~274.

(12) H. Kraft, *ibid.*, 274.

(13) B. K. Blount, *Revelation: A Commentary*(Louisville, Ky: Westminster John Knox Press, 2009), 127.

(14) D. E. Aune, *Revelation 6~16*(Nashville: Thomas Nelson Publishers, 1998), 397.

(15) B. K. Blount, *Revelation: A Commentary*(Louisville, Ky: Westminster John Knox Press, 2009), 128~129.

(16) S. Pattemore, *The People of God in the Apocalypse Discourse, Structure, and Exegesis*(Cambridge, UK: Cambridge University Press, 2004), 114.

(17) 구약성서에서 단 지파의 오명을 볼 수 있다. '어머니(슬로밋)는 단 지파 여자이고 아버지는 애굽 남자인 어떤 사람이 여호와의 이름을 저주했으며(레 24:10~11), 드보라와 바락이 하솔의 시스라와 싸울 때 단 지파는 빠졌으며(삿 5:17), 단 지파는 지파의 땅을 멋대로 옮겼으며(삿 17~18장), 여로보암이 벧엘과 단에 금송아지를 두었다.'(왕상 12:29)

(18) J. H. Charlesworth, *The Old Testament Pseudepigrapha, Vol. 1, Apocalyptic Literature and Testaments*(New York: Doubleday, 1983), 23~24. 일곱 대천사의 이름은 Suru'el, Raphael, Raguel, Michael, Saraqa'el, Gabriel, Remiel이다.

4장 일곱 나팔의 재앙

(1) B. K. Blount, *Revelation: A Commentary*(Louisville, Ky: Westminster John Knox Press, 2009), 179.

(2) M. E. Boring, *Revelation*(Louisville: John Knox Press, 1989), 137~8.

(3) D. R. Edwards, "Gentiles, Court of the," *The Anchor Bible Dictionary*, Vol. 2, D. N. Freedman ed.(New York: Doubleday, 1992), 963.

(4) A. K. W. Siew, *The War between the Two Beasts and the Two Witnesses: A Chiastic Reading of Revelation 11:1~14:5*(London: T&T Clark, 2005), 217.

5장 붉은 용과 어린 양의 승리

(1) O. Böcher, *Exegetical Dictionary of the New testament*, Vol. I, ed. by H. Balz and G. Schneider(Grand Rapids: Eerdmans, 1990), 212. 벨리알은 신약성서에서 고린도후서 6:15에만 등장한다.

(2) B. K. Blount, *Revelation: A Commentary*(Louisville, Ky: Westminster John Knox Press, 2009), 248. 사람들은 네로가 죽은 것이 아니라 동쪽으로 도망갔으며, 언젠가 다시 군대를 이끌고 와서 집권할 것이라고 생각했다. 또는 네로가 정말 죽었지만 죽은 자 가운데서 다시 살아나 돌아올 것이라고 생각했는데 기독교인들은 이것을 두려워했다.

(3) 권성수, 「요한계시록」 (서울: 햇불, 1999), 283.

(4) B. K. Blount, *Revelation: A Commentary*(Louisville, Ky: Westminster John Knox Press, 2009), 251.

(5) B. K. Blount, *Revelation: A Commentary*(Louisville, Ky: Westminster John Knox Press,

2009), 258.

(6) R. H. Mounce, *The Book of Revelation*(Grand Rapids: Eerdmans, 1977), 262.

(7) R. H. Mounce, *ibid.*, 265에서 재인용.

(8) S. S. Smalley, *The Revelation to John*(Downers Grove: InterVarsity Press, 2005), 352~353.

(9) S. K. Tonstad, *Saving God's Reputation*(London: T & T Clack International, 2006), 165.

(10) S. K. Tonstad, *ibid.*, 193.

6장 일곱 대접의 재앙

(1) F. Annen, *Exegetical Dictionary of the New testament*, Vol. II, ed. by H. Balz and G. Schneider(Grand Rapids: Eerdmans, 1991), 136.

(2) J. H. Charlesworth, *The Old Testament Pseudepigrapha*, Vol. 1(Garden City: Doubleday, 1983), 46.

(3) 므깃도가 산이 아니기 때문에 하르마게돈은 히브리어 '하르 므깃도'(므깃도 山)가 아니라, '이르 므깃도'(므깃도 市), 아람어 '아르아 므깃도'(므깃도 땅), 이사야 14:13에 나오는 '하르 모에드'(집회의 山) 등으로 설명하기도 한다. 이런 설명 모두 뚜렷한 약점이 있으며 어느 것도 정확한 설명이 아니다. 아마겟돈에 대한 지리적, 어원론적 설명에 대해 G. R. Osborne, *Revelation*(Grand Rapids: Baker Academic, 2002), 594~595를 참고하라.

7장 최후 승리와 새 예루살렘의 도래

(1) B. K. Blount, *Revelation: A Commentary*(Louisville, Ky: Westminster John Knox Press, 2009), 319.

(2) B. K. Blount, *ibid.*, 319.

(3) 일곱 왕을 일곱 왕국으로 해석하는 경우도 있다. 그럴 경우 이미 망한 다섯을 이집트, 아시리아, 바빌로니아, 페르시아, 그리스로 설명하고 지금 있는 하나를 로마 제국으로 설명한다. 아직 이르지 않은 하나는 알 수 없으며 17:11의 여덟 번째는 적그리스도의 왕국이라고 한다.

(4) R. E. Coleman, *Singing with the Angels*(Grand Rapids: Fleming H. Revell, 1980), 145.

(5) L. L. Johns, *The Lamb Christology of the Apocalypse of John*(Tübingen: Mohr Siebeck, 2003), 184.

(6) J. R. Yeatts, *Revelation*(Scottdale: Herald Press, 2003), 360.

(7) D. Mathewson, *A New Heaven and a New Earth*(London: Sheffield Academic Press, 2003), 217-221 참고.

(8) R. E. Coleman, *Singing with the Angels*(Grand Rapids: Fleming H. Revell, 1980), 150.

(9) B. R. Rossing, *The Choice Between Two Cities*(Harrisburg: Trinity Press International, 1999), 145~146.

(10) D. E. Aune, *Revelation 17~22*(Nashville: Thomas Nelson Publishers, 1998), 1180.

(11) E. Walhout, *Revelation Down to Earth: Making Sense of the Apocalypse of John*(Grand Rapids, Mich: W. B. Eerdmans, 2000), 237.

(12) J. Kirsch, *A History of the End of the World: How the Most Controversial Book in the Bible Changed the Course of Western Civilization*(San Francisco: HarperSanFrancisco, 2006), 23.

(13) 헬라어 성서는 고린도전서 16:22에서 아람어 '마라나 타'(אתא אנרמ, Our Lord, Come!)를 헬라어로 음역해서 '마라나 싸'(μαρανα θα)로 기록한다. 그러나 요한계시록 22:20은 음역하지 않고 '마라나 타'의 뜻인 "주 예수여, 오시옵소서"라고 기록한다.

8장 하나님의 구원 계획

(1) Herion, Gary A., Astrid B. Beck, and David Noel Freedman. *The Anchor Bible Dictionary*. Vol. 4, K-N(New York: Doubleday, 1992), 53~54.

(2) J. H. Charlesworth, *The Old Testament Pseudepigrapha*, Vol. 2(Garden City, New York.: Doubleday, 1985), 665. 위경이란 위조문서라는 뜻이 아니라 다른 사람 이름(위명)으로 쓴 책이라는 뜻이다. 하늘나라는 주로 후대 유대문헌에 나오며, 하나님 나라에 대한 완곡한 표현으로 생각된다. 유대인들은 후대로 갈수록 하나님의 이름을 직접 언급하는 일을 자제했다. 신약성서에서도 유대적 성향을 많이 보이는 마태복음은 하나님 나라 대신에 하늘나라(천국)를 사용한다.

(3) G. R. Beasley-Murray, *Jesus and the Kingdom of God*(Grand Rapids, MI: Eedermans, 1986), 17에서 재인용. 많은 학자들이 아이스펠트의 말을 인용한다.

(4) 시편 89:8에 '여호와 만군의 하나님'(야웨 엘로헤이 쯔바오트)라는 표현이 있다. 그러나 흔한 표현은 아니다.

(5) 하나님 나라에 관한 예수의 가르침을 '출범'(inauguration)과 '완성'(consummation)의 구도로 설명하기도 한다. 하나님 나라를 하나님의 통치로 보면서 예수의 오심으로 하나님의 통치가 출범하였으며, 미래에 완성될 것이라는 설명이다. -김세윤, 「복음이란 무엇인가」(서울: 두란노 아카데미, 2003), 90~91. 그러나 하나님 나라는 예수님의 오심으로 출범한 것이 아니라 구약시대에도 있었으며 단순히 하나님의 통치만을 의미하는 것이 아니라 하늘에 실제로 존재하고 있는 나라를 의미한다.(시 103:19~22, 사 24:21~23)

(6) 아우구스티누스는 '하나님의 도성'이 마지막 심판 후에 비로소 전개되는 것이 아니라 창조 때부터 존재하여 최후 심판 후 신비적인 변혁을 거쳐 새 하늘과 새 땅으로 이어지게 된다고 한다. - 이형기, 「역사 속의 종말론」(서울: 대한기독교서회, 2004), 88-89.

(7) 하늘의 원형과 지상의 모형에 대한 비슷한 말씀이 히브리서 11장에 있다. 아브라함이 가나안에서 나그네로 살면서 더 나은 고향, 하늘에 있는 고향을 기다리고 사모했다는 말씀이다.(히 11:14~16)

참고문헌

Aune, D. Edward. *Revelation 1~5.*(Dallas: Word Books, 1997).

Aune, D. Edward. *Revelation 6~16.*(Nashville: T. Nelson, 1998).

Aune, D. Edward. *Revelation 17~22.*(Nashville: T. Nelson, 1998).

Balz, Horst Robert, and Gerhard Schneider. *Exegetical Dictionary of the New Testament.* (Grand Rapids, Mich: Eerdmans, 1990).

Beasley-Murray, George Raymond. *Jesus and the Kingdom of God.*(Grand Rapids, Mich: W. B. Eerdmans, 1986).

Blount, Brian K. *Revelation: A Commentary.*(Louisville, Ky: Westminster John Knox Press, 2009).

Boring, M. Eugene. *Revelation.*(Louisville: John Knox Press, 1989).

Brown, R. Edward. *An Introduction to the New Testament.*(New York: Doubleday, 1997).

Charles, R. H. *A Critical and Exegetical Commentary on the Revelation of St. John: with Introd., Notes, and Indices, Also the Greek Text and English Translation.* (Edinburgh: T. & T. Clark, 1920).

Charlesworth, James H. *The Old Testament Pseudepigrapha. Vol. 1, Apocalyptic Literature and Testaments.*(New York: Doubleday, 1983).

Charlesworth, James H. *The Old Testament Pseudepigrapha. Vol. 2, Expansions of the "Old Testament" and legends, wisdom and philosophical literature, prayers, psalms, and odes, fragments of lost Judeo-Hellenistic works.*(Garden City, N.Y.: Doubleday, 1985).

Coleman, Robert Emerson. *Singing with the Angels.*(Grand Rapids, Mich: F.H. Revell, 1998).

Collins, Adela Y. "Myth and history in the book of Revelation: the problem of its date," *Traditions in Transformation: Turning Points in Biblical Faith.* eds. B. Halpern, J. Levenson and F. M. Cross.(Winona Lake, Ind: Eisenbrauns, 1981).

Daniels, T. Scott. *Seven Deadly Spirits: The Message of Revelation's Letters for Today's Church.*(Grand Rapids, Mich: Baker Academic, 2009).

Dix, Keith. "Books and Bookmaking in Antiquity," *The Oxford Companion to the Bible.* eds. by Bruce Metzger and Michael Coogan.(Oxford: Oxford University Press, 1993).

Edwards, D. R. "Gentiles, Court of the," *The Anchor Bible Dictionary,* Vol. 2, ed. D. N. Freedman.(New York: Doubleday, 1992).

Epp, Eldon Jay, and George W. MacRae. *The New Testament and Its Modern Interpreters.* (Philadelphia, Pa: Fortress Press, 1989).

Eusebius, Geoffrey Arthur Williamson and Andrew Louth. *The History of the Church from Christ to Constantine.*(London: Penguin Books, 1989).

Gregg, Steve. Revelation, *Four Views: A Parallel Commentary.*(Nashville, Tenn: T. Nelson Publishers, 1997).

Harrington, Wilfrid J., and Daniel J. Harrington. *Revelation.*(Collegeville, Minn: Liturgical Press, 1993).

Halpern, Baruch, Jŏn Douglas Levenson, and Frank Moore Cross. *Traditions in Transformation: Turning Points in Biblical Faith.*(Winona Lake, Ind: Eisenbrauns, 1981).

Hemer, Colin J. *The Letters to the Seven Churches of Asia in Their Local Setting.*(Grand Rapids, Mich: W. B. Eerdmans Publishing, 2001).

Herion, Gary A., Astrid B. Beck, and David Noel Freedman. *The Anchor Bible Dictionary.* Vol. 4, K-N.(New York: Doubleday, 1992).

Hoffmann, Matthias Reinhard. *The Destroyer and the Lamb: The Relationship between Angelomorphic and Lamb Christology in the Book of Revelation.*(Tübingen: Mohr Siebeck, 2005).

Howard-Brook, Wes, and Anthony Gwyther. *Unveiling Empire: Reading Revelation Then and Now.*(Maryknoll, N.Y.: Orbis Books, 1999).

Johns, Loren L. *The Lamb Christology of the Apocalypse of John: An Investigation into Its Origins and Rhetorical Force.*(Tübingen: Mohr Siebeck, 2003).

Johnson, Darrell W. *Discipleship on the Edge: An Expository Journey through the Book of Revelation.*(Vancouver: Regent College Pub, 2004).

Keener, Craig S. *Revelation.*(Grand Rapids, Mich: Zondervan, 2000).

Kirsch, Jonathan. *A History of the End of the World: How the Most Controversial Book in the Bible Changed the Course of Western Civilization.*(San Francisco: HarperSanFrancisco, 2006).

Kovacs, Judith L., Christopher Rowland, and Rebekah Callow. *Revelation: The Apocalypse of Jesus Christ.*(Malden, MA: Blackwell Pub, 2004).

Mathewson, David. *A New Heaven and a New Earth: The Meaning and Function of the Old Testament in Revelation 21.1-22.5.*(London: Sheffield Academic Press, 2003).

Mounce, Robert H. *The Book of Revelation.*(Grand Rapids: Eerdmans, 1977).

Nwachukwu, Oliver. *Beyond Vengeance and Protest: A Reflection on the Macarisms in Revelation.*(New York: Peter Lang, 2005).

Osborne, Grant. R. Revelation.(Grand Rapids: Baker Academic, 2002).

Pate, C. Marvin. *Four Views on the Book of Revelation.*(Grand Rapids, Mich: Zondervan Publishing House, 1998).

Pattemore, Stephen. *The People of God in the Apocalypse Discourse, Structure, and Exegesis.*

(Cambridge, UK: Cambridge University Press, 2004).

Peters, Olutola K. *The Mandate of the Church in the Apocalypse of John*.(New York: Peter Lang, 2005).

Räpple, Eva Maria. *The Metaphor of the City in the Apocalypse of John*.(New York: Peter Lang, 2004).

Roloff, Jürgen. *The Revelation of John*. tr. by J. E. Alsup.(Minneapolis: Fortress Press, 1993).

Smalley, Stephen S. *The Revelation to John: A Commentary on the Greek Text of the Apocalypse*.(Downers Grove, Ill: InterVarsity Press, 2005).

Siew, Antoninus King Wai. *The War between the Two Beasts and the Two Witnesses: A Chiastic Reading of Revelation 11:1-14:5*.(London: T&T Clark, 2005).

Tonstad, Sigve. *Saving God's Reputation the Theological Function of Pistis Iesou in the Cosmic Narratives of Revelation*.(London: T & T Clark, 2006).

Waddell, Robby. "Patmos," *The Anchor Bible Dictionary*. Vol 5.(New York: Doubleday, 1992).

Waddell, Robby. *The Spirit in the Book of Revelation*.(Dorset: Deo Publishimg, 2006).

Walhout, Edwin. *Revelation Down to Earth: Making Sense of the Apocalypse of John*. (Grand Rapids, Mich: W. B. Eerdmans, 2000).

Walker, Williston. *A History of the Christian Church*.(Edinburgh: T. & T. Clark, 1986).

Witherington, Ben. *Revelation*.(Cambridge, U.K.: Cambridge University Press, 2003).

Yeatts, John R. *Revelation*.(Scottdale, Pa: Herald Press, 2003).

권성수. 「요한계시록」.(서울: 횃불, 1999).

이필찬. 「내가 속히 오리라」.(서울: 이레서원, 2006).